HEYNE BIOGRAPHIEN

Zum Autor

Claus B. Schröder, Journalist und Schriftsteller, lebt in der DDR. Für seine Biographie über Wolfgang Borchert recherchierte er hüben wie drüben. Die Mutter Wolfgang Borcherts unterstützte dieses Buch bis zu ihrem Tode im Frühjahr 1985.

Claus B. Schröder

WOLFGANG BORCHERT

Die wichtigste Stimme
der deutschen Nachkriegsliteratur

Wilhelm Heyne Verlag
München

HEYNE BIOGRAPHIE
12/179

Genehmigte Lizenzausgabe
© 1985 Ernst Kabel Verlag GmbH, Hamburg
außer für die DDR und andere sozialistische Länder
© 1988 dieser Ausgabe by
Wilhelm Heyne Verlag GmbH & Co. KG, München
Printed in Germany 1988
Umschlagfoto: Deutsche Presseagentur, München
Innenbilder: Archiv des Autors (11), Wolfgang-Borchert-Archiv
in der Staats- und Universitätsbibliothek Hamburg (4),
Archiv für Kunst und Geschichte, Berlin (3)
Umschlaggestaltung: Atelier Ingrid Schütz, München
Bildteil: RMO, München
Gesamtherstellung: Presse-Druck Augsburg

ISBN 3-453-02849-X

Inhalt

Zuvor ... 6
1 Einstweilen still und rosig in seinem Bett-Korb ... 22
2 Mit seinem eigenen Kopf voll hochtrabender Ideen ... 44
3 *Yorick, der Narr!* Ein Stück Vergeblichkeit ... 71
4 Blumen in großer Höhe, und die Zeit läuft ... 85
5 Brutalität siegt: *Granvella* ... 130
6 Ich muß mich berauschen, um nicht zu verzweifeln ... 139
7 Front und Anklage auf Leben und Tod ... 159
8 Doppelt ausweglos: Die Krankheit ... 190
9 Was auch geschieht: Immer noch heiter ... 214
10 Hinter Panzern das Ende des Krieges ... 228
11 Turbulent erschreckend keine Stunde Null ... 262
12 Gegen alle Illusionen: *Die Hundeblume* ... 280
13 Noch einmal Hoffnung und drei Ewigkeiten ... 297
14 Anders als Beckmann: *Draußen vor der Tür* ... 313
15 Erfolg und Scheitern. Abreise in die Schweiz ... 341
16 Sein Testament: Nein sagen! ... 351
Danksagung ... 367

ANHANG

Zeittafel ... 370
Anmerkungen und Literaturhinweise ... 374
Personenregister ... 377

Zuvor

Dieser Name mit seinem eigenartigen Klang.
Wolfgang Borchert.
Und sofort scheint sicher zu sein, wer – und auch was – gemeint ist.
Dieser Klang aus tragisch frühem Tod, aus nachgerufenem Ruhm – aus Krieg und Heimkehr, Mädchen und Laternen, Stadt und Strom, den bald wieder großen Schiffen, den immer noch gelben Straßenbahnen...
Damals, wieder am Beginn einer deutschen Nachkriegsliteratur.
Damals, und noch lange, schien es wohl, als wären es noch einmal die alten Leidenschaften, als käme der Klang seines Namens ganz selbstverständlich aus der Not und der Verzweiflung des Jedermann, aus dem Pathos einer nur durch Leid gebrochenen Zuversicht.
Geschichten, ein berühmtes Theaterstück, eine Handvoll übriggebliebener Gedichte.
Wolfgang Borchert.
Heute kaum anders vorstellbar als *Draußen vor der Tür*, als Beckmann, der zurück nach Deutschland kommt, hinkend auf Krücken, im Gesicht eine Gasmaskenbrille, um die Schultern noch den grauen Militärmantel, an der Elbe, das Gespenst von einem Menschen, zum Erschrecken. Beckmann, der ganz unmittelbar das Schicksal seines Beschreibers zu widerspiegeln scheint.
Kaum anders vorstellbar als: mit einer *Hundeblume*, mit dem, was wir dann menschlich nennen, mit absonderlichen Gedankenkonstruktionen, zum Überleben, und sei es, den Weg bis zur Hinrichtung aus einer Gefängniszelle.

Hundeblume, Hoffnungssymbol, eigentlich Unkraut. Löwenzahn. Später dann wieder Makel in kalkulierter Ordnung, der den glatten Rasen unserer Zufriedenheit verdirbt. Pusteblume der Kinder.

Diese höchst ungewöhnliche Gefängnisgeschichte, vielgerühmt, geliebt, und wohl doch weniger erschrocken gelesen als geschrieben.

Literatur. Was erwarten wir?

Goethe im Schützengraben – Rilke als Feldpostdruck im Sturmgepäck des deutschen Landsers. Lebenshilfe beim Sterben.

Beckmann auf der Bühne. Damals, zu den Trümmern draußen, der mehr innere Anlaß für Ergriffenheit? Der Mann mit der Hundeblume, wie Beckmann, nur Beweis, zur Erinnerung, wie schwer es doch war?

Wolfgang Borchert – pathetisch gefeiert als der neue, wieder verratene Messias, »der sein Abendmahl hielt, der das Brot seines Werkes austeilte an seine Jünger«[1] – gesehen wie einst »Dostojewski am Henkerpfahl auf dem Semenowskplatz!«[2] – oder »mit Büchner zusammen... im Abgrund des Determinismus... lächerlich, noch eine Weile zu plappern, wenn einer für das richtige Aussprechen unserer Frage sein Leben gelassen hat«[3].

Große Worte. Sehr große Worte. Als hätte da ein Mensch kaum wirklich gelebt. Als sei er uns nicht viel ähnlicher, so fern wir ihm letztlich auch sein mögen – weniger im kühnen Gedankenaufschwung als in der Ernüchterung.

Bald schon, nachdem sein Ruhm und sein Tod auf der gleichen Zeitungsseite gemeldet waren, damals, 1947, schien er, je nach Mentalität, einigen wohl als der selbstlos heilige Sebastian, als (leider!) glaubensverwundet – anderen mehr mit der weltlich aufgerissenen Brust des politischen Mahners.

So oder so auf eine verwendbare Größe gebracht, denn schließlich ist nichts konsensfähiger als der allgemeine Irrtum, der sich selbst bestätigt: Wir könnten uns, mit ihm, noch einmal im guten Gefühl unserer hoffenden Erwartungen treffen – es könnte die großen Macher schrecken, wenn wir ihnen, an uns, ihre Folgen zeigten – der gute Wille allein schon mache neue Zeiten auf Wunsch aus Leidenschaft.

Mehr wohl als nur ein Irrtum. Gefeiert auch aus Verdrängung. Die großen Schuldigen wären gemeint, die großen Verübler von Zeit – nicht die unangemessene Art der immer noch kleinen Leute, auf sie zu reagieren.

Was war zu begreifen? Daß der Führer ein Verführer gewesen war? – oder daß wir verführbar gewesen waren? – unter Drohungen, unter Versprechungen, zu so gut wie allem?

Als ein Anstreicher sich anschickte, statt des Pinsels ein Volk in die Hand zu nehmen. Borcherts Geschichten verfolgen diese Spur bis ins Gerede danach – unangemessen zu reagieren – bis hin zu Beckmann, bereit, alle Erfahrung aufzugeben, achtlos im Eifer, noch ohne Zwang.

Mögen Borcherts Sätze noch so wortreich-leidenschaftlich dastehen – geschrieben sind sie mit dem ernüchterten Blick auf Leidenschaften.

Bei allem Ruhm – weitgültig klassisch geworden zu sein –, Borchert ist nie so klassisch geworden, daß seine Geschichten nicht mehr gelesen worden wären. Bis heute immer noch mit der Überraschung, daß das Geschriebene lesenswert, bedenkenswert geblieben ist. Weil, wenn wir nur halbwegs ehrlich sind, wir uns doch eingestehen müssen, daß die einmal zurechtgelegten Ansichten darin nicht aufgehen. Vorausgesetzt, wir halten unsere Verlegenheit nicht für unschicklich.

Und sei es nur, daß wir ein wenig unsicherer werden im Umgang mit den selbstverständlich gewordenen Sätzen, die unsere Wünsche meinen.

Gelesen wohl doch zu lange mit der seltsamen Erleichterung, daß ein anderer, er, die Zeit auf sich genommen hätte, für uns, als wir selbst schon wieder gleich mehr mit den praktischen Dingen ihrer Überwindung befaßt waren, um nicht zu leiden, als er litt. Aufschrei unter Last! Die Metaphern sind bekannt.

Möglich, daß wir seine Geschichten heute ein wenig anders lesen, sein Theaterstück ein wenig anders sehen. Nicht wie damals zwischen den Trümmern auf der Straße – nun zwischen den Trümmern mancher Illusion. Bereit, vielleicht, die wie geschoren glatten Sätze zu verlassen, die uns den Optimismus so leicht machen. Bereit, weniger leichtgläubig mit uns selbst zu verfahren, ehe andere mit uns verfahren.

Sein Name – mit diesem eigenartigen Klang –, bei dem uns plötzlich wieder einfallen mag, daß die Welt, in der wir leben, doch eigentlich sehr anders werden sollte. Diese Zukunft von einst. Daß wir sie verwandeln wollten, in einen Garten der Freundlichkeit. Daß wir uns den endgültigen Frieden vorgestellt hatten. Daß wir nie wieder eine Waffe anfassen wollten. Vielleicht erinnern wir uns – ungern, aus Beschämen, bloß naiv gewesen zu sein, voreilig wie Kinder, die das Blaue vom Himmel versprechen, um der Strafe zu entgehen.

Die Welt ist anders. Wir stellen es fest, und es spricht für unseren Realismus, uns an die Wirklichkeit zu halten. Nur, spricht diese Wirklichkeit nicht gegen uns?

Damals, in der ›schweren‹ Zeit, schien wohl alles leichter. Selbst das Chaos war zu übersehen, als wir alle Vergangenheit unter Trümmern vermuteten. Als wir, noch ehe wir glaubten Engel werden zu können, doch schon wußten, daß es kein Himmelreich gibt. Als wir mit weniger als dem Notwendigsten vollauf beschäftigt waren.

Rührend nostalgisch bald die Erinnerungen: Pappe in den Fenstern, Wärme aus einer Kochhexe. Das Holz aus den bombengetroffenen Häusern nebenan. Beschworen, wieder vorgeholt zum Beweis, doch aus so gut wie nichts etwas gemacht zu haben – die alten, verschwundenen Ruinen bald schon grauer Hintergrund für strahlende Erfolgswunder.

Es war einmal.

Trümmerwände mit Kreideaufschrift. Leere Fensterlöcher in einem absurd blauen Himmel. Wenig später junge

Frühlingsbirken wie zum Hohn auf schwarzverwitterten Mauerresten – Jubel, lustige Bänder an den Richtkronen neuer Häuser im Wind. Trinksprüche, wie eh und je auf aller Zeiten Glück.

In den Trümmern die Angst eines Beckmann? – es könnte rückwärtsgehen? – als doch jeder Schritt aus den Trümmern vorwärts ins wieder Bessere ging?

Mai 1946. Kaum eine Zeitung, die nicht ausführlich an das Ende des Krieges vor einem Jahr erinnert, daran, wie es war, als Panzer in die Straßen der Städte rollten. Erinnerungen auf der zweiten oder dritten Seite. Auf der ersten Seite ist von neuer Kriegsgefahr die Rede, von einem dritten Weltkrieg, der sehr bald möglich werden könnte. 1946! Zeit, die im Rhythmus der aufgerufenen Lebensmittelkartenabschnitte gelebt wird, begleitet von Zeitungskommentaren, zwischen Umkehr und Vorwärts, zwischen ewiger Schande und Zuversicht. Frauen suchen ihre Männer. Im Theater *Die lustige Witwe*, überhaupt: viel Operette, viel Tingeltangel im gevierteilten Nachkriegsdeutschland. Auf der Kinoleinwand die vertrauten Filmgesichter. Das Leben geht weiter. In der Wochenschau statt der vorrückenden Helden-Männer nun die vorrückenden Helden-Frauen. Trümmerfrauen vor riesigen Schuttbergen. Und Reichelts Kunsthonigpulver kostet zwei Reichsmark. »Für die liebe Mutti zur Herstellung von Brotaufstrich.«

Die vier Siegermächte im Alliierten Kontrollrat völlig einig darüber, wie nun in Deutschland eine Ehe geschlossen werden soll – Gesetz Nr. 16 –, nur uneinig darüber, was aus diesem Deutschland werden soll, in dem nun wieder geheiratet werden kann. Eine Ost- und eine West-Zone stehen als Vermutung schon in der Zeitung – und sich bald drohend gegenüber. Aber das Leben normalisiert sich.

Eine Illusion, die von den Siegermächten, noch ohne Frankreich, Jalta, Februar 1945, als ›heilige Pflicht‹ beschworene ›Einigkeit im Frieden wie im Krieg‹, könne den Sieg nennenswert überdauern. Wie hätte sie auch praktisch aussehen sollen?

Churchill läßt im März 1946 das Wort vom ›Eisernen Vorhang‹ fallen, das Wort von der Stärke mit Atombombe, gegen den Kommunismus. Praktisch eine Kriegserklärung. Nur logisch, daß Stalin ihn einen Hitler nennt. Und die Zukunft ist fertig. Die Visiere fallen. Argwöhnisch der Blick durch den schmalen Spalt, den Rüstungen lassen.

Eben ist ein Weltkrieg zu Ende gegangen: Politik bleibt, was sie war: Gewaltandrohung mit den äußersten Mitteln.

In Berlin wird die Mauersteinputzmaschine erfunden. Schneller als Frauen es mit dem Hammer in der Hand schaffen, lassen sich aus den 100 000 000 Kubikmetern Schutt der Stadt Steine für neue Häuser gewinnen. Es steht in der Zeitung – und auch, daß die USA noch immer über die beste Atombombe der Welt verfügen. Kriegsschiffe sind im Stillen Ozean unterwegs, in Richtung Bikini-Atoll, um es zu beweisen. Im Juli 1946, kein volles Jahr nach Hiroshima und Nagasaki, wälzt sich ein neuer Atompilz in den Himmel – und wird zum Background für den Pariser Konferenztisch, an dem sich die Außenminister der Siegermächte ohne Einigung über Deutschland erheben und auseinandergehen.

In aller Welt sind Abermillionen Menschen erschrocken, daß für ein neues Hiroshima geübt wird. Die Perversion menschlicher Gefühle ist komplett – denn die Welt in Schrecken zu versetzen, war das Ziel der Bombe.

Stalin gibt sich unerschrocken. Angst vor Atombomben sei etwas für Leute mit schwachen Nerven. Die ›Abschreckung‹ hat begonnen. Wer wirklich erschrocken ist, der hat verloren. Ein verwegenes Poker-Spiel: die Zukunft. Auf den Tisch werden die Völker geworfen. Auf diesem Tisch liegt: Jeder.

Eben hat ein Weltkrieg stattgefunden. In kaputten Städten wird noch gehofft. Aber die Zukunft ist fertig, abschätzbar für die folgenden Jahrzehnte, bis auf den heutigen Tag – gegen allen Protest, gegen alle Hoffnung. Diese Zukunft heute, in der wir uns eingestehen müssen, daß die Weltkriegsgefahr noch nie so groß war – nun mit Waffen, die den zweiten Weltkrieg als harmlos erscheinen lassen müssen.

Raketenwaffen. Hitlers Traum. Städte ausradieren. Heute geht das, was seine letzte Hoffnung war. Atomsprengköpfe. Er hat es nicht mehr erlebt, daß sich Massenmord über Kontinente hinweg zielsicher transportieren läßt. Er hat es gewollt. Es entsprach seiner Vorstellung von Macht.

Gaskammern. Gemessen an dem, was heute auf dieser Welt möglich ist, war Auschwitz ein bescheidener Laborversuch. Unter den Atombomben von Hiroshima und Nagasaki verbrannten Menschen – nach Auschwitz. Und sterben noch immer an den Spätfolgen. In jeder Stunde noch immer ein Mensch, der überlebt hatte. Und doch ist die Zahl der heute hergestellten Hiroshima-Bomben weit größer als die Zahl der Hiroshima-Toten. In den bereitstehenden Atomwaffen stecken mindestens 1,6 Millionen Hiroshima-Bomben.

Und diese Zukunft hatte doch mit unserer Leidenschaft aus den Trümmern begonnen, mit dem Nie-wieder, mit dem Glauben an eine besser Zukunft. Diese Zeit, die bald so weit schon überwunden schien, und doch plötzlich wieder befragenswert näherrückte, zwischen Wenn und Aber, zwischen Hätte und Weil, auf der Suche nach den eventuell verpaßten Möglichkeiten, auf der Suche nach einer neuen Leidenschaft. Wieder stärker der Klang seines Namens – beim Wieder-Lesen, oder aus den dröhnenden Lautsprechern auf weiten Plätzen, in seiner Heimatstadt und anderswo.

Im Spätherbst 1946 schreibt Wolfgang Borchert – krank, aber doch hellwach – jenes berühmte Theaterstück, das ihn weltweit bekannt machen wird: *Draußen vor der Tür*.

Dieses Stück, über das so viel schon gewußt worden ist, in allen möglichen Sprachen, in Aufsätzen, langen Abhandlungen, in dicken Dissertationen. Dieses Stück, das, wo immer es aufgeführt wird, bis heute nicht vor leeren Stuhlreihen gespielt wird. Noch immer mit den wechselnden Ansichten darüber, wie dieser Beckmann von seinem

Beschreiber gewollt und von seinen Zuschauern gesehen wurde. Als:

Der wünschenswert gute Mensch?
Der absonderliche Außenseiter?
Der an den anderen leider scheitert?
Der zwangsläufig an sich selbst scheitern muß?

Dieses thematisch so verblüffende Theaterstück, das weder nachträglich mit einer Vergangenheit abrechnet noch im voraus eine glückliche Zukunft verspricht. Dieses Stück, das in die allgemeine Hoffnung von 1946 ein Scheitern vorführt. Diese Provokation an den Zuschauer.

Üblicher, zumal in den frühen Nachkriegsjahren, daß ein Held Einsichten gewinnt. Borcherts Beckmann verliert sie – die eben erst gewonnene Einsicht, daß es die ewigen Kompromisse sind, mit denen das Leben weitergegangen ist, selbst unter den schlimmsten Umständen, immer wieder bereit, doch noch zu lachen, selbst dem Übelsten noch immer wieder eine optimistische Seite abzugewinnen. Das scheint wenig, scheint schlicht, und bedeutet doch etwas sehr Generelles, nicht nur für Borchert selbst, der dieses komödiantische Spiel bis zum Äußersten getrieben hatte. Dieses Spiel durch die Zeit – nicht Ursache mörderischer Zeiten, aber es gehört dazu, daß sie ertragen, hingenommen werden, daß sie bestehen können.

Mit einem dreifach entschiedenen Nein formuliert Beckmann seine Absage an diesen Kompromiß. Am Ende des Stücks bleiben davon nur noch drei hilflose Fragezeichen übrig.

Ein Mann kommt nach Deutschland war der ursprüngliche, von Borchert gewollte Titel des Stücks. Seine Heimatstadt Hamburg ist kaputt, seine Wohnung ist kaputt, seine Ehe, seine Kniescheibe. Beckmanns Frau liiert mit einem anderen Mann, sein Kind tot unter Trümmern.

Die äußerste Kompromißlosigkeit hieße: Nicht weiterleben. Tot sein. Selbstmord. Er träumt sich in die Elbe – er träumt, wieder an Land geworfen zu werden, mit dem pragmatischen Rat: *Laß dich treten. Tritt wieder!*

Nach dem Willen seines Autors hat Beckmann in den folgenden Szenen drei Prüfungen zu bestehen, drei Versuchungen, seinen Entschluß doch wieder an einen Kompromiß zu verlieren oder nicht.

Beckmann begegnet einem Mädchen, das sich als verheiratete Frau erweist. Ihr Mann ist seit Stalingrad vermißt. *Verhungert, erfroren, liegen geblieben – was weiß ich*, sagt sie. Ein Bett ist frei – sein eigenes ist besetzt. Ein Anzug ist da – er könnte seinen Soldatenrock ablegen, seine Vergangenheit, er könnte auf sein Glück hoffen, daß dieser andere Mann wirklich tot ist – er könnte weiterleben, lachend, noch einmal Glück gehabt zu haben.

Sie denkt praktisch wie die Elbe: *Ach du. Vorwärts, rückwärts. Oben, unten. Morgen liegen wir vielleicht schon weiß und dick im Wasser. Mausestill und kalt. Aber heute sind wir doch noch warm...*

Ein tausendfaches Schicksal. Beckmann fürchtet, es könne mit jedem Schritt rückwärtsgehen, in den Kompromiß einer Zufriedenheit, noch einmal wieder das Beste aus einem Übel gemacht zu haben. Er, der anderen in seinem Kriegsrock wie ein Witz erscheint, kommt sich in der Friedensjacke des anderen Mannes wie ein Witz vor – *den der Krieg gemacht hat*.

Beckmann bleibt bei seinem Nein – das tröstliche Glück findet nicht statt. Im Gegenteil, aus dem Gefühl einer moralischen Verantwortung redet er sich selbst sein ›Unglück‹ herbei, den anderen Mann. Beckmann fühlt sich mitschuldig – einmal Befehle weitergegeben zu haben, die anderen das Leben kosteten. Die Frau läuft davon. Beckmann läuft davon.

Der Andere, der Optimist (Beckmanns Widerspruch in sich selbst), macht einen sehr praktischen Vorschlag: Die Verantwortung, die das Gewissen belastet, zurückzugeben. Ohne könnte das Leben angenehmer weitergehen. Auch das gehört im Jahr 1946 zur weitverbreiteten Praxis – bis alle Schuld bei der angekohlten Leiche eines Hitler landet.

Daß es sich um einen gefährlichen Schritt zurück aus der Verantwortung handelt, hin zu einem zufriedenen Kompromiß, Beckmann bemerkt es schon nicht mehr. Gemeinsam, also optimistisch, wollen sie einen *lieben, guten, braven Mann*, einen ehemaligen Oberst besuchen, der in seiner warmen Stube nicht von quälenden Erinnerungen verfolgt wird. Er ist frei von jedem Gefühl für Verantwortung, er kann schon, was Beckmann will: gut schlafen. Ihm, ausgerechnet ihm, soll die Verantwortung zurückgegeben werden.

Die Ironie ist komplett. Die naiv-gute Absicht verkehrt sich in selbstmörderischen Leichtsinn. Borcherts Gespür für den ›Witz‹ des Tragischen ist frappierend. Eine bitterkomödiantische Szene. Kein Wunder, daß ihre tatsächliche Dimension nur allzuoft mit Beifall verdrängt wurde – mit der Genugtuung, hier sei die große Anklage gelungen, hier habe die Leidenschaft ihren Sieg davongetragen.

Mit dem Wort Verantwortung ist enorm Schindluder getrieben worden. *Sie übernehmen die Verantwortung!* Den Vorgang umdrehen macht ihn nicht besser. Schützt vor allem vor erneuter Wiederausgabe nicht – denn: Kann die Verantwortung leichter in die Hände der Verantwortungslosen zurückgeraten? Verantwortung läßt sich weder ausgeben noch zurückgeben. Sie läßt sich wahrnehmen oder nicht wahrnehmen. Daß sie nicht wahrgenommen worden war, von den Betroffenen, den Opfern, hatte sie zu Opfern werden lassen.

Beckmann in seiner Leidenschaft glaubt, sie nun, im nachhinein, wahrzunehmen, verbal, mit der großen Anklage – und verspielt sie. Denn daß er diese so ungeheuer praktisch denkende subalterne Figur allein schon als Oberst sieht, sie zur Instanz macht, ist tragisch. Noch ist dieser ehemalige Oberst ›arbeitslos‹, hat doch aber immerhin schon wieder Gelegenheit, sich als Oberst zu verteidigen. Ein freundlicher Mensch mit Humor. Er denkt praktisch. Das wird ihn verwendbar machen. Einstweilen bietet er Beckmann einen abgelegten Anzug an. Wieder ist es möglich, den Soldatenrock abzulegen, ins Zivilleben zurückzufinden. Der ehemalige Oberst macht in seiner hilfsbereiten Art dafür sogar einen Vorschlag. Er rät, mit der leidenschaftlichen Anklage, *mit dieser Nummer*, auf die Bühne zu gehen. *Sie müssen das Ganze mit Musik bringen*, meint er. Und – grotesker geht es nicht – er bedankt sich für den *reizenden Abend*.

Beckmann rennt ohne Anzug davon, aber mit einer Flasche Schnaps, die er vom Tisch des ehemaligen Oberst hat mitgehen lassen. Er betrinkt sich und lallt zynisch sein Einverständnis. . . . *mein Verstand ist versoffen! Prost! . . . Heil! . . . Es lebe der Zirkus! Der ganz große Zirkus!*

Beckmann will nun wirklich – *mit diesem Zeug, mit dieser Nummer* – auf die Bühne, bereit, sein Leid im Lied zu besingen, in diesem Ende seiner Absicht einen Anfang als Kabarettist zu finden, mit der Vorstellung, die Menschheit könne sich über ihn kaputtlachen. Da aber schießt sein Optimismus übers Ziel hinaus. Seine Verse, die er einem Kabarettdirektor vorsingt, sind läppisch. Und das nicht nur gemessen am eigenen, ehemaligen, großen moralischen Anspruch, den er einmal so absolut verkündet hatte. Läppisch vor einem größeren Bedeutungshintergrund.

Auf die Melodie der ›Tapferen kleinen Soldatenfrau‹ singt Beckmann seine Erfahrung, daß sie so tapfer nicht war. Keine umwerfende Weisheit. Seine Klage erweist sich allerdings als Rückzug. Wäre sie so heroisch tapfer gewesen, hätte er im eigenen Bett den Krieg in Ruhe vergessen können.

Borchert weiß um diesen verfänglichen Lebensmechanismus. Er kennt ihn, diesen bitteren Punkt aller Einsicht. Wer beklagt sich nicht über die Umstände, die ihn belehren? Wer ist schon so stark, sich nicht über die Tatsache zu beklagen, daß Tatsachen Tatsachen sind? Wer kennt nicht das ohnmächtige Warum? – das nichts wissen will – den Protest, der über das Abreagieren einer Beleidigung nicht hinauskommt – die Forderung des Betrogenen, doch wenigstens die Illusion über den Betrug einzuklagen?

Beckmann singt schon gegen sich selbst, freiwillig, er hätte sich ein *neues Mädchen angelacht* – aber auch dafür, daß er die Wahrheit umsonst verschweigt, gibt es nichts.

Der Kabarettdirektor vermutet zu Recht, daß sein Publikum etwas anderes hören will als:

das Lied von der sau-
das Lied von der sau-
das Lied von der sauberen Soldatenfrau.

Es geht dem Kabarettdirektor wie dem ehemaligen Oberst. Sie leben von ihrem Publikum.

Beckmann geht *grußlos* ab, heißt es am Schluß der Szene. Bereit zur Selbstaufgabe, bereit, auf Knien sich für den Kompromiß anzubiedern, doch wenigstens als Anfänger anfangen zu dürfen, nach dem Ratschlag des Anderen, dem des ehemaligen Oberst, nach den Vorstellungen eines Kabarettdirektors – aber er geht ohne den Spatz in der Hand, nachdem die Taube verschenkt war. Das ist tiefstes Scheitern – in dieser dritten Prüfungssituation für eine gewonnene Einsicht.

Wieder auf der Straße, singt Beckmann sich selbst ein Lied, frei von jedem Anspruch:

Der Schnaps war alle
und die Welt war grau,
wie das Fell, wie das Fell
einer alten Sau!

Der Andere macht den Vorschlag, zu den Eltern zu gehen, statt wirklich in die Elbe, in den Selbstmord. Das aber heißt, nun den größeren Schritt zurück wollen, in einen kindlichen Frieden, in ein Damals, das unverändert geblieben sein könnte. Der Vater wird am Tisch sitzen, die Mutter in der Tür stehen...

Beckmann willigt sofort ein, erinnert sich, dort *auf einem umgekippten Stuhl gesessen und Rennfahrer gespielt* zu haben, erinnert sich an diesen Ort, an dem das Leben *immer so weitergeht*, wie damals und morgen, als sei nichts gewesen. Hoffnungen, resigniert in die Vorzeit aller Probleme zurück.

Aber – eine neue Mieterin öffnet die Tür, die Eltern sind tot, die tröstliche Zuflucht ist so verwaist wie besetzt.

Hat sich reichlich verausgabt bei den Nazis, sagt die neue Mieterin über Beckmanns Vater. Nun, wo die Zeit der *braunen Jungs* vorbei ist, hat man ihm seiner antisemitischen Äußerungen wegen die Arbeit und die Pension genommen, und da sie auch die Wohnung noch verlieren sollten, haben sie getan, was der Sohn seit Beginn des Stückes will: sich das Leben genommen. *Einen Morgen lagen sie steif und blau in der Küche. So was Dummes, sagt mein Alter, von dem Gas hätten wir einen ganzen Monat kochen können.*

Wieder eine von den realistisch-nüchternen, praktischen Lebenshaltungen, geeignet vorwärtszukommen. Ein paar Redewendungen genügen, um sich in der neuen Zeit zurechtzufinden. *War ja ein bißchen doll, das mit den Juden,* sagt die Frau, und läßt die größte Lebensweisheit aller Opportunisten folgen: *Warum konnte er auch seinen Mund nicht halten.*

Beckmann steht auf der Straße.

Der Andere gibt den Rat, einfach wegzuhören. Ein möglicher Kompromiß – Beckmann versucht noch einmal sich zu wehren – *Du blödsinniger Jasager! ... Du bist ein Schwein!* – aber er wird sich fügen, auch mit den Ohren nicht mehr wahrnehmen, wie das Leben weitergeht.

Im Schlaf ziehen alle Figuren noch einmal an Beckmann vorüber. Die Wiederholung der Ereignisse, der Haltungen, noch einmal in knappen Sätzen, und kein neuer Gedanke. Aber das ist nicht die Schwäche des Stücks, kein Mangel an Einfällen. Es ist die Schwäche aller großen Leidenschaft, sich, gescheitert, gedemütigt, nur um so bestätigter zu finden.

Beckmann, der Klagende, Anklagende – der Ermordete zu sein, und ein Mörder, unlängst noch. Eingesperrt in seinem Kugelkäfig Ich.

Daß nur so viel Vernunft möglich wird, wie die Vernünftigen durchzusetzen fähig sind, heißt es bei Brecht. Borchert weiß darum, und zeigt das Gegenteil.

Sooft es behauptet wurde, so oft ist es auch bestritten worden. Beckmann sei der tausendfache Heimkehrer von damals, typisch für seine Generation, die nur daran gehindert worden sei, ihre Erfahrung in Wirklichkeit zu verwandeln. Eine sehr weiche Sicht der Dinge, die wohl doch zu tragisch-einverstanden klingt. Nur im Tragischen zählt das Hätte.

Aber vermutlich waren jene Heimkehrer überwiegend Beckmänner – für zwei Minuten, für zwei Stunden wohl noch, für zwei Tage seltener. Eine Weile gab es ihn sicher, diesen ebenso kostbaren wie riskanten Augenblick des Zweifels an allem, diesen Augenblick der totalen Entschlüsse. Es gibt ihn ja immer – auch in heilsten Häusern, in neuesten Anzügen. Es gibt sie, die große moralische Entrüstung, mit der wir unseren Zorn über das Unrecht loswerden, und, leider nur allzuoft, auch unseren Gewinn an Erfahrung.

Beckmann mit seiner eigentlich gemachten Erfahrung, zu oft doch immer wieder ja gesagt zu haben, zu oft doch immer wieder optimistisch gewesen zu sein, wird sich dem Lauf der Dinge überlassen. Seine Frage am Schluß des Stückes signalisiert nichts weiter als die Bereitschaft, beliebige Antworten entgegennehmen zu wollen.

Hinter sich das Gewußte, vor sich die händeringende Frage ins Leere: *Gibt denn keiner, keiner Antwort???*

Mahnend – vor keinem anderen Widersacher als dem, den wir in uns haben, dem Anderen, der wir auch sind, der uns manch vernünftigen Gedanken als unvernünftig zu zerreden weiß.

Mahnend – blanker Optimismus läßt Theaterstücke andersherum entstehen, feiert furchtlos den Bühnensieg einer neuen Idee.

Auf die Titelseite des Originalmanuskripts schreibt Borchert im Spätherbst 1946 zwei Motto-Sätze.

Der erste lautet:

Ein Stück, das kein Theater spielen und kein Zuschauer sehen will.

Ein Satz, der sehr schnell irrig-überholt scheint, denn das Stück wird nach der Uraufführung in Hamburg, am 21. November 1947, an sehr vielen Bühnen erfolgreich aufgeführt – Piscator nennt es in Amerika eine erste Friedenstaube aus Deutschland. Und doch, es bleibt die Frage, ob es durchweg gespielt und gesehen wurde wie von Borchert beabsichtigt. Er selbst hat sich dazu nicht mehr äußern können.

Der zweite Satz lautet:
Eine Injektion Nihilismus
bewirkt oft,
daß man aus lauter Angst
wieder Mut zum Leben bekommt.

Ein dem Verständnis des Stückes durchaus dienlicher Satz – so schlimm uns auch das Wort Nihilismus klingen mag. Folgen wir der hier versuchten Interpretation des Stückes, so ist ja tatsächlich die Bühne leergefegt, stumm nach den drei Fragezeichen ins Leere. So etwas wie eine Minute Null, wenn es schon die Stunde Null nicht geben konnte. Auf der Bühne möglich.

...*wir Nihilisten*, heißt es in *Das ist unser Manifest*. Und Borchert gibt recht deutlich an, was er darunter versteht. *Denn wir müssen in das Nichts hinein wieder ein Ja bauen. Häuser müssen wir bauen in die freie Luft unseres Neins*...

Freilich, dieses *Wir* heißt eher Ich und hat tausend Gründe.

Der Satz wird denn auch für die spätere Druckfassung gestrichen[4], wohl in der Vermutung, er könne zu pessimistisch klingen, wohl in der Absicht, dem Stück die deutliche Provokation zu nehmen, es der mehr traditionellen Rezeption zu überlassen. Obendrein bleibt dadurch die Möglichkeit offen, das, was dieser traditionellen Sicht widerspricht, leichterhand Borcherts Jugend und seinem tragischen Schicksal zuzuschreiben.

Daß Borchert ein beträchtliches Maß an Erfahrung hinter sich hatte, als er sein Stück schrieb, war in den frühen Jahren weitgehend unbekannt. Erfahrung, die viel weniger an der Kriegsfront und in Gefängnissen gesammelt worden war als vermutet, als naheliegend schien.

Zwei Jahrzehnte nach der Uraufführung war es einstweilen etwas stiller um Wolfgang Borchert geworden. Die Kritik, die mit dem Irrtum über den Irrtum urteilte, fand, Borchert sei, wie das in den Heimkehrerstücken nach dem ersten Weltkrieg zweifellos der Fall war, auch nur dem humanitären Pathos der Selbstbemitleidung gefolgt. Bei Hans Mayer[5] heißt es: »Sein Schauspiel *Draußen vor der Tür* hatte alle Züge eines Nachkömmlings, dessen Erscheinen in der Welt zwar Eindruck machte, zugleich aber ein bißchen unzeitgemäß wirken mußte.«

Tatsächlich hat Borchert, als der dritte Weltkrieg in der Zeitung schon für möglich gehalten wurde, aus entschieden anderen Motiven heraus geschrieben – ganz zu schweigen von Selbstbemitleidung, die ihm weit ferner lag als manchem seiner Beifallspender.

Heute, weitere zwei Jahrzehnte später, ist Borchert aktuell geblieben. Zwischen neuen Häusern und neuen Waffen leben wir – immer noch in der alten Situation, mit dem Wissen, daß die Gefahr eines Krieges nie so groß war, also größer geworden ist. Wir leben – mit unserem leidenschaftlichen Friedenswillen.

Daß Wolfgang Borchert zeitgemäß geblieben ist, hat – leider – nicht nur literarische Gründe. Seine Provokation an uns ist, gemessen an der Wirklichkeit, erträglich. Oder unser Mut zu bescheiden.

1
Einstweilen still und rosig in seinem Bett-Korb

Das alte, ländliche Schulhaus, dahinter der weitläufige Garten, die kleine Elbe, ein schmaler Seitenarm, sacht und bescheiden daran vorbei – all das gibt es noch. Ort einer Kindheit, um die Jahrhundertwende, schöne Erinnerungen, weltab, scheinbar, im Frieden der ungewöhnlichen Selbstverständlichkeiten.

Frühere Zeiten scheinen langsam, trügerisch still und friedlich.

Blumen in den Vorgärten, wie, als sei es seit ewig unveränderten Tagen, als sei es damals.

Über den glättenden Asphalt rollen, denken, daß wohl noch altes Kopfsteinpflaster drunter sein wird, der Klang eines Pferdewagens.

Diesen Ort einer Vergangenheit abfahren. Den Erinnerungen zuhören. Damals, als dieses vielumhoffte 20. Jahrhundert begann – nun, später, wo es seinem Ende zugeht, eine Handbewegung aus dem fahrenden Auto. Zeit. So war das.

Ungewöhnlich, denn gewöhnlich gelten Nachfragen den berühmten Vorfahren. Ein Kind, das sich erinnert, ein Enkel, der etwas von seinem großen Großvater gehört hat, ihn womöglich erlebt hat bei etwas bedeutungsvoll Nebensächlichem, und doch immerhin, ein Zeuge. Ungewöhnlich, in der ohnehin weitläufigen Widersprüchlichkeit, daß sich Jahrzehnte später noch ein Vorfahre erinnern kann, die Mutter.

Hertha Borchert.

Vorstellbar noch immer das Lächeln des jungen Mädchens, die Züge des Sichwunderns im ruhig wachen Gesicht, nach 86 Lebensjahren, fast trocken dahingesagte Sätze, die den Bogen über die Jahrzehnte schlagen.

Vierlande.

Ein gediegenes Stück Hamburg. Gegend hinter Deichen. Schöne Häuser, auf fruchtbarem Boden gewachsen, Treibhaus und Blumengarten der Millionenstadt. Aus ihrem Straßengedränge kommen, plötzlich still unter Bäumen auf die kleine Kirche von Altengamme zugehen – das rote Ziegeldach über Felsmauern, das weiße Fachwerk des vorgezogenen Brauthauses, der hölzerne Glockenturm, als hätte er nie in den ganz großen Himmel gewollt. Für einen Schritt lang verstehen, daß es ihn gibt, den Glauben an das einfache Leben der guten Absichten. Drinnen das uralte, bronzene Taufbecken, ein gut-gläubiger Mensch zu werden, Hoffnung, denn wer weiß schon, was einem Kind bevorsteht?

Ihn sich vorstellen, den großen stattlichen Mann, als ginge er da noch über die Straße, eine Pelerine um die breiten Schultern, unter einem weitrandig schwarzen Hut das strenge Gesicht, die buschigen Brauen, die dunklen Augen – dieser angesehene, gefürchtete Mann, Lehrer und Organist, Dirigent eines Kirchenchores und eines anderen, eher weltlichen Dorfchores, Schlichter in Streitfällen, willkommener Gast rundum bei allem, was sich feiern läßt, gewählt in den Vorstand unzähliger Vereine, das, was man eine ortsansässige Persönlichkeit nennt.

Carl Salchow.

Und doch eigentlich ein Fremder, ein Ausländer, ein zugereister eigenwilliger Mann, in diesem Landstrich der eigenwillig Eingeborenen. Einer, der mit Frau und vier Kindern schon im Leuchtturm von Neuwerk gewohnt hat, von einsamen Winterabenden erzählen kann, von Krabbenfischerei und Wattlaufen.

1895 ein fünftes Kind, ein Nachkömmling, ein Mädchen, Hertha Salchow. Alle zusammen ziehen ein Stück weiter, nach Kirchwerder, ins Schulhaus mit dem großen Garten, mit der kleinen Elbe.

Da hab ich gespielt, wird sie acht Jahrzehnte später sagen, als sei es schon fast nicht mehr wahr.

Aus dem Nachkömmling wird eine schlechte Schülerin, ohne den geringsten Ehrgeiz. Für einen angesehenen Alt-Lehrer nicht gerade das Paradestück pädagogischer Künste, aber auch sein Ehrgeiz läßt wohl langsam schon nach, den letzten trifft nur selten noch die volle Wucht elterlicher Wünsche. Das Du-mußt-doch! kommt nur noch halblaut – später wird sie es ihrem eigenen Kind gegenüber auch nicht in der vollen Lautstärke vorbringen können. Wenn man so will, ein sehr früher, erster Baustein für späteres Leben, zum Vorwärtskommen wenig geeignet, denn da läuft es doch auf das große Muß hinaus, anderenfalls wären alle hinterher so beklagten Zeiten wohl nie wirklich zustande gekommen. Sie mußten auch. Und wer will, was er muß, der fährt allemal gut, eine Weile.

Carl Salchow, als Lehrer an dieser gefährdeten Nahtstelle zwischen Wunsch und Wirklichkeit, trinkt hin und wieder ein Glas mehr. Was ist schon, wie es sein soll, wie gedacht, im Kleinen wie im Großen, Familienglück und Deutschlands Einigung. Alles schwierig. 1871. Er hat die Reichsgründung erlebt, den Aufschwung, die große Depression, den Wechsel der Zeiten, es wird unruhig, sie reden vom Frieden, es scheint Krieg zu geben, wenngleich wie immer das Schlimmste noch abwendbar dünkt.

Ein Glas mehr, erste, auffällige Verschiebungen in dieser noch als heil empfundenen Häuslichkeit – auffällig, weil die jüngste Tochter den strengen, gefürchteten Vater mag, die Autorität, die nun buchstäblich ins Wanken gerät. Sie fürchtet die ganz und gar unauffällige Mutter schon eher, und doch sicher nicht ihre Unauffälligkeit, das Blasse.

1911 kommt ein neuer Junglehrer ins Haus – vorgefahren aus Hamburg, mit einer Autotaxe! – das Schicksal.

Hertha Salchow ist eben 16 Jahre alt, und keineswegs darauf erpicht, die traditionelle Rolle zu spielen, sich weder von einem, noch von diesem Lehrer wegheiraten zu lassen. Als ›häßliches Entlein‹, wie sie sich selbst vorkommt, und als wirklich schlechte Schülerin, da scheinen ihre Aussichten ohnehin gering. Sie muß sich nicht wehren.

Fritz Borchert, der junge Lehrer, nähert sich ihrer attraktiveren Freundin, das scheint logisch, ihr macht es nichts aus – und doch, später scheint dieser Umweg wie ein Trick des spielenden Zufalls, denn so kommt dieser junge Mann doch immerhin eines Sonntagabends mit seiner und ihrer Freundin ganz zwanglos ins Haus, geht wieder – und noch heute gibt es den kleinen Weg zwischen Haustür und Gartenpforte, unvergessen der überraschende Augenblick einer ersten Umarmung im Dunkeln.

Zehn Jahre später werden sie die Eltern eines Jungen sein, den sie dann Wolfgang nennen.

In diesem Sommer 1911 trollen sich beide fröhlich ausgelassen auf Fahrrädern durch die Dörfer, treffen sich heimlich, der Lehrer und die jüngste Tochter seines Vorgesetzten, ohne Wahrung aller Formen. Dieser vornehm städtisch wirkende junge Mann, 21 Jahre alt, gibt die Verbindung jedenfalls auf recht eigentümliche Weise bekannt. Er, der später so Zurückhaltende, Bedächtige, trägt Ende des Sommers die weiße Strickmütze der Freundin offen auf seinem Kopf durchs Dorf, ob nun demonstrativ oder fahrlässig, das Geheimnis bleibt nicht länger verborgen.

Die Mutter ist für Sanktionen, der strenge Vater ist für den wohlwollenden Kompromiß. Wenigstens 17 Jahre alt werden und derweil mit dem weiteren Ernst des Lebens noch warten. Härter kommt es nicht, denn der Vater hat für den intelligenten, verträglichen Junglehrer etwas übrig, der obendrein gut Orgel zu spielen weiß. Vielleicht denkt er ihn sich als würdigen Nachfolger.

Also findet die Verlobung heimlich statt – im Morgengrauen des 11. 11. 1911, während einer Dampferfahrt unter einer Alsterbrücke in Hamburg. Romantisch abenteuerlicher kaum denkbar – in dieser Nacht nach einem Sängerfest, das sie mit Anstandsbegleitung gemeinsam besuchen dürfen –, unvergessen die Details, mit der großen Schwester vorher zum Friseur, die Haare fraulich-städtisch nach oben frisiert, erste Kostprobe eines späteren Lebens im großen Hamburg.

Die Zeit vergeht mit Kochen- und Nähenlernen an einer Schule in Winsen – das, was man im Leben am nötigsten braucht, läßt sich ohnehin nicht an einer Schule lernen. Vielleicht auf dem Weg. Fritz Borchert holt sie jeden Abend ab. Reden. Zuhören. Sich schließlich trauen, das zu sagen, was man denkt. Verständnis finden, und zusammen einfach Quatsch machen können.

Sieben Jahrzehnte später über die alten Straßen fahren, im Zollenspieker-Fährhaus an der Elbe sitzen, durch den Saal gehen – *hierher sind wir zum Tanz gegangen,* draußen in der Wand steckt noch eine Kanonenkugel aus Napoleons Zeiten –, hier kam sie damals aus Winsen über die Elbe, hier hat Fritz Borchert sie abgeholt, hier wird viel später ihr Sohn über die Elbe kommen, hinter dem Ende des zweiten Weltkriegs her.

An diesem Ort sitzen, aus dem Fenster sehen, auf die Elbe, wie in der fast schon erschreckend harmlos friedlichen Nachmittagssonne ein Schiff vorbeifährt.

Denken, sie jetzt auf der Stelle umarmen zu können, für ein paar Wörter Vergangenheit, für ein paar Anhaltspunkte zu einem Vielspäter, für ein Schweigen, das sich mit Vorstellungen ausfüllen läßt.

Der Kellner kommt mit den warmen Himbeeren zum Eis. Er nickt uns freundlich zu.

Kinder spielen am Ufer in einem Boot.

Dieses Phänomen, mit den Eigenschaften aus Gewesenem dasitzen, sagen, daß schönes Wetter ist. Ein Tag.

Fritz Borchert, damals – er ihr sicher weit mehr ein Rätsel als sie ihm. Dieser junge Mann, stolz auf eine Reihe von Büchern im Regal, gekauft vom eigenen Geld – diese Fähigkeit, sich in etwas zurückziehen zu können.

Eines Tages liest er ihr etwas vor. Gerhart Hauptmann, *Die versunkene Glocke.* Ein damals vielgelesenes deutsches

Märchendrama, in dem Waldgeist und Elfen agieren, ein Schulmeister und ein elbisches Wesen, halb Kind, halb Jungfrau.

Er liest mit Betonung. Seine Stimme hebt und senkt sich. Sie versteht kein Wort. Sie muß lachen. Freilich, sie verbirgt es, und die Frage, ob es ihr gefällt, beantwortet sie selbstredend mit einem Ja. Er freut sich. Sie schämt sich. Sie hat ihn belogen, und weiß sich noch immer keinen Vers darauf zu machen, warum gerade sie das Ziel seiner Bemühungen geworden ist, das Ziel seines nachhaltigen Eifers, zu einem eigenen Zuhause zu kommen, sehr schnell schon von Heirat zu sprechen. Sie, ein sehr junges Mädchen, das ihm wie eine Art Niemandsland erscheinen muß, formbar nach eigenen Wünschen, denkbar – Ideen, die immer scheitern, tragisch oder zum Glück, denn was sollte mehr daraus werden als ein Stück totes Leben? – angenommen, es gelänge.

Vielleicht hat er es gedacht. Ein Wunsch. Keine Katastrophe. Denn auch ihm fehlt dieser blinde Starrsinn, Ziele durchsetzen zu wollen, auch ihm geht der übliche Sinn für den vorweisbaren Erfolg ab. Ein Charakterzug, der kaum wirklich scheint. Behutsamkeit. Etwas, was letztlich doch nur klingt, wie die floskelhafte Umschreibung für einen Feigling, der sich nicht traut, der Hemmungen hat, mit abgewinkelten Ellenbogen einen lohnenden Weg durch Zeiten zu finden.

Er hat ihn nie gesucht.

Möglich, daß wir wirklich unser Leben lang die wenigen Grundmuster unserer Kindheit weiterspielen, sehr geringfügig nur variiert unter den Gegebenheiten, unter den Umständen. Möglich, daß alle unsere Entscheidungen, so sehr sie von anderen glorifiziert, verurteilt oder geduldet werden, nichts weiter sind als das Suchen oder auch Herbeiführen von Umständen, unter denen dieses Weiterspielen möglich wird. Seltsame Ketten von unbewußten Aufeinanderfolgen, bestenfalls hinterher deutbar. Vermutungen.

Seine Erzählungen aus früher Kindheit klingen noch idyllisch, klingen schön. Mit dem Vater durch Wälder gestreift zu sein, rund um eine mecklenburgische Kleinstadt, rund um Wittenburg. Der Vater Friedrich Borchert, nicht nur Schornsteinfegermeister, obendrein passionierter Jäger, Sonntagsdichter und fröhlicher Geschichtenerzähler. Fritz, sein jüngster Sohn, ein treuer Begleiter auf langen Waldwegen, ein williger Zuhörer für die weltverschönenden Geschichten, allesamt erlogen, aber doch gut anzuhören. Eine Fassade aus Heiterkeit, aus Waldglück und gereimtem Spaß – zu aufgetragen, als daß sie von einem aufmerksamen Kind nicht bald bemerkt und später durchschaut würde. Diese lachende Fassade eines wahrscheinlich tieftraurigen Mannes.

Verlust einer Illusion. So etwas wie ein übliches Zuhause nie gehabt zu haben – die Vorstellung von etwas ruhend Gutem, Sicherem. Kein Wunder, daß ihm später Hauptmanns deutsches Märchendrama gefällt, daß er es mit Leidenschaft liest – irgendwo die alte Illusion zu retten. Dieses heute kaum noch lesbare Stück, wir haben anderes, in das sich flüchten läßt bei Bedarf.

Durchschaut die männliche Flucht des Vaters vor zänkischen Streitigkeiten, mit der Waffe in der Hand, oder einfach nur in frischer Luft, dem häuslichen Herd entflohen. Ein Ausbund an Vitalität, stattlich, ein Mann, der sich nobel zu kleiden weiß. Die Mutter dagegen klein und kränklich, vergnatzt, phantasielos, penibel häuslich, ewig mit einer Baskenmütze auf dem Kopf, ob in der Küche, auf der Straße oder im Bett, ewig im Glauben, die Mütze helfe gegen Kopfschmerzen, von denen sie sicher reichlich hatte. Zwei Leute, so verschieden wie nur irgend denkbar. Ruhig und friedlich erst viel später, wenn sie dann traut beieinander zu liegen kommen, auf einem kleinstädtischen Friedhof im mecklenburgischen Laage.

Ein Leben, oder: zwei Schicksale.

Dieser Vater, der sich nicht nur in schöne Gedanken zu flüchten weiß – er weiß auch Adressen, wo der Spaß mehr

Spaß macht. Zu Hause fünf Kinder, die ihren eigenen Streit haben. Fritz Borchert, der nicht die Vitalität seines Vaters geerbt hat, leicht zur Kränklichkeit neigt, steht dazwischen, empfindlich gegenüber Moralverstößen wie alle Kinder, und doch, stärker oder schwächer, je nachdem, wie sehr einem Kind quälende Widersprüche offenbar werden – wenn Drittes unausweichlich wird, die Flucht in ein Ich, aus Notwehr, wenn Anhänglichkeit zum Vater Feindschaft mit der Mutter bedeutet und umgekehrt, wenn der übliche Weg verstellt ist.

Ähnlich das Verhältnis zu den beiden älteren Brüdern. Einer neigt zum Jähzorn, der andere zur Einfalt. Prügeleien unausweichlich. Dem Jüngsten bleibt kaum anderes übrig, als sich in Intelligenz zu üben, zu schlichten und auszuweichen, sich zurückzuziehen, da er über körperliche Kräfte nicht verfügt. Beide Brüder werden wie der Vater Schornsteinfeger, wobei der jüngere Bruder dann später noch sein höchst eigenes, ungewöhnliches Leben vorführen wird, ganz Sohn seiner Mutter, Frau und Kinder verlassen, dann auch den Beruf, so etwas wie ein Aussteiger – warum nicht, und doch, es scheint eigenartig.

Die beiden Schwestern spielen für Fritz Borchert zunächst keine besondere Rolle. Erst nachdem er das Elternhaus in Wittenburg verlassen hat, im Internat des Lehrerseminars in Neukloster lebt, bringt er bei seinen Besuchen der jüngeren Schwester Bücher mit, da sie wie er literarische Interessen entwickelt. Anders die ältere Schwester, die mehr hausfraulichen Ehrgeiz zeigt. Beider Schicksal wird später für die Zeit stehen.

Fritz Borchert wird Lehrer, bekommt eine erste Anstellung in Hagenow, nur unweit von Wittenburg – bis er dann eines Tages in Kirchwerder aus einer Taxe steigt – ein junger Mann, dem man die Verhältnisse nicht ansieht, aus denen er kommt, die Umstände nicht, die ihn für ein Leben geprägt haben. Dieser junge Mann, der sich um eine Lehrerstelle bewirbt, sie bekommt, und seine zukünftige Frau dazu.

Verständlich, daß seine Wahl auf ein junges Mädchen fällt, das Dominanz nicht befürchten läßt – verständlich seine Neigung, Konfrontationen zu vermeiden. Behutsam auf Ausgleich bedacht. Er kennt das Gegenteil.

Nun, miteinander verlobt, reisen sie 1912 zusammen nach Wittenberg, der guten Sitte gehorchend, den Eltern die Braut vorzustellen. Eine Reise, die zur unerfreulichen Erinnerung wird. Eigentlich nur eine Handvoll Kilometer weit und doch, wie es heißt, Welten – die kleinen Welten, die Menschen um und zwischen sich errichten können, die eigenen, mehr oder weniger verworrenen Glücksvorstellungen zu hüten.

Wie kaum anders zu erwarten: Die Braut ist nicht die richtige Braut. Die Atmosphäre feindlich, selbst wenn, angenommen, von dieser kleinen Frau noch nicht einmal so barsch gemeint, ihre weiß Gott wenig umgängliche Art, die humorlose Strenge – sie hebt ihren großen Zeigefinger, die lebenslänglichen Antipathien sind vorausprogrammiert.

Der zukünftigen Schwiegermutter erscheint die Braut als zu großstädtisch, als zu unhäuslich. Einem anwesenden Schwager erscheint sie dagegen zu dörflich. Nichts ist richtig, nichts ist gut genug für einen Sohn, der Lehrer geworden ist – bei allen Widersprüchen, die Mutter ist stolz auf ihren Sohn, vor allem, wenn er selbst nicht dabei ist, *Fritz, mein Sohn, der Lehrer* (oder richtiger: Fritz, min Söhn de Liehrer!) – viele haben diesen Satz aus ihrem Munde gehört, als sei das Verhältnis ungetrübt, als sei alles in Ordnung. Und auch er tut alles, daß es so scheint, als sei er der liebende, geliebte Sohn seiner Mutter, verträglich ausgleichend über alles hinweg, wie es seine Art ist.

Zum Friedens-Anschein der Krieg, gegen den Eindringling, von außen, in die Idylle – es ist Theater, es ist klassisch: Krieg um einen abgerissenen Mantelknopf der Braut, denn der sagt alles, sie ist kein guter Mensch, und auch wieder angenäht wird der Knopf nicht zum Gegenbeweis. Winzige Details, für alle Zeiten unvergessen – und tatsächlich, an Häuslichkeit ist diese Schwiegermutter nun wirklich nicht zu übertreffen. Sie weiß, wo Knöpfe hin müssen, bis zum Umfallen bemüht, den Zustand völliger Makellosigkeit herzustellen, wenigstens äußerlich, in diesem Leben ohne Leben, wie getrieben von einem nur allzu erklärlichen Ordnungswahn, gegen eine Schande an.

Der Vater, wie in demonstrativer Absicht, ist nicht zu Hause, aber sicher wäre auch mit einer humorvollen Geste nichts mehr zu retten gewesen.

Am Abend bringt Fritz Borchert seine Braut ins Hotel am Schützenplatz – eine große Schleife im Haar, große Tränen im verweinten Gesicht, vor sich eine einsame, schlaflose Nacht im fernen, ihr eisigen Wittenburg. Kaum tröstlich sein Satz an Mutter und Verwandtschaft: Dann heiraten wir eben ohne euch! Sicher ein Schlag in Kleinstadtvorstellungen, aber es wird wirklich so kommen, später bei der Hochzeit werden seine Eltern nicht dabeisein, obwohl bis dahin noch reichlich Zeit zum Einlenken bleibt.

Am anderen Morgen fahren sie zurück nach Kirchwerder, traurig und froh. Ihr Vater, der kaum zu größeren Gefühlsbekundungen fähige strenge Mann, umarmt bei der Ankunft beide.

Wolken am Himmel des jungen Glücks, und doch, was ihnen bevorsteht, weit drohender, läßt sich dann schon weniger mit Wetter vergleichen. Der erste Weltkrieg sammelt seine Soldaten. Fritz Borchert muß in die Kaserne.

Erste Trennung. Aber gegen alles ist etwas erfunden. Briefe, bis dahin überflüssig, nun schreibt sie in Schönschrift ihren Wunsch: Komm bald wieder. Als ginge es nach den Wünschen junger Mädchen – als ließen sich per Brief Kasernen leerschreiben.

Ein utopischer Wunsch. Und doch. Schon nach ein paar wenigen Monaten ist es soweit, Fritz Borchert wird entlassen, als untauglich, wegen zu stark geminderter Sehkraft. Glück, das er einem Unglück verdankt, einmal beim Fußballspielen folgenschwer getroffen worden zu sein.

Wieder zurück ins Zivilleben – und die Zeit läuft weiter, mit all ihren leidenschaftlichen Rufen nach Frieden, jedoch bald überschrien vom Wunsch, der Krieg möge siegreich sein.

Eine Weile ist noch so etwas wie Frieden.

Heiraten. Eine Familie. An die Zukunft denken. Fritz Borchert, auf der Suche nach einer besser bezahlten Anstellung. Er findet sie im Hamburger Stadtteil Eppendorf. Eine Schule, in der später sein Sohn die vier ersten Klassen absolvieren wird, ohne Anzeichen, daß diese Schule einmal den Namen eben dieses Schülers tragen wird: *Wolfgang-Borchert-Schule.*

Eine Wohnung. Fritz Borchert findet sie in der Nähe, in der Tarpenbekstraße 82, Eckhaus, oben in der ersten Etage, und nichts wird über viele Jahre darauf hindeuten, daß eines Tages am Eingang eine Sandsteintafel befestigt werden wird mit der Aufschrift: In diesem Haus wurde der Dichter Wolfgang Borchert am 20. Mai 1921 geboren.

Näher liegt der 29. Mai 1914.

Hochzeit in Kirchwerder.

In den Schulräumen eine Tafel für 60 Gäste – die Braut in Weiß, mit Kranz und Schleier – eine Hochzeit, wie sie sein soll – in der Kirche spielt ihr Vater die Orgel – ein schönes Fest, ein Jawort, wie immer ins Ungewisse, mit den besten Wünschen für viel Glück.

Einen Monat später fallen Schüsse im fernen Sarajevo. 28. Juni 1914.

Im nahen Kiel trifft sich ein paar Tage später Kaiser Wilhelm mit König Krupp zum Abendessen, wobei sie die Materialfragen für den Kriegseintritt Deutschlands besprechen. In Hamburg, wie in vielen anderen Städten, finden große, machtvolle, vergebliche Friedensdemonstrationen statt, der Krieg ist schon im Gange, eilig bald mehr als die halbe Weltbevölkerung darin verwickelt.

10 Millionen Tote.

Vor dieser Zukunft noch eine Reise in die Vergangenheit – vor dem Abschied der Tochter noch eine Reise an den Ort, wo der Vater sich einmal verabschiedet hatte, zurück in die Gegend seiner Kindheit, quer durch Mecklenburg, zunächst nach Woldegk, zur Schwester des Vaters, die ihrem Bruder einmal geraten hatte, in die Welt zu ziehen, woanders sein Glück zu versuchen.

Eine freundliche kleine Frau, deren bescheidene Statur kaum glauben läßt, daß sie wirklich die Schwester des massigen, breitschultrigen Vaters ist, verheiratet mit einem Zimmermann, ihr Lebtag nicht über die engste Umgebung hinausgekommen, bereit zu einer herzlichen Begrüßung der ›weitgereisten‹ Gäste.

Keine Spur von Reinlichkeitswahn. Im Hof laufen die Schweine, durchs Fenster flattern die Hühner, auf den Milchsatten schwarze Fliegenschwärme. Glücklich und zufrieden, diese beiden alten Leute, 1914, ein paar Tage vor Ausbruch des ersten Weltkrieges. Unvergessen der nun jungen Frau Borchert das gemeinsame Essen rund um den Tisch – neben ihr der Geselle, noch in Erinnerung die schwarzen Haare, die ihm aus der Nase wachsen – in der Tischmitte die Schüssel, jeder mit einem Löffel, Teller ein entbehrlicher Luxus.

Diese Quasi-Hochzeitsreise – denkbar, allein zu irgendwelchen Sehenswürdigkeiten, angenommen, sie hätten das Geld dazu gehabt, sich auf den Eiffelturm oder sonstwohin zu begeben, doch sicher nicht mit diesen Eindrücken von Leben. In dieser Szenerie staunend den Vater sehen, als anders. Plötzlich viel weniger Vater, eher Freund, der Tochter gegenüber, die nun eine Frau ist. Plötzlich das lange Bewunderte, das lange Unverständliche deutbar, die Fassade einer Unantastbarkeit, das bisweilen Grobschlächtige nichts als Abwehr, Amtsperson und Vater, eine Rolle, ein Nimbus, der in seine natürlichen Bestandteile zerfällt.

Etwas, was wohl nur spätgeborenen Kindern bewußt werden kann, wenn überhaupt, in einer Weise, die noch eine Spur Einfluß hinterläßt – Irritation, die unschlüssig macht.

Fritz Borchert, nun Schwiegersohn, immer noch mit Verehrung für den ehemaligen Vorgesetzten – möglich, daß er weiß, daß er selbst es nicht fertigbringen wird, sich hinter einer aufrechten Amtsrolle zu verbergen, mit dem Anschein einer Unantastbarkeit, sich vor sich selbst zu setzen, in den Harnisch der Autorität zu steigen, Beispiel für den Anschein zu sein. Möglich, daß er es weiß, zeitlebens ein harmloser guter Mensch bleiben zu müssen.

Von Woldegk in Richtung Strelitz, bis zu dem kleinen Ort Stolpe. Ein paar Häuser an der Landstraße. Auf der Suche nach dem Geburtshaus des Vaters treffen sie am Wald auf einen Jäger. Zwei alte Männer, die sich wiedererkennen, sich weinend in den Armen liegen, weil sie als Schulkinder Freunde gewesen waren, und sich später aus den Augen verloren hatten.

Dabeistehen, beide, mit dem Gefühl, daß Leben eine sehr merkwürdige Sache ist, plötzlich, aus diesem Abstand der Entfernung, an einem anderen Ort.

Etwas wird davon bleiben in der neuen, ungewohnten Umgebung. Aus den Vierlanden in die große Stadt. Aus dem geräumigen Haus in eine Etagenwohnung, in der die Möbel noch fremd nach Beize riechen, zwischen Wänden, die keine erkennbare Vergangenheit haben. Der Blick aus dem Fenster: die Straßenstadt, nicht der große Garten am kleinen Elbarm.

Krieg. Für Fritz Borchert findet er einstweilen in der Zeitung statt. Fernsehen noch nicht erfunden – diese Illusion, dabeizusein, es mit eigenen Augen zu sehen, wie die Besiegten jubeln, von deutschen Truppen endlich erobert zu sein, abends im Sessel, die bunten Bilder einer abenteuerlich verrückten Kinowelt.

Statt Bilder kommen Menschen in die Tarpenbekstraße 82. Fritz Borchert trifft alte Freunde wieder aus der Zeit im Lehrerseminar. Eigenartige Leute, die mit ihren unkonventionellen Ansichten die eher konventionellen Möbel beleben.

Unruhige Geister, die zu einem jungen Ehepaar kommen, das ihnen kaum ähnlich ist. Zu einer jungen Frau, die sich bislang wenig um all das gekümmert hat, wovon nun die Rede ist. Wenn schon, dann eher ehrfurchtsvoll zu

Füßen der unverständlich großen Geister der Literatur, ihnen in der Schule aus dem Wege gegangen, nun findet sie die großen Namen lachend ausgesprochen, Goethe in Filzpantoffeln, abgetan von sich genial gebenden Himmelsstürmern. Zu einem jungen Lehrer, der eben noch in einer Dorfkirche seinen Schwiegervater an der Orgel vertreten hat, zu ernsthaft, um seinen respektlosen Gästen ganz zu folgen; geistig zu beweglich, um entrüstet zu sein – eifrig diskutierend zwischen ihnen.

Ein paar Spritzer dieser gewaltigen Woge Leidenschaft, die seit der Jahrhundertwende alle Unzufriedenheit, allen Zorn auf das Bestehende in sich aufgenommen hat, alle erdenklichen Vorstellungen darüber, wie die Welt zu verändern sei. Kämpferisch, märchenhaft, ideologisch, versponnen, religiös, lachend, tränentraurig, zynisch, stürmend, versunken – das absolute ICH, die totale Kollektivität, alles in dieser nie dagewesenen Breite, Aufbruch in tausend Paradiese. Nur die niedrige, kunstlose Erde weiter unten bleibt schnöde, engstirnig brutal, verbissen in militärische Gewaltritte – liefert fleißig weitere Beweise ihrer Besserungsbedürftigkeit.

Auffälligste Erscheinung, der aus Schwerin stammende Friedrich Schult.[6] In Erinnerung geblieben als junger Kauz. Klein von Wuchs, und doch fähig, mit seinen eigenwilligen Ansichten eine Stube zu füllen, mit Wörtern, die angriffslustig aus einem spitzen Gesicht alles andere niederreden. Haarfransen ragen ihm von der Stirn bis tief in die Brillengläser, seine kurzen Beine baumeln in der Borchertschen Wohnung lässig von der Sessellehne. Sein Thema, sein einziges Thema: Barlach. Später verbindet beide tatsächlich eine enge Freundschaft, und Schults Verdienste um Barlachs Werk werden unbestritten sein.

Einstweilen urteilt Barlach über Schult noch weniger begeistert: *Er war wieder voll behutsamer Bedächtigkeit, heute aber schien mir sein Gesicht nicht wie damals das eines geduldigen Pfadfinders in den Urwäldern dieser Welt. ... Die analysierende Jugend ist viel langweiliger, als sie denkt, und dabei glaube ich wohl, daß Herr Schult kein mittelmäßiger Kopf ist, was man ihm aber wünscht, wäre etwas anderes.*[7]

Als Gast in Hamburg, 25 Jahre alt, hinterläßt Schult größere Wirkung.

Bedächtiger in seinen Äußerungen der lang aufgeschossene, ein wenig schlaksig wirkende Paul Schwemer, Maler und Graphiker, der in seinem Hamburger Atelier allerlei Leute um sich versammelt, häufig Gast in der Tarpenbekstraße, wie auch Karl Lorenz, der spätere Herausgeber der Monatszeitschrift *Die rote Erde* (1919/20 erscheinen 12 Hefte), in der dann die Namen Schult und Schwemer wieder auftauchen, unter Graphiken und dadaistischen Gedichten.

Paul Schwemer dann noch in einem anderen Zusammenhang, wenn es einen Schüler geben wird, der Wolfgang Borchert heißt. Er wird auch Zeichenunterricht haben, und sein Lehrer wird Paul Schwemer sein.

Noch aber sitzen die zukünftigen Eltern manchen Abend mit Freunden im *Kaiserkeller*, noch gibt es einen leibhaftigen Kaiser, wenn auch nicht in Hamburg, und wenn auch nicht mehr lange – noch gibt es die vehementen Streitgespräche über Kunst, Gott und Welt, das Drüberherfallen, wenn sich andere mit ihren literarischen Versuchen in den Kreis wagen, in diese Runde der Genies. Dennoch, beide werden erstaunt sein, daß auch ihr Sohn sich eines Tages zu den Genies rechnet.

Hertha Borchert, einst so uninteressierte Schülerin, greift nun leidenschaftlich zu Büchern. Sie liest, beraten von ihrem Mann, Hölderlin, Stifter, Droste-Hülshoff, Dehmel, Tieck, aber auch Dada. Dazu Geschichte. Sie kommt bis weit in den Dreißigjährigen Krieg. Sie liest, um in der Runde mithalten zu können, um auch so schön selbstsicher daherreden zu können wie etwa die Frau Paul Schwemers, die sie anfangs beneidet, dann aber doch belächelt. Mit zunehmendem Wissen weiß sie, wie wenig andere wissen – aber auch, daß ein kräftiger Schuß Selbstvertrauen zum Leben gehört.

Später scheint es wie in einem Atemzug, den Dreißigjährigen Krieg zur Seite legen und den obligaten Pappkarton packen. Strümpfe, warme Unterhosen, beste Wünsche, alles was ein Soldat mit in den Krieg zu nehmen hat. Fritz Borchert muß erneut in die Kaserne. Davor retten nun auch die schlechten Augen nicht mehr. Andere sind schon an der Front. Der Kreis lichtet sich – aus dem Kunsthimmel geht es in den Schützengraben.

An ihrem noch nicht geborenen Sohn wird sich der Vorgang wiederholen, als wär's der selbstverständliche Lauf der Dinge. Sein Kunsthimmel wird größer sein, der folgende Krieg dann weltweit schlimmer, das Glück nötiger, die Umstände tragischer als nur verminderte Sehkraft...

Fritz Borchert hat Glück. Als Sanitäter ausgebildet, überlebt er den ersten Weltkrieg im Hinterland, wenn auch mit stark angeschlagener Gesundheit. Andere ›bleiben draußen‹, wie es so schön sanft heißt, als sei es kein sinnloses Verrecken.

Gemessen am Schicksal seines Schwagers Hans Salchow hat Fritz Borchert jedenfalls Glück gehabt, denn, ausgezogen als strammer, heiler Gardesoldat, kommt der mit nur einem Bein zurück. Allerdings mit ungebrochenem Lebensmut. Eine von den seltenen, unnachahmlichen Naturen, die sich auch mit nur einem Bein trauen, vielleicht sogar erst recht, die Welt zu erobern. Die Zeit ist ohnehin hart, er verlegt sich aufs große Geldverdienen, auf ein Leben aus dem vollen. Und schafft es. Ein kleines Vermögen. Arbeitet sich vom Angestellten zum Teilhaber eines Unternehmens hoch, kauft sich ein Auto, was allein schon zur Sensation gereicht hätte, wird aber obendrein noch Motorradrennfahrer – als Einbeiniger! Wie, als wollte er, dem Tod entgangen, sich nun vom Leben nichts entgehen lassen – verkehrt in anrüchigen Kreisen so selbstsicher wie in besten Bürgerfamilien, umgänglich, trinkfest, fröhlich, ein Unikum. Ein Leben wie erfunden. Spekuliert mit seinem Vermögen, verliert, strebt, tief unten angekommen, wieder nach oben, schafft es abermals, heiratet ein, wie man sagt, leichtes Mädchen, das ausgerechnet durch einen Seelsorger auf die unfromme Bahn geraten war, läßt sein Geld durch die Finger rinnen und kauft sich in Hamburg schließlich eine Kneipe in der Niendorfer Straße, als *Rote Burg* bekannt, weil sich in ihr Kommunisten treffen.

Dabei war mein Onkel natürlich kein Gastwirt. Mit diesem Satz wird später eine Geschichte beginnen, zur Erinnerung an eben diesen Hans Salchow, der zu allem anderen auch tatsächlich noch einen leichten Sprachfehler hatte. *Schischyphusch* wird die Geschichte heißen und zu einer frühen Zeit spielen, als dieser bewunderte Onkel sein letztes Abenteuer noch nicht erlebt hatte.

Autofahrer, Frauenfahrer, Herrenfahrer, Rennfahrer. Mein Onkel Säufer, Sänger, Gewaltmensch, Witzereißer, Zotenflüsterer, Verführer, kurzzungiger, sprühender sprudelnder spuckender Anbeter von Frauen und Kognak. Mein Onkel, saufender Sieger, prothesenknarrend, breitgrinsend, mit viel zu kurzer Zunge, aber: als hätte er sie nicht!

Äußerst nüchtern dagegen das weitere Schicksal Fritz Borcherts. Nach dem Krieg hat er auch sein Ziel. Er läßt sich immatrikulieren, um in Geschichte und Philosophie zu promovieren. Ein alter Wunsch, aber schon sehr bald muß er das Studium aus gesundheitlichen Gründen aufgeben. Eine schmerzliche Entscheidung. Sein Zustand verschlechtert sich, er muß den Unterricht einschränken, schließlich den Lehrerberuf ganz aufgeben.

Gezwungen zu Hause zu bleiben, dazu in finanziell zwangsläufig bescheidenen Verhältnissen – er vergräbt sich in Bücher, tröstlich die erholsamen Spaziergänge in der Natur – wie das Fügen in ein Schicksal, anders als sein Schwager nach einem Bankrott. Tatmenschen imponieren. Die Bücher des anderen sind Geschäftsbücher. Fritz Borchert läuft seiner Zeit erfolglos nebenher: Weltkriegsende, Revolution, Republik, Versailles, Putsch, Generalstreik – Daten in der Biographie eines Landes, das Deutschland heißt. Zeit, von ihm nicht danach befragt, was sie abwirft, ohne Talent zum Zuschlagen, wenn andere noch zögern, unfähig, sich in der allesbietenden Unordnung auf eine lohnende Seite zu bringen, auf den Erfolg.

Fritz Borchert geht spazieren, was scheint, als ginge ihn die Welt nichts an.

Und doch: Sie erwerben ein Erstaufführungsabonnement für die Hamburger Kammerspiele. Auf der Bühne Zeit. Stücke von Wedekind, Hasenclever, Unruh. Zu Hause lesen sie diese Stücke, sprechen darüber, sprechen mit anderen darüber, die nach den Vorstellungen noch zusammenbleiben. Ein neuer Kreis. Einladungen. Zusammenkünfte, häufig im Haus des Redakteurs der *Hamburger Zeitung*, H. W. Fischer. Froh, wieder Anschluß gefunden zu haben, wie vor dem Krieg, wenn auch anders – anders als die alte Clique vom *Kaiserkeller*, und doch wieder unkonventionelle Leute mit Ansichten, den Ideen einer Zeit verschrieben, Kunst – wieder etwas von der großen Woge einer Zeit, die beginnenden 20er Jahre, nicht in Berlin, im etwas kühleren Norden, aber es ist die Zeit – Hertha Borchert erinnert sich ihres resedafarbenen Huts, der *wie verrückt machte*, erinnert sich an Namen, Herrman Krieger, an seinen Roman *Die Höllenmühle*, Robert Walter, an die Uraufführung seines Schauspiels *Der glückselige Meergarten* – Namen, die später durch das weite Sieb der Bedeutung fallen, ins Vergessenwerden.

Abende im Kreis von Schauspielern und Tänzerinnen – wieder das Gefühl, eigentlich doch nicht so ganz dazuzugehören und doch aufgenommen zu werden von den anderen – am Rande, und doch mittendrin. Eine eigenartige Position, in der sie sich bemerken, überspielt von den wechselnden Ereignissen.

Von seinen Schwiegereltern bekommt Fritz Borchert ein Klavier. Er ist glücklich, nimmt erneut Unterricht und scheint zufrieden. Um so überraschender sein plötzlicher Wunsch, Arbeiter werden zu wollen, auf der Werft von Blohm & Voß. Frei sein! Ein Leben unter Männern! Er gesteht es seiner höchst verwunderten Frau. Er, der Bedächtige. Ein abrupter Widerspruch. Aber schließlich sind alle Wünsche ein Widerspruch – plötzlich anders sein zu wollen. Das Unmögliche. Wohl ein überdeutlicher Fingerzeig darauf, wie dieser Mann sich selbst empfunden haben mag.

Dann ist nie wieder die Rede davon. Seiner Frau bleibt es ein Rätsel, wie es ihm wohl ein Rätsel bleibt, warum sie gelegentlich über Depressionen klagt.

In diesen ereignisreichen Jahren – zwischen Wahlen, Barrikaden, Räterepubliken und Schüssen, politischen Morden. Ereignissen, die in der Zeitung stehen. Aber wie wir die Welt empfinden, das hat wohl immer auch noch andere Quellen.

Hans Salchow, das Unikum, veranstaltet eine kleine Revolution, einen Anschlag auf das traute Glück einer Geburtstagsfeier im weitläufigen Familienkreis. Harmlos schlägt er einen abendlichen Lokalbummel vor, der dann allerdings nur eine einzige Station haben wird. Brüder, Schwägerinnen, Schwestern und Schwager finden sich in einem Weinlokal wieder, in dem Hans Salchow sich auskennt. Hauseigene Damen nehmen auf den Schößen der Ehemänner Platz, unschwer zu erraten: ein Bordell. Selten sitzen die eigenen Ehefrauen daneben – ein Spaß, ein Stück Theater, ein Stück gelungene Kunst, verfremdete Wirklichkeit. Die Ehefrauen verdattert. Fritz Borchert wird von einer Blonden gestreichelt, er spielt mit – Hans Salchow stellt seine Verwandtschaft vor – alles meine Freunde – und nun sind die restlichen Damen auch zu den Ehefrauen nett – zu Hertha Borchert gesellt sich eine Dunkle mit großen Augen – eine fröhliche Runde, bis Hans Salchow lachend in sein Auto steigt und davonfährt. Zurück bleibt ein aufgeschreckter Trupp, in ehelichen Verdächtigungsstreit verwickelt, Krisen bahnen sich an – die Welt steuert auf entschieden größere zu, und wer die Wahrheit nicht wahrhaben will, der wird über sie erschrocken sein.

Tage, ausgefüllt mit Alltäglichem, bei aller Buntheit, mitten in einem unkonventionellen Bekanntenkreis, mitten in den Späßen eines Bruders, der seine schlicht biedere Verwandtschaft zu schocken weiß. Leben, dem es an unlangweiligen Farbtupfern nicht fehlt, eher an der ganz einfachen Selbstverständlichkeit, daß zu einem richtigen Familienleben ein Kind gehört. Andere haben es, noch bevor sie daran denken. Hertha Borchert nicht, so sehr sie sich beide dieses Leben zu dritt wünschen.

Dann aber, nach sieben Ehejahren, am 20. Mai 1921, früh drei Uhr, in der Tarpenbekstraße 82 in Hamburg, das so sehr erwartete Ereignis: ein Junge. Wolfgang Borchert.

Genau fünfundzwanzig Jahre später wird er selbst dieses In-die-Welt-Kommen beschreiben, nicht aus der Erinnerung, als Bilanz, als *anmaßenden Versuch*...

Zeilen, später in anderen Zusammenhängen aufschlußreich, wenn sie auch nur andeutungsweise etwas von diesem höchst komplizierten Mechanismus Leben verraten, in den das erwartete Kind nun so unerwartet geboren ist, in dieses feine, unübersehbare Gespinst aus Vorstellungen, Wünschen, Erfahrungen und Umständen.

Möglich, daß es in den Erinnerungen später nur so scheint, und doch: als wären da bei aller Freude auch frühe Befürchtungen gewesen – so selten es die Ereignisse selbst sind, die ihren Hergang sonderbar erscheinen lassen, eher, daß hinter ihnen etwas vermutet wird, aus diesem deutenden Gefühl der Unsicherheit.

Am Morgen dieses 20. Mai kommt Carl Salchow, weil zufällig in der Stadt, zu Besuch in die Tarpenbekstraße, ohne von dem Ereignis zu wissen, soeben abermals Großvater geworden zu sein, nun auch durch seine jüngste Tochter, die sich später erinnert, wie dieser massig-schwere Mann auf Zehenspitzen durch die Wohnung geht, ihr wortlos mit der Hand über das Haar streicht, dann, noch immer stumm, einen Blick auf seinen jüngsten Enkel wirft und geht, einfach weggeht, ohne ein Wort zu sagen, als sei er unfähig, das übliche, lächelnde ›Alles Gute‹ auszusprechen, als sei er nicht fähig, es sich vorzustellen, das zuversichtliche: Es-wird-schon.

Zurück bleibt Raum für Vermutungen, der sich mit Befürchtungen füllen läßt – denkbar, mit dieser Furcht, nun ein richtiges Leben bewerkstelligen zu müssen, mit all dem traditionellen Richtigmachen, wofür es ihr sicher an unumstößlich selbstverständlichen Mustern fehlt, als letztes, spätes Kind am schon mehr bröckelnden Rand von Verhältnissen aufgewachsen.

Wie üblich tragen sie ihr Kind an ein Taufbecken, kaum ahnungslos genug zu glauben, es könne wirklich schützend gegen den Lauf der Dinge helfen, zu wissen, daß da ein Gott ist, für den schlichten Wunsch, dieser Junge möge ein guter Mensch werden, dem es also gutgeht.

Aber so üblich es werden soll – es wird unüblich. Denn daß ausgerechnet der Täufling Wolfgang Borchert den ›lieben Gott‹ entschieden ernster nehmen wird, ernster als man von ihm erwartet, es ist nicht vorauszuahnen – daß er diesen ›lieben Gott‹ hartnäckig suchen wird, wie nur etwas, was nicht zu finden ist – kindlich in einem Kabeljau-Auge, später *in jeder Ruine, in jedem Granattrichter, in jeder Nacht*, im fraglichen Sinn der Ereignisse. Später werden die ungestört Weiterglaubenden es nicht verstehen wollen, daß ein Beckmann sagt: ... *ich kenne keinen, der ein lieber Gott ist* ...

Später werden sie es nicht verstehen, daß in der *Hundeblume* der Gefangene in Zelle 432 mit allem anderen sein Christentum ablegt, es vorzieht, ein *brauner Balinese* zu sein, ›Wilder‹ eines ›wilden‹ Volkes ...

Die Fähigkeit, überhaupt nach etwas zu suchen, wenn alles gefunden scheint – die Fähigkeit, überhaupt noch nach etwas zu fragen, wo es doch Antworten gibt – später scheint es erstaunlich, rätselhaft, daß zu den Fähigkeiten noch mehr Unfähigkeiten gehören.

Vorstellbar, daß es den Eltern, die ihre eigene Geschichte mitbringen, nicht gelingt, oder doch nur so gut es geht, das alleswissende, undurchdringbare, zweifeltötende Erziehungsgesicht zu machen, das unabänderliche Du-mußt ohne zögern auszusprechen, als gebe es für Folgsamkeit ein Himmelreich zum Lohn, als hinge die Welt bei Strafe ihres

Untergangs an leergegessenen Tellern – und ja wirklich, denn so üben wir das Runterschlucken. Ausgesprochen und befolgt, oft, todernst, als ginge es darum, ein Rittergut zu erben, und ja doch nur um die arme Fähigkeit, aus dem Schlimmsten immer wieder das vermeintlich Beste zu machen.

Einstweilen still und rosig in seinem Bett-Korb, damals...

2
Mit seinem eigenen Kopf voll hochtrabender Ideen

Dieses anfangs so ruhige Kind, von der Mutter staunend umsorgt, das sich noch wie eine Puppe still in den Korb legen läßt, als würde es abwarten wollen, was kommt – schon nach ein paar wenigen Monaten unruhig, kränklich, wie ein Sichweigern, einfach nett und verträglich zu sein. Noch im zarten Säuglingsalter, weiß nichts von der Welt, und hätte doch allen Grund, lauthals zu schrei'n.

Der ewige Märchenonkel erzählt eine schöne Geschichte, von den guten Männern, die von weither in das ferne Washington reisen, um sich für das große Buch der Weltgeschichte ein weiteres, bald vergessenes Kapitel auszudenken. Denn, sagen sie, es sei nun, im Herbst 1921, endlich soweit, *eine bessere Ordnung zu schaffen, die der Welt die Ruhe zurückgeben wird,* nun, wo *die Stimmen der Völker laut werden, die des Krieges müde sind*. Gemeinsam singen sie das Lied von 1899, das alte Lied von der Rüstungsbegrenzung – enemene-miste, wieviel Kriegsschiffe hast du in der Kiste? – sie abzählen, und alles wird gut – schlaf, Kindchen, schlaf – es wird eine Lust zu leben – der Frieden bricht aus, eines Tages mußt du Soldat werden, und ob du soviel Glück wie dein Vater haben wirst, nicht gesund, aber doch lebend davonzukommen, noch ist es fraglich.

Und unsere Mütter verwischten mit buntfarbigen Tüchern ihre maßlose Trauer...

Allen späteren Vermutungen zuwider, dominierend wird für diesen Jungen in den ersten Lebensjahren der Vater. Und das kaum durch seine später so oft bewiesene

Zurückhaltung, als Zuflucht etwa, vor einer strengeren Mutter. Vielmehr durch praktische Aktivitäten, die für gewöhnlich mehr von einer Mutter besorgt werden. Er, der seine eigenen Krankheiten nie ganz auskuriert, Herz-, Magen- und Schilddrüsenbeschwerden, geht mit dem häufig kränkelnden Sohn zum Arzt, erledigt überhaupt allerlei von dem, was man ein Kind versorgen nennt, nimmt ihn auf seinen Spaziergängen mit, erzählt Tiergeschichten, die sich im Wald zutragen, und sicher mehr im Wald um Wittenburg als in der Nähe Hamburgs. Erinnerungen an die eigene Kindheit – sicher, nur, eine Waffe haben sie nie dabei, Fritz Borchert ist kein Lebens-Jäger, es paßt nicht zu ihm, anders als sein Vater, unfähig zu plötzlichen Entladungen, unfähig, sich einen nachhausetragbaren Erfolg zu verschaffen, oder ein tröstlich eiliges Aushilfsglück.

Sich ins Schöne erzählen – selbst dem Friedlichen ist die Welt nicht zwangsläufig friedlich, so sehr sein Gemüt das wahre Glück vermuten läßt. Sicher weit komplizierter und einem Kind weit weniger durchschaubar als Väter, die sich darauf verstehen, gelegentlich mit der Faust auf den Tisch zu schlagen.

Fritz Borchert, der wieder unterrichtet, zeitweilig auch Privatunterricht im Hause gegeben hat, nimmt seinen Sohn oft mit in die Schule, wo er mit in einer Mädchenklasse sitzen darf, die Aufforderung zum *Aufstehen* und *Hinsetzen* geben darf, sich groß fühlen darf. Das macht Spaß, verschafft durch einen zumindest insoweit höchst attraktiven Vater. Nichts, was die Mutter dagegen zu bieten hätte.

Dennoch wird später, wenn dieses Kind sich erinnert, Geschichten schreiben wird, nur selten vom Vater die Rede sein, und auch dann nur sehr am Rande, als hätte er nie eine Rolle gespielt, als hätte es ihn kaum gegeben, als hätte er in seinem Leben kaum mehr gesagt als: *Ist gut, mein Junge.* Als sei dieser Vater nur durch seinen Husten aufgefallen, als er durchs Zimmer ging, nur durch den Geruch seines Tabaks.

Auffallend häufig wird das Wort Mutter fallen, in der Beschreibung ganz realer Situationen – *Keine Vierländer*

Tomate könnte ein röteres Rot ausstrahlen. Meine Mutter leuchtete –, aber auch, sogar häufiger, mehr allegorisch, als Mutter schlechthin. Als Wunsch. Sicher, weil sie nie das ungebrochen Selbstverständliche war, nie ganz so beruhigend greifbar, wie ein Kind sich das wünscht.

Schon nach der Geburt des so sehnsüchtig erwarteten Kindes gesundheitlich schwächer, nach wie vor undefinierbaren Stimmungen unterworfen, uneins mit sich selbst, erkrankt sie ernsthaft. Fieberanfälle fesseln sie ans Bett. Eine Infektion durch bangverseuchte Milch, damals noch nicht allzu bekannt. Die Ärzte laborieren unschlüssig. Das Fieber zieht sich, wenn auch mit Unterbrechungen, über Jahre hin. Ein Umstand, der sie immer wieder als Mutter ausfallen läßt und noch weniger selbstverständlich macht.

Daneben der Vater, der mit Verständnis auf Verständnis hofft. So edelmütig wie heikel.

Das aber läßt Spielraum für Aktivitäten, dieses frühe Schema für Welt abzustecken. Eher vage als etwa festgefügt, so und nicht anders, als sei hinter den Dingen nichts, auf diesem ansonsten schmalen Weg zwischen Forderung und Sanktionen – auf diesem Weg mit Ohrfeigen, die immer ahnen lassen, was kommt, die schlau machen, den glatten Weg des Durchkommens zu finden, ohne viel anzustoßen. Nur allzuoft Schauplatz für verhängnisvoll lächerliche Siege, das Leben möglichst reibungslos zu absolvieren. Diese frühen Übungen, sich aus dem Wind der Umstände zu bringen oder kräftig mitzublasen, so gut und so lange es geht, bis ein anderer Wind weht.

Erschreckend, sobald gedacht vor dem Hintergrund mörderischer Zeitläufte. Als sei die Erfahrung nicht gemacht worden, daß es den nahezu lückenlosen Übergang gibt, von der Pflicht, den Mülleimer runterzutragen, artig, ohne Widerrede, bis zur Pflicht, an einem Weltkrieg teilzunehmen, artig, ohne Widerrede – denn da wird nicht diskutiert, was sein muß, muß sein.

Als sei die Erfahrung nicht gemacht worden, daß immer alle alles nicht gewollt haben, und daß ausgerechnet daraus die Welt gemacht worden ist. Aus lauter Überwindung – hin zu einem ziellosen Ziel.

Dazwischen, immer wieder, die Sonderlinge, die wie plötzlich ganz unsinnig in diesem Wind stehen, ihr zerzaustes Haar vorweisen, sagen, daß er weht, was wir tatsächlich nicht bemerken, weil wir immer damit gerechnet haben. Die Sonderlinge, die sich irgendwann dreist herausnehmen, keine so richtig nützlichen Mitmacher zu sein – Querköpfe, Witzbolde, Reinredner, Außenseiter. Sicher, alles wird ganz so später nicht erklärlich werden, aber doch hineingespielt haben. Wenn einer mit dem Kopf durch die Wand will, ist kaum die Wand daran schuld.

Natürlich mühen sich die Eltern um eine gute Erziehung, nach dem gängigen Grundsatz, daß geschlossene Einheitlichkeit den nachhaltigsten Eindruck macht, das gemeinsame gute Beispiel, der glatte Satz, in den die hakig-widersprüchliche Welt soll. Dieses nicht nur für Kinder ausgedachte Versteckspiel der Erwachsenen, sich hinter Regeln zu verbergen, bis hin zur Selbstverleugnung untereinander, das sie bis zur Unkenntlichkeit miteinander verbindet.

Dem sensiblen Jungen bleibt dieses Spiel nicht verborgen, sehr früh schon – wie es sein kann, daß unter dem Weihnachtsmannmantel die nur allzu bekannten Schuhe zum Vorschein kommen. Weihnachten bleibt schön. Eltern bleiben Eltern. Und doch ist da ein Stück der abenteuerlichen Welt entdeckt.

Höchst erstaunt registrieren die Eltern den mit Nachdruck vorgebrachten Satz ihres Sprößlings: *Bei euch stößt man auf eine Wand!*

Eine literaturverdächtige Bemerkung ist es nicht, die der noch sehr kleine Junge da vorbringt, und doch ist es eine Art Positionsbestimmung, dieses ICH-IHR-Verhältnis, das ihn zeitlebens zum Beobachter macht, zum Entdecker des widersprüchlichen Geredes der Leute, des sonderbaren Verhaltens zwischen Wollen und Tun.

Denkbar die schon mal probeweise angehobenen Augenbrauen der demonstrativen Selbstsicherheit, das Sichabwenden mit dem Sieg, überheblich, die aufgerichtete Wand doch schon so gut wie überwunden zu haben.

Diese Reaktion, die im gleichen Augenblick den Vater wohl sehr anders erscheinen läßt, diesen guten, gutmütigen Mann, äußerlich so provozierend leidenschaftslos, dessen Geduld wie gleichgültig erscheinen mag. Doch plötzlich nicht so attraktiv, wie ein Kind es erwartet, das fähig ist, Merkwürdigkeiten wahrzunehmen, um so genauer vielleicht, je weniger sie verstanden werden.

Interessanter dann doch die Mutter mit ihren plötzlichen Leidenschaften, ohnehin verstärkt durch Unzufriedenheit, das ihr eigene Feld für Selbstbehauptung noch immer nicht gefunden zu haben. In ihren Versuchen voller Überraschungen – schon eher nach dem Geschmack eines fröhlich aktiven Jungen. Angezogen, und sicher auch wieder abgestoßen, plötzlich, wie eine losgelassene Hand. Bei aller Liebe ein durchgehend ambivalentes Verhältnis.

Lola Töppke, eine befreundete Bildhauerin, drückt der Mutter eines Tages ein Stück Ton in die Hand. In der Küche steht bald ein Töpferbock, an dem sie sich zur Verwunderung ihres Mannes bis spät in die Nächte hinein zu schaffen macht, voll Eifer, etwas Eigenes zuwege zu bringen. Aber Ton erweist sich dann doch nicht als das geeignete Material, sich zu formulieren.

Dem Sohn gelingt es auf der Straße offenbar schnell, das geeignete, glückbringende Betätigungsfeld zu finden, sich unter den anderen Kindern zu behaupten in den oft harten, handgreiflichen Auseinandersetzungen. Durchaus kein Sonderling, der dem Treiben nur von weitem zusieht. Er neigt zum Anführer, zum Anstifter von Streichen und Späßen, zumindest seinem Hauptspielgefährten gegenüber, dem Vetter Karlheinz Corswandt. Der wohnt nur ein Stück um die Straßenecke, einen Monat jünger als der schon früh bestaunte, verehrte, bewunderte Wolfgang, über all die Jahre, heute noch voll Erinnerungen an die Zeit damals. Ausgebreitete Fotos. Im Bücherregal die Geschichten, darunter die vom Stiftzahn und den Rahmbonbons.

Ein Kinobesuch der beiden Zwölfjährigen. Verewigt die Episode einer reichlich unbeschwerten frühen Kindheit, eh Zeit sich ins Lachen mischt, ehe trotzdem weitergelacht wird.

Erinnerungen – auch die, daß unter den Kindern auf der Straße ein Mädchen war, dessen Vater Ernst Thälmann hieß. Sie wohnten ein paar Häuser weiter. Daß dieser Vater damals noch ›einfach so‹ über die Straße gehen konnte, eh die Zeiten mörderisch wurden – Corswandt erinnert sich daran.

An ein anderes Ereignis erinnert heute die Eintragung in das Gästebuch einer kleinen Pension in Nieblum auf der Insel Föhr. Fritz Borchert trägt die Familie am 2. Juli 1926 als Urlaubsgäste ein, und irgendwer macht am Strand ein Foto, wie millionenfach üblich – Eltern mit Kind beim Baden, halb im Wasser, der fünfjährige Wolfgang Borchert, keck, steht da, als gehörte die Nordsee ihm. Aber das Foto täuscht, oder genauer, dieser Junge täuscht. Er ist wasserscheu, er steht da höchst ungern, seinetwegen muß es die Nordsee nicht geben, er will nicht ins Wasser. Nur im Augenblick des Fotografierens nimmt er demonstrativ diese erwartete, übliche Haltung ein.

Nicht jeder wird dann gleich Schauspieler, auf der Bühne, und doch scheint es im nachhinein wie ein frühes Anzeichen von Begabung, für diese eigene Art des Versteckspiels, des Pendelns zwischen dem Eigentlich und dem Sichgeben, zwischen ICH und IHR, zwischen Fotografierlachen und den nicht festgehaltenen Tränen, ins Wasser zu müssen.

Vielleicht ist es so, vielleicht gibt es den roten durchgängigen Faden durch jedes Leben, um den sich die Ereignisse versammeln.

Ab 1928 gehen Vater und Sohn gemeinsam zur Schule, Mädchen und Jungen noch getrennt, der Vater in seine Mädchenklasse, für Knaben steht das Haus gleich nebenan, ein auf Fotos etwas düster wirkender Backsteinbau, heute heller verputzt, und nun mit dem Namen des damals alles in allem doch recht unauffälligen Schülers Wolfgang Borchert – mit Mütze und Ranzen auf seinem Weg, Wörter zu lernen, kraklig aufs Papier gebracht. Ein paar davon sind erhalten geblieben, der Nachwelt, die bescheidenen Anfänge.

Und der Zufall wollte es so, in einem Schreibheft der Klasse 7b, also im damals rückwärts zählenden zweiten Schuljahr, eine kleine Zeichnung, die heute wie ein erster Ansatz scheint, sich zum Thema Krieg zu äußern, und doch wohl nicht mehr war als der Versuch, sich mit einem zeitgenössischen Thema die Langeweile zu vertreiben:

Bomben fallen vom Himmel, ein abstürzendes Flugzeug, ein Fallschirm, auf dem Wasser ein Schiff mit schießender Kanone. Gemalt 1929. Noch ist nicht Krieg, noch scheint er wie ein Kinderspiel. In Illustrierten und in anderen Gewöhnungsmedien wird der technische Fortschritt gefeiert, der dann tatsächlich den ersten Weltkriegswahnsinn weit in den Schatten stellen soll.

Angenommen, er wäre eine Art Max Schmeling geworden, so hätte er selbst dafür frühe Ansätze erkennen lassen, schon in die Schule mit Boxhandschuhen gekommen zu sein, die, und auch das macht sich dann in einer Lebensbeschreibung gut, von einem Müllmann stammen. Richtige Boxhandschuhe, in der Schule konfisziert, weil Extravaganzen eben nur selten auf Verständnis stoßen. Den Eltern hatte er sie vorsichtshalber gar nicht erst gezeigt. Sicher, um kein Risiko einzugehen, Nachsicht nicht unnötig auf die Probe zu stellen, denn da ist auch noch ein blaues Auge, das eine mehr zufällige Erklärung findet.

Boxer ist er nicht geworden, auch symbolisch nicht – bei allem Ehrgeiz, den er später entwickeln wird, doch kein Boxer.

Die Eltern haben inzwischen ein Stück Gartenland gepachtet, mit einem kleinen hölzernen Häuschen drauf – eine halbe Fußstunde von er Wohnung entfernt. Reminiszenz an den großen Garten in den Vierlanden, an die Ruhe hinterm Deich, Spaß an Blumen und frischer Luft, aber auch aus ganz notwendig praktischen Erwägungen. Obst und Gemüse. Eßbares. Die Zeiten sind alles andere als rosig, und sie werden zunehmend unsicherer. Nur, mit dem Spaten in der Hand, gegen eine Zeit, gegen eine Weltwirtschaftskrise an, sie merken, daß es nicht gelingt, daß kaum noch Zeit für anderes bleibt, ein Buch zu lesen, mit Freunden zusammenzukommen. Das kleine Häuschen gemütlich auszustatten, in ungemütlichen Zeiten, es gelingt, und bleibt doch ohne den gewünschten Erfolg. Sie geben das Grundstück wieder auf – es bleiben die Erinnerungen an den großen Zuhausegarten, an die Kindheit der Mutter in den Vierlanden, an diesen abgeschiedenen Ort, den sie früh verlassen hatte und mit dem sich nun spielen läßt in Gedanken.

Eines Abends erzählt sie. Ihr Mann hört zu, findet, daß es eine Geschichte ist, was sie da erzählt. Er rät zum Aufschreiben. An diesem Abend scheint ihr das noch wie ein Scherz, aber am anderen Morgen, allein, beginnt sie tatsächlich damit, und so entsteht in einem Schulheft Hertha Borcherts erste Geschichte, verfaßt in Veerlanner Platt: *Lena Tante op Beseuk*. Und da diese Geschichte wenig später groß in einer Zeitung erscheint, ist das Feld eigener Zufriedenheit gefunden. Ihr Mann kauft kühn eine Schreibmaschine, damals immerhin eine erhebliche Investition. Sie sieht es mit Sorge, der Anschaffung nun auch gerecht werden zu müssen – abends tippt er mühevoll das Verfaßte ab, und so wird es tatsächlich ihr Beruf. Stolz auf diese eigene Leistung – mit dem Bedauern, es ihrem schon im Januar 1927 verstorbenen Vater nicht mehr beweisen zu können, daß aus der ehedem so kläglichen Schülerin nun doch etwas geworden ist. Eine bald bekannte niederdeutsche Heimatschriftstellerin, deren Geschichten nicht nur gedruckt werden, sondern auch im damals noch nicht alltäglichen Radio zu hören sind.

Das kann nicht jeder auf dem Schulhof von seiner Mutter sagen, und so wäre ein gewisser Stolz verständlich – naheliegend, daß auch der Sohn eines Tages mit dem

Schreiben beginnt, angespornt durch den Erfolg der Mutter, sich beachtet zu sehen. Beides jedoch ein Irrtum oder doch nur unter Einrechnung äußerster Umwege nicht ganz falsch, letztlich, in der Verquickung aller Widersprüche.

Er zeigt sich keineswegs begeistert. Eine deutlich distanzierte Haltung wird erkennbar, die sich später zur totalen Ablehnung steigern wird, vorläufig aber wohl doch mehr aus allgemeinen Gefühlsimpulsen kommt, die sich aus dem Geschriebenen der Mutter nicht erklären lassen, und auch daraus allein nicht, daß Kinder in gewissen Phasen eben grundsätzlich zur Opposition neigen.

Später, immer wieder nachlesbar, wird es scheinen, als sei diesem Jungen nie wirklich die Loslösung von der Mutter gelungen – die vermeintlich ewig unlösbare Bindung, die ihn hindert, ein eigenes Leben als Erwachsener zu haben. Möglich, daß es zeitlebens eine Bindung an das Problematische der Beziehung zur Mutter gegeben hat – viel weniger eine mißglückte Loslösung, als eine mißglückte Bindung –, so ›normal‹ über Jahre hin alles ausgesehen haben mag.

Kaum ein erinnertes Ereignis, in dem nicht auffällig eigentümliche Spannungen offenbar werden.

Für die Mutter ein aufregender Tag, zum erstenmal liest sie ihre Geschichten nicht nur in einem großen Saal, sondern obendrein noch vor einem Mikrofon, direkt übertragen im Radio, zusammen mit dem weithin anerkannten Hermann Claudius.

Vom Angebot, die Mutter zu begleiten, mit im Saal zu sitzen, nimmt er nicht einmal Notiz. Er verschwindet. Zu Hause sitzt der Vater allein am Radio.

Denkbar, daß ein Schuljunge andere Interessen hat, als ausgerechnet niederdeutsche Geschichten zu hören, selbst wenn die eigene Mutter sie geschrieben hat. Verständlich, wenn er anderes vorgezogen hätte.

Merkwürdig nur, daß dieser Junge sich heimlich doch in den Saal begibt, sich versteckt, um ungesehen der Mutter zuzuhören – da zu sein und auch nicht. Die Mutter bemerkt ihn durch reinen Zufall. Wieder zu Hause, erscheint er erst später, so als sei nichts gewesen, ohne auch nur ein einziges Wort darüber zu verlieren. Er, der ansonsten nicht gerade durch wortlose Zurückhaltung auffällt, von anderen eher als schwatzhaft beschrieben. Nicht ganz uninteressiert, daß die Eltern keine Fragen stellen.

Die Erfolge der Mutter mehren sich. Bei allem Kontrast, sich einmal im Kreis von Dadaisten wohl gefühlt zu haben, nun wird Niederdeutsches in einem neuen Freundeskreis ihr Zuhause – Aline Bußmann, Bernhard Meyer-Marwitz, Hugo Sieker –, kein Mensch kann zu dieser Zeit ahnen, in welch ganz anderen Zusammenhängen diese Namen für den Sohn einmal von Bedeutung sein werden.

Noch steht der kleine Junge Wolfgang Borchert als Bote der Mutter an der Tür von Aline Bußmann, Schauspielerin am Richard-Ohnsorg-Theater, Sprecherin am Rundfunk, wo sie auch die niederdeutschen Geschichten von Hertha Borchert vorträgt. Hier – Aline Bußmann wird sich später daran erinnern – gibt der Sohn die neuen Geschichten der Mutter ab, bekommt dafür gelegentlich ein Stück Schokolade oder einen Apfel, darf im Lift fahren und darf einen Blick in die so ganz andere, vornehme, große Welt werfen, die ihm zum Gegenstück kleinbürgerlichen Dahinlebens wird, erstrebenswert, zu einem Ort für Ideale, für entsprechend schön formulierte Wunschvorstellungen.

Momente für die Zukunft, die sich allerdings auch noch anders vorbereitet, vorerst unbeachtet von der Mutter, die für Politisches kein Interesse aufbringen kann. Den Namen Hitler hat sie nur sehr beiläufig gehört, in Gesprächen ihres Mannes mit anderen, obwohl doch Hamburg nicht gerade arm an dramatischen Auseinandersetzungen um die politische Zukunft ist. Aber vielleicht gerade deshalb. Was sich da auf der Straße abspielt, veranlaßt viele, die eigene Tür zu schließen.

Einen ihrer Sommerurlaube verleben die Eltern auf der alten Schauenburg an der Weser, von wo sie eines Nachmittags einen Ausflug nach der nahen Ahrensburg unternehmen. Da gibt es einen großen Sommergarten, sehr geeignet, gemütlich Kaffee zu trinken, was sie denn auch tun. Auffällig störend in dieser gelassenen Szenerie drei Männer, die am Nebentisch Platz genommen haben, kaum wie Sommerurlauber wirken, ins Auge fallend durch ihr selbstherrliches Gebaren. Fritz Borchert entschließt sich, den Kellner nach diesen Leuten zu befragen. Die Antwort: *Das ist doch Adolf Hitler.* Und der Kellner fügt mit wichtigtuerischer Miene hinzu: *Der hat sich viel vorgenommen.* Womit er denn ja auch nicht unrecht hat.

Beide hören zum erstenmal die Stimme dieses Mannes, die sie dann noch oft im Radio hören sollen. *Sieh dir die Visage an,* sagt Fritz Borchert.

In so unmittelbarer Nähe, Tisch an Tisch beim Kaffeetrinken, an einem schönen Sommertag – bei allem Empfinden für Bedrohung, doch unvorstellbar, daß es diesem Mann sehr bald schon gelingen wird, barbarischen Zeiten seinen Namen zu geben, umjubelt von seinen Millionen Opfern.

Die literarischen Erfolge lassen Hertha Borchert vage an den alten Traum vom eigenen Haus mit Garten denken, an ein schönes Leben zu dritt. Selten liegen Wunsch und Wirklichkeit so meilenweit entfernt nah beieinander. Rundum wird es Trümmer geben und Zeiten, in denen dieses zu dritt an drei sehr weit voneinander entfernten Orten sein wird, ohne zu wissen, wie es dem anderen ergeht.

Ab 1932 besucht der elfjährige Wolfgang Borchert die Oberrealschule in der Eppendorfer Hegestraße. Kein Jahr vergeht, und die befürchteten Zeiten sind da.

1933. Ein Foto. Vater und Sohn im Harz. Vielleicht von der Mutter aufgenommen. Beide stehen da, den Blick in die Ferne gerichtet. Auf dem Kopf eine Schülermütze, zehn Jahre später wird er eine andere Mütze tragen, als Soldat, wieder im Harz, und auch der Harz wird, jedenfalls einer Postkarte nach zu urteilen, anders aussehen. Über den Berg strahlend im Sonnenlicht ein Hakenkreuz. Und der Soldat Wolfgang Borchert wird sie mit dem Kommentar nach Hamburg schicken: *Gottes Wunder hören nimmer auf.*

Am 5. März 1933 finden Wahlen statt – am 1. Februar hat Hitler den Reichstag auflösen und am 27. Februar in Brand stecken lassen –, diese Leute sind, wie sie immer geredet haben. Kein Grund, erstaunt zu sein. An diesem 5. März wird, noch ehe die Wahl abgeschlossen ist, ein SA-Standartenführer neuer Polizeichef in Hamburg und kann am Abend kraft Amtes mit ein paar Gesinnungsrandalierern gewaltsam, aber rechtmäßig, ins Rathaus eindringen, um den versammelten Senat auseinanderzutreiben.

Auftakt zu einer Zeit, die am Ende unter ihren eigenen Trümmern liegen wird, als hätten alle Warnungen des Beweises bedurft, bis ins Absurde, die Wahrheit als Schuttberg.

Bestialisch werden Funktionäre der Kommunistischen Partei blutig zusammengeschlagen. Dann Sozialdemokraten. Die SPD, eben noch Regierungspartei in Hamburg, verboten. Verhaftungen, Wohnungsdurchsuchungen, Terror – wer weiterleben darf, ist froh.

Säuberungen in allen Ämtern, im April Buchhandlungen und Leihbibliotheken besetzt, *schädliche Werke* beschlagnahmt, Boykott gegen jüdische Geschäfte, gegen Ärzte und Rechtsanwälte – aus den Schulen werden Lehrer entfernt, die nicht verläßlich scheinen, Deutschlands Niedergang eine nationale Erhebung zu nennen.

Fritz Borchert hat das, was man dann Glück nennt. Im vertrauten Lehrerkreis offenbar keiner, der meint, sich zur eigenen Größe erheben zu müssen. Vor Denunzianten sicher, ein wenigstens halboffenes Wort möglich – Fritz Borchert bleibt Lehrer.

Hertha Borchert hat ein ähnliches Glück. Plattdeutsch gilt nicht als entartet, wie etwa Dada oder all das, was an Literatur ins Feuer der Macht geworfen werden wird.

Von den amtlich Niederdeutschen gehen dankbar devoteste Erklärungen an das Regime, zuvor eigentlich immer gelitten zu haben, nun aber atmet die niederdeutsche Bewegung auf: *Der Nationalsozialismus ist ihre Befreiung!*[8] Als Mitglied der Vereinigung Quickborn findet sich Hertha

Borchert zunächst im *Kampfbund für deutsche Kultur* wieder, dann im *Reichsbund für Volkstum und Heimat*, mit diesem schon ahnbaren Anstrich von Blut und Boden. Sie atmet nicht auf, eher hält sie den Atem an – Niederdeutsches schien so harmlos.

Ähnlich geht es ihr als Mitglied der *Gedok*.[9] Mitten in einer Veranstaltung erscheinen zwei Frauen, darunter die Schauspielerin Käte Wittenburg, mit der Erklärung, Ida Dehmel sei abgesetzt, sie selbst im Namen des Führers die neue Vorsitzende.

Später kaum vorstellbar, aber doch, der 13jährige Wolfgang Borchert bläst mit Vergnügen eine Weile die Querflöte in der *Freischar junger Nation*, sein Vetter und Freund, Karlheinz Corswandt, ist Trommler bei den *Geusen*, beide in der HJ – das ›unauffällige‹ Überleben scheint auch ihnen gesichert.

Fritz Borchert, mit seinem zur Friedfertigkeit, zur Verträglichkeit neigenden Charakter, mit dieser erprobten Fähigkeit, sich anpassen zu können – bei ihm wäre am ehesten ein Arrangieren denkbar, wenn auch nicht emphatisch, so doch ein Mitmachen um des Friedens willen. Aber gerade er bleibt ohne Zögern hart, sich selbst gegenüber, wie wenig das auch immer sein mag, er prophezeit das Schlimmste. Er spricht sich in der Schule gegen das aus, was nun an Wahnsinn auf Kinder niedergelassen werden soll, ohne sich wirklich ernsthaft praktisch wehren zu können, verzweifelt vor der perversen Wahl, mit der Wahrheit oder mit der Lüge unterzugehen, sich sicher, daß es die Welt nicht ändert, wenn ein Volksschullehrer mehr auf die Straße geworfen wird – dann doch Mitglied der verhaßten Partei, per Anordnung, weil alle Lehrer es müssen.

Diese strahlende Volksgemeinschaft – auch den Mutigen ist noch Funktion zugedacht – zur Abschreckung beseitigt zu werden, eine Zahl unter Zahlen, Beweis, daß wirklich Ernst gemacht wird, daß hinter mehrfachem Stacheldraht kein Entrinnen ist – selbst den Mördern zur Warnung, daß eine Umkehr unmöglich ist.

Immer mehr Freunde, Bekannte und Verwandte preisen rundum die Segnungen der neuen Zeit, laufen erfolgreich in Braunhemden umher, nehmen die freiwerdenden Plätze an Schreibtischen oder sonstwo ein.

Mitten in diesen Zeiten erscheint der zeitlose heitere 48. Band der Quickborn-Bücherei: *Sünnros*. 1934. Geschichten aus den Vierlanden von Hertha Borchert. Heute, neben gleich alten Zeitungsartikeln gelesen: skurrile Nachrichten von einem anderen Stern. Spaß an der Mentalität eines Landstrichs. Schöne, urige Wörter, Sätze wie ein müheloses Stillhalten, als eine andere Sprache aufmarschierte, als den Leuten ganz andere Sätze um die Ohren geschlagen wurden.

Wie ein gelungenes Raushalten, was ihr freilich nicht gelingt, sie, die Stillhalten weit weniger erträgt als ihr Mann, mit diesem größeren Bedürfnis nach Geselligkeit, mit dieser Neigung zum Sporadischen, statt sich schweigend in der allesbedenkenden Vorsicht zu verkriechen. Sie beginnt zu schwanken, ob es richtig ist, sich zurückzuziehen, sich von allem auszuschließen. Immer bleibt ja die Möglichkeit, daß Tatsachen nur Gerüchte der Gegner sind. Das verlogene Angebot, sich halbwegs Erträgliches selbst zurechtzulegen, ist groß.

Zeit. Überleben, irgendwo im Verborgenen noch eigene Wahrheiten denken, eigentlich, das hat etwas von Perversion – Selbsterhaltung, mitten in gewaltsamer Zerstörung, bereit zur Lüge, und sei es nur, über die Straße zu gehen, als sei nichts.

Da aber trifft ein Brief vom Reichsverband Deutscher Schriftsteller, Verbandsgauleitung Gau Hamburg, ein, datiert vom 16. August 1935, der allen Zweifel über die eigene Haltung beseitigt. Und das viel weniger durch die Beschuldigungen, die dieser Brief enthält, als durch die Art, in der sie zustande gekommen sind.

Sie sollen angeblich am 19. März 1933 wörtlich geäußert haben: Wenn man diese jungen Burschen (für Burschen war ein anderer Ausdruck gebraucht) in den braunen Blusen daherkommen sieht, kann einem die Wut kommen! Ein anderer eingegangener Hinweis lautet, daß *die Familie Borchert eine sonderbare Stellung der nationalsozialistischen Bewegung gegenüber einnimmt.* Diese *sonderbare Stellung* wird später mündlich begründet, nämlich: daß die Fahne nicht herausgehangen wurde, der Sohn nicht mit dem Hitlergruß gegrüßt habe und zur *Stunde der Nation* das Radio abgeschaltet war.

All das durchaus nicht erfunden – arglistig von einem Mann zusammengetragen, der im gleichen Haus wohnt, eine Treppe höher, Richard Kramer. Wie Fritz Borchert ist er Lehrer, beide Familien sogar eine Zeitlang miteinander befreundet. Der Mann hat schriftstellerische Ambitionen, war schon damals im Kreis um H. W. Fischer aufgetaucht, Verfasser eines Buches mit dem seltsamen Titel *Auf drei Beinen durchs heilige Rußland* (leider in keiner Bibliothek zu finden). Ein Mann mit gescheiterten Höhenflügen. Unbefriedigt das Geltungsbedürfnis seiner Frau, einer Weinhändlerstochter, das Leben ist schwer. Und nun trägt ihr Mann schon die SS-Uniform, aber trotzdem, seine Geschichten werden noch immer nicht im Rundfunk gesendet. Wohl aber die eines so unergebenen *feindlichen Elements* wie Hertha Borchert, die nicht einmal die Fahne zum Fenster raushängt.

Wirklich, es ist eine große Zeit – für lächerlich kleine Kreaturen. In Deutschland läßt sich per Post aus dem Hintergrund morden, vernichten, ausschalten, siegen. Wieder werden, im neuen Mittelalter, Ketzer der Inquisition gemeldet. Und das Jämmerliche läßt sich noch steigern, mit unter den Denunzianten ist ein Eifriger aus der eigenen, engsten Verwandtschaft, Mitglied der SS, tätig bei der Gestapo, befreundet mit Kramer. Auch dieser Mann hat Informationen geliefert. Quer durch Familien, die geltungssüchtig fanatischen Schlachten, besorgt von kleinen mutigen Feiglingen.

Hertha Borchert hat Freunde, gewinnt neue dazu, der Anschlag mißlingt. Sie wird weiter gedruckt und gesendet, darf weiter ihre Geschichten lesen.

Was bleibt, ist der Zwang, sich noch jonglierender verhalten zu müssen, gewarnt, weiter in die Enge getrieben, Zorn verbergen zu müssen. Dazu das bedrohliche Gefühl, mit dem Denunzianten unter einem Dach zu wohnen, ihm beim Verlassen der Wohnung begegnen zu können, die Furcht, daß dieser Kramer zu weiteren Hinterhältigkeiten fähig sein könnte, protzig in seiner SS-Uniform.

Die Tür zuschließen. Auch so kann Zeit ihren sicheren Gang nehmen.

Fritz Borchert, der in früheren Jahren einer seiner Schwestern Bücher mitgebracht hatte, dieses gute Verhältnis, die damals gleichen Interessen, er staunt: Sie heiratet einen Drogisten. Der geht in die SS, geht stramm mit der Zeit, und wird Bürgermeister. Welch ein Aufstieg! Die Drogerie mit dem Rathaus vertauscht. Sie muß nicht hinterm Ladentisch stehen. Als Kleinstadtbürgermeistersfrau eine besessene Nationalsozialistin; jeder Bauer glaubt an jede Kuh, solange sie Milch gibt. Später wird da nichts mehr zu glauben sein, noch ist sie stolz, daß ihr Mann nicht etwa Sozialdemokrat gewesen ist, wie ihr Schwager, dem es folglich – das hat er davon – weniger gut geht.

Auch auf den als so intelligent gepriesenen Bruder Fritz in Hamburg kann sie nun lächelnd herabsehen. Ein Lehrer, der es doch, gemessen an ihren Erfolgen, zu nichts bringt. Zivil, lasch, ohne stramme Uniform, ohne den sieg-heilen Blick in die nächsten tausend deutschen Jahre.

Momente aus dem Umfeld einer Familie – die Atmosphäre, in der ein Kind größer wird. 1936 – 15 Jahre alt.

Vorstellbar, mit dieser etwas fahrig fröhlichen Natur, die äußerlich wie heitere Unbefangenheit scheinen mag, sicher auf beiden Beinen, als könne die Welt ihm nichts anhaben, als liefe das, was ist, glatt von ihm ab. Sich umdrehen und einfach weggehen. Vorstellbar, daß es so gewesen ist.

Der Blick auf die Eltern, mit dieser Empfindlichkeit für Verhaltensbrüche, für das Unglatte, für das Komische.

Beobachtet bei diesem Balanceakt, eine Familie durch Zeiten zu retten. Beobachtet in einem Alter, in dem Kinder zu bedingungslosen Eindeutigkeiten neigen, sehr unreflektierte moralische Kategorien ins Spiel kommen, ein Behauptungswille, der sich in Konfrontationen beweisen will, sich Angriffspunkte sucht, sich ins Leben verwickelt. Dieser Behauptungswille, der oft eilig in Behauptungen untergeht, befriedigt stirbt, kaum als aktive, ständige Forderung bestehen bleibt.

Höchst selten dieses ICH, fähig zu einem ganz selbstverständlichen: MIT-MIR-NICHT – wenn es in die organisierte Selbstlosigkeit gehen soll, in die ewig mörderischen Unternehmungen, Handlanger der Weltgeschichte zu werden.

Gefährliche Augenblicke, zum Fraß für Demagogen zu werden – und die Nazis bieten Eindeutigkeiten, verbohrte, blinde, verführerische Gradlinigkeit, bieten Feind und Sieg, Ärmelhochkrempeln und Schwulst, bieten jedem ein Stück Heldentum, Zukunft gegen alle Vergangenheit.

Nur, der fünfzehnjährige Wolfgang Borchert ist gewarnt. Nach kurzer Zeit hat er die Hitlerjugend unter allerlei Ausreden wieder verlassen. Er geht nicht mehr hin, oder doch seltener. Unwahrscheinlich, aber es gelingt ihm. Mit Sicherheit kaum aus politischen Erwägungen oder gar aus philosophischem Weitblick. Bei aller Kontaktfreudigkeit, bei allem Sinn für Lagerfeuerromantik, Rumziehen und die Flöte blasen – er ist Einzelkind und zu sensibel, sich in der Masse einfach unterzuordnen, im Gleichschritt hinter der voranflatternden Fahne her – ›der Zukunft Soldaten‹, wie es im Lied des Herrn von Schirach heißt. Da hat denn seine Begeisterungsfähigkeit doch Grenzen, gottlob, selbst wenn die Gründe noch so leichtgewichtig scheinen mögen. Sei es nur, da in den strammen Reihen nicht den kecken Spaßmacher mimen zu dürfen. Aus der Reihe tanzen zählt nicht zu den gewünschten Leder-Kruppstahl-Wiesel-Eigenschaften, wie sie lauthals vom Führer gepriesen werden. Ein denkbarer Grund, und Grund genug – nicht sein sollen zu dürfen, wie man ist.

In Erinnerung geblieben, ein Tag: Die Eltern an den Landungsbrücken, um ihren Sohn zu verabschieden, der mit in ein HJ-Lager nach Salenburg fährt. Das ablegende Schiff voll singender, durcheinanderschreiender Kinder, voll Begeisterung. Zufällig entdecken sie ihren Sohn, am Heck, an der Reling, stumm und unbeteiligt.

Möglich, dieser Andere, der er auch ist. Und doch irrig, ihn sich passiv zu denken, traurig, von den Ereignissen in die Enge gedrängt. Selbst nach dem nicht, was der Mutter eben widerfahren ist, bei aller Furcht, der mißlungene Angriff könne sich schlimmer wiederholen. Was da an Haltung bei diesem Kind entsteht, wird sich als weit komplizierter erweisen. Komplizierter, als die Mutter nun um so mehr zu lieben, die Nazis um so weniger zu mögen.

Das schweigende Stillhalten der Eltern muß ihm zwangsläufig unmoralisch erscheinen, oder doch als schlicht unangemessen, als falsch – geurteilt aus der selbstverständlichen Bedingungslosigkeit eines Kindes. Wenig später wird er Züge von Kühnheit entwickeln, zumindest verbal, in großen Reden das Unrecht hinausschreien, mit jugendlichem Eifer, aktiv aus der kindlichen Vorstellung von Gerechtigkeit, nach dem Muster des doch immer so sehr geforderten Wahrheitsagens. Dann aber werden doch schon deutlich theatralische Züge im Spiel sein, die Heldenpose. Rauch, der schnell verflöge, gäbe es dahinter nicht die feine Beobachtung: der Betroffenen. Die Täter bleiben für ihn brutaluninteressant.

Die Eltern schweigen. Nicht zuletzt seinetwegen. Wissend, was es bedeuten würde, nun mutige Helden zu werden. Ein gängiges deutsches Schicksal. Eigentlich dagegen zu sein. Eigentlich zu wissen, oder doch zu ahnen.

Mit dem schlichten Wunsch, leben zu wollen – verstrickt in den Untergang.

Was muß ein sensibles Kind denken, wenn die Mutter, eben angegriffen, eben bedroht, sich nun zu denen gesellt, die sie fürchtet? Einmal auffällig geworden, einmal aktenkundig, tritt sie, auf Anraten, der NS-Frauenschaft bei, zeigt, wie man dann sagt, ihren guten Willen zur Mitarbeit, ihre Bereitschaft, nicht abseits zu stehen.

Was denkt dieser Junge? – unfähig zu so verwinkelten Gedankengängen wie: es könnte die Rettung sein.

Sie darf unbehelligt weiter ihre Geschichten schreiben, darf sie weiter öffentlich vortragen, nun auch in den Frauenschaftsvereinen, als heiteres Beiwerk in finstren Zeiten. Geschichten, die weder Mord noch Totschlag das Wort reden und doch geduldet unter dem großen Hut von *Blut und Boden*, von deutschem Schollengeist, maßloser Überheblichkeit.

Diese eben gewonnene Selbstbestätigung der Mutter – verdreht zur Selbstverleugnung. Sicher weit widersprüchlicher noch in den tausend unscheinbaren Alltäglichkeiten. Was einem Jungen sagen, der etwas sagen könnte, wenn er in die Schule geht?

Ihn nicht ermahnen, immer schön den Arm beim ›Heilhitler‹ zu heben?

Ihn nicht ermahnen, in der Schule das zu sagen, was verlangt wird?

Die vermeintlich totale Hinwendung zur Mutter, sich zu nichts Eigenem hin lösen zu können – wäre es so, diesem Jungen würde wohl kaum etwas auffallen, kaum etwas bewußt werden. Das widersprüchlich Komische dieser täglichen Situation – muß es ihm nicht so abenteuerlich vorkommen wie der vitale Onkel auf nur einem Bein? Dieser Mann, dieser Heimkehrer aus einem Weltkrieg, der das übertrieben komödiantische Beispiel dafür lebt, daß sich aus allem das Beste machen läßt.

Ein ungestört anhängliches Verhältnis zur Mutter würde wohl doch eher aus allen Ereignissen schlichte Tatsachen machen, die mit einem Ja oder einem Nein ihren Platz in der Ordnung hätten.

15 Jahre alt und zu sensibel, um das, was da um ihn herum geschieht, im Für und Wider gut sein zu lassen – diese beiden Möglichkeiten, die allzu leicht schon für Haltung gehalten werden. Mitten in Ereignissen, die von einem Kind nicht erfaßt, aber doch empfunden werden – zumindest denkbar über diese Grenze hinaus, die Erwach-

sene scheuen, aus Furcht, verrückt zu werden, vor der sie es vorziehen, sich dem Verrückten zu überlassen, um ›normal-üblich‹ zu bleiben.

Widersprüche, die für den 15jährigen Wolfgang Borchert nicht aus einer abstrakten Begriffswelt stammen, nicht aus dem Radio, nicht aus der Zeitung, mit der Bestätigung etwa, daß die Lügner wieder lügen usw. – viel unmittelbarer, mit dieser Fähigkeit zur Beobachtung, mit dieser Empfindlichkeit für subtile Verhaltensvorgänge. Daraus werden einmal seine Geschichten entstehen – *Draußen vor der Tür* nimmt hier seinen Anfang –, wenn auch einstweilen von all dem nichts formulierbar wäre, was sich da an wirrunruhigen Gefühlen summiert.

Noch ist er ohne Modell, ohne Muster für den Widerstreit der Gefühle. Dieses Modell aber bietet sich an. Hertha Borchert bekommt zwei Theaterkarten. Ein Gastspiel in Hamburg – Gustaf Gründgens als Hamlet.

Fritz Borchert möchte nicht mitgehen. Und das sicher kaum aus Abneigung gegen Shakespeare. Er, der immer gern ins Theater gegangen ist. Leider, nachfragen läßt sich heute nicht mehr – bleibt die Spekulation, daß ihn der Rummel um den Staats-Mimen unbesehen abstößt, daß er wenig Lust hat, sich auf der Bühne den »preußischen Leutnant mit neurasthenischen Zügen«[10] anzusehen, unten im Zuschauerraum, zwischen wimmelnden Nazi-Uniformen.

Wie auch immer, die zweite Karte wird vakant. Aber auch sein Sohn zeigt nicht die geringste Lust, mit in diese Vorstellung zu wollen. Ein Warum ist nicht überliefert, und doch wäre es falsch, ihm die möglichen Motive des Vaters einfach mit zu unterstellen. Der Ausgang dieser folgenreichen Episode deutet auf einen viel weniger glatten Vorgang.

Vorerst aber scheint es noch, als würde aus allem nichts, denn auch gutes Zureden kann ihn nicht bewegen, er weigert sich hartnäckig, mit der Mutter ins Theater zu gehen. Interessant, da das Theater ein paar Stunden später zu seinem leidenschaftlichen Lebensziel wird, zur Richtung, die er nicht wieder verlassen wird.

Noch weigert er sich – nur die Ermahnung, seine Mutter brauche unbedingt eine Begleitung, nötigt ihm schließlich widerwillig das Mitgehen ab.

Beide fahren mit der Straßenbahn. Getrennt. Sie sitzt im Innern des Wagens, er steht, ihr demonstrativ den Rücken gekehrt, auf dem Perron. Von der gewünschten Begleitung kann keine Rede sein – deutlicher können sich Spannungen kaum offenbaren.

Daß sie im Zuschauerraum nebeneinandersitzen, es läßt sich der Karten wegen nicht vermeiden. Und so hat es denn bis zur Pause wenigstens äußerlich den Anschein, als gingen sie tatsächlich gemeinsam ins Theater. Aber schon in der Pause ist er verschwunden. Sie hält es für möglich, daß er einfach nach Hause gegangen ist. Nur, wieder mehr durch Zufall, wie an jenem Vortragsabend, entdeckt sie ihn, verborgen hinter einem Pfeiler, nun in auffällig merkwürdiger Haltung. In Erinnerung geblieben seine dunklen Augen in einem bleichen Gesicht, wie abwesend.

Und selbst wenn spätere Bedeutung dieses frühe Ereignis ein wenig verklärt – dieser unfreiwillige Theaterbesuch wird zum praktischen Ausgangspunkt für Aktivitäten, für ein Leben, für den Versuch, mit Widersprüchen fertigzuwerden, deren Ausmaße einstweilen kaum größer als privat scheinen.

Nach der Pause sitzen sie wieder nebeneinander, stumm wie Fremde, und auch nach der Vorstellung kommt es zwischen beiden zu keinem Gespräch. Im Gegenteil, schon die Vermutung, sie könne etwas sagen wollen, stößt beim Sohn auf schroffe Abwehr. Der erregte Fünfzehnjährige verbietet seiner Mutter das Wort.

Sag nichts!

Also sagt sie nichts. Beide fahren zurück, sitzen sich in der Straßenbahn nun schräg gegenüber – er, anfangs bleich, wie erschlagen, nun in höchster Anspannung, das Gesicht gerötet, gesteigert in eine Euphorie, die sich nicht einfach in Geschwätzigkeit abreagiert, nicht einfach den Mund überlaufen läßt, wie das ja häufig bei Jugendlichen geschieht. Ein Begeisterungsschwall, der sich dann rasch zwischen Alltäglichkeiten wieder verläuft. Hier, dauerhafter, formuliert nach innen – selbst nach Jahren wird die Spur wiederzufinden sein, scheinbar überraschend, unverständlich, gäbe es nicht diese frühen Anzeichen einer tiefsitzenden Bedrängnis.

Zu Hause verschwindet er wortlos, an seinem Vater vorbei, schließt sich in sein Zimmer ein, mit diesem nun gefundenen Modell: Kunst. Theater, die große Geste, das Spiel, Ketten schmieden oder zerreißen, vor aller Welt, Raum für die widerstrebendsten Gefühle. Groß, hoch, schön, edel, heldenhaft, romantisch, so wird er es später selbst formulieren.

Zunächst überrascht er die Eltern mit dem Entschluß, Schauspieler werden zu wollen. Da sie von Ambitionen dieser Art bei ihm nie etwas bemerkt haben, geschweige denn so etwas wie Talent, halten sie es für ein eilig brennendes Strohfeuer, wie häufig, wenn Kinder auf dem Weg vom Bahnhof Lokomotivführer werden wollen, oder eben Bäcker, weil sie zufällig in eine Backstube geraten sind. Bei ihm ist es mehr als dieser eilige Wechsel, der Kinder später so einförmig macht, weil sie alle die gleichen Wünsche hinter sich haben. Dieser Junge bringt, wie sich dann zeigen wird, nichts wirklich hinter sich. So sehr er unstet wirkt, es bleiben Bewegungen auf der Stelle – nicht sehr lebenspraktisch, denn es muß ja weitergehen, heißt es, voran, wo immer auch hin, vorwärts, was immer das sein mag. Wer mit dem Schnee von gestern kommt, der scheint immer nur Wasser in Händen zu haben.

Dafür, daß er, wie die verdutzten Eltern meinen, nie schauspielerisches Talent gezeigt hat, gibt es eine einfache Erklärung. Er hat ständig gespielt. Der ausgelassen fröhliche Junge ist Spiel, Verkleidung, Rolle. Wie nicht selten bei Komikern, sie sind anders. Und so haben denn Borcherts Vorstellungen kaum etwas mit Talent für die Schauspielerei auf der Bühne zu tun, so sehr sie ihm nach dem Erlebnis Theater zwangsläufig als verlockend erscheinen muß, sich nach außen zu kehren, als Möglichkeit, als Modell, aus seinen Bewegungen auszubrechen, auf der Bühne, und doch nicht wirklich – weiter auf der Stelle, und doch, als wäre es nicht so.

Tatsächlich werden über Jahre alle seine Unternehmungen den Anstrich des Theatralischen haben, des Auftritts, bis hin zur kühnen Furchtlosigkeit, als sei es in den Pappkulissen einer nur gestellten Welt. Über Jahre hin wie der naive Sohn im Märchen, der auszieht, das Fürchten zu lernen, und doch immer noch zu lachen weiß, selbst dann, wenn wir es kaum noch für möglich halten werden.

Aber mag es auch noch so verblüffend sein, wie er da nun hartnäckig auf sein selbstgesetztes Ziel zumarschiert wie in eine sichere Zuflucht, mag es noch so kühn scheinen, wie er sich selbst alle anderen Wege verstellt, bis auf diesen einen, in die verbalen Schlachten – hoch über allem, schwebend in den Sphären der schönen Kunst, da oben, wo jede Niederlage zum tragischen Sieg wird –, wirklich verblüffen wird er später, in einem Augenblick der Resignation, die, da alles an ihm widersprüchlich ist, dann etwas Aktives haben wird. In einem Augenblick, in dem er, der nichts hinter sich lassen kann, alles wird hinter sich lassen müssen.

Über dem Platz in seinem Zimmer, da, wo er eigentlich Schularbeiten machen sollte, hängt nun ein Foto. Gründgens. Und darunter hat er sich mit eigener Hand die Devise geschrieben: Erlaubt ist, was gefällt! Will sagen: Ich bin auch anders! Bald wird man ihn der Homosexualität verdächtigen, in einer Zeit, in der es nicht erlaubt ist, anders zu sein, wie anders auch immer, in der es nicht gefällt, von irgendwelchen Normen abzuweichen. Schon der bloße Verdacht kann lebensgefährlich werden, in einer Zeit, in der sich die übergroße Mehrheit eines Volkes darin gefällt, normgerecht zu sein, von der beglaubigt arischen Abkunft bis hin zur vorgedruckten Ansicht. Ordnung muß sein, ein Schritt nur von der Ohrfeige bis zur Gaskammer.

Seine Zensuren in der Schule werden schlecht und schlechter – rührend die gleichbleibende Unterschrift des Vaters unter alle Zeugnisse, wie ohne Gefühlsausbruch, die nur wenig wechselnde Tinte über Jahre, es zur Kenntnis genommen zu haben. Unterschriften, die wie machtlos wirken.

Schwierigkeiten schon, in die Quarta versetzt zu werden. Im Schuljahr 35/36 das Urteil des Lehrers: *W. ist ein fröhlicher, bisweilen übermütiger Junge. Leider ist er nur wenig geneigt, seine schulischen Pflichten ernst zu nehmen. W. bleibt in III b zurück.*

Eine Warnung. Aber dieser W. fürchtet sich nicht. Aus dem Bücherschrank des Vaters verschwinden die Klassiker, nachts brennt das Licht in seinem Zimmer bis zum Morgengrauen – in einer der verhaßten Mathematikstunden erwischt ihn der Lehrer mit einem Band Theatergeschichte – alles so, wie man es für einen jungen Dichter kaum klischeehafter erfinden könnte –, das Corpus delicti wird von der Schule eingezogen wie einst die Boxhandschuhe. Diese beiden so unterschiedlichen Gegenstände, und doch, Kontinuität im Wandel – demonstrativ nun mit dem bloßen Wort imponierend zuschlagen zu wollen. Selbstbehauptung nun mit Selbstverfaßtem. Er ist dabei, sein erstes Theaterstück zu konzipieren. Wie kaum anders zu erwarten: eine Variante zum Thema Hamlet.

Kein Wunder, daß Mitschüler ihn als Spinner, als Hampelmann, als Sonderling sehen. Und doch, es findet sich ein Mitstreiter. Günter Mackenthun. Abenteuerlich genug veranlagt, um mithalten zu können – noch heute, nach sechs Jahrzehnten wechselvollem Leben reichlich vom wirren Geist der jungen Jahre im Gesicht. Erinnerungen, damals mit kühnen Ideen durch das nächtliche Hamburg gelaufen zu sein, bei Regen und Wind, mit Abstand die beiden schlechtesten Schüler der Klasse, gesetzt auf den riskanten Höhenflug: Alles oder nichts.

Erinnerungen an den sehr jungen Wolfgang Borchert, irgendwo an der Alster soll es gewesen sein, nachts, stehend, leicht erhoben, mit dem später für so visionär gehaltenen Ausspruch, ganz Hamburg müsse brennen, untergehen, weil von kleinbürgerlichen, spießigen Seelen bewohnt.

Beide reden dem Kampf, dem Umsturz, der Revolution das Wort, theatralisch, ohne sich auch nur annähernd politische Ziele darunter vorstellen zu wollen, frei von Rechts-Links-Kategorien, raufgedacht in Kunsthöhen, runtergesehen auf irdisch schnöden Krämergeist. Ein nächtliches Straßentheater ohne Publikum, denn der Kleinbürger und alles, was dazuzählt bei ihnen, schläft schon. Zum Glück. Die großen Worte bleiben ungehört.

Lebensgefährlich genug bewegen sie sich beide ohnehin durch die Zeit, demonstrativ nicht dazugehören zu wollen – an Staatsfeiertagen erscheinen sie in der Schule bewußt zivil statt im vorgeschriebenen HJ-Uniformanputz, ganz bürgerlich, was sie dann allerdings auch wieder unbürgerlich aufzulockern wissen, sobald sie ins Theater gehen, nicht minder unvorschriftsmäßig, und sei es nur dadurch, daß der Schlips, statt zum Knoten gebunden, durch einen Ring gezogen wird. Lächerlich harmlos eigentlich, der Rede kaum wert, wäre es nicht in einer Zeit, in der es auf Befehl stramm-ordentlich ins Chaos zu gehen hat, ohne Widerrede, wenig später in grauer Marschkolonne, dem Führer einen Krieg zu machen.

Das Foto des Vierzehnjährigen zeigt ihn 1935 noch hochgeschoren, rechtsgescheitelt, so ›deutsch‹, als sei er auf ewig verloren, so artig, so brav, als sei er zu keinem Widerspruch fähig.

Nun aber stürzt er sich in eine jugendliche Opposition, die zunächst absurd erscheint – so einfach sie sich, passend zu den Mißverständnissen von später, als eindeutig politisch motiviert deuten läßt, alles schon sehr früh erkannt zu haben usw. usw., wovon im Ernst keine Rede sein kann. Denkbar, wenn auch nicht zutreffend, daß er nun leidenschaftlich damit beginnt, die großen Schuldigen anzuklagen, sie zu verurteilen.

Genau das aber geschieht nicht – so wenig, wie später in seinen Geschichten.

Hier, noch sehr fern von Literatur, richten sich seine Angriffe gegen die unmittelbare Umgebung, gegen die Eltern, gegen die Stadt, bis hin zur Selbstanklage, in dieser Stadt geboren zu sein, ihre Sprache zu sprechen.

Später scheint all das gänzlich undenkbar. Die vehementen Angriffe gegen den Vater, der seinen Hut zu gerade trägt, der sich die Haare zu militärisch kurz schneiden läßt, der seinen Anzug zu korrekt trägt, angeblich wie eine Uniform.

Für den Sohn höchst verdächtig, anklagenswert und voller Schuld. Warum nicht in geflickten Hosen gehen? – warum nicht mit durchgescheuerten Ärmeln? Vorwurfsvolle Fragen, die sich der Vater anhören muß, beschimpft als Spießer, verglichen mit einem Hitler, der für den Sohn nichts weiter als einen Oberspießer darstellt.

Keineswegs milder der Angriff gegen die Mutter. Niederdeutsch! – die »Sprache der Spießer«. Das, was sie schreibt, nennt er den »Dung, auf dem ein Hitler wächst«. Schärfer kann ein distanzierendes Urteil nicht ausfallen, so sehr es wahrscheinlich ist, daß dieser Angriff auf die Mutter im Klartext ein Verlangen nach Annäherung bedeutet, heißen soll: Du liebst mich nicht – also schlag' ich auf deine empfindlichste Stelle!

So gut es geht, ertragen die Eltern jeden dieser Vorwürfe – in der Hoffnung, als ›Blitzableiter‹ zu fungieren, in der Hoffnung, ihr Sohn werde sich außerhalb der sicheren vier Wände stiller zeigen, vorsichtiger, wenn der Zorn verraucht ist.

So harmlos aber ist dieser sich wehrende Zorn schon nicht mehr – wir würden heute nicht über einen Wolfgang Borchert sprechen, von ihm nichts wissen, ginge die schlichte Rechnung auf, ein gutes, verständnisvolles Zuhause könne vor der Welt draußen bewahren, könne das schlimme Kunststück fertigbringen, die eigene Zeit unberührt, unbeschadet zu überstehen.

Verständliche Vorstellungen, und doch, gegen alle Hoffnung, der Traum von einem schönen Familienleben zu dritt, er wird sich nicht erfüllen. Die besten Stunden sind schon Vergangenheit. Damals, still und rosig als Säugling in seinem Bett-Korb, später, in der Heide spazierengegangen zu sein, der kleine Junge, der am Waldrand lange ein Reh beobachten konnte. Alles Erinnerungen. Nun, mit seinem eigenen Kopf, unruhig voll hochtrabender Ideen, kommt und geht, verschwindet mit Freund Mackenthun in seinem Zimmer, weist alle noch so vorsichtigen Ermahnungen, die Schule ernster zu nehmen, weit von sich, antwortet in den höchsten Tönen maßloser Überheblichkeit, eines Tages ein großer Mann zu sein, berühmt, und es deshalb eilig zu haben, weil zu wenig Zeit in seinem kurzen Leben. Sätze, die heute eigenartig klingen, wie eine erfundene Vorgeschichte.

3
Yorick, der Narr!
Ein Stück Vergeblichkeit

Sich die Zukunft groß denken, es hilft zumindest über den Augenblick, macht die Gegenwart erträglich, verwandelt Unzufriedenheit in ein beruhigendes Gefühl. Bloßes Imponiergehabe würde sich darin erschöpfen. Aber dieser Wolfgang Borchert, dieser siebzehnjährige Schüler, der ansonsten allen Fleiß vermissen läßt, setzt sich tatsächlich hin und schreibt ein komplettes Theaterstück.
Yorick, der Narr![11]
Eine Tragödie in 5 Aufzügen.
Der flüchtige Blick auf die Liste der handelnden Personen könnte noch vermuten lassen, es handele sich um einen frei variierten *Hamlet* nach eigenem Gusto, um den Versuch, sich selbst im vertrauten Schema einen leichten Papiersieg zu verschaffen.
Hamlet, König von Dänemark
Claudius, sein Bruder
Polonius, königlicher Kämmerer
Osrick, ein Hofmann
Yorick, der Hofnarr
Gertrud, Königin und Frau des Hamlet
3 Zechkumpane des Claudius, 3 Diener, Ritter, Soldaten, Volk, Gefolgschaft
Aber schon der zweite Blick dürfte stutzig machen, Hamlet bei Borchert nicht Prinz, sondern König von Dänemark – Claudius hier der Bruder des Hamlet, nicht König von Dänemark, ... einzig Osrick und Polonius aus alten Diensten übernommen – kein Zweifel, Borchert macht sein

Stück aus der Vorgeschichte – Yorick, bei Shakespeare nur als Requisit, als toter Schädel für ein paar Minuten im Spiel, Fünfter Aufzug, erste Szene, Hamlet und Horatio auf dem Friedhof:

Hamlet: Ach, armer Yorick! – Ich kannte ihn, Horatio, ein Bursche von unendlichem Humor, voll von den herrlichsten Einfällen. Er hat mich tausendmal auf dem Rücken getragen, und jetzt, wie schaudert meiner Einbildungskraft davor! Mir wird ganz übel. Hier hingen diese Lippen, die ich geküßt habe, ich weiß nicht wie oft. Wo sind nun deine Schwänke? . . .

Nach ein paar weiteren Sätzen wirft Hamlet bei Shakespeare den zufällig ans Licht gegrabenen Totenkopf wieder weg. Borchert macht ihn zur Hauptfigur seines Stückes – geht rund drei Jahrzehnte zurück, führt ihn und Hamlets Vater noch zu Lebzeiten vor, gestaltet, und das ist erstaunlich, gestaltet bewußt ein Stück Vergeblichkeit. Vor sich das bekannte Schicksal – Borchert steigt dennoch in den Narren, der, wenn er sich zu etwas entschließt, etwas Närrisches tun wird.

Erstaunlich, denn was Borchert da fertigbringt, das ist mehr, als man normalhin von einem schlechten Schüler erwartet, mit all seiner prahlerischen Überheblichkeit. Denkbar, daß sich da einer kühn aus lauter Verhinderungen in die glückliche Heldentat schreibt, jugendlich ungeduldig, und doch wenigstens auf geduldigem Papier erfolgreich. So schlicht naiv aber ist die Geschichte nicht, die Borchert erzählt.

Ganz im Gegensatz zur Art, wie er noch lange seine Gedichte verfassen wird, eilig aus der Hand, ohne viel Nachdenken – hier, in diesem Stück, steckt doch einiges an Überlegung, einiges an Arbeit und viel von der Haltung, wie wir sie später in *Draußen vor der Tür* nahezu unverändert wiederfinden.

Beweise genug, daß es nicht platte Begeisterung war, die den Jungen im Theater so ungewöhnlich hatte reagieren lassen.

Auffällig die wenigen, knappen Auftritte Hamlets, und dazu noch sehr gutväterlich blaß, ein Mann, der kaum Aktivitäten entwickelt, Lob verteilt, sich bedankt oder entschuldigt, schon zu Lebzeiten eine Art Geist – verständlich, daß dieser Hamlet-Vater zwischen Borchert und Shakespeare nicht nur seine Frau, sondern auch die Krone Dänemarks an den ehebrecherischen Claudius verliert, dazu sein Leben, daß es gelingt, ihm, dem Leichtgläubigen, das tödliche Gift ins Ohr zu träufeln.

Noch überlebt er bei Borchert das Schlußbild, gerührt von der glücklichen Wendung des Schicksals . . .

Claudius, selbstsüchtig, machtgierig, will den Thron, auf dem er dann bei Shakespeare wirklich sitzt. Er hat den Vater Yoricks einer Äußerung wegen umgebracht. Auch der war am Hofe Narr, und so ging das Amt auf den Sohn über. Ein Ereignis, das drei Jahre zurückliegt, damals, als die Königin schwanger war und Yoricks Vater daran gezweifelt hatte, daß wirklich Hamlet der Vater des Kindes sei, denn, so heißt es, Claudius habe zuvor mit Gertrud ein Verhältnis gehabt. Hamlet, edelmütig, hatte geglaubt, der Narr hätte mit der Ehre seiner Frau zu tun, während er in Wahrheit dem schurkischen Bruder Ehre verschaffte.

Diener, mit ihrem Instinkt fürs Übliche, vermuten Unheil.

2. Diener: Oh, weckt nicht das schlafende Unheil! Wenn Yorick, der Sohn des guten Josephs, erfährt, daß Claudius der Mörder seines Vaters war, er ruht nicht eher, bis er den Vater hat gerächt!

1. Diener: Fürwahr, er tut mir leid, der kleine närrische Kerl!

Aber die Befürchtungen des Claudius, auch noch den Yorick gegebenenfalls umbringen zu müssen, erweisen sich als übertrieben. Yorick erledigt das selbst. Er reagiert auf alle Beleidigungen des Claudius heldenhaft moralisch – und macht sich damit ungefährlich, bis in den eigenen Tod. Ein bitterer Witz! – denn auch so wird für Claudius der Weg auf den Thron ein Stück freier. Das ist närrisch.

Beckmann wird sich später in die Handlungsunfähigkeit bringen, indem er moralisch leidenschaftlich zu handeln glaubt – und doch nur Erfahrungen aufgibt. Auch er wird Wege freimachen. Leider.

Häufig in die recht gradlinige Handlung eingeschoben: lange Monologe Yoricks. Teils platt, teils umständlich, scheinen diese Selbsterklärungen zunächst nur gefühlvoll ungeschickt, dann aber doch höchst aufschlußreich, zumal hier Motive auftauchen, die dann im späteren Werk Borcherts wiederzufinden sind.

Schon in der ersten Zeile des ersten Monologs wird Gott angerufen. Noch stammt der beklagte Zustand der Welt aus literarischen Quellen, noch hat der Krieg nicht begonnen, an dessen Ende die Frage dann einen anderen Hintergrund haben wird.

Yorick: . . . Ist da noch Gott? Was ist da denn? Nichts?
Beckmann: . . . Wo warst du da eigentlich, als die Bomben brüllten, lieber Gott?

Im gleichen Yorick-Monolog eine Situation, die der Beckmanns sehr ähnlich ist, im Traum, zwischen Weiterleben und Tod. Auch da das Motiv der Erlösung durch die gereichten Arme eines Mädchens.

Acht Jahre zuvor klingt es im *Yorick* kaum anders.

Yorick: . . . Die Schrecknisse und die Taten böser Menschen stehen drohend hinter mir, die Freude zu zerstören! Oh, könnte ich abwerfen dieses Joch, das lärmend mir im Rücken sitzt! Die Menschen bessern, eine Aufgabe der Priester, an der sie ewig zu rechnen haben! Das Leben beenden mit Gewalt, nein, ein Selbstmörder ist ein Deserteur vorm Lebenskampf, der, wie ein Fechter, der merkt, daß er unterliegt, sich selbst den tödlichen Stoß versetzt! – Vielleicht kommt nach dem Leben ein besseres Dasein! Vielleicht ist die Tat der Künder eine Art von Freiheit und Erlösung? Doch nein! Sie zeigen sich nicht in so erschreckender Gestalt! – Ein kraftvoller Jüngling, das flatternde Banner im starken Arm, mit wehendem Haar, das wäre die Freiheit! – Und Erlösung? Oh, ich sehe eine blühende Jungfrau mit himmlisch verklärtem Gesicht und wallendem Haar, mit langen, weiten Gewändern, die schönen Arme mütterlich reichend dem müden Erdenwanderer! – Doch der Tod?

Im folgenden Monolog scheint es zunächst, als ginge es nur um das zur Platitüde gewordene Problem aller Narren, eben lachen zu müssen – naheliegend die Bezüge zum Alltag gewöhnlicher Zeiten, von »Fang's fröhlich an« bis »Hilft ja alles nichts«, seit Optimismus nötig wurde, um weitermachen zu können.

Tatsächlich handelt es sich um das große, zentrale Problem Borcherts, ob in der Schule oder später in der Kaserne, den Heiteren zu mimen, sich fröhlich über alles hinwegzuspielen, was wohl leidlich gut ginge, besäße er nicht die Sensibilität, es zu bemerken, später personifiziert gespalten in Beckmann und den Anderen. Später wird ein Oberst den Ernst Beckmanns für ein närrisches Spiel nehmen, er wird lachen, schrecklich lachen – in dieser großartigen Szene, deren Hintergrund eben nicht nur ein Kriegserlebnis ist.

Und wenn es auch noch so unbeholfen im frühen *Yorick* klingt – auffinden läßt es sich:

Yorick: . . . Hm, wenn man den Menschen die Wahrheit sagt, so glauben sie es nicht und hören nicht hin! Sie wollen belogen sein, weil die Wahrheit ihnen einen Spiegel vor die Seele hält, vor dessen Bild sie sich fürchten! – Oh, ich kann ihnen die gröbsten Wahrheiten in die Ohren schreien, sie lachen nur und nehmen mich nicht ernst!

Oh, es ist zum Verzweifeln, nicht für ernst genommen zu werden und immer lachen müssen! – Lange halte ich das nicht mehr aus! – Lange kann ich's nicht mehr: Immer lachen und nichts, als lachen! – Mir ist oft so traurig der Sinn, doch muß ich heiter scheinen, um andere zu erfreuen! Und dies zerspaltet mein Wesen so, daß ich nicht mehr weiß, was ist Yorick, was der Narr! – Und lache ich einmal nicht, weiß keinen lustigen Spaß, dann gibt es Schläge! Gott, was hab' ich für'n Leben!

Gleich darauf, wie zur Erklärung, eine Passage mit Angriffen gegen den Vater, hier freilich den Vater Yoricks, und doch, unüberhörbar, frühe Hinweise auf ein Empfinden. Anklagen kommen, wo Dank erwartet wird. Yoricks Vater ist tot. Borcherts Vater, ohnehin ein stiller Mensch, obendrein zum Stillhalten verurteilt, als Lehrer innerhalb eines wachsam-totalitären Apparates Staat, das hat etwas von Tod, von lebendigem Begrabensein.

Da, als dem Yorick der Geist des Vaters erscheint, bricht Borcherts Sprache um ins Sarkastische, in die lachende Ausflucht, ins närrisch Überspielte.

Yorick: Gift und Pest dir altem Narren, denn dir verdank ich ja mein Leben! Für einen Augenblick wollüstiger Glut habe ich soviel Leid zu tragen! Ja, deinetwegen! Du sagst nichts? So rede doch! Zieh mich am Ohr, wie es ein Vater tut mit seinem ungeratenen Sohne!

Du schweigst! Bist stumm, wie alles Tote! – Verzeih mir meine Ungezogenheit, man hat mich ganz verdorben und gehässig gemacht, und seit du tot bist, quält man mich am Hofe! – Wenn du doch da wärest, Vater; du könntest mich was Rechtes lernen lassen und mich gegen die Gemeinheiten der Hofleute schützen! Denn Osrick, und auch der König selbst, sehen doch nur den Narren in mir und nicht den Menschen! – Da bist du ja! Aber in so schrecklicher Gestalt, daß du mich schaudern machst! Na, laß es gut sein! Es war doch besser, daß man dein Leben dir genommen, denn auch dir fiel das Narrenspiel schwer! – Ja, ja! Es ist schwerer, den Narren zu spielen als einen klugen Mann! – Verfaule nur recht schnell und riech nicht so, denn, wenn ich dich beiseite werfe, so stellt der schuftige Claudius dich wieder auf, mir zur Warnung, falls mir der Witz ausgeht . . .

Dieser Yorick nun macht sich auf, das Leben des guten, verehrten König Hamlet zu retten. Anläßlich der Rückkehr aus einer Schlacht will Bruder Claudius ihm einen Becher zur Begrüßung überreichen, was ein Abschied für immer werden soll, denn der Wein ist vergiftet.

Aber schon mit der Güte des Königs hat es da seine Widersprüche. Eben hat Yorick in einem neuerlichen Monolog seine Ansichten über den Krieg dargelegt:

Yorick: . . . – Wenn es sich mit der Ehre vereinbaren läßt, müßten die Kulturvölker ihn eigentlich vermeiden können! Er saugt wie ein Vampir unersättlich Menschenblut! Das beste junge Blut der Völker! O furchtbarer Kampf, der Leben und Menschen brüllend verschlingt und gebiert Elend und Not! In dem alles Gute versinkt, in dem erntet der Tod! O Krieg. Du Feuer und Unheil speiender Schlund, der verschlingt Geist und Kultur! Du seiest gemieden und gehaßt zu ewiger Stund! Das sei der Menschen Schwur!

Kein Satz ohne den Nachdruck eines Ausrufezeichens, und sofort wechselt die Szene in neue Ausrufe:

Alle: Hoch König Hamlet! Hoch!

Offenbar ging es in Hamlets gewonnenem Krieg um die nicht zu vermeidende Ehre, weniger um handfestere Dinge. Daß Borchert beides, Monolog und großen Bahnhof für Hamlet, so unmittelbar nebeneinander stellt, es wird kaum Zufall sein, zumal es ohne Umschweife in die erste Heldentat Yoricks mündet.

Im Kampf mit Polonius, der im Auftrage des Claudius den tödlichen Trunk mixt, siegt Yorick. Er kommt mit einem blutigen Arm verletzt davon, aber der Wein bleibt sauber, auf den Sieg kann getrunken werden. Hamlet, der von allem nichts ahnt, ist zufrieden und bleibt am Leben.

Auf der anschließenden Feier soll Yorick Späße zur Unterhaltung vorführen, von Claudius dazu angetrieben, gezwungen – Yorick aber erinnert sich seines toten Vaters, und so geraten die Späße zu wütenden Ausbrüchen, zu einem randalierenden Tanz. So rasend dieser Yorick ist, er schweigt, und so wird es ein zielloses Revoltieren, das die Gäste aus dem Saal treibt, aber ansonsten nichts bringt.

Wie absurd auch immer, und es wird noch absurder, das hat ja doch etwas von Lebensechtheit, ist viel realistischer als es scheint. Leider.

Hamlet reagiert rührend, beruhigt die Gäste, seine Frau ist rührend, sie beruhigt den Yorick, alle verstehen sich, weil sie nichts verstehen, einer übertrifft den anderen an Güte, nur die bedrohliche Wahrheit kann nicht heraus, weil sie zu schlecht klingt.

Fest und Unheil nehmen ihren Fortgang. Claudius greift zu neuen Demütigungen, aus Rache über den vereitelten Mordplan, reicht dem Yorick einen Becher, nicht mit Gift, wohl aber mit einem Boden aus der Schädeldecke des Vaters.

Yorick: Gebt mir zu trinken! Ich trinke auf die süße Stunde der Rache und auf deinen Tod, Halunke! (er will ihn umbringen!) So wie du mein Herz zertrümmert hast, zertrümmere ich dir deinen Schädel jetzt.
Claudius: Hör auf! Verdammter Narr! Du bringst mich um!
Yorick: Das will ich ja!
Claudius: He, Mannen, steht mir bei! Der Kerl ist toll!
Yorick: (Messer) Macht, daß ihr fortkommt!
Alle: Oh, Gott! Er tötet ihn!
Hamlet: Yorick!
Yorick: (ganz ruhig) Mein König?

Nun ist Claudius durch einen Messerstich verletzt, wie zuvor Yorick, ausgeglichen, wenn man so will – und alles bleibt wie es war, aufgeschoben das, worum es eigentlich geht. Köstlich das Urteil Hamlets:

Hamlet: Oh, es wird lange dauern, bis er wieder genesen! Das Beste wär's, man schickte ihn zur Pflege fort, nach Deutschland. Vielleicht auf sieben Jahre? Das würde in allen Teilen gut sein! Und Yorick hätte Ruhe vor ihm und es wächst Gras darüber!...

Auf den Tag sieben Jahre später kommt Claudius zurück, mit seinen alten Plänen und frischem Tatendrang:

Claudius: ... Und nun zugepackt mit mitleidloser Hand! – Ein gutes Gewissen! Nun, ich werde auch so meine Ruhe finden in dem so üppig ausgeschmückten Ehebett! Ich werde wühlen in der Not des Volkes, um mit seinem

Geld Gertrud schmackhaft mir zu machen! Ha! Welch ein verlockender Gedanke, ihre pralle Brust als Kissen zu benutzen und ihren Leib als Pfühl! Und das alles für einen Mord! Für einen Dolchstich!
Seltsam dagegen Yorick. Er ist voller Vorahnungen, sich plötzlich seines Todes gewiß, als sei in den vergangenen sieben Jahren Gras über seine Absicht gewachsen, sich zu wehren. Er, der sich selbst als gespalten sieht, in Yorick und in den Narren, äußert in einem Selbstgespräch:
Yorick: Ja, Yorick, du mußt es wissen, ja, ich muß es laut dir sagen! Es geht dem Ende zu! Der letzte Akt hat schon begonnen, und wenn der Vorhang fällt, ist Yorick tot! – Doch die Zuschauer werden ihre Hände nicht schonen, um meinen Taten den schuld'gen Beifall zu spenden. – Interessante Sätze, sowenig der Zufall ausgeschlossen ist, Borchert könnte sie in einer allgemeinen Schreiblust wenig überlegt formuliert haben. Nicht bewußt ironisch gemeint?
Was, wenn da umgekehrt Yorick zum Narren sprechen würde, der müsse nun sterben, der Narr in ihm, und übrig bliebe der Mensch Yorick? – fähig zu einer überlegten Handlung?
Aber – wo wäre dann das Tragische dieser Tragödie?
Der Narr, der sich selbst ums Leben bringt. Das ist tragisch. Dieser Narr, der die Wahrheit weiß, die Bedrohung kennt, mit den Folgen rechnen kann. Das ist tragisch, und das hat einen gewissen Zeitbezug. Zumindest heute liest es sich wie ein Stück Selbstironie auf die eigenen verbalen Heldentaten.
Yorick, der Narr!
Aber es wird Beifall geben, Borchert weiß es.
Ein erstaunliches Stück, plötzlich gehört die Sprache dazu, das Unperfekte – geschrieben gegen übliche Sehgewohnheiten im Theater, in dem wir leicht wie Narren sitzen und mit Beifall überspielen, was uns – eigentlich – wirklich betroffen macht als Betroffene.
Eh das Stück auf sein unausweichliches Ende zugeht, wieder wie eine Erklärung, wie schon zuvor, als es um den

Vater ging, nun das andere große Motiv Borcherts, später in seiner Prosa: Mutter.

Yorick: Verehrte Königin! Nein, nicht genug ist mir die Rede! Gute Frau! Mutter! Gebt mir einen Abschiedskuß!

Die Königin, verwundert, antwortet darauf zunächst:

Gertrud: Du bist närrisch, Yorick.

Dann aber:

Gertrud: ... Doch komm her! Hier hast du deinen Kuß, um den du so artig bittest mich mit kindlichem Herzen!

Yorick: (gerührt!) Oh, Mutter! Ich weiß nicht, wie ich dir danken soll! ...

Borchert gibt seinem Yorick die Erklärung mit für diese reichlich vergriffen klingende Überschwenglichkeit, die, so gedichtet auch immer, dennoch die Frage nach einem biographischen Hintergrund aufkommen läßt. Hier aber doch wohl schon weniger eine Frage als vielmehr eine Bestätigung für vorangegangene Vermutungen – wie sich der jugendliche Schreiber selbst fühlen mag. Beweisen wird er es in der Praxis.

Yorick: – Doch ich will euch sagen, warum mich dürstet nach dem Kuß! – Seht, mich hat noch nie ein Weib geliebt oder geküßt! Keine Mutter, meine ich! – Nur mein Vater küßte mich einst feierlich, was mich himmlisch durchrieselte, denn es war ein Frauenherz, das mich geliebt...

Eigenartige Sätze, in einem eigenartigen Stück.

Der Schluß:

Claudius gibt Anweisungen, wie bei einem neuen Mordanschlag auf Hamlet zu verfahren ist. Nun will er selbst mit einem Schwert zuschlagen, jedoch sollen Handlanger zuvor dem Yorick die Augen ausstechen. Ein Einfall, der ganz nach künstlich installierter Dramatik aussieht, Grausamkeit noch zu steigern, eben auf den Schluß zu. Und doch ein Einfall, der voll auf die Gegenseite zielt, auf Yorick, der nun buchstäblich als blinder Narr in sein Schicksal geht.

Grotesk – während er sein Augenlicht verliert, tötet er die drei Handlanger, er allein, mit dem Schwert seines toten Vaters, fähig also zu einer Tat, fähig, sich zu wehren...

Claudius ändert seinen Plan, nun soll Hamlet doch mit Gift im Wein getötet werden, aber Yorick, blind, schleppt sich zum König, ihn zu retten, bittet um einen Schluck Wein, wissend, daß er vergiftet ist, trinkt, rettet so König und Dänemark und stirbt, wenigstens in der Hoffnung, alles gerettet zu haben.

Noch grotesker: Hamlet gibt Anweisung, daß der tote Yorick auf den Thron gesetzt wird, als Mensch! Nur, er hört die schönen Worte nicht mehr.

Ob Hamlet die drohenden Worte des Claudius hört, er würde wiederkommen? Kaum. Seine faden, poetischen Allgemeinplätze lassen wenig darauf schließen. Umgeben von Leuten, seit langem verstrickt in die Verschwörung, spricht er zu seinem treuherzigen Weib:

Hamlet: Das Unwetter ging hart an uns vorbei! Yorick hat es umgeworfen! Er ist tot!

Und wir müssen leben, einem ungewissen, dunklen Schicksal entgegen!

So das Ende dieser Tragödie – eines komödiantischen Trauerspiels. Geschrieben mit dem jugendlich sicheren Gefühl für das komische, das grotesk Widersprüchliche an großen Taten. Jahre werden vergehen, ehe sich diese Haltung als produktiv erweisen wird.

Den Beweis, daß ein Publikum dennoch bereit wäre, die Hände für einen Beifall nicht zu schonen, hat es nie gegeben. Kein Theater hat sein Publikum derart in Versuchung gebracht.

Brecht hatte damals sein *Kleines Organon für das Theater* noch nicht geschrieben, seinen köstlichen Satz über Hamlet: »Gegenüber der vernünftigen Praxis ist seine Vernunft ganz unpraktisch.«

Ob Borchert, wenn auch noch im sehr jugendlichen Übermut, ähnlich über Yorick dachte, es bleibt Vermutung. Daß er ihn höchst kritisch sah, darauf deutet das vorangestellte Motto:

– Stürz ein, Welt!

Es gibt der Narren zuviele! –

Ein Motto, hingeschrieben als Provokation, das sich heute wie ein verzweifelt-hilfloser Rundumschlag liest – falsch, gänzlich falsch auf drohende Gefahren zu reagieren, mit dem Gemüt eines Kindes, das von märchenhaft edlen Heldentaten gehört hat – mit diesem plötzlichen Übergang in den zynisch-sarkastischen Klang, wie er dann später auch von Beckmann zu hören ist, auf seinem Weg zu Oberst und Kabarettdirektor:

Beckmann: ...Heil, Herr Oberst! Prost, es lebe das Blut! Es lebe das Gelächter über die Toten!...

Überraschend, daß der äußerlich so überheblich selbstsichere Borchert um den zerreißenden Dualismus seiner Existenz schon in diesen jungen Jahren so sehr genau weiß. Sich selbst im Wege, sobald der Eine den Anderen verlassen will.

Daraus wird eines Tages Literatur entstehen, nicht plötzlich, unerwartet, wie es dann scheint, viel weniger vom Krieg aus einer Bahn geworfen, wie oft eilig gesagt, als vielmehr in eine Bahn gestoßen, für die es frühe Anzeichen gibt.

1938, Zeitungen verkünden lauthals, was Kunst ist, welchen Weg ihr der Führer weist. Goebbels: »Das Buch gehe ins Volk hinaus als geistige Waffe der neuen Zeit.« Borchert geht diesen Fängern nicht auf den Leim, so unausgegoren schwankend seine Ideen auch sind. Er wird zum Warner – weniger vor den schlimmen Tatsachen als der üblichen Art, darauf zu reagiern.

In Hamburg trifft sich die Hitlerjugend zu ihren Reichstheatertagen. Bernhard Meyer-Marwitz, später sehr eng mit Borchert befreundet, meint im *Hamburger Anzeiger* noch sehr gutwillig über diese Veranstaltung: »Unsere Jugend hat Tritt gefaßt und sich in Marsch gesetzt. Nicht einer, nicht wenige – nein, alle sollen teilhaftig werden der Schätze, die Künstler und Genies uns schenkten. Die Jugend selbst geht ihnen entgegen...«

Wolfgang Borchert gehört nicht zu dieser Jugend, die sich da im Gleichschritt etwas erobern will. Irgendwann sitzt er nachts mit sich allein an seinem Platz, unter seinem Gründgensfoto, und schreibt seinen *Yorick.*

Marschiert wird schon. Oktober 1938. Einmarsch in die Tschechoslowakei, als »Künder deutscher Zucht und Ordnung«, wie es im Tagesbefehl an die Truppe heißt, am anderen Morgen in der Zeitung nachzulesen.

Ein Schüler macht seine Schularbeiten nicht.

In der Stadt gewöhnt man sich langsam an die vielen neuen Straßennamen, nach der nun ausgebrochenen Zeit umbenannt. In der Zeitung besteigt der Führer ein Kraft-durch-Freude-Auto, einen VW, und »die Judenfrage steht vor ihrer endgültigen Lösung«.

Dazu gibt es im *Hamburger Anzeiger* etwas Klönsnack, Reisen und Wandern, Kreuzworträtsel, deutsche Aufmärsche, deutsche Knospen im Frühjahr und eine Großdeutsche Weihnacht zu Weihnachten.

Friede über Hamburgs Dächern.

Bald werden es Bombenflugzeuge sein.

Am 31. Dezember die Neujahrsbotschaft des Führers. Er bedankt sich bei seinem Volk für alles und verspricht Frieden. Es ist die Botschaft auf das Jahr 1939. Noch liegt der große Krieg in gepanzerten Schränken.

Wolfgang Borchert hat sein letztes Schulzeugnis empfangen.

Leichtathletik	4	Chemie	4
Kampfspiele	3	Physik	4
Deutsch	3	Mathematik	6
Geschichte	4	Latein	5
Erdkunde	4	Englisch	4
Kunsterziehung	4	Französisch	5
Musik	3	Religion	3
Biologie	4		

Dazu das Lehrerurteil: »Wolfgang zeigte fast die ganze Zeit eine zu geringe häusliche Mitarbeit. Es ist eine viel stärkere Anspannung aller Kräfte notwendig.«

Und, wie sich denken läßt: »Mit diesem Zeugnis ist eine Osterversetzung nicht möglich.«

Diese »viel stärkere Anspannung aller Kräfte« aber versucht er gar nicht erst. Er verläßt die Schule ohne Abschluß.

Wolfgang Borchert, ein paar Monate vor seinem 18. Geburtstag. Bis zur Kaserne, bis zur Front, bleibt noch die Galgenfrist für ein eilig hastiges Leben.

4
Blumen in großer Höhe, und die Zeit läuft

Die ungeliebte Schule hinter sich – später, aus einem literarischen Bedeutungsrückblick, der nach dem Alltag nicht fragt, läßt sich dann sagen, daß nicht ihr Schüler gescheitert sei, sondern sie an ihm, an seiner hartnäckigen Individualität, daß er sie hat sitzenlassen, daß er seinen eigenen Weg ging.

Mehr noch als Vokabeln und Mathematik übt Schule das jeweils praktische Leben – trainiert die Schläue des Durchkommens, den permanenten Kompromiß, das eine zu wollen, das andere in Kauf zu nehmen, zeigt die gängigen Erfolgswege, setzt Warnschilder, sortiert nach Verwendbarkeit, probt den tatsächlichen Ernst des Lebens, sich, wie auch immer, ein Stück Erfolg aus den eben möglichen Möglichkeiten zu erobern.

Ihre Fächer, in die der noch Ahnungslose stundenweise gerät, selbst die Pausen im Schulhof, all das ist ja wirklich Mittel zum Zweck, das Leben zu meistern, in der gerade gängigen Sprache (Deutsch), mit Berechnung (Mathematik), locker, gelenkig (Leichtathletik), gutgelaunt ein Lied harmonisch im Chor auf den Lippen (Musik), wenn auch mit dem Ellenbogen, so doch unter Angabe edler Gesichtspunkte (Religion) usw.

Ein Narr, wer da die Schule nicht ernst nimmt, wer da nicht aufpaßt, das zierende Beiwerk für den eigentlichen Gegenstand hält. Das Gute, Edle, Gerechte... – und später wundern wir uns.

Beckmann, wenn er da über die Bühne geht mit unseren strahlenden Sonntagsansichten von der Moral, durch seinen grauen, kaputten Alltag, und nicht kann, was wir schon in der Schule gelernt haben: das Beste draus zu machen.

Borchert, noch lachend, mit diesem provozierten Antrieb zum Anspruch, es ihnen allen zu beweisen, als eines Tages großer Mann.

Was nun aber werden? Was machen aus einer so unruhigen Individualität, die sich in den üblichen beruflichen Erfolgsmustern nicht auskennt?

Schauspieler. Er bleibt dabei, er will Schauspieler werden. Die Eltern, die das Feuer schon für erloschen halten, raten ab.

Das Ergebnis, wie kaum anders zu erwarten, paradox. So identisch die Gegenargumente letztlich sind: Ginge es nach dem Abraten der Mutter, so würde er wohl kurzerhand Schauspieler werden. Ginge es nach dem Rat des Vaters, so würde er wohl wirklich etwas anderes werden. Als Kind von beiden wird er beides. Nicht Schauspieler, und doch, etwas anderes, und doch wieder nicht.

Und dabei kommen, trotz aller Nüchternheit, die Argumente des Vaters nicht einfach aus dem traditionellen Vorurteil, aus kleinbürgerlicher Ablehnung gegen brotloses Komödiantentum. Bei allem Verständnis für die Verstiegenheit seines Jungen, Schauspieler werden zu wollen, das scheint ihm doch ein Irrtum, ohne Anzeichen von Talent es dazu zu bringen, eines Tages wirklich auf der Bühne zu stehen, das kann er sich beim besten Willen nicht vorstellen. Eher aus Respekt diesem Beruf gegenüber, nicht aus Geringschätzung, rät er mit dem Blick fürs Reale zu etwas anderem, ganz aus dem ehrlichen Bemühen, seinem Sohn eine bittere Enttäuschung zu ersparen.

Bücher. Soweit sie mit der Schule nichts zu tun hatten – lesen, soweit es kein Lernen-Müssen war, da immerhin lassen sich Interessen ausmachen – Bücher, also kommt der Vorschlag: Buchhändler.

Wolfgang Borchert, der sich schon als gefeierter Literat sieht, als Verfasser einer Tragödie, soll nun Lehrling für das

Verkaufen von Büchern werden. Ein herber Schlag, zurückgesetzt ans andere, weniger auffällige Ende der Literatur. Aber, es spricht für das gute Verhältnis zum Vater, der so eigenwillige Sohn, mit allen seinen Extravaganzen, läßt sich überzeugen, folgt dem Rat des Vaters. Der eruiert Möglichkeiten – wie er einst mit ihm zum Arzt, ins Grüne und in die Schule gegangen war, nun geht er mit seinem Sohn in die renommierte Buchhandlung Heinrich Boysen, ihn seinem Lehrherren vorzustellen.

Wer weiß, ob es wirklich so war, berichtet wird es, und denkbar wäre es, was sich da bei dieser ersten Vorstellung abgespielt haben soll. Auf die Frage: *Nun, Sie wollen Buchhändler werden, Herr Borchert?!*, kommt dann prompt die Antwort: *Nein, ich muß.*[12]

Die Lehre beginnt am 1. April 1939 – und noch reichlich vier Jahrzehnte später gelingt es, in der gleichen Buchhandlung mit einer Frau ins Gespräch zu kommen, die sich sofort an den heiteren jungen Mann erinnert, mit Spitznamen Hannibal, zu jedem Unfug aufgelegt, der es fertigbringt, Buchhändlerinnen gelegentlich ein selbstverfaßtes Gedicht in die Tasche zu stecken, darunter werbende Liebesverse, die zumindest in einem Fall auf praktische Gegenliebe stoßen. Was kann er mehr von einem kleinen Vers erwarten, er, der sich nun einen weißen Schal um den Hals zu werfen weiß, wie Schauspieler es auf der Kinoleinwand zeigen, dabei, eine Ufa-Welt fröhlich aus den Angeln zu heben. Ein kleiner, ein großer Angeber. *Mein Gott*, sagt die Frau, *er war ja auch jung, damals, und keiner hat geahnt, daß wirklich mal was aus ihm werden würde.*

Doch, sagt sie. Es war so. Auch die Geschichte mit den Preisetiketten ist wahr. Er mußte sie in die Bücher kleben, eine langweilige Arbeit, und so schreibt er denn einen fingierten Kundenbrief an seinen Chef, Preisetiketten seien überhaupt altmodisch, was diesen wenig später veranlaßt, sie abzuschaffen, und damit die Mühen des Einklebens. Wieder ein praktischer, schöner Schreiberfolg, wenn auch noch nicht Literatur.

Ansonsten geht es in der Welt weit weniger fröhlich zu – die Zeit läuft, jenem 1. September 1939 entgegen.

Hitler hat die ersten Kostproben seines versprochenen Friedenswillens geliefert – und wirklich, es muß nicht viel Krieg gemacht werden, wenn die Staatsoberhäupter in der Welt so ›einsichtig‹ sind, vor einer Kriegserklärung die Kapitulation zu unterschreiben. Praktiziert am 15. März, als Hitler den tschechoslowakischen Staatspräsidenten Hucha zu sich bestellt hatte, nachts um 1.15 Uhr, um ihm mitzuteilen, daß auch der Rest seines Landes ins Reich gegliedert sei. Die Soldaten marschieren, der Text fertig, noch eine Unterschrift, sich *vertrauensvoll in die Hände des Deutschen Reiches* begeben zu haben, schon ist ein Krieg gewonnen und vermieden.

Allerlei Verträge, gebrochen, geschlossen oder aufgekündigt, in den Zeitungen viel großdeutsch-protziges Geschrei – auch für die Ahnungslosen ist schon eine Uniform geschneidert.

Wolfgang Borchert braucht einen neuen Anzug.

Seine Wahl fällt auf ein leicht kariert ockerfarbenes Modell. Fritz Borchert steht daneben, mit anderen Vorstellungen von einem Anzug, er soll ihn bezahlen, dennoch, verständnisvoll nachgiebig, er stimmt schließlich zu, setzt aber, wie er glaubt, doch auch seine eigene Vorstellung durch, in Form einer Zugabe. Ein traditioneller Filzhut, als sozusagen sanftere Form von Pädagogik, ausgleichend, als könne der Hut die Auffälligkeit des Anzugs mildern. Vergeblich. Bald schon fehlt dem Hut die Krempe, vom Sohn kurzerhand mit einer Schere abgeschnitten, um ihn nach eigenen Vorstellungen tragbarer zu machen.

Eine Episode. Bezeichnend rundum, mehr als bloß ein übermütiger Streich. Denn da ist wieder dieser überdeutliche Hinweis auf die eigentümliche Konstellation. Beschämen gegenüber dem Vater, als der das Resultat entdeckt. Selbstsichere Verteidigung gegenüber der Mutter, es sei aus antimilitärischen Gründen geschehen, gegen das Korrekte, obwohl doch der Hut nun einem Stahlhelm sehr ähnlich sieht. Aber Ähnlichkeit steckt schließlich in jeder bloßen Antihaltung, so wenig sie beabsichtigt ist.

Am 20. Mai 1939 wird Wolfgang Borchert 18 Jahre alt.

Am 29. Mai haben die Eltern ihr silbernes Ehejubiläum. Sie fahren ein paar Tage in die Heide, südlich von Hamburg, oft schon Ziel für Familienausflüge. Tage mit einem schönen, sonnigen Sonntagvormittag, zu dritt, denn der Sohn kommt ihnen nachgefahren, kommt mit dem Zug aus Hamburg, sie gehen ihm entgegen, er kommt ihnen entgegen, in seinen leicht wiegenden Schritten, fröhlich, im nun auch von der Mutter gebilligten ›Ockerfarbenen‹, heiter durch das Maigrün des Jahres 1939.

Für die Mutter wird es über alle kommenden Ereignisse hin ein schöner Augenblick der Erinnerung bleiben – ein Augenblick, in dem es gegen alle Anzeichen noch einmal so scheint, als sei das gedachte Leben zu dritt doch verträglich möglich – als könnte es für die Ungewißheiten in der Welt doch noch ein gutes Ende geben, wie für die Ungereimtheiten im Verhalten ihres Jungen.

Mai 1939. Die Bäume stehen noch in ihrem unbekümmert optimistischen Grün.

Daß wir aus den Ereignissen um uns gemacht sind, daß sie uns prägen, wie es heißt, mag so logisch sein, wie es nur die halbe Wahrheit ist. Immer sind wir schon, ehe wir in die Dinge geraten, die ihre Vorgeschichte haben wie wir – selbst im Augenblick des Geborenwerdens sind wir nicht das neutrale leere Etwas, zur beliebigen Verfügung der Ereignisse, wie sie uns eben zustoßen. Nicht nur anderen unverständlich. Auch uns selbst.

So sehr alles wirr Ungereimte an diesem Jungen letztlich doch weitgehend im Rahmen des Üblichen liegt, ganz geht es im traditionellen Muster nicht auf. In diesem abenteuerlichen Spiel des Zurechtfindens, das wir ›durchmachen‹ – was so klingt, als gäbe es dahinter ein gereinigtes, erledigtes, befreites Wiederrauskommen, glatt, erwachsen, frei für sinnvolle Nützlichkeiten, ohne die dann kurzerhand ›melodramatisch‹ genannten Anwandlungen, die wir uns besser

›abreagieren‹, um in die Welt zu passen, wie sie eben ist. Möglich, daß wir uns in diesem Augenblick vergangenheitslos machen, um unbeschwerter an eine Zukunft glauben zu können – daß wir Geschichte töten, um Geschichte ertragen zu können, daß wir uns töten, um töten zu können. Möglich, daß wir uns in diesen Augenblicken unempfindlich machen gegen den Satz, daß die Geschichte sich fortsetzt, gegen uns.

Das Eigenartige an diesem Wolfgang Borchert ist, daß er nichts wirklich ›durchmacht‹, daß er bei allen weitgreifenden Fluchtversuchen sich letztlich wie in einem Labyrinth aus Sackgassen bewegt, in diesem sehr engen Feld der eigenen Empfindungen, das er dann später um so genauer zu beschreiben weiß.

Und dabei wird es lange scheinen, als ginge er mit seinen Gefühlen geradezu hausieren, als verstreute er sie wahllos, um sie und sich loszuwerden. So offen, als hätte er wirklich nichts zu verbergen.

Jeden Abend liegen auf dem Schreibtisch des Vaters neue Gedichte, am gleichen Tag entstanden, bisweilen an die zehn Stück. Auch später noch wird er behaupten, daß er nur in einem geniehaften Rausch Wörter zu Papier bringen könne, und dafür nicht mehr Zeit brauche, als eben nötig, beliebige Wörter hinzuschreiben. Erhalten geblieben sind diese frühen Hervorbringungen nicht. Dennoch, der Vergleich mit wenig später entstandenen Zeilen, die sicher zu datieren sind, läßt Rückschlüsse zu, Urteile, die sich, rein literarisch gesehen, durchaus darin erschöpfen können, den Kopf zu schütteln – heute, wo sein Name für anderes steht. Aber – unabhängig von allem Inhalt, allein schon, wie er mit seinen Versen umgeht, ist höchst aufschlußreich. Daß er sie nicht, wie üblich bei frühen Gedichten, als geheime Ich-Verständigung verbirgt.

So, wie die Gedichte auf dem Schreibtisch des Vaters liegen, breitet er sich auch vor der Mutter aus, was wie ein Beweis für großes Vertrauen anmuten könnte. Ausführlich erzählt er von den Mädchen, die er kennenlernt, nennt ihre

Vor- und Nachteile, aber zumeist sind es doch ältere Frauen, zu denen er engere Beziehungen hat. Da es obendrein Freundinnen der Mutter sind, wird alles um so abenteuerlicher, da er dies nun auch noch der Mutter erzählt, und dabei sie mit diesen Freundinnen vergleicht, von ihnen schwärmt. Auch sie bekommen sehr gefühlvolle Verse von ihm – nicht ausgeschlossen, daß sie zuvor über den Schreibtisch des Vaters gegangen sind.

Je nach eigener Mentalität mag das normal oder verwunderlich scheinen, auffällig, oder als eben nicht ›verklemmt‹, wie wir heute sagen würden. Nur, auch Offenheit wird in der Regel einen verborgen gehaltenen Grund haben, durchweg unbewußt – auch bloße Geschwätzigkeit hat ein Ziel.

Liegt, kann man sich fragen, dem Jungen wirklich daran, vom Vater begutachtet zu werden? Anerkannt als Dichter? Oder handelt es sich nicht vielmehr um eine permanente verbale Rauferei, um Hiebe, abends auf den Schreibtisch, diesen Vater kleinzukriegen zu einer ›Größe‹? Angriffe, um den Vater aus der Reserve zu locken? Ihn aus der Ruhe zu reizen? Aus der anderen Hälfte eines vermuteten Widerspruchs? Wissend, daß der Vater den schlampigen Umgang mit der Sprache rügen wird, daß er korrekt auf die Grammatik verweisen wird? Wartet er auf die gelassenen Sätze des Vaters, die sich dann so schön großspurig als kleinlich zurückweisen lassen? Sind diese Gedichte vor allem anderen so etwas wie geflickte Hosen, durchgescheuerte Ärmel, so etwas wie ein schiefer Hut?

Und für die Literatur eben leider nicht mehr – Zeilen, vorgetragen mit Bedeutung, genommen aus Bedeutendem, denn die tatsächliche Bedeutung seines eigenen, inneren Widerspruchs kann er schlechterdings nicht ahnen. Noch ist er stolz darauf, daß es nach Hölderlin oder Rilke klingt, was er da eilig hinschreibt.

Ein Spiel ins Leere, vorerst. Vater und Sohn reagieren prompt, die Widersprüche bleiben. Rührend großartig, der Vater schreibt die Gedichte seines Jungen auf der Schreibmaschine ab, wie er die Geschichten seiner Frau abschreibt. Ausgleichend freundlich, die Konfrontation bleibt unter ihrer eigenen Offenheit unausgetragen.

Ähnlich wie mit den Gedichten scheint es mit seinen Mädchen und Frauen zu sein. Viele deuten auf wenig Eigenes.

Was wie ein protziges Prahlen scheint, wie ein Demonstrieren seiner Fähigkeiten, kühn, gewagt, erfolgreich, wenn auch letztlich von Niederlage zu Niederlage, könnte, so offen und weitschweifig es auch der Mutter gegenüber betrieben wird, einen versteckten Grund haben, ein sehr naheliegendes Ziel. Die fast kindlich naive Provokation: Die anderen lieben mich! Das hast du davon! Auch hier: Widersprüchlich aneinander gebunden – wie gelebt für den später lapidaren Satz, daß es die Vorgeschichte war in den häuslichen vier Wänden, das Grundmuster für eine Haltung, die sich praktisch immer als sehr unpraktisch erweist, wie alles Unübliche, und doch das praktisch Übliche entblößen wird.

Die Vorgeschichte, aus der einmal ein Beckmann geschrieben wird, mit seinen leidenschaftlichen Wort-Bombardements, wie eine späte Sebastiansgestalt mit Gasmaskenbrille, alle Verwundungen vorweisend, an die Verhältnisse wie an einen Baum gefesselt, während andere sie auf ihre Art überwinden – er, ohne das Widerfahrene abzulegen.

Noch ist die Erfahrung zu machen, daß seine optimistisch-fröhlichen Aktivitäten ins Leere gehen, eingeholt von ganz anderen Aktivitäten.

Der 1. September rückt näher.

Kaum mit der Buchhändlerlehre begonnen, schon legt er den Eltern glückstrahlend eine Bescheinigung auf den Tisch, gegen alle Erwartungen doch für den Beruf des Schauspielers geeignet zu sein. Eine bestandene Prüfung beweist es. Tagsüber in der Buchhandlung, abends nimmt er bei Helmuth Gmelin[13] privaten Schauspielunterricht, in einem Studio in der Hallerstraße besucht er einen Kurs für

Step-Tanz und ist guter Dinge. Wünsche werden wahr. Was kann er mehr wollen?

Freunde, Mädchen und Frauen, Theaterbesuche – die Eltern sehen ihn kaum noch, und wenn, dann nur, wie er eilig in seinem Zimmer verschwindet, denn da ist ein zweites Theaterstück, an dem er schreibt, begonnen gleich nach dem ersten, schon im Herbst 1938, zusammen mit Freund Mackenthun. Voll leidenschaftlicher Ideen, um ihn herum mehren sich die Bücher, die Bilder an der Wand, ein junger Dichter in seinem eigenen Zimmer in Alsterdorf, Carl-Cohn-Straße 80. Nach einem Zwischenaufenthalt in der Dorotheenstraße im Stadtteil Winterhude sind die Eltern in diese noch ländliche Vorstadtstille gezogen. Der Hausbesitzer betreibt auf dem gleichen Grundstück eine kleine Landwirtschaft, hält Kühe, Schweine und Hühner, wovon die Borcherts dann in Kriegszeiten ein wenig profitieren. Fast eine Idylle, früh von krähenden Hähnen geweckt zu werden, fast wie es sich die Eltern einmal gewünscht hatten, fast wie in Kindertagen, Dorf und Kleinstadt zusammen, und doch beides am Rande der Großstadt. Eine schöne Gegend, fast zum Vergessen, daß eine Zeit stattfindet, wenn sich da in der Nähe nicht auch allerlei Nazis angesiedelt hätten, zu Ansehen und Geld gekommen, manche zu einer Villa. Aber nicht nur das macht Kontakte zu Leuten in der Nachbarschaft schwierig. Auch wer kein Nazi ist, wenigstens in den eigenen Zuhause-Wänden nicht, traut wohl der Familie Borchert kaum. Der Mann als Lehrer im Staatsdienst, die Frau mit Geschichten im Radio oder auf Vortragsreisen, da denkt wohl wer noch denkt, daß es ratsamer ist, vorsichtig zu bleiben, näheren Umgang lieber zu vermeiden. So wird es für die Eltern äußerlich ruhiger, als ihnen recht ist.

Abends, der Blick aus dem Fenster. Hinter Bäumen geht die Sonne unter, friedlich, wäre da nicht die Unruhe vor dem Krieg, wären da nicht Befürchtungen, von denen die Hoffnung lebt.

Alle Wünsche sind fromm.

Weniger still reihen sich die Tage für den Sohn – auf dem Papier ist die Zeit besiegt. Kein Zweifel, schon gar kein Zweifel an sich selbst. Sein zweites Theaterstück heißt: *Käse*.[14]

Ein Geniestreich. Nicht jedem Schreiber gelingt es, nach dem tatsächlichen Erfolg alle früheren Mißerfolge zu verbrennen. Also bleibt die Spur ins Später erhalten.

Heute ein Zeugnis, das der Mitautor Günter Mackenthun Jahre nach Borcherts Tod eines Tages in München per Schuhkarton unterm Sofa vorzieht – so etwa soll es gewesen sein –, dieses erhalten gebliebene Zeugnis einer optimistischen Leichtgläubigkeit, mit der die beiden Freunde am Vorabend des zweiten Weltkrieges versuchen, sich ihrer Zeit zu wehren. Eine Komödie, die denn auch gleich *Die Komödie des Menschen* schlechthin genannt wird. Hauptfigur ist ein Genie, zusammengesetzt aus den beiden Vornamen der Autoren: *Wolff* und *Günter*.

Ein Stück, das aus den nächtlichen Diskussionswanderungen mit Mackenthun durch Hamburg gemacht ist, das an die großen Reden, an die überlegene Wichtigtuerei erinnert, mit der beide unbemerkt ihren Sieg über den Kleinbürger davongetragen hatten, gegen den es auch hier geht. Mackenthun liefert die Kleinbürgerfamilie mit ihren Ambitionen – Borchert bringt die Geschichte turbulent auf große Höhen. Anders als im *Yorick* agiert der hier selbstzufriedene Narr, das Genie, dem allerlei Kunststücke gelingen, wie: Mit der Tabakspfeife einer Gipsfigur die Nase abzuschlagen, und am Ende mit Goethe auf der Bühne zu stehen. Kaum kenntlich, daß hinter allem doch etwas mehr als nur der komödiantische Witz steckt.

Ambrosius Meier, Käsehändler, zu Geld gekommen, träumt davon, die Welt zu beherrschen, und dann auch noch gleich das Weltall:

Meier: . . . Macht, Macht!! Macht über die ganze Welt! Mein müssen sie werden, diese stolzen, unnahbaren Weiber! Mir zu Füßen sollen sie wimmern! Treten will ich sie, ihren verfluchten Stolz in den Dreck treten! Mein

Käse muß es schaffen! Der ganzen Menschheit soll er die Luft verpesten, er soll ihr Blut vergiften, ihre Gehirne umnebeln. Mein Käse! Mein Geld! Meine Macht! Mir wird alles gehören, alles! . . .
Bei einem Hausball in der Villa Meiers glaubt Jack, ein Tennisspieler, die Welt schon an den Käse verloren, es sei denn, ein Genie würde gefunden. Aber da sagt Wolff Günter, das Genie, ganz bescheiden, daß es keine Genies mehr gibt. Jack widerspricht, immerhin, es gibt Gustav Gründgens, Greta Garbo und Harald Kreutzberg, und, in aller Bescheidenheit, es gibt die beiden Autoren dieses Stückes, die Väter eines Genies!

Jack: So versuchen Sie es doch!

Da kann kein Genie widerstehen – nur, bevor es mit der Weltverbesserung losgeht, dann doch ein paar Sätze, die, jedenfalls biographisch, echter Borchert sind:

Wolff Günter: Ich? Ha! Ich soll eine neue Weltordnung schaffen, wo ich nicht einmal in mir selbst Ordnung schaffen kann? Das Chaos in meinem Innern zu ordnen genügt ein Mensch. Aus einem Chaos aber eine neue Welt zu gestalten..., dazu bedarf es eines Riesen von unermeßlicher Kraft. Ich bin nicht zum Kämpfer geboren.

Katja, die Freundin des Tennisspielers, widerspricht rührend.

Katja: Du unterschätzt dich, Wogü. Nicht nur, daß du gegen deine Mitmenschen einen dauernden Kampf führst, auch mit dir selbst liegst du immer im Streite.
Dir fehlt ein Mensch, eine Frau, an der du einen Halt hast, und die dir das nötige Selbstbewußtsein gibt. Schade, aber ich bin leider nicht die Richtige dazu.

Erstes Ziel für Weltverbesserung wird die Tänzerin Viktoria-Regina. Käsemeier ist auf sie scharf. Wolff Günter auch. Aber mehr geistig. Und da geht es ihm wie dem guten alten Don Quichote. Er sieht was Höheres in ihr, zumal sie selbst von ihrer trotz allem reinen Seele spricht. An der Bar, versteht sich. Er trinkt Limonade und gerät außer sich:

Wolff Günter: (springt auf) Oh, es macht mich wahnsinnig. Daß Sie hier sind. In diesem Stall! Nachher tritt hier sogar eine Nacktänzerin mit dem üblichen Tamtam auf. Wissen Sie das? Zum Ergötzen dieser Krämer! Und dann . . . ihre Augen . . .

Freilich sitzt diese Nacktänzerin neben ihm, doch bevor sie für Käsemeier alle Kleidungsstücke abwirft, wie es heißt, kann Wolff Günter ihr noch seine Ansichten näherbringen:

Wolff Günter: Das ist das Große, Göttliche an der Kunst. Sie macht edel und gut. Doch Sie haben recht, gerade eine Tänzerin hat in ihrer Kunst immer etwas Göttliches an sich. Ihr Tanz ist ein feines Schwingen der Seele, ein Traum . . . Beim Manne dagegen ist der Tanz Geist gewordener Leib. Wie dumm und unsinnig aber ist der Gesellschaftstanz, er wäre eigentlich nur sinnloses Gehopse, wenn er nicht eine Maske wäre, hinter der sich niedrigster Sinnengenuß verbirgt.

Dieses aber hier, das ist Fleischmarkt! Sehen Sie sich bitte diese Menschen an. Die sollen etwas von Kunst verstehen? Wollen? . . . Nein . . . Schmutz ist das alles, abgrundtiefer Schmutz . . . Käse!

Viktoria: Vielleicht haben Sie recht. Die Kunst wird hier für einen niedrigen Zweck mißbraucht.

Dennoch, trotz dieser schönen Einsicht, die Rettung der Tänzerin mißlingt, sie tanzt für Käsemeier zu einer schmalzigen Melodie, das Genie wendet sich geschlagen ab:

Wolff Günter: Wie ekel, schal und flach und unersprießlich scheint mir das ganze Treiben dieser Welt. Pfui! Pfui darüber! 's ist ein wüster Garten, der auf in Samen schießt; verworfnes Unkraut erfüllt ihn gänzlich. Dazu mußt' es kommen.

Käsemeiers Machtpläne rücken in greifbare Nähe. Actuarius erfindet den neuen Menschen, den Maschinenmenschen, den Idealmenschen der neuen Zeit: Einer, der alles tut, was man ihm befiehlt. Er erfindet den Roboter.

Doch während Meier gefährlicher wird, scheint das Genie einstweilen harmloser. Meier hat ihm reichlich Geld

Der Vater.

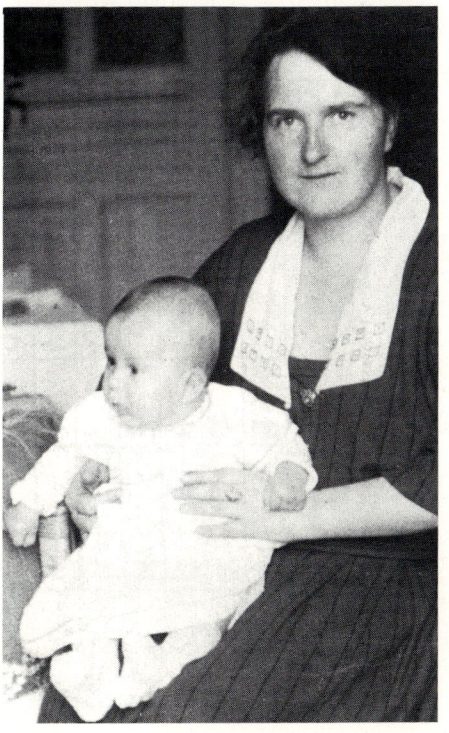

Hertha Borchert 1921 mit ihrem Sohn im Taufkleid.

Zwischen den Großeltern von Wolfgang Borchert ›sein Onkel‹ aus der Erzählung ›Schischyphusch‹ mit seinem Motorrad.

1927: Klassenfoto (Mitte mit Pudelmütze).

1930: Wolfgang Borchert auf dem Schulhof der heutigen Wolfgang-Borchert-Schule in Hamburg-Eppendorf.

angeboten, Viktoria tanzt nun auch mit ihm. Der Wunsch, spazierengehen zu wollen, auch Zahnschmerzen, verzögern die große Tat, die sich die anderen Kleinbürger von einem Genie erhoffen: Rettung.

Claus, Meiers zweiter Sohn, rebelliert gegen den Käsevater, ruft zu seinem Sturz auf, wird aber vom Volk, das dem Herrscher verfallen ist, erschlagen.

Das Genie dagegen ruft kunstvoller zum Sturm des Volkes auf – und das Volk bleibt ruhig.

Wolff Günter: O, ihr wollt keine Schönheit, keine Reinheit, keine Kunst, keine wahre Freude! Ihr wollt keine höheren Menschen werden. Tiefer wollt ihr, immer tiefer! Immer tiefer in euren Sumpf! Immer tiefer wühlen im Käse, ihr hirnlosen Maden! (mit eisiger Ruhe)
Bürger, ihr ekelt mich an. Mit eurem ganzen sinnlosen Tun und Nichtstun!
...
O pfui, ertrink doch, Kreatur! Ich will euch zertreten!!
Die schnöde, verlorene Erde hinter sich lassend, fliegen Meier und Genie samt Gefolge zum Mars – in diesem Stück voll abenteuerlicher Kuriositäten. Goethe, Napoleon, Echnaton und Nofretete (vom Helden Nofrilein genannt) sprechen Mut zu, und Meier regiert, will nicht nur die Menschheit, sondern auch die Sonne abschießen. Das Genie träumt von göttlichen Zeiten, Shelley und Hölderlin, Apoll und Demosthenes werden beschworen, Rembrandt und Don Juan –

Wolff Günter: . . . Und du, Genius unserer Zeit, Gustaf Gründgens, durchglühe mich mit deiner tänzerischen Dämonie, die Kunst der Gebärde und der Macht des gesprochenen Wortes...

So ähnlich sich beide sind, ob von Borchert gewollt oder nicht, der kleinbürgerliche Meier, das großspurige Genie – im Streit um die Tänzerin Viktoria gesellt sich die Tat zu den schönen Worten. Statt der Sonne wird Meier abgeschossen. Die Menschheit aber soll trotzdem dran glauben müssen, weil unwürdig für die gedachte Zukunft.

Wolff Günter: Mit einem einzigen Schuß! Kurz, rücksichtslos und schmerzlos!

An Goethe erinnert, kommt ihm der Plan dann doch etwas zu käsermeierlich vor, er korrigiert ihn in die edlere Brutalität der Selektion:

Wolff Günter: . . . Ich will ja die Erde nicht jetzt gleich vernichten. Erst soll noch viele Male die Rakete hinunterfahren und alle die Menschen von der Erde hierher holen, die es wert sind, am Leben zu bleiben, und erst dann wird der Schuß abgefeuert. Ich finde diese Art der Exekution übrigens äußerst stilvoll.

Was mag – und das ist ja die in diesem Zusammenhang einzig interessante Frage – in dem sonderlichen Buchhändlerlehrling Wolfgang Borchert vorgehen, wenn er seine kuriosen Geniestreiche aufeinandertürmt? – diese, wenn wir heute so wollen, turbulent-sarkastischen Beispiele einer traurigen Realität, von der Wirklichkeit nicht so marsfern wie es scheint. Oder sind sie doch nur interpretierbar, weit über den Schreiber hinaus, wie immer, wenn Unausgegorenes munter jugendlich hervorsprudelt, undeutlich, also beliebig deutbar?

Weiß er, was er da hinschreibt? – *die es wert sind, am Leben zu bleiben* – während er in der Zeitung nachlesen kann, wie diese Selektion praktisch aussieht, wie da millionenfach das Recht auf ein Weiterleben abgesprochen wird – dieser reale Größenwahn des Kleinbürgers aus allen Schichten?

Maßlos kühn bringt sich Borchert in den Helden ein, mit all seinen eigenen Schwärmereien für Genies, mit seinem Hang zur einsamen Größe. Wieder schimmert das Yorick-Motto durch die Szenen: *Stürz ein, Welt! Es gibt der Narren zuviele!* Fast scheint es, als wären die beiden Autoren dabei, sich selbstironisch nicht ernst zu nehmen – was jedoch noch lange davor schützt, sich etwas nüchterner, selbstkritisch zu sehen. Denn das Sonderbare ist, daß trotz des abenteuerlichen Ausgangs der Geschichte Borchert unverdrossen weiter an die weltverbessernde Kraft des künstlerischen Höhenflugs glaubt. Eine gehörige Portion der Verachtung, die er da seinen Helden vom anderen Stern herab auf die Erde sprechen läßt, dürfte seine eigene sein. Und was in der Zeitung steht, er wird es wohl kaum lesen.

Im Stück gelobt der *Chor der Menschen* Besserung. Es kommt zur Verbrüderung mit dem Genie – in der Hoffnung, dann auch mit ins Reich der Erlösung zu dürfen, nicht abgeschossen zu werden. Und das hat in der Tat viel mit der *Komödie des Menschen* zu tun. Gemeinsam schwören sie auf die Kunst, auf den alten ›neuen Menschen‹ – *Wir stürzen hinan!* – schöner kann man es nicht sagen, und nach dem Willen der beiden Autoren können die ewig göttlichen Zeiten im Überirdischen anbrechen.

Zur Feier des Tages erscheint Johann Wolfgang von Goethe – und da wandelt sich das Seid-umschlungen-Millionen in ein Seid-umschlungen-Genies. Unter Ausschluß des fröhlichen Volkes.

Goethe: Nun, junger Freund? Auch ihr flieht diese Freudenfeier?
Wolff Günter: Die allgemeine Verbrüderung begann mich zu erschüttern.
Ich hielt meine Autoren eigentlich für recht vernünftige Leute. Und nun dieser Schluß!
Goethe: Sie hätten die Komödie doch nicht tragisch enden lassen können.
Wolff Günter: Es wäre überhaupt besser gewesen, Sie hätten ein Trauerspiel geschrieben.
Goethe: Lasse nun die Menschen ihr Leben leben, wie es ihnen gefällt. Was kümmert es dich? Ich schrieb meine Werke auch nicht für Millionen. Gibt es nur zehn Menschen, in denen sie leben, so bin ich es zufrieden.
Wolff Günter: So sollen sie weiter auf ihrer Erde herumwühlen. Wir aber wollen alle Brücken hinter uns abbrechen und uns hier auf dem Mars unsere neue Welt aufbauen!
Goethe: (reicht ihm die Hand, küßt Viktoria und Katja auf die Stirn)
Lebt im Augenblick! Lebt in der Ewigkeit!

Ein nicht mal für jugendliche Genies so richtig schmeichelhaftes Stück – für alle, denen die mehr irdische Volks-Rolle zugedacht ist, freilich noch weniger. Ob beide Autoren es so wahrernst nehmen, wenn sie ihre alles in allem doch recht pennälerhaften Dialoge munter fließen lassen?

Immerhin, sie sind davon überzeugt, ein großes, spielbares Theaterstück geschrieben zu haben. Von sich überzeugt, schicken sie es an mehrere Theater, unter anderem an Gründgens nach Berlin. Auch wenn die Antwort negativ ist, beide sind stolz, überhaupt eine Antwort zu bekommen. Erhalten geblieben ist sie nicht.

Ob Gründgens, dessen Foto noch immer über Borcherts Schreibtisch hängt, von diesem Stück überhaupt hört, ist fraglich. Später, viel später, wird unter seiner Intendanz *Draußen vor der Tür* inszeniert werden. Später werden in Hamburgs Neubaugebiet Steilshoop zwei Straßen aneinanderstoßen, deren Namen dann an einem gemeinsamen Mast in zwei verschiedene Richtungen zeigen: Gründgensstraße – Borchertring. 1939 aber deutet noch nichts darauf hin, daß es einmal so kommen könnte.

Käse wird kein Schritt in den Ruhm. Die Zeit läuft weiter. Abends übt er sich bei Helmuth Gmelin weiter in die gehobene Klassik – tagsüber trägt er sein Lehrlingsdasein in der Buchhandlung Boysen mit Humor. Was er da hört und sieht, scheint zunächst belanglos alltäglich.

Im Lager arbeitet ein älterer Mann, der einen etwas sonderbaren Eindruck nicht nur auf Borchert macht. Scheu, kränklich. Eine Hilfskraft. Ein Schicksal. Ein Mann, der mehr über Literatur weiß, als man von einem erwartet, der da Bücher verpackt. Borchert, vielleicht zunächst nur aus seinem Hang zum Sonderbaren, Auffälligen, kommt mit diesem Mann mehr und mehr in Kontakt, ohne allerdings viel über ihn zu erfahren. Er bleibt geheimnisvoll. Denn wie sich einen Reim darauf machen, daß dieser Mann ihn eines Tages um einen Gefallen bittet, seiner Frau nach Feierabend ein kleines Päckchen abzugeben. Geheimnisvoll, denn warum geht dieser Mann nicht selbst zu seiner Frau?

Borchert erfüllt ihm diesen Wunsch, gibt das Päckchen an der Wohnungstür ab, gibt es der 15jährigen Tochter des Mannes – ohne zu ahnen, wie nahe er hier den mörderischen Mechanismen seiner Zeit ist, was da im Hintergrund geschieht und geschehen ist – einer Zeit, der mit komödiantischen Ausflüchten nicht beizukommen ist.

Die 15jährige Tochter heißt Isot Kilian. Ein Jahr darauf werden sie sich kennenlernen. Sie wird ihm die Geschichte ihres Vaters erzählen, selbst dann neugierig auf den eigenartigen Lehrling aus der Buchhandlung Boysen, von dem ihr Vater erzählt hat.

Dazwischen liegt der Beginn eines Weltkrieges.

Am 22. August versammelt der Führer seine Oberbefehlshaber. Noch sind die Anweisungen ein militärisches Geheimnis. Eine gute Woche später offene Realität: ... *Herz verschließen gegen Mitleid. Brutales Vorgehen. Der Stärkere hat das Recht* ... Am Tag darauf fährt Ribbentrop nach Moskau, den deutsch-russischen Nichtangriffspakt zu unterzeichnen. Diplomaten eilen den Soldaten voraus, ihre Länder in Stellung zu bringen.

Hertha Borchert fährt noch einmal in die Heide, zu einer internationalen Tagung mundartlicher Literatur. Da, zusammen mit Dänen und Holländern, bald werden es Feinde sein, hört sie am 1. September die Nachricht im Radio: Krieg. Und keiner der Versammelten hat es wirklich für möglich gehalten.

Wie und wo ihr Sohn in Hamburg davon erfährt, ist nicht erhalten geblieben, keine darüber geschriebene Zeile, und wohl kaum, weil sie verlorengegangen ist, eher weil sie nicht geschrieben wurde.

Anders als Brecht. 1914 erschien in der Beilage der *Augsburger Neuesten Nachrichten* die *Moderne Legende*.

Als der Abend übers Schlachtfeld wehte
waren die Feinde geschlagen...

Brecht, damals 16 Jahre alt, Gymnasiast. Eine vergleichbar eindringliche Kriegsverurteilung durch den jungen Borchert gibt es aus dem Jahr 1939 nicht. Was freilich nicht heißen soll, er hätte den Krieg etwa für gut befunden. Nur, schreiben bedeutet ihm vorerst, und noch lange, sich aus der Zeit rauszuschreiben.

Überdeutlich in einem Gedicht, das schon 1938 im *Hamburger Anzeiger* erschienen sein soll.

Reiterlied
Ich bin ein Reiter,
stürmend durch die Zeit!
Durch die Wolken führt mein Ritt –
Mein Pferd greift aus!
Voran! Voran!
Der Sturm jagt neben mir!
Voran! Mein Pferd! Voran!
Durch die Gefahren hin stürmen wir –
ich und du –
mein Pferd!
Voran!
Durch die Zeit!
Ich bin ein Reiter!

Stürmend durch wolkige Höhen – er wird da allerdings wieder runtermüssen, und redet doch zumindest keiner platten Zeitnützlichkeit das Wort, wie ein gewisser Herr Thieme im *Hamburger Anzeiger*, der ganz unbeschwert losreimen kann:

Und überhaupt, mit eurer Weihe
braucht ihr nicht so empfindsam sein.
Hört ihr Poeten: In die Reihe
der Nützlichen reiht euch jetzt ein.

Borchert sagt immerhin laut und deutlich: Ich! Da auf seinem hastigen Pegasus.

Dennoch, es wäre irrig anzunehmen, in seinen aufgeschwungenen Höhen sei er gänzlich unberührt geblieben von einer wüsten Propaganda, wie unter einer Glocke aus schönen Gedanken.

Jahrzehnte später sitzt Karlheinz Corswandt, der Vetter, der Junge mit den Rahmbonbons von damals, an seinem Wohnzimmertisch und schüttelt den Kopf über die eigenen Erinnerungen. Aber es ist wahr, sagt er, daß wir damals nach Filmen wie *Jud Süß* oder *Ich klage an* tatsächlich für eine Weile die Hetze geglaubt haben oder doch, daß da irgendwas dran sein muß. Zögernde Erinnerungen, sich bewußt, wie absurd es heute klingt, daß es unmittelbar nach Ausbruch des Krieges einen Wolfgang Borchert gegeben haben soll, der sich freiwillig an die Front melden wollte.

Nur eine ironische Äußerung? Aus Abenteuerlust? Einfach nur grotesk dahingesagt, aus diesem Hang zur Widersprüchlichkeit? Um Verwundbarkeit vorzuweisen? In einem Augenblick der Furcht, in dem sie sich ins Gegenteil verkehrt – in dem einer aus schwindelnder Höhe springt, todesmutig aus Furcht, er könne fallen?

Freilich, ein verbaler Sprung, praktisch nie erwogen, mitten in diesem Widerspruch, daß sein persönliches Glück, Schauspieler werden zu wollen, ausgerechnet in einer Zeit glückt, in der ein ganz anderes, mörderisches ›Schauspiel‹ beginnt, in dem auch er eine Rolle zu spielen haben wird, unfreiwillig im grauen Fußvolk der aktiven Komparserie.

Praktisch setzt er seinen Flucht-Ritt fort, was, gemessen an den erhalten gebliebenen literarischen Versuchen, heute so scheint, als hätte die Zeit für ihn nicht stattgefunden.

Am 11. November 1939 schreibt er einen Brief an die Frau, zu der er als kleiner Junge einmal die Geschichten seiner Mutter getragen und dafür gelegentlich ein Stück Schokolade bekommen hatte. Sie, Aline Bußmann, verheiratet mit dem Rechtsanwalt Dr. Carl Hager, hat den Beruf, von dem er träumt. Sie ist eine in Hamburg bekannte Schauspielerin. Wohlerzogen und selbstbewußt schreibt der Achtzehnjährige:

Sehr geehrte Frau Dr. Hager,
darf ich Ihnen wohl ein paar Gedichte schicken, von denen eins Bezug auf unser kürzliches Gespräch hat?

Ich habe drei Stück ausgesucht, die ganz verschieden voneinander sind –

»Der einsame Ruf« – fast formlos im Gedanken aufgegangen.
»Das ferne Antlitz« – beinahe das Wort der Form geopfert.
Und »Der Vers« – nun ein ganz anderes.
Würden Sie wohl so freundlich sein und mir schreiben, ob sie Ihnen Freude gemacht haben?

Herzlichst! Ihr Wolff Borchert

>
> Der einsame Ruf
> Aus nebliger Ferne ins lichte Jetzt.
> Heimweh??
> Strahlende Welt, blau wölbt sich dein Dach.
> Selig Vergessen der schmerzenden Schatten.
> Verstehst du mich, nicht Mensch?
> ––– Mensch?––– Nein!
> Den Göttern sing ich!
> Götter –
> nicht ihr – sind meine Brüder!
> Ihr seid –––––
> –– Götter scheinen –––
> –––– Ich war? –––
> Nein! –––
> –––– Hört keiner mein Lied?
> Du lockst mich, Welle –
> – Du rufst, Elysium –
> Das Ufer scheigt: Livorno! Menschen!
> Die Welt ist stumm???
> ––––––––– Götter!
> Ihr hört mein Lied! ––
> Die Schatten wachsen –
> umklammern das Herz –
> Gewölk zieht auf am Blau –
> es dunkelt –
> –––––– allein –––
> Götter! ––––––
> – Hol über, Charon! –   Auf den Tod Shelleys

Das ferne Antlitz
                    Ein Sonett an Nofretete.
Suchend irrt mein Aug' durchs leere Nichts,
hoffend. – Fern, ganz fern glüht es herauf,
näher – mein Herz, du klopfst? – ganz nah, zerbrichts
grauer Zeiten endlos weiten Lauf.
Heilig lohst du auf aus ewgem Sand,
rein. – Und blickst zu mir herüber. Schlank
trägt dein stolzer Nacken dich. Gebannt
seh ich zu dir auf. Seelger Trank
um dich, rätselhaft berauschend, fernes
Antlitz, mir so nah in deiner Schönheit.
Träumend möcht ich in dich tauchen. Sternes
Glanz umstrahlt dich voller Einsamkeit.
Müde senkst du deinen Nacken, fächelst
mir den Traum vom heißen Aug' – und lächelst.

Der Vers
Der Nachtwind weht
mir um die Stirn.
Trunken träum' ich mich hinauf ins Reich der Sterne.
Gütig und ganz sacht
hebt er mir das Blatt aus meiner Hand
und trägt mein Lied davon
zum Wipfel eines alten Baumes auf,
empor...

Zwei Tage später, am 13. November, schreibt Aline Bußmann ihre Antwort:
»Lieber Wolfgang! Ich danke Ihnen herzlich für das Zeichen Ihres Vertrauens, das daraus spricht, daß sie mir Ihre Gedichte schicken, das heißt, daß Sie mir, dem fremden Menschen, Ihr unverhülltes Herz in die Hände legten...
Wenn Sie bedenken wollen, daß Lyrik vielleicht auch die schwerste aller Dichtung ist, da in dem engen Gedicht die Welt sich spiegeln soll..., so ergibt sich daraus, wie steil

und geheimnisvoll der Weg ist zu dem hohen Ziel, lyrischer Dichter zu sein. Ihr Weiser hat eine gute Richtung und Ihr Auge sieht den Weg hinauf – es wird immer blühen an Ihrem Weg, aber scheuen Sie sich nicht, immer wieder auszurotten, um den Pfad freizumachen für die auserwählten Blumen, die nur in großer Höhe wachsen...«

Für den Achtzehnjährigen, dessen Herz so unverhüllt nicht ist, wird die Antwort zum größeren Stück Schokolade; das Gefühl, in eine gute Richtung aufzusteigen, nun bestätigt, ist sicher weit aufregender als damals im Lift, beim Abgeben der Manuskripte der Mutter. Aufwärts zu den auserwählten Blumen in großer Höhe – tatsächlich werden lange noch Illusionen an seinem Weg in die Höhe schießen. Der zweite Weltkrieg hat begonnen. Dieser Krieg, der dann so sehr mit seinem Namen verbunden sein wird. Noch *irrt* dieser Wolfgang Borchert *suchend* durchs *leere Nichts*. Vergeblicher geht es kaum.

Verständlich, daß er sich weiter um diesen wohlwollenden Zuspruch bemüht – und so wird es ein Briefwechsel, der über die wenigen acht Lebensjahre hin bestehen wird, die ihm noch bleiben. Briefe, heute aufschlußreich, bei allen denkbaren Vorstellungen aber auch darin aufschlußreich, wie weit der Bogen reicht, den ein Motiv hinter sich hat, eh es Jahre später in einer Geschichte wie plötzlich gefunden auftaucht.

Noch sollen es die auserwählten Blumen in großer Höhe werden – aber es wird eine Unkraut-Hundeblume sein, wenn die hohen Ideale in der Niedrigkeit eines Gefängnishofes im Kreis gehen. Der Gefangene, der es das größte Abenteuer nennt, sich selbst zu begegnen, wird – jedenfalls im handschriftlichen Originalmanuskript – diese Hundeblume *Aline* nennen, den Namen dann aber doch streichen, sich möglicherweise bewußt, daß die Geschichte den engen Kreis von Bedeutung verläßt, daß sie zum Abschied von den Illusionen wird.

Sein zweiter Brief an Aline Bußmann, geschrieben am 19. November 1939, klingt unverhohlen keck:

Liebe Frau Dr. Hager, wie habe ich mich zu Ihrem Brief gefreut und wie recht haben Sie! Aber wenn ich einen Wunsch aussprechen darf, nächstes Mal bitte statt Wolfgang und Sie – Wolfgang und du. Sie würden mir eine große Freude damit machen. Herzlichst! Ihr Wolff

Und seine Verse klingen wie die vollends gelungene Abkehr von einer Zeit, die in Stiefeln geht – Polen ist unterworfen, der Angriff auf Frankreich einstweilen verschoben.

Psyche ---
Du – nur Dir selbst gehörend – stumm erwacht –
Schwer, traumbehangen fallen Deine Lider.
Hauchzartes Lächeln weht ganz heimlich sacht
um Deinen Mund – du kehrtest wieder.
Du träumst in Dich hinein und sinnst, was war.
Du weißt um mich und all mein irres Schreiten –
Das Letzte geb ich hin an Dich und wunderbar
durchgeht es mich – die Tage gleiten –
Weiß, aus der fernen Dämmerung geboren
und in das Dunkel müde wieder sinkend –
ein Tau von Orchideen – weltverloren –
ich steh vor Dir – von Deinen Augen trinkend.
Du bist der Traum –– Der Tod ruft seine Frist!
Du lächelst leis, weil Du nicht sterblich bist...

Selbst da, wo er sich – *weltverloren* – noch so weit entfernt, es findet sich versteckt eine Zeile, die den eignen Seelenzustand preisgibt: *Du weißt um mich und all mein irres Schreiten –*. Was sich dahinter verbirgt, verrät er deutlicher in Briefen an die Tochter Aline Bußmanns, Ruth Hager. Er lernt sie am Geburtstag ihrer Mutter kennen, am 17. Februar, der gleichzeitig der Geburtstag seiner Mutter ist, und, der Zufall will es so, auch die beiden Kinder sind gleichaltrig, Ruth Hager einen einzigen Tag älter als er.

Aber trotz all dieser äußeren Parallelen, schon aus dem ersten Brief sprechen die Schwierigkeiten einer Annäherung – denkbar, daß sich das junge Mädchen von einer

Leidenschaft überfallen sieht, die ihr unheimlich erscheinen muß. Und so gut frühen Leidenschaften das Geheimnis steht, hier kommt zusätzlich Verkrampfung hinein, denn die Beziehung soll offenbar zunächst vor den Eltern verborgen bleiben – sicher aus Ahnung, daß der Satz im vorangegangenen Brief der Mutter so ernst nicht gemeint war, daß es an seinem Weg immer blühen würde, zumal, wenn es sich um die eigene Tochter handelt.

In der Nacht des 22. Februar 1940 schreibt Borchert:

Liebe Ruth –
im Briefe können wir uns doch ruhig duzen – es ist dann viel leichter. Sonst können wir das »Sie« bis zu Deinem Abschied beibehalten, denn es ist doch ein Trost! –

Werbend und gleichzeitig besorgt heißt es dann:

Es ist viel Unausgesprochenes, Liebes und Schönes zwischen uns, nicht wahr?

Am Tag darauf, am 23. Februar, schreibt er:

...Danken will ich Dir nur dafür, daß Du mich aus einer großen Trostlosigkeit gerettet hast, aus einer Einsamkeit, die immer um mich ist...

Und wieder der Blick auf die Eltern:

Hoffentlich wird Dein Pappi über meine Briefe nicht böse, oder gar Aline! –

Diese beiden Passagen in ein und demselben Brief, die so weit auseinanderklingen wie kindliche Naivität und reife Lebenserfahrung, und doch beides nicht sind. Schon im folgenden Brief, geschrieben in der Nacht vom 24. und 25. Februar, wird ihm bewußt, daß diese Rettung in Wahrheit nicht stattfindet. Eine Einsicht, die ihn nicht hindert, nun um so mehr darum zu bitten, eingeleitet von einer Feststellung, die großspurig klingen könnte, und doch nur den niedrigen Ort angeben will, aus dem gerettet werden soll:

...Ich glaube nicht mehr an die Liebe, an die große, ewige Liebe zwischen 2 Menschen. Ich habe soviel häßliche Enttäuschungen erlebt, daß mein Glaube Stück für Stück zerbrach! –

...(Es ist trostlos und ich bin – es ist mir noch nie so gegangen – vollkommen trostlos und fertig mit der Welt!)

Nun – meine Ruth – rette mich aus diesen Wirren, hilf mir – aus der Ruhelosigkeit und vor mir selbst! Aber bitte – bitte: Komm zu mir, Liebe!!!

Nun ist es doch schon Morgen geworden, und heller! – ach, was hab ich für einen Unsinn geschrieben, liebe Ruth! Wirf den Brief weg!

Nein, Du kommst doch wohl zu mir – deine Hände haben es verraten!

Selbst wenn hier manches nach typisch jugendlichen Wirren klingt, sich zurechtzufinden, wie es heißt, aus pubertären Schwierigkeiten, abgetan, da wir einen Begriff dafür haben – zumindest die Formulierung... *hilf mir – aus der Ruhelosigkeit und vor mir selbst!...* – macht doch stutzig, deutet zumindest auf eine Ahnung davon, daß seine Flucht nicht aufgeht – ins Reich der hohen Ideale, wo alle irdischen Wünsche friedlich nebeneinander ihren Platz finden, ohne sich zu stoßen. Gedichte lassen sich in einen fernen, hohen Götterhimmel schreiben, es fällt kaum auf, daß sie ungehört bleiben – ein junges Mädchen wird sich, besten- und schlimmstenfalls, selbstlos eine Weile für die Illusion zur Verfügung stellen können, alles sei nun gut. Ruth Hager aber bleibt stumm wie der göttliche Himmel.

Ohne sich von der Vergeblichkeit schrecken zu lassen, er müht sich, durch Abstriche das Ideal zu retten, es höher zu stellen.

Ein Brief, vom 26. Februar offenbar, scheint verlorengegangen zu sein. Am 27. Februar heißt es:

...Natürlich kannst Du mit dem anderen Jungen befreundet sein – (ich schrieb Dir doch auch: Bleibe meine Freundin oder Schwester, aber komm trotzdem zu mir!). Verstehst Du das?

Als Beispiel führt Borchert keinen Geringeren als Hölderlin an – wieder mit diesem hartnäckigen Sinn für die ihm durchaus bekannte Vergeblichkeit. Hölderlins Diotima, fast 150 Jahre zuvor in Frankfurt a. M., verheiratet mit dem Bankier Gontard. Hölderlin rettete sich in den *Hyperion*, in dem es heißt: *Die Unheilbarkeit des Jahrhunderts war mir aus so manchem, was ich erzähle und nicht erzähle, sichtbar geworden, und der schöne Trost, in einer Seele meine Welt zu finden, mein Geschlecht in einem freundlichen Bilde zu umarmen, auch der gebrach mir.*

Borchert schreibt:

Hölderlins Diotima war sogar verheiratet, und gibt es eine schönere und größere Liebe als die zwischen den beiden Menschen?! Es ist also doch kein entweder-oder!

Und wenn Du unzählige Freunde, Bekannte und Verehrer hättest – trotzdem könnten wir zusammen bleiben, von mir aus jedenfalls! Es kommt nur auf das Wie an. Du sagst – anders befreundet – ja, auf dieses »anders« kommt es an! Wie?

Schon die allergeringste Aussicht auf Annäherung läßt ihn (am 2. März) euphorisch reagieren:

...Ja! Ja! Ja! Laß uns Freunde sein! (Wenn Du es jetzt noch willst???) Nicht als Mann zur Frau, Freund zur Freundin – sondern als Freund zum Freunde, Mensch zum Menschen!

Die Abstände zwischen den Briefen werden nun immer größer.

Vielleicht erscheinen demnächst Gedichte von mir, aber erst sehr vielleicht–––, schreibt er am 22. März. Aber auch da bleibt er vorerst erfolglos. Die Gedichte, geschickt an den Kulturredakteur des *Hamburger Anzeiger,* Hugo Sieker, erscheinen nicht.

Im gleichen Brief an Ruth Hager, sie hat ein Medizinstudium begonnen, dann Sätze, die sich heute wie erste Anzeichen der späteren Krankheit lesen lassen.

Liebe, Du, werde nur recht schnell Ärztin, denn man ist allgemein besorgt um mich und irgendetwas ist in mir, wenn ich nur wüßte – was? Nicht wahr, Du hilfst mir?

Am 10. April:

Ach, Liebe, wenn Du wüßtest, wie ich nun schon wieder aussehe, ich habe 6 Tage bei meinem Lehrer gewohnt, während ich keinen Menschen sehen konnte und sehe nun aus, ols ob ich vom Totenbett aufgestanden wäre: blaß, hohl und verlassen. Und warum? Ich weiß es nicht, es kam aus mir heraus! –

Manchmal möchte ich mein Gesicht in Deine Hände und Deinen Schoß legen und weiter nichts – als träumen!

Und alles Schlechte, Häßliche bei Dir vergessen, all das Kranke, Dunkle – und bei Dir – weinen – und wieder lachen! –
Verstehst Du das? Ja?
Darf ich Dir einmal dieses sagen, Ruth?
Ich weiß nicht, ob Du mich verstehen wirst – aber Du sollst es wissen –

Ohne Zweifel ist dieser Brief alles andere als gespielt, ohne Zweifel hat er einen ernst zu nehmenden Hintergrund. Und doch, das Verblüffende, es gibt zur gleichen Zeit auch einen anderen Wolfgang Borchert, der ohne allen Trost kräftig zu lachen weiß, trotz aller Zeit, die sich nun ganz offen auch ihm gegenüber offenbart, als kaum noch zu ignorieren.

Der eigenartige Mann in der Buchhandlung Boysen, der so kontaktarm schien, als sei er es von Natur aus, erweist sich mehr und mehr als umgänglich, beschafft dem Lehrling wohl auch gelegentlich ein Buch, das in ›gesäuberten‹ Ladenregalen nicht mehr steht. Er weiß aus Gesprächen, daß dieser Lehrling häufig ins Theater geht. So kommt es, daß er eines Tages anfragt, ob Borchert bereit wäre, seine Tochter mitzunehmen, denn sie interessiere sich sehr für Theater. Borchert sagt zu. Über seinen Lehrer Helmuth Gmelin kann er immer Karten haben, warum nicht auch für die Tochter des Lagerarbeiters bei Boysen, der er ein Jahr zuvor an der Wohnungstür das geheimnisvolle Päckchen übergeben hatte. Daß sie, nun 16 Jahre alt, später einmal zu Brechts Lebzeiten im berühmten *Berliner Ensemble* arbeiten wird, wer soll es ahnen?

Ein Tag wird vereinbart, und Isot Kilian erinnert sich noch heute, daß da damals die beiden Genie-Freunde Borchert und Mackenthun wartend vorm Theater standen, heiter und unbeschwert. Beide haben ausgemacht, sie erst einmal zu begutachten, ob man sich mit ihr im Parkett zeigen könne, oder ob es besser sei, sie auf den Rang zu setzen. Sie, wenig später ›Barockengel‹ genannt, darf mit unten sitzen, und so beginnt eine Freundschaft zu dritt, mit wechselnder Zuneigung, für Borchert aber kein Anlaß, etwa Lebensabsichten zu ändern oder damit zu verbinden. Anders für Mackenthun, der inzwischen zum Film abgewandert ist. Er will Kameramann werden.

Für Borchert wird es eine Freundschaft, die seinen Blickwinkel für Zeit zumindest irritieren wird, ohne ihn zu verändern – für Zeit, die er kühn zu überdichten sucht. Dennoch, später wird dieses junge Mädchen ihm die Geschichte ihres Vaters erzählen, vorsichtig, sich der Gefahr bewußt, die Borchert noch locker mit Dichterhand zur Seite schiebt, als ließe sie sich per Verachtung beseitigen.

1940 – bei allem was geschieht, Borechert bleibt ein Schwärmer.

Am 16. April schickt er mit folgendem Begleitbrief erneut Gedichte an die Redaktion des *Hamburger Anzeiger*:

Lieber Herr Sieker!

Nicht damit Sie etwas von mir drucken, nein, nur um Ihnen einmal wieder etwas von mir zu geben, bekommen Sie diese Gedichte.

Ich weiß, daß Ihr Urteil das härteste ist, und das beste! Und eben darum komme ich immer wieder zu Ihnen –

Sie haben meine ersten Sachen gelesen – und mir mit Ihrem Brief den Weg weiter gewiesen. Und wenn nun – vielleicht erst das nächste Mal – Ihr Urteil gut über ein Gedicht, seht gut – dann weiß ich, daß ich mich ehrlich darüber freuen kann.

Dieses Mal – herzlichst! Wolff Maria Borchert

So bescheiden er sich hier auch gibt, schon im voraus einsichtig, jedes Urteil annehmen zu wollen, so unbescheiden hat er sich nun einen Rilke-Vornamen beigelegt, bald auch mit Stempel. Aber dennoch: Härter kann tatsächlich kein Urteil ausfallen. Ein Halb-, Fast- oder Beinahegedruckt zählt nicht.

Die eingesandten Gedichte lassen sich zwar heute nicht mehr ausmachen, aber kein Zweifel, daß die vorsichtigbestimmte Antwort Hugo Siekers vom 23. April den wunden Punkt bei Borchert trifft.

»Lieber Herr Borchert! Wieder hat mich die Melodie Ihrer Gedichte gepackt, und wieder habe ich gefühlt, daß aus

Ihrer Sprache etwas werden kann. Wenn Sie auf einen kleinen Hinweis von mir hören wollen, möchte ich Sie davor warnen, sich zu sehr in einzelne Worte zu verlieben und den Sinn eines ganzen Gedichts von der Schönheit gewisser Lautmalereien übertönen zu lassen. Denken Sie in Zukunft immer stärker daran, daß es die Aufgabe auch eines Gedichtes ist, etwas Sachliches auszusagen. Hat ein Gedicht keinen festen sachlichen Kern, so wird es den Leser bei aller Pracht schöner Worte dennoch unbefriedigt lassen.«

Zwischen diesen beiden Briefen, zwischen dem 16. und dem 23. April, ein Ereignis, das mehr noch als der Hinweis Hugo Siekers dazu angetan sein könnte, die eigene Position, jene Ausflucht in die schönen Wörter, zu revidieren, oder sich doch zumindest zu fragen, ob da die Kluft zwischen Wunschgedanken und zuschlagender Wirklichkeit nicht zu weit auseinander geraten ist. Aber sicher, er wäre nicht Wolfgang Borchert, wenn es ihm gelingen würde, sich da nüchtern eine Rechnung aufzumachen.

So sehr ihm die Wirklichkeit ins Gesicht schlägt – auch Beckmann wird sich weigern, den praktischen Rat der ewig quasselnden Elbe anzunehmen: *Laß dich treten. Tritt wieder!*

Er selbst berichtet von diesem Ereignis am 19. April an Ruth Hager in einem Brief, der mit wehmütiger Erinnerung an das Kennenlernen beginnt, ganz aus dem ihm bewußten und doch nicht eingestandenen Scheitern heraus:

War es nicht wie ein zeitloser, ewiger Frühlingstag – am 17. Februar? Erste Sonne, ein so schöner Tag – und: Wir, Du und ich! –

Und dann, weniger zeitlos:

Vorige Woche habe ich eine Nacht auf einer Polizeiwache zugebracht, ganz dunkel eingesperrt. Warum – weiß ich immer noch nicht. Auch meine Briefe sind manchmal geöffnet und Gestapo-abgestempelt. Manchmal merke ich auch, daß ich beobachtet werde.

Das ist furchtbar – ich fühle mich auf jedem Schritt und Wort belauscht! – nun, sie werden es schon wieder lassen. –

Ahnungslos, oder will er die Gefahr einfach nicht wahrhaben?

Ich versuche immer, alles durch Lachen zu besiegen, wenn ich auch oft viel lieber weinen möchte.

Kaum anders als die ihn umgebende Wirklichkeit – auch seinen eigenen Zustand weiß er nur reichlich ratlos zu beschreiben:

Aber diese innere Unruhe, dieser ewige Kampf in mir – ich weiß nicht was das ist! Meine einzige Zuflucht ist mein Unterricht und – Du. Wenn ich Helmuth Gmelin nicht hätte, diese schönsten Stunden des Werdens, des Lernens bei ihm – wenn ich Dich nicht hätte – was wäre dann wohl – ich wäre verlassen – von allem!

Noch einmal steigert er sich in ein Wunschdenken hinein, in die Vorstellung von einer Zukunft, um ihr das beunruhigend Ungewisse zu nehmen:

Wie wird das schön, wenn Du Ärztin bist und ich beim Theater bin und schreibe! Wenn ich nicht dieses werden müßte, ich möchte auch Arzt sein! Das hat etwas so Großes an sich! ... die Seele der Kranken mit Deiner eigenen, großen zu einem neuen Licht und Leben zu führen – findest Du nicht auch?

Gleich darauf verzweifelt, daß man ihm, dem Gefühlvollen, ausgerechnet Kälte nachsagt.

Alle Menschen sagen wieder von mir, ich wäre kalt, hart und ohne Gefühl? Wüstenhagen meinte sogar, als ich den Romeo sprach, das wäre wohl eher ein Mephisto. Ich kann da nichts zu – Du glaubst das doch nicht?

Mit in den Brief legt er *13 Verse*, plötzlich in einem ganz anderen Ton hingeschrieben, als fielen da die wahllosen Wörter aus seinem Himmel im wirren Durcheinander hart auf die Erde.

Betrunkendes Konzert
plärrt
grell verzerrt – –
Lockendes Konfekt
schmeckt –
und Sekt
sprüht wie Florett –

> kokett
> ein Traumballett.
> Nächtliche Rebellen
> gellen –––
> Narrenschellen:
> Kalte Melodien
> ziehen.
> Morde schrien.
> Toter Dom
> Phantom
> ist irres Hirnsymptom.

Zeilen, die klingen, als durchkreuzten plötzlich Bombenflugzeuge den Himmel seiner Trost-Höhen, ein paar Sprachfetzen, weiß Gott nicht neu, und doch sicher adäquat der eigenen Verfassung.

Seitlich, mit einem Bleistift geschrieben, die Anmerkung für Ruth Hager:
Auch dieses Gedichtes wegen war man neulich bei mir – Schicke es mir bitte wieder.

Der unmittelbare Anlaß für die genannte Nacht auf der Polizeiwache bleibt vage. Fest steht, daß sich zu dieser Zeit die Gestapo für den so ›undeutschen‹ Borchert interessiert, daß Schnüffler ihr zuarbeiten. Da ist in der Buchhandlung Boysen eine Frau, die sich scheinbar aus purer Begeisterung für Borcherts Dichtungen einige Verse abschreiben läßt. Fest steht, daß sie Freunde bei der Gestapo hat, daß die Verse dort landen.

Möglich, daß man ihn wirklich der Homosexualität verdächtigt. Immerhin ein ›Delikt‹, wofür es den rosa Winkel in einem Konzentrationslager geben kann. Zum Beweis legt man ihm Selbstgeschriebenes vor, indem von einer Rieke-Liebe die Rede ist. Ein Vorwurf, der blamabel für die Beweiser endet, denn es gelingt der Nachweis, daß es sich um das Wort Rilke-Liebe handelt, und einen zudem unverpönten Dichter dürfe man schließlich straflos lieben. (Eine andere Variante dieser Geschichte erzählt Günter Mackenthun. Demnach soll es jenen Rieke tatsächlich gegeben haben, recht häufig Gast in der Buchhandlung, mit einer schwärmerischen Verehrung für den jungen Dichter Borchert. Sein Name sei tatsächlich gemeint gewesen, allerdings mehr ironisch, denn Borchert habe ihn nicht sonderlich ernstgenommen.)

Wie auch immer – schlimm genug, daß ein Staat mit seinem Machtapparat darüber befindet, mit seinem Anspruch auf die ›totale Geschlossenheit‹ eines Volkes, ausgestattet mit Befugnissen gegen ›Elemente‹.

Zu dieser Zeit laufen in den Vierlanden, nur unweit vom Geburtsort der Mutter, Vorbereitungen für die Errichtung eines Konzentrationslagers. Neuengamme.

Lange läuft Zeit wie nebeneinanderher – der Wolkenritt eines jungen Dichters und die Drohungen zu ebener Erde.

Karlheinz Corswandt hat zusammen mit einem Freund ein kleines Paddelboot. Das scheint harmlos. Im Sommer sind sie oft irgendwo auf den zahlreichen Gewässern Hamburgs unterwegs. Dazu gesellen sich Mädchen. Sie feiern, abends, da, wo Eltern gerade abwesend sind, tanzen – nach verbotener ›Feindmusik‹ von Schallplatten. Einer schwärzt sie an, die Gestapo erscheint, Corswandt muß von seiner Lehrstelle weg zu einer Hausdurchsuchung bei den Eltern. Die vermuteten Schallplatten werden bei ihm nicht gefunden, aber da ist ein Foto seines Vetters: Wolfgang Borchert. Es wird, ohne Angabe von Gründen, beschlagnahmt. Und: Verbunden mit allerlei Drohungen wird ihm geraten, das Paddelboot zu verkaufen, sich von seinen Freunden zu trennen.

Ob nun damit im Zusammenhang oder nicht – auch bei den Borcherts erscheinen zwei Gestapo-Männer. Nur die Mutter ist anwesend, sie wird zur Seite geschoben: Hausdurchsuchung. Grund: »Ihr Sohn treibt sich in schlechter Gesellschaft rum.«

In seinem Zimmer durchsuchen sie das Bücherregal und machen sich dann an den Schreibtisch. Oben drauf liegt der angefangene Brief an einen Freund, mit ablehnenden Bemerkungen über den von den Nazis gefeierten Hermann Löns. Der Brief wird beschlagnahmt.

Die Mutter, in höchster Aufregung, versucht das Innere des Schreibtisches zu verteidigen, es gelingt ihr zur Hälfte, an Händen und Füßen zitternd, denn sie behauptet, die andere Seite gehöre ihrem Mann, der dort seine Papiere verschlossen habe. Die Männer verzichten auf eine weitere Durchsuchung, möglicherweise abgelenkt durch das Gründgensbild an der Wand, das sie mit höhnischem Grinsen abnehmen und ebenfalls beschlagnahmen. Erlaubt ist – eben nicht –, was gefällt.

Dann gehen sie, mit Bild und Brief – lassen eine Frau zurück, die nun wie gelähmt dasteht, noch im Ohr die Ankündigung: »Den werden wir uns mal vornehmen.«

Wie sie richtig vermutet, in der nicht durchsuchten Seite des Schreibtisches liegt sein Tagebuch, mit allerlei freimütigen Bemerkungen, eingebunden in graues Leinen, zu dick, um es einfach in der Toilette wegspülen zu können. In der Eile, aus Furcht, die Gestapo-Männer könnten noch einmal zurückkommen, trägt sie es auf den Dachboden, versteckt es hinter Ziegeln.

Wenig später ein Anruf aus der Buchhandlung, daß ihr Sohn von der Gestapo abgeholt worden sei.

Kaum nachzuvollziehen, heute, was dieses Wort, diese Abkürzung für *Geheime Staatspolizei* damals an Assoziationen ausgelöst haben mag – ausgeliefert zu sein an eine Machtmaschinerie, die Leben nach Verwendbarkeit bearbeitet, nach seinem Ja- oder Neinsagewert.

In der Aufregung ruft sie ihren Mann in der Schule an. Der kommt sofort nach Hause. Aber da klingelt schon wieder das Telefon. Fritz Borchert wird ins Stadthaus bestellt. Erstaunlich ruhig, jedenfalls äußerlich, macht er sich auf den Weg zu diesem zum Begriff gewordenen Ort an der Bleichenbrücke, dem Sitz der Gestapo-Leitstelle.

Wieder der Vorwurf, sein Sohn befinde sich in schlechter Gesellschaft, und auf dem Tisch liegen Gedichte, die nicht ins Ordnungsschema von Gewalt-Beamten passen.

Fritz Borchert verteidigt seinen Sohn, der zur gleichen Zeit in einem anderen Zimmer verhört wird, nicht ohne Erfolg. Er bleibt ruhig, gelassen, wie es seine Art ist, und was denn wohl den Eindruck von Gutwilligkeit hinterläßt. Die Gedichte wären Nachahmungen klassischer Verse, nicht gelungen, aber doch anerkennenswert für einen jungen Menschen, der sich an Großes wagt und sich Mühe gibt.

Das klingt gut – Fritz Borchert kann wieder gehen. Sein Sohn kommt wesentlich später nach Hause, verstört, mit aufgequollenem Gesicht und der knappen Bemerkung: »Fragt mich nicht, es war furchtbar.«

Kein empörter Wutausbruch, äußerlich, kein spontanes Abreagieren. Eher schweigsam. Kaum ein Wort mehr, als der Mutter zu bestätigen, daß er im Stadthaus geschlagen wurde, ins Gesicht, weil es ihnen so ›mädchenhaft weich‹ vorgekommen sei.

Er dreht sich um und verschwindet in seinem Zimmer. Selbst diese unmittelbarste Bedrohung veranlaßt ihn nur um so mehr, sich höher ins schwebend Unwirkliche zu denken. Als wollte er uns stumm widersprechen – uns, die wir uns Belehrung in schlichteren Mechanismen denken.

Ähnliche Situationen werden sich wiederholen. Aber auch über weit gefährlichere Augenblicke in seinem Leben wird er später in seinen Geschichten kein Wort schreiben, keine Zeile der Anklage. Nun, zurückgekehrt aus dem Stadthaus, gegenüber den Eltern auch nur klagen, hieße einzugestehen, eben nicht ›vernünftig‹ gewesen zu sein, hieße kapitulieren, hieße sich fügen. Wieweit ihm dieser Vorgang bewußt wird, bleibt Spekulation. Eher anzunehmen ist, daß er die verwickelte Widersprüchlichkeit dieser Situation sehr elementar spürt.

Kaum anders wäre verständlich, daß die Zeilen an Ruth Hager so erstaunlich furchtlos-naiv klingen – *sie werden es schon wieder lassen*. Weit stärker ist er mit seiner Ausflucht beschäftigt. Eine hohe Liebe gegen die niedrige Zeit zu setzen – und schon wird alles wieder gut. Ein sehr verbreitetes, übliches Verfahren. Nur, wer bemerkt schon, wenigstens später, daß er den Stoff für bessere Einsichten gelebt hat?

Einen Tag nach diesem Brief, am 20. April 1940, schreibt er an die Mutter, an Aline Bußmann:

... nicht um Ihnen irgendwelche Erklärungen zu geben, nein, nur, um über Ruth mit einem Menschen zu sprechen. Und mit wem könnte ich das wohl besser – wer würde mich am ehesten verstehen, als Sie?

Nun, nachdem auch der Versuch gescheitert ist, seine Liebe in eine funktionierende Freundschaft zu verwandeln, steigert er sich in eine Art Überliebe. Er gesteht, er *empfinde dasselbe auch für eine Figur Michelangelos, sie sei etwas viel Größeres, Höheres gleichsam, als die Liebe.* Wünsche gegen das kaum zurückliegende Ereignis, das nur noch sehr entfernt, kaum kenntlich durch die Briefzeilen schimmert.

Im Brief heißt es: *Genau, wie man über andere Menschen und Erlebnisse immer wieder zu sich selbst kommt – genauso treibt es mich über fremde Dinge, über andere Liebe immer wieder zu Ruth.*

Merkwürdig die weiteren Zeilen, wie ein Hymnus auf die Vergeblichkeit, wie aus einem schon reichlich alten Buch abgeschrieben, von einem alten Mann. Aber dieser Wolfgang Borchert steht kurz vor seinem 19. Geburtstag.

Einmal, wenn wir des großen Tanzes müde sind, der Tod die Hand ausstreckt, dann legen wir den Kopf in den Schoß der Schwester und der Freundin, wir neigen uns zuletzt nach innen nur, der Seele zu.

Das Bange, Leere und Graue fällt ganz ab von uns, und wir sind das, wozu wir zwar geboren sind, was wir aber nur zuletzt – aus allen Tiefen und Höhen des Seins – werden: Mensch.

Und schließlich heißt es:

... Ich habe mein Geheimnis, meinen kostbaren Schatz Ihnen gegeben – also tief und gut verborgen. –

Ich möchte Ihnen dafür danken! Wenn ich oft von Fremden gehetzt und gequält umherirre – ruhelos – wie verlassen und verloren – bei Ruth ist Ruhe – dafür danke ich ihr. Wenn alles sich von mir wendet – bei ihr ist Trost.

Wohl über seinen eigenen Brief erschrocken, schreibt er sofort eine Karte an Ruth Hager:

Du (dreimal unterstrichen) – *ich habe etwas Schreckliches getan! Überall war Sonne und Lachen und um mich herum waren freundliche Menschen – ich dachte an Dich. Ich war plötzlich so erfüllt von Dir – so unendlich glücklich, daß Du da bist, daß ich Deiner Mutti geschrieben habe, über Dich. Du bist mir nicht böse darüber?*

Aber nichts geht kaputt. Aline Bußmann beantwortet den Brief, der ja auch, wenn nicht sogar überwiegend, ein So-bin-ich ist, mit Sätzen, die er eigentlich kaum erwartet hat:

»Du weißt vielleicht gar nicht, wie nah ich Dir bin, und daß ich das, wovon Du zu mir sprachst, eigentlich schon lange weiß – nicht durch andere weiß, etwa durch Deine Mutter oder Ruth (obgleich gelegentlich hingeworfene oder auch absichtlich ausgesprochene Bemerkungen das Bild wohl bestätigten, das ich mir von Dir gemacht hatte) –, ich bin Dir in einer Sphäre begegnet – eben jener, aus der heraus Du mir schreibst und die auch die meine ist. Es ist die Welt des Fernseins von den Dingen, die uns umgeben, die Welt des Traums und der Sehnsucht, des Suchens nach Liebe, nach sich selbst. Das Leben, wie es täglich an uns vorbeirollt, zählt nicht...«

Am Ende wird diese Zeit an ihren Toten zu zählen sein, die Häuser, in denen Leben war, nach Kubikmetern Schutt.

Aber richtig ist wohl auch, daß, wer aus den höchsten Träumen kommt, härter fällt als der, der ohnehin auf Plattheiten gesetzt hat – vorausgesetzt, er überlebt, durch Zufall, und sei es mit geschlossenen Augen; vorausgesetzt, da ist einer sensibel genug, jenen Aufprall als das wahrzunehmen, was er ist, und nicht nur als Erschütterung schlechthin.

Borchert, überglücklich, schreibt am 29. April einen Dankbrief an Aline Bußmann:

Oh, ich wußte das alles – aber es war mir noch nie bewußt geworden – vorher. Nun haben Sie das alles gesagt.

Der Aufstieg in jene Sphäre scheint vollends gelungen, aus dem Widerspruch in den Zuspruch. Die Danksätze in diesem Brief könnten entrückter nicht sein:

Ich war wie ein Dom, der zum Höchsten reicht – in ihm aber war es dunkel. Und da – begann das Licht einer weißen, reinen Kerze ihn zu erhellen – und er fühlte sich ganz von dieser blauen Helle emporgehoben – war er vorher im Dämmer versunken – so läuten seine Glocken nun in den Äther.

Als Geburtstagsgeschenk für Ruth, zum 19. Mai, schreibt er 12 Sonette auf hellblaues Papier, zusammengehalten von einer roten Schleife. Sie tragen als Titel den Namen der antiken Dichterin aus Mytilene auf Lesbos, Sappho, um die schon Alkaios vergeblich warb. Nicht ganz uninteressant, da dieser Alkaios in seiner Heimatstadt mit Liedern die vom Volk unterstützten Tyrannen bekämpfte. Anzunehmen, daß Borchert nicht nur wußte, wer Sappho war.

Das erste der zwölf Sonette:

Verfeinert hebt ein Duft von Deinen Gliedern
sich auf. Ganz losgelöst von aller Schwere.
Verberge hinter liebestrunknen Lidern
nicht Deine Schmerzen, Freundin Du. O höre
den Knaben an, der sich zu Dir nun neigt.
Von Meeren her lenkt stumm mein Nachen,
aus dem das Lied zu Dir entsteigt –
wie Weinen ist es, leise. Wie ein Lachen.
Geflüstert todesnah, unsterblich. Rein
zu Dir wie frühestes Beginnen –
wie Anfang sehnend nach dem großen Sein,
verfallend schon, ein leuchtendes Zerrinnen.
Die Schwestern ziehen dich in ihren Tanz –
so nimm O Göttin Du, nun meinen Kranz!

Aber auch derart besungen – *wie Weinen ist es, leise. Wie ein Lachen* –, wird das junge Mädchen sich dem Sänger versagen und damit weiter göttlich bleiben.

Inzwischen ist ein abermaliger Versuch gescheitert, im *Hamburger Anzeiger* Gedichte zu veröffentlichen. Am 10.

Mai hatte Hugo Sieker geschrieben: »Besten Dank für den Zyklus *Mythe*. Die Abschrift darf ich wohl behalten und in meine Sammelmappe legen. Es wird ja sehr wesentlich sein, eine solche Früharbeit von Ihnen später einmal mit anderen Arbeiten vergleichen zu können.«

Aber zu diesem Vergleich kommt es später nicht. Borchert selbst vernichtet nach dem Krieg sein Exemplar, und Siekers Sammelmappe wird vermutlich den Angriff aus Bombenflugzeugen nicht überstanden haben. Ein doppeltes Ende für Vorstellungen. Erhalten blieb nur der Titel, der auf sagenhafte Vergangenheit schließen läßt.

Daß er sich, wie nicht wenige, mit den jeweils bildungsbürgerlichen Zutaten versehen, die Zukunft wie eine gedachte, ferne Vergangenheit vorstellt, gesteht er in einem Brief an Aline Bußmann, geschrieben am 26. Mai 1940:

... Hoffentlich können wir nun bald einer schönen, neuen Zeit entgegensehen – denn so groß das alles sein mag heute, Wert hat es doch kaum. Wenigstens keinen für ein Jahrtausend – und das sollte doch! Nun – die Guten werden die goldene Zeit zurückbringen!

Es gehört wohl zu den großen Trugschlüssen, daß sie optimistisch klingen. Und, wozu auch immer Hoffnung gut sein mag – wer fragt schon, woran sie sich hält, solange sich einer an ihr festhält?

Träume, zu einer Zeit, in der sich der Krieg zum Weltkrieg ausweitet. Die faschistischen Truppen haben Dänemark und Norwegen besetzt, sind einmarschiert in Belgien, den Niederlanden, Luxemburg, Frankreich, Bomben auf England, Österreich ›heimgekehrt‹, die Tschechoslowakei ›eingegliedert‹, Polen erobert. Rundum Krieg.

Selbst für den besten Guten – wo hernehmen die goldenen Zeiten?

Ahnt er, daß diese Zeit ihn treffen wird?

Die Einsamen
Abgesang –
nun reißt die Fahnen,
Freunde –
reißt die nieder!

> Verfall und Klang –
> durchzittert mich ein Ahnen –
> Freunde!
> Es weinen meine Lieder ––
> Zogen wir nicht schon
> einst seelenlos umher –
> verlassen –
> Freunde?
> Wie blutzertretener Mohn.
> Uns trifft nichts mehr –
> entlassen: Freunde!

Ahnt er, daß selbstgemachter Trost nur wenig tröstet?
  Am 27. Juli schreibt er an Aline Bußmann:
Liebe große Freundin –
darf ich einmal so sagen?
Mir fehlt es im Augenblick so an Glauben und Vertrauen, daß ich gerne eine Kritik – kein Lob – hörte!
Wir müssen uns ganz nach innen zurückziehen, um noch leben und lieben zu können. Nach Außen kühlt man ab, daß uns kein Stoß mehr trifft.
Wir harren tatenlos nach etwas aus, denn es muß ja ein Morgen kommen!
Währenddessen muß in der Stille eine große Kunst werden, die alles – alles nachher gut macht und hinan hebt!
In dieser Stille denke ich an Sie und Ruth.
Viele Vorstellungen leben davon, daß sie sich keiner vorstellt – wenn wir unseren Glauben vor uns herschieben, tatenlos harrend, weil da ja etwas kommen muß, und irgendwie soll es dann *hinan* gehen, mit der Kunst, *zu leuchtenden Gipfeln*.
  So in einem Gedicht, das diesem Brief beiliegt:
> Ziel
> Mag auch der Weltenlauf
> ruhn unter Wipfeln –
> wir wollen hoch hinauf
> zu leuchtenden Gipfeln!

Schmal sind die Stege –
Groß ist die Sendung.
Alles sind Wege
zu der Vollendung!

Drei Tage früher, am 24. Juli 1940, erscheint dieses recht unverbindliche *Ziel* im *Hamburger Anzeiger*, als 21. Beitrag der Reihe *Junge deutsche Lyrik*.

Eine Folge, die eher den Eindruck macht, als wären da Großväter am Werk, aber so dichten die Gutwilligen nun eben, und aufschlußreich ist es schon, wenn auch eben nur im Widerspruch zur Zeit, die ansonsten noch in der Zeitung steht.

Im 20. Beitrag hatte ein Herbert Böhme den lieben Gott gebeten: Lösch mit friedevoller Hand / deine Ampel aus, / schütze Volk und Vaterland, / segne Saat und Haus. Und im 22. Fall wird Otto Tenne den Regenbogen fragen: Welche unsichtbare Hand / Hält dich über Land?

Noch köstlicher ist die Gebrauchslyrik dieser Tage.

Hausfrau, begreife: Ata spart Seife.

Auch das reimt sich, und sicher nicht zufällig auch gut mit einer Göring-Rede, daß nämlich alle ruhig sein können, da die Versorgung der Bevölkerung gesichert sei. An Fleisch fehlt es nicht, zumindest auf einem abgedruckten Foto hängen Schweinehälften, alles gestaltet sich ›planmäßig‹, nur ab und an scheint es bei der Soße ein paar Schwierigkeiten zu geben, denn es heißt tatsächlich im Ernst: *Auch bei Knorr Bratensoße daran denken, wie gut man tut, sich einzuschränken.*

Hitler startet letzte ›Friedensangebote‹ an die englischen ›Plutokraten‹, gleichzeitig starten die Bombenflugzeuge – aber er wird sich ein paar Tage später doch entschließen, erst einmal die Sowjetunion anzugreifen.

Wer Lust hat, kann ins Kino gehen. Ein Tobis-Film trägt den siegesbewußten Titel: *Wir tanzen um die Welt.*

So etwa das Umfeld eines kleinen Gedichts, in dem Borchert sein *Ziel* nennt, *zu leuchtenden Gipfeln!*

Nicht nur für den ahnungslosen Leser bleibt offen, wohin dieser jugendliche Aufschwung gehen soll, fraglich bleibt, wieso der Weltenlauf ausgerechnet in unruhig kriegerischen Zeiten unter Wipfeln ruhen soll?

Aline Bußmann, um einen kritischen Brief gebeten, fragt in die gleiche Richtung, und Borchert antwortet ihr am 5. August mit Erklärungen, die nun vollends das Ausmaß an Weltflucht belegen, wie hoch die Höhen sind, bis in die er es mit sich treibt.

Ja! Ich sehe das Ziel vor Augen: Größe, Reinheit, Schönheit, Klarheit – aber noch bin ich zu sehr dem eigenen Gefühls- und Verstandeschaos hingegeben, als daß ich mich freischwebend emporheben könnte! Vor dem Sieg kommt der Kampf! Vor dem Morgen ist die Nacht! Aus den Wirren kommt die Klarheit! So meine ich.

Es mag sein: ich sage etwas des Reimes wegen. Aber setzen wir für Reim das Wort Klang – so hat es doch schon eine gewisse Berechtigung, wenn die Worte nicht in völlige Sinnlosigkeit ausarten. Aber das wird wohl kaum der Fall sein. Oder doch? Dann sagen Sie, wo. – Nein, es ist nicht! –

Gewiß, der Weltenlauf ruht nicht – aber I. ist nicht von den Sternenhallen der Götter unsere Erde so winzig, daß das, was wir Lauf und Leben nennen, wie eine große, sich durch die Ewigkeiten bewegend verändernde Ruhe scheint? Nein, aber ich meine auch nicht diesen Weltenlauf. Sondern II. im ganzen Grundsinne des Gedichtes, der als Ziel die Vollendung hat, die Vollendung alles Menschlichen zum Göttlichen...

Erklärungen, die nichts mehr erklären. Es scheint der Augenblick erreicht, die höchste Höhe, auf der er resigniert seinen Füllfederhalter mit der oft hoffnungsvoll grünen Tinte wird zur Seite legen müssen.

Und unter welchen Wipfeln? Was unter Wipfeln liegt ist mit dem Begriff der Ruhe verbunden, auch mußte natürlich für Gipfel ein Reim (gefunden werden), *nichts aber war einfacher! – Da aber ein Ungeheures, Großes ruht – der Weltenlauf in diesem Sinne –, so ruht es unter den Wipfeln der Weltenesche Yggdrasil.*

Ich glaube, dann rundet sich das Bild doch ab, ja?

Wie auf der hastigen Suche nach etwas überhaupt Göttlichem – offenbar ein Wechsel im Lesestoff – von den Griechen der Sprung in die nordische Mythologie, von der zur Zeit ohnedies mehr die Rede ist – es scheint ihm nicht darauf anzukommen, wenn es nur groß und weit genug ist, sich dahin wegzudenken, sich loszuwerden.

... wenn Sie glauben, bald wieder 7 Seiten schlechte Schrift verarbeiten zu können, dann sagen Sie mir bitte sofort Bescheid, damit ich es auch an Sie loswerden kann!

Und das klingt ja nun doch schon sehr wie die Anzeige eines Versandhauses, Bestellung genügt, Lieferung prompt frei Haus – und alle Zweifel sind angebracht.

So wenig es zur gleichen Zeit einen ganz und gar anderen Wolfgang Borchert gibt oder etwa einen Grund, ihn nachträglich gescheiter zu machen, als er sich hier präsentiert – zu bedenken bleibt doch, daß es sich um ein selbstprojiziertes Bild handelt, zielgerichtet auf eine Person, von der ihm Anerkennung und Verständnis, Zuspruch und Bestätigung entgegengebracht wird.

Was liegt näher, als sich ganz dieser ›Sphäre‹ hinzugeben? – solange es geht. Er, der den Klischeevorstellungen von einem Dichter folgt, bedient die Klischeevorstellungen von einem Dichter – und alles scheint wirklich.

Immer ist uns wohler, wenn wir mit der einen Hälfte unseres Widerspruchs entfliehen können, irgendwohin, und es scheint uns wie ein Sieg, wie eine glückliche Lösung, wenn es dafür auch noch Beifall gibt, der doch nur heißt, daß wir derart halbiert einfacher verwendbar sind für den Widerspruch anderer Leute.

Flucht – und immer kommt es uns so vor, als gehörten die absurden Unwirklichkeiten nicht zur Wirklichkeit, in der sie doch stattfinden. Was er in seinem Brief einen *noch* nicht überwundenen Nachteil nennt, noch seinem *Verstandeschaos hingegeben* zu sein, sich noch nicht völlig *freischwebend emporheben* zu können, ist ja nicht nur der Rest von schnöder Wirklichkeit, in diesem alten Spiel der Schwärmer, *goldene Zeiten* zu beschwören, je tiefer es in den Dreck geht.

Später mögen wir uns diesen Wolfgang Borchert gramgebeugt und ausweglos vorstellen – anders als auf einem Foto aus diesen Tagen, so sehr es nur den Bruchteil einer belanglosen Sekunde festhält:

Betriebsausflug der Firma Boysen, Sommer 1940. In der Mitte ein glücklich lächelnder Wolfgang Borchert, dunkler Anzug, weißes Hemd, Fliege unterm Kinn, Blume im Knopfloch, Arm in Arm mit einer jüngeren Frau, Blume im Haar – die glatten Gesichter deuten auf Unempfindlichkeit hin, als hätten sie schreckliche Nachrichten tatsächlich noch nicht empfangen. Arbeitskollegen, als wäre es Verwandtschaft, als wäre es die Verlobung des jungen Paares, ein schöner Tag in schönen Zeiten, scheint es.

Anders merkwürdig, der gleiche Wolfgang Borchert, oft nachts auf seinen langen Wanderungen zwischen dem Altonaer Theater und der Wohnung in Winterhude, abends nach der Vorstellung, bei Verdunklung und Verkehrssperre, mitten im Krieg. Nicht selten ist nun Isot Kilian dabei, theater- und literaturbegeistert. Im jugendlichen Eifer zitieren beide auswendig Rilkes *Weise von Liebe und Tod* – begeistert, ohne zu wissen, daß Rilke selbst am Ende weit weniger froh darüber war, sie verfaßt zu haben, über jenen Cornet Rilke, der einmal dafür hatte herhalten sollen, des Dichters kleinbürgerliche Herkunft zu verdecken, und ein Welterfolg wurde. Der 19jährige Borchert schwebt durch die noch heilen Straßen Hamburgs – die drei Jahre jüngere Isot Kilian hält tapfer mit. Bald wird auch sie bei Helmuth Gmelin Schauspielunterricht nehmen.

Da aber, auf den nächtlichen Straßen, ist nicht nur Rilke ein Thema. Isot Kilian erzählt ihre eigene Geschichte, weit weniger poetisch rührend, bedrohlich näher – bittere, brutale Wirklichkeit. Die Geschichte der Familie, also auch des Hilfsarbeiters bei Boysen, der auf dem heiteren Foto unter den Angestellten nicht zu finden ist. Dieser Mann, der mit seiner Familie aus Berlin nach Hamburg gekommen ist, sich als Staubsaugerverkäufer und als Vertreter für Palmoliv-Seife versucht hat, nun froh über eine feste Anstellung, mit einem Einkommen von ganzen 125 Mark monatlich, womit die Familie durchzubringen ist. Soweit aber mag seine Geschichte auch anderen in der Buchhandlung bekannt sein – Borchert erfährt das dahinterliegende Schicksal des Mannes, der bis 1933 in Berlin eine Verlagsbuchhandlung betrieben hatte, als Kommunist. Seine Frau Landtagsabgeordnete der KPD. Beide werden 1933 sofort verfolgt, der Vater festgenommen, im Zuchthaus Köpenick bei Verhören grausam mißhandelt, schließlich todkrank entlassen, mit bleibendem Nierenschaden. Isot Kilian, damals neun Jahre alt, für sie werden es prägende Ereignisse, wie da mit Menschen umgegangen wird, und mit Büchern, auf Lastwagen geworfen – Ereignisse, die für ein Leben bestimmend bleiben – Jahrzehnte später, bis in die ruhige Selbstverständlichkeit einer Haltung, freundlich beim Tee.

Borcherts Haltung kommt aus einer anderen Kindheit. Das, was er über das Schicksal der Familie Kilian erfährt, erschüttert ihn, versetzt ihn in Wut und Empörung. Erregt erzählt er zu Hause seinen Eltern davon. Keine Frage, er haßt die Nazis, er nennt sie ›Schweine‹ – aber an seiner diffus schwärmerischen Haltung – *Größe*, *Reinheit*, *Schönheit* – *Klarheit* – ändert sich praktisch nichts.

Das, was er selbst im Stadthaus erfahren hat, bleibt ein niedriger Angriff auf die hohen Ideale, bleibt als Antrieb, frei schweben zu wollen.

Isot Kilian, der er einmal das Päckchen an der Wohnungstür übergeben hatte, erzählt nun den Hintergrund dieses ersten Zusammentreffens – daß in dem Päckchen nichts andres gewesen war als das Geburtstagsgeschenk des Vaters für die Mutter. Kilian hatte sich an diesem Tag bei der Gestapo zu melden – im Stadthaus – einer Gegenüberstellung wegen, die dann im Alsterpavillon stattfand. Und so wenig Borchert davon etwas gewußt hatte, so wenig hatte Kilian gewußt, ob der das Stadthaus wieder verlassen würde, ob er seiner Frau würde am Abend das Geburtstagsgeschenk geben können. Daher die Bitte. Auch so können zwei Menschen sich kennenlernen.

Für Borchert ist es der Zugang zu einer Wirklichkeit, der er in seinem übrigen Freundeskreis nicht begegnet, und doch, praktisch bleibt sie für ihn kaum mehr als folgenlos. Zu den großen politischen Begriffen, die Welt in Kategorien zu teilen, findet er auch später nicht. All diese Ereignisse bleiben sehr mittelbar im Hintergrund.

Zwischen engster Wirklichkeit und weitestem Ideal scheint es für ihn nichts zu geben, was von Belang wäre, nichts wenigstens denkbar Mögliches, nichts greifbar Praktisches. Wobei so ein mystisch fernes Riesending wie die Weltenesche Yggdrasil ja durchaus zur Enge gehört, unter die sich bei Bedarf flüchten läßt – und es scheint sicher zu sein, daß von einer derart spinnerten Haltung nichts mehr zu erwarten ist, nichts Nennenswertes, wovon Kenntnis zu nehmen sich einmal lohnen könnte. Ein Irrtum, wie wir wissen, wie sich zeigen wird.

Zusammen mit Isot Kilian nimmt Borchert bald an Zusammenkünften einer Gruppe teil, die aus zumeist jungen Künstlern besteht, dem *Musenkabinett*. Aber auch da wird er nicht recht heimisch. Das Wort *Einzelkämpfer* bietet sich an, aber *Einzelträumer* wäre wohl doch zutreffender. Borchert bleibt letztlich Gast in diesem Kreis, so sehr die Zusammensetzung seinen Neigungen entsprechen könnte – junge Leute aus überwiegend bürgerlich ›besseren Kreisen‹, die sich aus intellektueller Opposition den eigenen Kopf bewahren, sich abwechselnd in den Wohnungen der Mitglieder treffen, dort eine Sprache sprechen, die in der Öffentlichkeit den zu rettenden Kopf kosten kann. Eine Gruppe, aus der es später Verbindungen zur Hamburger Organisation *Weiße Rose* gibt.

Beide, Isot Kilian und Borchert, bringen die Begeisterung für das Theater mit, geben ihren Einstand mit einer Szene aus Shakespeares *Romeo und Julia*, denn es gehört zu den Aufnahmebedingungen des *Musenkabinetts*, sich mit einer eigenen künstlerischen Äußerung zu beweisen.

Eine Zugehörigkeit, die für Borchert bald von anderen Ereignissen in den Hintergrund gerückt wird.

5
Brutalität siegt: *Granvella*

Durch Hamburgs Straßen wehen immer häufiger ganz unkünstlerische Sirenenklänge – über den Himmel ziehen Bombenflugzeuge. Abends versteckt sich die Stadt in Dunkelheit – und nicht aus Scham. Luftschutz, der sich als kindliches Verstecken erweisen wird, als Bettüberdenkopfziehen, als Augenzumachen, um nicht gesehen zu werden.

Es ist Krieg. Deutsche Bomben fallen auf London. Englische Bomben fallen auf Berlin. Der auf alle Ewigkeit unschlagbare Sieger steht zum erstenmal staunend vor dem Anfang seines Endes, fassungslos, als sei es ein nur zufälliger Irrtum, daß es nun, im Sommer 1940, auch in Deutschland Trümmer und Tote gibt.

Fritz Borchert muß Hamburg verlassen. Ganze Schulklassen ziehen mit ihren Lehrern in Gegenden, wo noch keine Bomben fallen. Eine großangelegte *Führeraktion*, die sich ›Kinderlandverschickung‹ nennt und nur auf den ersten Blick etwas von Freundlichkeit hat, wenigstens Schulkinder aus dem Krieg zu lassen, ihnen den Frieden zu lassen, oder doch zumindest die Ruhe vor dem nächsten Fliegeralarm. Denn so ruhig geht es auch in dieser Ruhe nicht zu. Das reglementierte Internatsleben schafft neben dem regulären Schulunterricht auch hervorragende Möglichkeiten zur totalen politischen Beeinflussung der Kinder, zu militärischen Übungen mit Märschen und Appellen.

Fritz Borchert muß nach Chemnitz, der heutigen Karl-Marx-Stadt. Vor Bomben sicher, und weiß doch die Familie um so unsicherer in Hamburg. Er, der das schweigende Ertragen beherrscht, weiß seinen Sohn in Hamburg in um so größerer Gefahr, sich durch hoffnungslosen Leichtsinn erneut ins Stadthaus zu bringen.

Aber da ist noch eine andere Gefahr, die unaufhaltsam näherrückt, und die ohnehin kein verträgliches Vaterwort wird mildern können. Die Kaserne. Die Front. So sehr er sich in hohe Ziele denkt, der Weg in den Schützengraben ist drohend wirklicher.

Eine Gefahr, die Wünsche dringlicher macht. Im schon zitierten Brief vom 5. August 1940 an Aline Bußmann heißt es:

Gierig strecke ich meine Arme nach jedem Menschen, der wahr, schön, lieb und klug ist, aus – aber wie oft – und wie tief wird Hamlet enttäuscht.

Noch ist ein glückversprechender Schritt in die Kunst-Welt möglich. Borchert lernt die Bildhauerin Vera Mohr-Möller kennen.

Die Eltern staunen, daß ihr Sohn von dieser in Hamburg bekannten Familie zu einem Hauskonzert eingeladen wird – er, der kleine Buchhändlerlehrling, zu einem gesellschaftlichen Ereignis, das vornehme Kreise der Hansestadt vereint. Auch Aline Bußmann und Carl Hager sind geladen, und so fühlt er, der Fremde, sich denn doch nicht ganz fremd in dieser noblen Runde. Ein erhebender Augenblick für den Neunzehnjährigen. Die Verwirrung reicht bis in ein Gedicht, das er gleich darauf anfertigt:

Concerti grossi
Da wehte um ein hölzernes Gestühl,
vertraut, unsäglich fein und kühl,
Getön der dunklen Bratsche, Geigen
vereinten sich zum stillen Reigen.
Die Seelen sangen in den Sonnentag.
Die Sonnenblumen wachten auf und träumten
in diese Melodie sich wiegend ein.
Geheimnisvolle Flüsterworte säumten
euch Spielende in einem hohen Schein,
und lauter Jubel war in euren Augen.
Ist es nicht ein fernes, frohes Rufen,

> das voll Seligkeit zu uns herüber dringt?
> Wir lauschen trunken auf des Tempels Stufen,
> aus dem uns euer Seelenlied umklingt.
> Still aber saßen wir...

Die Gastgeberin schenkt ihm das Bild einer griechischen Tempel-Ruine – voll Freude berichtet er darüber an Aline Bußmann und gesteht im Tonfall langer Lebenserfahrung:
Hier bin ich – so glaube ich sagen zu dürfen – ganz unvermutet auf einen Menschen gestoßen, wo ich gar keinen vermutete. Um so mehr bin ich aber auch glücklich – (sollte ich mich nicht irren!)
Nicht weniger gedankenschwer klingt sein Satz:
Die ideale Welt der Jünglinge und Frauen ist dem Verfall – oder der Reife – hingegeben.
Er scheint sich da nicht festlegen zu wollen, denn: *Behutsam, still und vorsichtig muß man an den Menschen herantreten – man kann nicht vorsichtig genug sein, für sich!* – heißt es im Brief.
Ein neuer Ton, ein Satz, der offenbar meint: sich im eigenen Interesse anderen nicht ohne Berechnung zu nähern, nicht ohne zu prüfen, ob es dem Ziel dient, ob es höher hinaufträgt, oder doch nur auf platte Zeitverschwendung hinausläuft, in Richtung *Vollendung* oder *Verfall*. Mit diesem Anflug von Härte, wenigstens als Wunsch, wie immer, wenn der Abschied von den Idealen droht. Dieser Abschied, der, wenn er näher kommt, wohl für jeden Enttäuschten bedeutet, entweder gefährlich oder harmlos zu werden.
Ein Problem, das sich ihm mit Sicherheit weit komplizierter stellt, als nach der knappen Briefstelle allein zu vermuten wäre, denn: Er macht es zum Gegenstand seines dritten Theaterstücks.
Und das heißt, er ›spielt‹ mit diesem Gedanken – er bringt, zum Glück, auch dieses Problem nicht ›hinter sich‹, weder in die eine noch in die andere Richtung. Er bringt es zu Papier. Wieder ein Treten auf der Stelle. Aber Literatur findet nun einmal auf dem Papier statt.

Borcherts drittes Theaterstück heißt: *Granvella. Der schwarze Kardinal.*[15]

Der stoffliche Hintergrund stammt von Schiller. Nachzulesen im 2. Buch der *Geschichte des Abfalls der vereinigten Niederlande.* In der Einleitung, die Schiller seiner Arbeit 1788 voranstellt, heißt es:

Eine der merkwürdigsten Staatsbegebenheiten, die das sechzehnte Jahrhundert zum glänzendsten der Welt gemacht haben, dünkt mir die Gründung der niederländischen Freiheit. Wenn die schimmernden Taten der Ruhmsucht und einer verderblichen Herrschbegierde auf unsere Bewunderung Anspruch machen, wie vielmehr eine Begebenheit, wo die bedrängte Menschheit um ihre edelsten Rechte ringt, wo mit der guten Sache ungewöhnliche Kräfte sich paaren, und die Hilfsmittel entschlossener Verzweiflung über die furchtbaren Künste der Tyrannei in ungleichem Wettkampf siegen.

So Schiller, und immerhin vorstellbar, daß ein junger Mensch sich 1940 aus ähnlichen Gesichtspunkten leidenschaftlich diesem Stoff nähert, daß er gegen die jüngsten Künste der Tyrannei seine Heldentaten setzt, eigene Ideen von Größe und Freiheit, Ideale gegen die rauhe Wirklichkeit. Aber Borchert liefert, bei allen gefühlvollen Plattheiten, die auch in diesem Stück wieder reichlich vorhanden sind, nicht eine derart brave Feierstunde zur allgemeinen Erbauung, Freiheit wenigstens als Gedanken hochzuhalten, oder die Erinnerung an einstmals glorreiche Zeiten. So irrig weit gehen seine schönen Ideen nicht – in seinem Stück steckt Eigenes, steckt überraschend viel Eigenes.

Granvella, seine Hauptfigur, tritt mit allen Zeichen von Ruhmsucht und verderblicher Herrschbegierde auf – und, nicht zu übersehen, Borchert zeigt Bewunderung für diesen Mann, gibt ihm eigene Züge, versteht, daß da *aus einem sonnigen Jüngling ein düsterer Mann* wurde, läßt ihn theatralisch-arrogant agieren, voll Abscheu gegen das *urteilslos verhetzte* Volk.

Egmont: Das Volk ist das Höchste!
Granvella: Arme Menschheit!

Oranien: Ihr seid ein Rebell wider die Welt, Kardinal!
Granvella: Danke! Aber – ich will es sein! – Die Herren sind enttäuscht. Ich bin schlecht gelaunt heute – gehen Sie! Es ist vergeben.

Da, wo bei Schiller »die bedrängte Menschheit um ihre edelsten Rechte ringt« und siegt, erscheinen bei Borchert Bürger und Volk zwar heftig murrend und revoltierend, bewirken am Ende aber doch nur personelle Veränderungen, so daß für »die Menschheit« wenig herausspringt. Granvella, der Verhaßte, wechselt in der Schlußszene den Mantel und zündet das Haus an, in dem die Gerechtigkeit stattfinden soll.

Die Fabel, wie Borchert sie erzählt, ist deutlich:

König Philipp sucht einen harten, grausamen Mann, fähig, den Menschen an sich abzulegen, um aus den aufsässigen Niederländern brave Spanier zu machen. Granvella, der Kardinal, bietet sich aus Ruhmsucht an, steigt zum Minister des Königs auf, geht ans Werk – und es sieht so aus, als würde er scheitern, da er die Aufsässigen provoziert, die Revolte schürt, die er doch niederhalten sollte. Er scheitert, und muß gehen, und siegt gleich doppelt. Die Niederländer sind erst einmal still, weil sie an ihren Sieg glauben, sagt sich König Philipp in Madrid. Den Granvella hat er keineswegs überschätzt. Er hat ihn unterschätzt. Was liegt näher, als ihn da zu verwenden, wo seine Härte den höheren Aufgaben angemessen ist. Granvella steigt zum Vizekönig von Neapel auf.

Borcherts Erfahrung heißt: Brutalität siegt. Seine Welt rundum beweist es, angefangen beim kindlichen Spiel auf der Straße, nun beim auch nur flüchtigen Blick in die Zeitung, beim Einschalten des Radios. Brutalität siegt, seit Jahren in Deutschland, und über die Grenzen hinaus, an den Kriegsfronten. Die übergroße Mehrheit des Volkes glaubt und jubelt, noch. Kein Wunder, daß für Borchert der große Sammelbegriff ›Volk‹ nicht nach Erlösung klingt, eher verdächtig nach Volksgemeinschaft, nach Leuten, die es einem Helden nicht schwer machen, sich zu erheben.

Borchert greift zu seinem Granvella-Stoff nicht, um gegen alle Wirklichkeit eine optimistische Botschaft an die Historie zu hängen. Bei aller Schwärmerei, die ihm weiter anhängen wird, auch in diesem Stück formuliert er nicht den guten Glauben, schreibt er sich nicht eine schöne Welt, um sie wenigstens auf der Bühne verwirklicht zu sehen. Unübersehbar entwirft er seinen Helden aus dem Zwiespalt der eigenen Unsicherheit. Selbst auf dem Weg zur gewollten Größe, was doch immer auch heißt, es über andere sein zu wollen, in diesem Spiel auf dem Papier – plötzlich wie mit Blick aus dem Fenster, auf die Straße, auf Zeit.

Im Stück führt das zu eigenartigen Szenen, die wie bloße, ungeschickte Klassikerimitationen anmuten würden, hätten sie nicht ihren deutlich biographischen Hintergrund, der, so unspielbar das Stück ist, doch immerhin ahnen läßt, wie dieser 19jährige Wolfgang Borchert sich selbst empfindet.

Im ersten Bild des zweiten Aktes heißt es:

Regentin: Ach Anton, als du damals zu uns kamst, warst du so froh und so jung und schön –

Granvella: Und jetzt bin ich alt und häßlich, wolltest du sagen, ja ich weiß, Kind.

Regentin: Nicht alt, nur so anders. Finster, verschlossen und hart. Auch gegen mich.

Granvella: Mir wurden die Masken lästig.

Regentin: Dann war also alles nicht wahr?

Granvella: Ja, es war Theater.

Regentin: Du tust mir weh, Anton.

Granvella: Laß doch. Wir sind Freunde. Wir brauchen uns.

Regentin: Kalt treibst du dein Spiel mit Menschenleben.

Granvella: Vielleicht – – ja.

Regentin: Und du hast nie geliebt?

Granvella: Ich weiß es nicht.

Regentin: Du verachtest. Uns alle.

Granvella: Mag sein. – Sieh, Kind, man stieß mich früh in meine Einsamkeit. Gewiß, ich hatte Freunde in Madrid – sie bewunderten mich, liebten mich nicht, wie man einen großen Verbrecher auch bewundern muß. So fiel langsam alle Güte, Milde und Liebe von mir ab.
Regentin: Du wurdest der große, der kalte Granvella. Der schwarze Kardinal. Wurdest der Mann, den das Volk fürchtet und haßt!
Granvella: Ich wurde einsam. Alles Große ist doch schließlich einsam. So verlernte ich allmählich, ein Menschenherz zu lieben, und zubald nur verlor ich mein eigenes.
Regentin: Und bist glücklich?
Granvella: Glücklich? Nein, aber ausgefüllt! Erfüllt! Es geschieht etwas, ganz gleich was! Der Vulkan, der seit meiner Jugend in mir brodelt, tobt sich aus. Ich wäre sonst an mir selber zugrunde gegangen!
Regentin: Nun gehen andere daran zugrunde.
Granvella: Das ist nicht meine Schuld. Ich lebe. Und kann nur dieses mein Leben so leben! Wer mir nicht gehorcht oder ausweicht, mag zerschellen an mir und untergehen! Es tut mir leid! Aber ich kann nicht aus mir heraus!
Regentin: Ich bewundere dich, Anton.
Granvella: Wie einen großen Verbrecher?
Regentin: (lächelnd) Ja!
Granvella: Oh – du bist eine kluge Frau, Margarete. Wir wollen Freunde sein, nicht wahr?
Regentin: (weh) Eine Frau mit einem Vulkan? Einem – Dämon? Ja – wir wollen Freunde bleiben.
Granvella: Und wir müssen. Das andere ist doch nichts.

Vorangestellt ist den 47 Typoskriptseiten die schwungvoll handschriftliche Widmung: *Für meinen Lehrer Helmuth Gmelin. Wolff Borchert. 1940.* Und das nicht ohne inneren Zusammenhang. Unter dem Einfluß Gmelins soll gelingen, was ihm nicht gelingen kann – sich nach außen zu spielen, sich loszuwerden, sich aus den Widersprüchen zu befreien. Aus der zwingenden Not eine freie Tugend zu machen. Hauptsache: *Es geschieht etwas, ganz gleich was!* Hauptsache: *Der Vulkan, der seit meiner Jugend in mir brodelt, tobt sich aus.* Vor einem Zeithintergrund, noch immer wie eine unpassende Bühnendekoration empfunden, weil störend für das *Wahre, Große, Edle,* in das er sich bei Helmuth Gmelin weiter hineinsteigert, *in diesen Stunden des Werdens.*

Eine Weile mag es ihm wie glücklich scheinen, als würde da wirklich etwas Nennenswertes, als könnte die Flucht gelingen, als sei alles Drohende fern.

Im November schreibt er einen Brief an Ruth Hager, heiter, gelöst, als wären alle Verkrampfungen gänzlich überwunden. Und doch läßt sich der gleiche Brief auch lesen, wie die nur ins Umgangssprachliche gespielte alte Erfahrung des Scheiterns.

Was hältst Du davon, wenn wir uns am Mittwoch – diesen! – um 6^h treffen, und zwar unten drin im Hudtwalcker Bahnhof – wir können ja ›innen‹ Stadtpark oder so gehen, damit Du in der Nähe Deines Hauses bleibst – aber bis 8^h wird man uns wohl in Ruhe lassen: Das sind mindestens also zwei Stunden! – Wir wollen doch mal sehen, wie lange zwei Stunden sein können! Wenn Du nicht kommst, stecke spätestens Dienstagabend Kleinekarte in Briefkasten, die ich dann Mittwoch noch bekomme. Aber es wird wohl nicht nötig sein – und ich muß einmal wieder mit Dir zusammen sein und lachen und still sein. Das ist soooo schick!!!

Selbst die einst weitgefaßten Lebenspläne gehen nun locker in einen heiteren Satz über:

Wäre vielleicht gar nicht so schlecht, wenn wir ›Hand in Hand‹ abhauten! Na ja, wenn es jetzt noch nicht geht, ich geh doch noch mal mit Dir auf und davon, irgendwohin!

Und die Zeit läuft – das Jahr 1940 geht seinem Ende zu.

Kühn verläßt Borchert gegen Weihnachten die Buchhändlerlehre bei Boysen, ohne Abschluß – rücksichtslos entschlossen, alles auf die eine Karte der eigenen Größe zu setzen. Irgendwann in diesen Tagen greift Helmuth Gmelin zum Telefon, um Hertha Borchert anzurufen, mit der Bitte, der großen Begabung ihres Jungen nicht im Wege zu stehen.

Aber selbst wenn sie ihm da ernsthaft im Wege stehen würde, sie weiß, er würde einen Weg drumrumfinden, er würde auszuweichen wissen, so oder so seinen Willen durchsetzen. Also steht sie mehr an diesem Wege, mit Sorgen, mit der Frage ins Ungewisse, was aus all dem werden soll? Und steht da letztlich auch mit Verständnis, denn warum ihm den leidenschaftlichen Theaterspaß nicht gönnen, wo doch irgendwannbald der Einberufungsbefehl eintreffen kann, und was dann werden wird, ist schließlich nicht weniger ungewiß.

So bringen selbst die hinderlichsten Umstände doch auch Verständnis mit sich, zumindest Nachsicht.

6
Ich muß mich berauschen, um nicht zu verzweifeln

Prost Neujahr! Daß ich Dir alles, alles Liebe, Schöne, Gute – und uns beiden Ewigkeit unserer Liebe wünsche – rufe ich Dir durch die kaltklare Sternennacht zu!!! – schreibt Borchert am 1. Januar 1941 an Vera Mohr-Möller, wie im Rausch seines freien Glücksgefühls, das nun kein Maß mehr weiß. Den großspurigen Vergleichen mit Augenblicksepisoden in den zurückliegenden Wochen folgt das Geständnis:
Du aber bist das einzig Ewige für mich: Die Kunst! Und wenn Du mich verläßt und nicht mehr lieb hast – dann ist auch die Kunst tot – dann hänge ich mich auf! Es gibt für mich keinen Ernst, keine Kunst – keinen Sinn als Dich! – und Du vergißt Deinen KleiDuJu doch auch nicht!?
Ausgelassen komödiantisch die fließenden Übergänge vom angedrohten Aufhängen bis sich selbst als ›kleinen dummen Jungen‹ zu bezeichnen. Der Spieler, sicher, eine Rolle, die verbirgt – das Prinzip seiner frühesten Kindheitserfahrung schimmert unverkennbar durch die Sätze: Mit Heiterkeit überspielt wird alles sagbar. Aber was? Vielleicht nicht mehr als die glückliche Genugtuung, doch wenigstens irgendwie akzeptiert worden zu sein. Ein Sieg vor der drohenden Niederlage, sehr bald schon in die Unfreiheit einer Kaserne zu müssen.
Seine Sätze mögen noch so überschwenglich glücklich klingen, er verrät sich darin als ratlos. *Je mehr Menschen ich um mich habe, je einsamer werde ich* – heißt es da, sehr ähnlich wie in den Briefen an Ruth Hager ein Jahr zuvor, als von *Einsamkeit* und *Trostlosigkeit* die Rede war. Um aber anzuzei-

gen, daß nun alles ganz anders sei, ändert er im Brief einfach *werde ich* in *wurde ich*. Und so wenig der Satz nun stimmig ist, ist das stimmig, was er sagen will, es sei – und wie sollte es auch? – alles wirklich anders. Kaum noch verhüllt sein Lebensproblem, die Unfähigkeit, sich üblich bewegen zu können, ohne Rezept für schlichte Normalität, so wenig sie ihm zu wünschen wäre, denn daß schlichte Normalität, banal und harmlos, mit den üblichen Rezepten für praktisches Leben – immer ›vernünftig‹ zu bleiben, sich an die Welt zu halten, wie sie ist usw. –, sehr schnell ins erschreckend Mörderische getrieben werden kann, die Zeit beweist es in nie gekannten Ausmaßen.

Einstweilen muß Borchert als der in sich selbst versponnene Spinner erscheinen – schwebend über allen Tatsachen dahin.

Mancher mag kopflos durchs Leben gehen. Ihm scheinen beide Beine fürs Leben zu fehlen.

Die Eltern sehen es besorgt – vom Fenster aus, wenn er das Haus verläßt, eilig irgendwohin. »Er geht gar nicht richtig«, sagt Hertha Borchert. Und ihrem Mann bleibt nichts anderes übrig, als ihr recht zu geben, es mit anzusehen, wie er sich da, fast als berührten seine Füße den Boden nicht, von ihnen entfernt.

Später wird er den gleichen Weg sehr anders zurücklegen – langsamer als andere, und er wird mehr über diesen Boden wissen, auf dem er sich bewegt.

Noch scheint das schwebende Entkommen möglich.

In langen Briefen entwirft er ein Bild von sich selbst, deutlicher als Fotos ihn zeigen könnten.

Glücklich bedankt er sich für 100,– *Märkchen – wie soll ich das wieder gut machen?* – schließlich kosten auch in höheren Regionen die Brötchen ihr Geld, und der Tabak, der in der Pfeife verbrennt, will bezahlt sein, nun, wo auch noch der karge Lehrlingslohn ausbleibt.

Aber dennoch, er gesteht:

Ich lebe im Moment wundervoll: (bei Boysen bin ich seit Weihnachten nicht mehr! Ein Glück – vorher habe ich mich noch gründlich mit Büchern eingedeckt.) Meine Eltern sind weg – ich lerne den ganzen Tag an meinen Rollen für die Prüfung. Meine Wohnung ist ein »Nachtasyl« geworden: Steht alles auf dem Kopf! Zu Bett gehe ich überhaupt nicht mehr – höchstens in Begleitung: Bäbä. Sonst heißt es Arbeit, Arbeit, Arbeit! Ich bin von der Theaterkammer als »außergewöhnlich begabt« reklamiert und das fällt natürlich nicht vom Himmel. Kind – ich bin so voll (nicht blau!) – ich kann es gar nicht mehr aushalten.

Reklamiert siegt noch einmal die Kunst über den Krieg, jedenfalls für Borchert, eine Weile, und auch das nicht so sicher, wie er es an diesem 1. Januar glaubt.

Seit dem 18. Dezember liegt die Weisung Nr. 21 des Oberkommandos der Wehrmacht bereit, der ›Fall Barbarossa‹, die noch geheimen Vorbereitungen laufen, und was da in lapidaren Sätzen beschrieben steht, wie sich Divisionen vorwärts zu bewegen haben, von Kriegsplanern auf der Landkarte vorgezeichnet, es wird auch das Leben eines Wolfgang Borchert betreffen, wird ihn am Jahresende bis in die Nähe von Moskau bringen.

Noch kann er, in einem weiteren, undatierten Brief, heiter berichten:

Jetzt sitze ich vor einem steifen Grog, im Morgenrock, Pfeife und Schal und friere! Aber: Ich brauche keine Kohlen!

Ich brauche keine Brikett!

Ich brauche nur eine kleine süße Frau im Bett! Melodie: Ich brauche keine Millionen – (Rudi Godden ist auch tot).

Trauriger, daß ihm die Tabakspfeife kaputtgeht, offenbar ein Geschenk von Vera Mohr-Möller, er wünscht sich eine neue, denn *armer Junge hat gar kein Geld,* heißt es da, und schöner noch: *Mensch Vera, ich brauche Geld!* Dazu der Vorschlag, sie möge doch *mit einem Verleger zu Bett* gehen, denn: *Ich brauche Geld und Ruhm! Ja!* Freilich, er korrigiert sich sofort: *Nein, geh bloß nicht zu Bett: Ich könnte wochenlang weinen. Hab nur so gesagt – Du brauchst ja auch nur zu plinkern, und alles läuft!*

Sätze, die das Versteckspiel mit der eigenen Ratlosigkeit fortsetzen, ob heiter oder bedeutungsbeladen, es bleiben

Wörter, die er vor sich herschiebt – viel Ruhm und viel Geld wären natürlich ein besseres Versteck, aber doch weit schwerer zu haben.

Einfacher, sich neben Berühmtheiten zu stellen. Er hat ein neues Idol. Den Tänzer Harald Kreutzberg. Nach dem Besuch einer Vorstellung schreibt er seitenlang begeistert an Vera Mohr-Möller – letztlich um den eigenen Platz anzugeben, denn aus der großen Bewunderung wird sofort die übergroße Selbstbewunderung.

Wieder starrte ich gebannt auf seinen schmalen, kahlen Kopf – er stand, nur der innere Atem durchwogte ihn, regungslos auf der Bühne, wie ein Gott-Dämon. Er ist tatsächlich einer der ganz Großen in der Welt – selbstverständlich nur l'art pour l'art! Einer von uns, einer von den ewigen Göttern.

Interessant, daß in diesem Zusammenhang das Wort *Dämon* wieder auftaucht, wie schon im *Granvella*. Noch deutlicher wird ein anderer Bezug in einem weiteren Brief, geschrieben um den 17. Januar 1941.

Vera Mohr-Möller hatte ihm im Dezember die Büste eines Bali-Mädchens geschenkt (sie steht heute im Wolfgang-Borchert-Archiv Hamburg) und Fotos von einer Selbstporträt-Büste. Wie versprochen schreibt er nun ausführlich darüber, in einem Brief, der zunächst schwärmerisch weich beginnt, eh er in den Granvella-Ton umschlägt.

Und wieder hab ich mich zu Deinem Selbstporträt geflüchtet und einen Hauch davon wie Trost der Götter auf meinen Augen leis gefühlt...

Im Profil ist es der Mensch – von vorne die Göttin. Die Göttin Frau + Kunst: Ewigkeit. Doch ihre Höhe ist kühl und unsagbar fern. Die Summe aller Empfindungen, die ich bei ihrem Anblick von vorne habe, fügt sich in die eine strenge Losung:

Die Welt ist gnadenlos – ich ward es auch!

und die Versöhnung ward erst wieder im Profil, wo das Lächeln der Güte ganz tief von innen aus der Plastik bebt, atmet.

Viel weniger Kunstbetrachtung als Selbstbetrachtung, Selbstdarstellung, die sich dann auch noch mit seiner hingebungsvoll-romantischen Art von Religiosität mischt.

Vor diesem Blick möchte ich bebend die Hände heben und beseelt davor niedersinken und mich segnen lassen. Es ist der Tempel Deiner Seele, in den ich leise eintrete.

Vollends überdreht geht es dann bei der Betrachtung des Bali-Mädchens zu, seitenlange Erörterungen, die in das Fazit münden:

Deine Plastik ist die Psyche der Knospe. Ein Hauch aus der All-Unberührtheit der gesamten Menschheit weht aus der Unendlichkeit und gibt Deiner Plastik das Leben. Noch mehr: Es ist die Seele der Natur! Und – Deine eigene Seele ist auch darin: ich fühle sie, wenn ich ganz behutsam über die geschlossenen Lider streiche, darunter ich sie leise vibrieren und zittern fühle. Und durch meine Hand dringt in mein Gefühl eine Vision der Menschheitsentwicklung...

Höher hinaus geht es kaum – über *Hinvertrauen in eine Gottheit*, über *Trance-Sinnlichkeit* und *Ekstase des Unbewußten* – plötzlich schlicht und einfach:

Und was hat sie bloß für einen süßen schnutigen Mund! Einfach zum Abknutschen. Dumm und profan gesagt: Man kann sich sogar in sie verlieben!

Beides ist Borchert – der im gleichen Brief, nach ein paar weiteren Sätzen, selbst die Erklärung gibt:

Du bist sicher über mein Pathos neuerdings erstaunt, aber keine Angst: es ist nur die Flucht vor der grauenhaften Trostlosigkeit und Leere dieser Welt! Ich muß mich berauschen, um nicht zu verzweifeln! Und Du verstehst mich.

Eine Erklärung, in der wieder beides steckt. Der in die Höhe gehende Trostrausch und die Erklärung zur Erklärung, es sei ja *nur* ein Trost, sonst nichts, kein Grund zu Befürchtungen. Fragt sich, ob ein solcher Trost wirklich tröstet? Wohl kaum. Und um so besser. Nur, leider, er füllt die Zeit, bis das Befürchtete eintritt.

Trostlosigkeit und Verzweiflung, davon war schon früher mehr allgemein die Rede. Nun gibt es einen sehr konkreten Grund:

Ich habe Angst, daß man mich trotz Reklamierung einzieht: Diese Beamten! Wenn man schreien würde: Die Welt geht unter, würden sie auch sagen: Tscha! Da müssen Sie den Dienstweg einhalten! Tod dem Spießbürgertum! »*Ich hasse den Gehorsam und liebe die Freiheit! Mit mir marschiert die Revolution!*«

Wirres, das wir uns wohl doch wohlwollend ordnen, weil sich unweigerlich Späteres dazwischenschiebt, und alles scheint klar. Zumindest bleibt ein ›Aufbegehren‹ als erfreulicher Eindruck, denn selbst die absurdesten Ideale haben ja mitten in absurdester Realität unsere Sympathie. Immerhin scheint die Flucht in den Rausch besser, als sich dem Lauf der Zeit stumpfsinnig zu überlassen. Immerhin rettet sie den Kopf, wenngleich ihn die Beine dann doch unausweichlich in den sehr realen Schützengraben der Kriegszeit bringen.

Ein wenig nüchterner gesehen, ist es doch überraschend, daß einem Wolfgang Borchert, so, wie er sich hier gibt, die Zeitverhältnisse offenbar im großen und ganzen noch einigermaßen erträglich wären, wenn er wenigstens aus der unmittelbaren militärischen Androhung herausreklamiert bliebe. Seine Klage über das Spießbürgertum betrifft den Dienstweg des Reklamierens, nach seiner Vorstellung würden sich wahrscheinlich bessere Beamte besser beeilen – und welche Revolution marschiert denn da und wohin? – mit ihm? Aber es ist ja auch nur eine zitierte Revolution.

Kein Satz in diesem seitenlangen Brief über den Krieg selbst oder darüber, was täglich an Wahnsinn über Radio und Zeitung in die Welt geblasen wird. Wichtiger sind ihm breite Menschheitserörterungen, *die Wiege in China, das Welken in Rom, Hellas als Gipfel,* und dann weiter nichts Nennenswertes.

Auffällig, da später zu Recht ›Borchert‹ und ›Kriegsverurteilung‹ diesen unlösbaren, voneinander nicht mehr zu trennenden Klang haben. Dann, wenn es einfach ist, seinen Kunst-Rausch als erste, noch unvollkommene, leidenschaftliche, ohnmächtige Antwort auf den Krieg zu sehen. Zu einfach, zu platt, als unmittelbare Reaktion, noch ohne, wie es heißen wird, den nötigen gesellschaftlich-politischen Durchblick usw. – und es wird leicht zu meinen, der

1933:
Wolfgang Borchert
im Werratal.

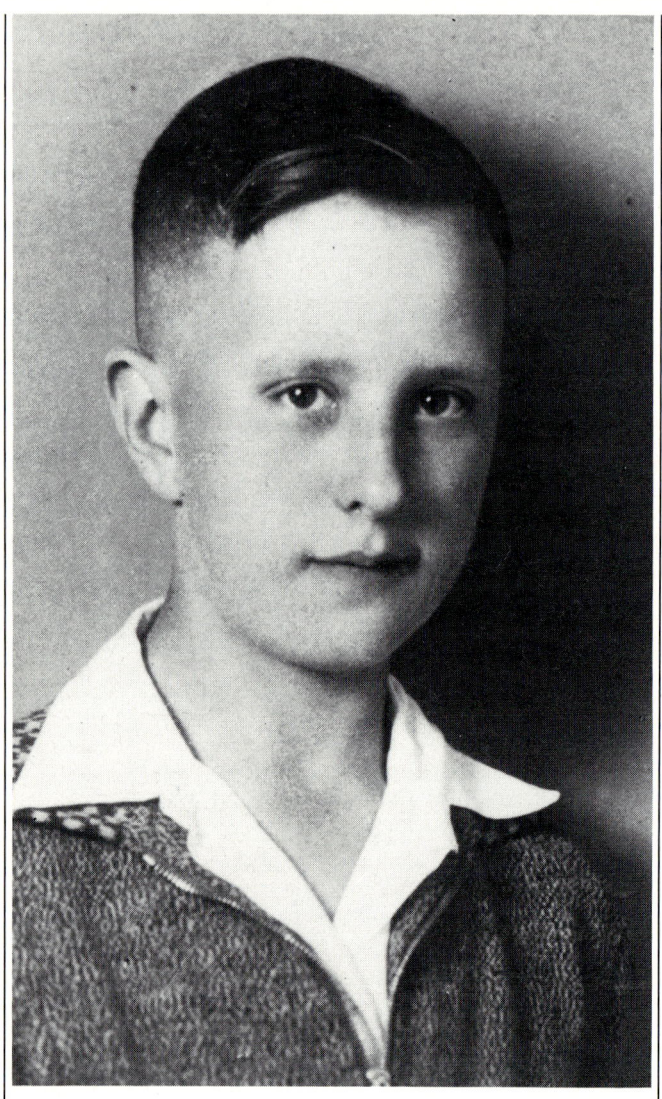

1935:
Das Foto des Vierzehnjährigen.

1940:
Buchhändlerlehrling und Schauspielschüler.

Die Hamburger Schauspielerin Aline Bußmann.

1940: Betriebsausflug der Firma Boysen. In der Mitte ein glücklich lächelnder Wolfgang Borchert.

mitgemachte Krieg hätte ihm dann die Augen geöffnet, was, wie sich zeigen wird, nur äußerst bedingt zutrifft.

Borchert ist nicht, auch später nicht, das, was man einen politisch denkenden Menschen nennen würde – so sehr dem, was er später denken wird, eine politische Bedeutung zukommt.

Das aber ist ja doch ein beträchtlicher Unterschied.

Sein Bewegungsspielraum wird enger. Deutlich die Unruhe, als ahnte er den letzten Satz des in Etappen geschriebenen Briefes, vor dem zu erwartenden Urteil: Doch noch als Komödiant auf die Bühne zu dürfen oder als Soldat in die Kaserne zu müssen.

Ich komme eben nach Hause: Shakespeare-Premiere im Altonaer Theater! ›Der Widerspenstigen Zähmung‹. Wieder ein unvergeßlicher Abend! Schade, daß Du nicht bei mir warst!

Hätte ich heute meine Prüfung machen sollen, ich wäre durchgefallen! Vollkommen down – Stimmung und Befinden gräßlich! Müde und gläsern!

Und, nur durch einen Absatz getrennt:

Morgen früh geh ich zu Generalleutnant v. Heinecins wegen Rekl., da mein Gesuch scheinbar nicht rechtzeitig da ist. Diese Behörden! Die Militärbehörden sind am schlimmsten – Pfui Teufel mit dem ganzen Kram! Ich hab das gründlich satt!

Eben noch möchte er, als *Wunschtraum* hingeschrieben, mit Vera Mohr-Möller nur dasitzen, um zu schweigen. *Wie wäre das wohl wunderbar!* Schon ist, im gleichen Atemzug, von einer inneren *Explosion* die Rede, den Plänen für ein neues Theaterstück, verbunden mit dem seltenen Beweis, auch zur schönen Selbstironie fähig zu sein:

Das Schöpferische ist innere Unruhe. Macht aber manchmal ganz geputt sowas, nicht? (Wie, um allen Zweifel vom beabsichtigten Witz zu nehmen, das kindliche verballhornte ›geputt‹ für ›kaputt‹.)

Zu einem neuen Stück, schreibt er, habe es ihm an der inneren Vision und Explosion gefehlt, aber: *Endlich ist es soweit.* Und dann folgt: *Meine mir bevorstehenden zwei Jahre kommen mir als Arbeitszeit gerade recht: Diesen Zwang brauche ich hierzu.*

Doch überraschend, so sehr es schließlich zum Alltag gehört, dem Unerträglichen die erträgliche Seite abzugewinnen, aus dem Übel das geringere Übel zu machen. Was sonst als die bevorstehende Militärzeit könnte gemeint sein?

So eng ist der Spielraum geworden, in der illusionären Vorstellung nun schon beides vereint – Krieg als willkommene Arbeitszeit für Kunst.

Und wenn auch noch so hastig hingeschrieben – die Feder hat sich nicht gesträubt.

Äußerer Stoff: Hyperion und die griech. Befreiung.
Innerer Stoff: Aufbruch der Jugend.[16]

Die Idee, gesteht er, sei ihm nach einem gemeinsamen Kinobesuch gekommen. *Auch bist Du meine Diotima – wenngleich sie in dem Schauspiel nur eine Ophelia ist.*

Mehr verrät er über den Inhalt nicht, wohl aber etwas über seine Arbeitsweise, was weniger interessant wäre, wenn es dabei nur um das bekannte überschwengliche Hineinsteigern in den Rausch ginge. Viel deutlicher wird das geradezu krampfhafte Verlangen nach Halt und Bindung – aus diesem Entfernungsrausch in Wahrheit das Gegenteil, Nähe machen zu wollen.

Ich bin dabei innerlich fortwährend in Ekstase und berauscht – wenn ich also im Überschwang der Begeisterung Dir etwas sage, nimm es hin. Aber, und das ist wichtiger, natürlich muß ich immer wieder aus dieser Trunkenheit auf die Welt zurückkehren und wenn ich mich dann im Taumel dieser Ernüchterung und manchmal auch Verzweiflung fester als je an Dich klammere, bitte – halte mich! – Sei mein Tempel, aus dem ich mich berauschen und in dem ich Versöhnung finden kann. Darum wollte ich Dich bitten!

So sehr dies alles nur danach klingen könnte, sich extrem in kühner Genialität zu präsentieren – den Schlüssel zum Verständnis dieser Sätze, seiner eigenartigen Persönlichkeitsstruktur überhaupt, liefert Wolfgang Borchert ein paar Sätze später, wenn er die so flehentlich Gebetene, seine *schönste, beste, reichste... Vera-Siebri-Hizie-Hatsche-Mutti* nennt.

Spaßig, jungenhaft, wobei *Siebri* für Siegbringerin, *Hizie* für Himmelsziege und *Hatsche* für die ägyptische Königin Hatschepsowet steht. Daß er daran das Wort *Mutti* hängt, ist jedoch bei weitem das Interessanteste! Denn daß er oft auf der Suche nach einer Mutter war, um das *Abenteuer* Leben *durchzuhalten*, wird er Jahre später seiner Mutter gestehen, an seinem 25. Geburtstag, in einem Augenblick von Versöhnung, den er sich im Januar 1941 noch anders erhofft. *Sei mein Tempel*...

Nur, gegen alle Wünsche nach einem Tempel, der Brief endet mit dem Hinweis auf die Kaserne, eilig zum Schluß noch an den Rand geschrieben: *Eben Gestellungsbefehl für den 7. II. erhalten.*

Aber es wird dann doch noch nicht der endgültige Termin. Möglich, daß man es dem Reklamierten gestattet, die Prüfung als Schauspieler abzulegen, um überhaupt einen Berufsabschluß zu haben.

Offen bleibt der Hintergrund für einen Satz, den er am 17. Februar in einem Brief an Aline Bußmann schreibt, zu ihrem Geburtstag. Vermutlich ist Borchert zu diesem Zeitpunkt nicht in Hamburg.

Da sitzen wir in Neros Mantel und singen – während alles versinkt und untergeht.

Offensichtlich unter Umständen, die den Fluchtversuch aus der Zeit wieder drängender machen, denn es heißt da:

Die ganze leere, laute Herrlichkeit der Welt wird um so bedeutungsloser und nichtiger, je mehr wir uns in uns selbst versenken. Nach außen können wir nur noch einen ganz kleinen Kreis ziehen. Alles ist schal. Nur in uns wird uns alle Seligkeit.

Diese Zeit, schreibt er, *wird mich nicht niederzwingen...,* und hat doch Zweifel. *Angst habe ich nur vor der müden Melancholie und der hamletischen Resignation, die mich ja doch befallen wird: Die Freiheit ist tot! Alle Freiheit – wohl haben wir unser inneres Reich – aber woran sollen wir noch glauben?*

Als Geschenk legt er dem Brief ein Gedicht bei. ›Weltgefühl‹. Wie die Nachricht aus jenem Reich des Rückzugs, der Seligkeit, heißt es da in einem der sechs Verse:

Und meine Sehnsucht heiß umarmt die Welt,
als ich im Chor der Musen nun den Hain
der Götter stumm betrete, und es fällt
des Genius' Strahl auf mich mit hehrem Schein.

Stolz, sich seiner Größe gewiß, aber doch weit realistischer, ist ein Brief-Bericht, den er an Vera Mohr-Möller gibt, über den Tag, an dem er seine Schauspielprüfung macht. Es ist der 21. März 1941. *Morgens um 6^h kam per Telegramm eine Aufforderung zum Gespräch mit dem Anzeiger – bis um ½9^h sollte er fertig sein.*

Gemeint ist ein Artikel zum 50. Geburtstag seines Lehrers Helmuth Gmelin.

Ich geschrieben und hin in die Stadt. Dann – sowas Aufregendes – schnell noch gelernt, wann Goethe gestorben ist und dann auf zur Prüfung. Unterwegs hab ich mir die Zeitung gekauft, war schon in. Dann noch schnell einen Kleinen gesoffen und hinein in die Volksoper, wo Herr Leudesdorff, Legband usw. wie die Ölgötzen saßen. Na denn man zu: 20 Minuten (Clarence/, Richard III./, Franz Moor, Clavigo) – und hurra! Es war geschafft! Lächerlich! Aber aufgeregt war ich fix – kannst Dir wohl denken! Was nun kömmt, muß ich erst mal sehen. Hauptsache: Dein Süßer ist endlich soweit! Was sagst nu zu klein Duju? Hast lieb? (ganz büschen).

Verständlich, daß da, wo ein praktischer Erfolg ist, die Sprache keinen Grund hat, sich zu den Göttern aufzuschwingen – mehr als deutlich ist rauszuhören, daß der Briefschreiber doch weniger in Musenhainen aufgewachsen ist als in den eher flachen, schönen norddeutschen Gefilden.

Der kleine Artikel ist heute im *Hamburger Anzeiger* nachzulesen – auffällig, bei aller Sucht zum großen Wort, sein Hang zum Komischen, den wir später in seiner Prosa wiederfinden werden.

Goethe hatte einmal den Auftrag, sich im Süden Deutschlands eine große Gesteinssammlung anzusehen: Die Gmelinsche Mineraliensammlung. Begreiflicherweise geriet die Hausfrau darüber so in Aufregung, daß sie dem hohen Gast den ganzen Kaffee über die Hose goß. Von diesen Gmelins stammt Helmuth Gmelin vom Staatlichen Schauspielhaus in Hamburg, der Bruder des feinsinnigen, leider viel zu früh gestorbenen Dichters Otto Gmelin.

Und weiter ist über den Lehrer zu lesen:

Stundenlang redet er über einen Farbton bei Botticelli, eine Gebärde der Hände von Grünewald – ebensolange wirft er architektonische Stilfragen und Probleme auf... und ... zeugt es nicht von einer ungeheuren Intensität und Vitalität des Geistes, wenn ein Fünfzigjähriger sich hinsetzt und Griechisch lernt, und zwar so, daß er bald darauf aus sämtlichen griechischen Tragikern sprechen kann? Und endlich können wir ihn treffen, wenn er oft einen ganzen Abend bis spät in die Nacht am Klavier sitzt und sich über Bach, Tschaikowsky und Chopin ganz in ein inneres Reich vertieft.

Am Abend ist Borchert, der nun ehemalige Schüler, Gast bei Gmelin – er kommt etwas später, denn es ist Fliegeralarm über Hamburg – dann aber kann der doppelte Anlaß doch ausgiebig gefeiert werden. Zunächst bei klassischer Musik, Gmelin spielt auf seiner Orgel, und anschließend gehen sie, mehr profan, mehr gewöhnlich sterblich, noch einen Kneipenbummel machen, so ausgiebig, daß die Rechnung gegen Morgen sehr erheblich wird. Hertha Borchert erzählt gut 40 Jahre später lächelnd, was sie an diesem Morgen schweigend zur Kenntnis nimmt. Vom Geld für einen neuen Anzug sind nur noch ein paar Mark geblieben. Sie hatte es ihm leichtsinnigerweise am Nachmittag gegeben. Gmelin muß auf ein neues Sofa verzichten, denn das dafür vorgesehene Geld ist ebenfalls an diesem Abend draufgegangen.

Erst Jahre später wird von diesem Abend noch einmal die Rede sein, der für Borchert zum feuchtfröhlichen Anfang einer sehr kurzen, aber glücklichen Zeit als Schauspieler wird. Ein Ziel aus eigenen Wünschen ist erreicht.

Dem Vater teilt er den Erfolg nach Chemnitz mit, unterschreibt stolz mit: *Dein Schauspielerjunge*. Schließlich ist es ein Sieg gegen alle Zweifel. Der Vater schreibt einen leider nicht erhalten gebliebenen Brief nach Hamburg zurück, glücklich, daß alles ein gutes Ende genommen hat.

Aber dieses Glück, das nun zu haben ist, fällt doch entschieden bescheidener aus als erträumt – wie häufig im Leben, wie üblich. Nur, Bescheidenheit ist ja nicht Borcherts Stärke, so wenig, wie ihm das Übliche zusagt. Selbst damit, daß der gewünschte Gaul zwangsläufig die besten Zähne haben muß, wird sich sein Glück allein nicht erklären lassen, und auch daran allein wird er es nicht messen, daß sehr dicht daneben das drohende ›Unglück‹ der Kaserne steht. Engagiert wird er vom Landesleiter der Reichstheaterkammer Hans Harloff, der Intendant an der Landesbühne Ost-Hannover in Lüneburg ist, mit einer monatlichen Gage von 150 Mark und der Aussicht, im Herbst 175 Mark zu bekommen. Aber diesen Herbst wird es für Borchert nicht geben.

Sein Engagement beginnt am 3. April 1941, mit all dem Kleinkram, der auch von einem Komödianten zu erledigen ist, zumal drumrum ja tatsächlich Krieg ist, auch wenn es hier nur eine Bescheinigung ist, die daran erinnert. Anzunehmen, daß er im Taumel seines Glücks derartige Alltäglichkeiten wenig wichtig nimmt, denn schon am Tag darauf, am 4. April, schreibt er nach Hamburg:

Liebe Mutti,

Du mußt auf dem Wirtschaftsamt eine Bescheinigung holen, daß ich da abgemeldet bin und Waren wie Spinnstoffe usw. dort erhalten habe. Bevor ich dieses Papier nicht habe, bekomme ich hier nichts. Frau Harloff hat mir erstmal 10,– vorgeschossen. Schlafanzüge mußt Du mir auch schicken und meinen schäbigen Regenmantel. Die Papiere brauche ich sofort – das Zeug hat Zeit, bis ich ein Zimmer habe.

Ein Zimmer bekommt er, bei Frau Köllner in der Adolf-Hitler-Straße 9, und die *Seligkeit! – endlich Theater spielen* zu können, wie er in einem Brief an den Lyriker Carl Albert Lange[17] schreibt, kann beginnen.

Eine unruhige Seligkeit. Vormittags Proben in Lüneburg, nachmittags, à la Planwagen, mit Bus und Kulissen-Anhänger, zur Abendvorstellung in die Provinz, nach Winsen, Celle, Bremen oder Cuxhaven. Dazu ein ausschweifiges Nachtleben, kein Wunder, daß es im Brief an Lange heißt: *Meine lyrischen Versuche schweigen im Augenblick vor'm Tempo meiner Lebensführung...* Aber wie um zu sagen, daß es sich dafür auch lohnt, heißt es: *Wir haben einen recht anständigen Spielplan...* Eine Feststellung, die so klingen könnte, als fühlte er sich einem Hamlet auf der strahlend großen Bühne doch zumindest sehr nahe, als sei es ein kleiner Anfang zu einem großen Ziel, irgendwo in den hilflos durchgeistigten Höhen seiner abstrusen Ideenwelt. Ein Irrtum. Es ist das Abenteurerleben selbst, das ihn glücklich macht, unruhig, und doch weitgehend frei von allen Beunruhigungen, eine Flucht in die Gegenrichtung – und auch später wird er noch lange beide Extreme parat haben: den Hang zur gefühlvollen Bedeutung und den Hang zum Trivialen.

Waren seine Bemerkungen zur Zeit, jedenfalls in seinen Briefen, bisher schon sehr allgemein und wenigsagend, so offenbart er sich nun, im schon genannten Brief an Carl Albert Lange, als gelassen, als einer, der sich sicher weiß, in Ruhe abwarten zu können, was aus der Welt einmal werden wird.

Vielleicht aber wird es noch ein neuer großer Morgen: Wenn die militärischen Energien und Kräfte der Welt ihre Arbeit geleistet haben und verpufft sind, vielleicht können sich dann auch einmal wieder kulturelle, künstlerische Dinge und Probleme soweit durchsetzen, daß die Schönheit der Welt noch wieder erblüht, daß das Leben wieder seinen tiefen Sinn bekommt.

Später, zumindest beim Schreiben von *Draußen vor der Tür*, wird Borchert dann wohl selbst über diesen simplen Hoffnungsmechanismus erschrocken sein – wenn manches *wieder erblüht*, bis hin zum *töricht tiefen Sinn* des Weitermachens, und davon mehr, als gemeinhin für gefährlich oder auch nur für bedenklich gehalten wird. Vorerst *spielt* er mit sich selbst, hoffnungsvoll optimistisch, ohne wahrhaben zu wollen, daß seine Glückseligkeit nicht mehr ist als eine hastig runtergeschluckte Henkersmahlzeit.

Der *recht anständige Spielplan* erweist sich beim Blick in die Lokalpresse als recht unterhaltungsdürftig.

Noch einmal *Krach im Hinterhaus,* heißt es da, mit der markigen Unterzeile: ›Kraft durch Freude‹-Veranstaltung für Lüneburger Gefolgschaftsangehörige.

Und was dann im flott-zuversichtlichen Zeitungsstil folgt, liest sich doch sehr makaber.

Nach einer Wehrmachtsveranstaltung am Nachmittag, die bei den Zuschauern im Waffenrock stürmischen Jubel ausgelöst hatte, ging gestern abend nochmals *Krach im Hinterhaus* in Szene... Neu im Ensemble Wolfgang Borchardt, der den jungen Rechtsanwalt und Liebhaber mit angenehmer Zurückhaltung und gedämpftem Feuer spielte. Seine sympathische, elegante Erscheinung wird besonders in Gesellschaftsstücken dankbare Verwendung finden lassen.

Neu im Ensemble. Anzunehmen, daß sein Vorgänger schon in der Kaserne ist, im Waffenrock der Nachmittagszuschauer, und so gesehen ist es wirklich kaum nötig, den Namen des jungen Mannes richtig mitzuteilen, denn eh man ihn weiß, wird auch er aus dem Ensemble wieder verschwunden sein.

Noch kann Borchert über diese drohend nahe Zukunft lächeln – wie über Otto Tenne[18], mit dem er eines Tages an einer Straßenecke in Lüneburg steht und munter über Rilke redet. Lyrische Zitate, nur unterbrochen von den zackigen Grußbewegungen, die Tenne, der schon in Uniform steckt, dabei zu absolvieren hat. Noch kann Borchert lächeln, als Künstler in Zivil.

Von Juni bis Juli ungefähr machen wir eine Tournee nach Belgien, mit ›*Krach um Jolante*‹, heißt es hocherfreut im Brief an Carl Albert Lange. *Tournee* – das klingt nicht nach Truppenbetreuung, klingt nicht nach Pausenspaß für Eroberungssoldaten – bei Borchert klingt es eher nach dem Anfang einer schönen Karriere. Und wenn sie auch nicht stattfindet, er wird diese Zeit doch die schönste seines

Lebens nennen, als sei es ein Shakespeare, und nicht ein August Hinrichs, der da zu spielen ist, ein Lehrer Meiners in der *Swinskomödie*, und noch zu in einer Sprache, von der er einmal behauptet hatte, daß sie der Dung sei, auf dem ein Hitler wüchse. Sicher, ein Hitler wird überwiegend anders ›gedüngt‹, aber es bleibt doch der auffällige Widerspruch. Und daß er da unterwegs im Bus gelegentlich einen Stahlhelm aufsetzen muß, weil die Sirenen Fliegeralarm ankünden, gehört ja auch nicht gerade zu den äußeren Umständen einer glücklichen Zeit. Aber solange die Bomben noch nicht so sehr in der unmittelbaren Nähe runterfallen, solange läßt sich auch das noch komödiantisch nehmen.

Du kannst Dir nicht denken, wie wohl ich mich fühle: endlich mein Leben!!! Fragt sich nur, wie lange! Aber ich glaube an mein Glück–––

Die drei länger werdenden Gedankenstriche wirken wie beschwörend in einem Brief, den Borchert am 22. April an Vera Mohr-Möller schreibt, an seinem ersten freien Tag in Lüneburg. Da sein Zimmer nicht geheizt ist, wie er schreibt, sitzt er in *Hennes Hotel* und teilt diese Tatsache auch gleich auf einem Hotelkopfbogen mit. Wieder klagt er über Geldmangel, noch immer weiß er nicht, ob es für Brüssel und Antwerpen eine Hauptrolle wird: *Aber alles in allem ist alles toll!* – heißt es. Ein schöner Satz, der nach Belieben des skeptischen Lesers auch Abstriche zuläßt, und doch das Gegenteil sagen soll, als bliebe kein Rest.

Die großen Ideale des Reinen und Wahren sind gewendet, und über die Kehrseite heißt es nun: *Saufen, huren, spielen – leben! Theater, es gibt nichts schöneres!*

Tatsächlich scheint er sich weitgehend loszuwerden – weitgehend, denn vom alten Widerspruch bleibt: *Irgendwie vereinsamt man innerlich, aber das Tempo und der Taumel dieses rauschenden Lebens läßt gar keine Zeit zur Trauer!*

Nachts, auf der Rückfahrt im Bus, *wird dann nur gesoffen*, heißt es da im Brief, *sonst kann man diese physischen Anstrengungen nicht durchhalten*. Und dazu, vorstellbar ist es, schaukelt der Luftschutz-Stahlhelm am Haken...

Später mag es wie ein bloßer Kunstgriff scheinen, wenn Beckmann die Schnapsflasche ansetzt und sein Einverständnis lallt, sein zynisches Heil! Und doch, das Erschreckende hat eine schlichte, auffindbare Erfahrungsrealität – und wird doch wirklich erschreckend erst aus der Erinnerung, später, wenn alles vorbei scheint.

Auf der Bühne steht er zusammen mit Heidi Boyes, die sich heute an den jungen Liebhaber, an seine feuchten Hände erinnert, leicht schniefend, eher unbeholfen als wirklich zurückhaltend – an einen aufgeregten, wirren Feuerkopf, der bei Proben mit hochtrabenden Ideen durch die Stuhlreihen rennt – an ihren Zweifel, aus diesem Wolfgang Borchert, bei aller Theaterbesessenheit, könne je ein nennenswerter Schauspieler werden – an nächtlich gemeinsame Spaziergänge – an einen Menschen, »der einfach lieb sein konnte«.

Angenommen, es wäre ein erfundenes Romanleben, dramatischer könnte keine Idee den Bruch setzen. Mitten in die Illusion von einem haltbaren Glück – fällt die Wirklichkeit des Jahres 1941, das Urteil: nicht als Komödiant unter die Soldaten zu dürfen, sondern als Soldat unter die Soldaten zu müssen. Nun endgültig, ohne weiteren Aufschub. Dem Zug nach Belgien, in dem auch Heidi Boyes sitzt, kann er nur noch nachwinken und ihr einen Brief schreiben.

Meine ganzen Hoffnungen, Pläne, Wünsche und meine ganze Lebenssehnsucht kreist jetzt nur noch um Dich – weil Du alles das, was ich im Leben erreichen will, irgendwie für mich verkörperst ...

Damit scheint zunächst kaum mehr als der Beruf gemeint – sie darf weiter auf der Bühne stehen, er nicht. Und *Lebenssehnsucht*, das mag zunächst nur eins der wie häufig zu groß geratenen Wörter sein, zumal alle alten Formeln wieder auftauchen, das geradezu flehentliche Verlangen nach Bindung, das beschwörende Festmachen eines Ziels in der Zukunft.

... und deshalb muß ich mich jetzt in meiner furchtbaren Melancholie sofort an Dich anklammern und halten: Du darfst mich nicht fallenlassen! Du bist der einzige Halt, den ich habe –...

Ohne Dich wäre ich vollkommen hilflos und aufgeschmissen –, aber so habe ich ein wunderschönes, großes Ziel vor Augen, das mich alles ertragen läßt: 1943 unser endgültiges Wiedersehen und: 1950!!! mit Dir!!!

Nur wenige neun Jahre voraus – und doch, er hat sie nicht mehr. Und dabei fast zu übersehen, weil es so üblich selbstverständlich scheint, dieser uralte Mechanismus, sich das Glück in die Zukunft zu denken, um *alles ertragen* zu können. Andere werden mit ihm in die Kaserne gehen, sich auf ihre Art das Wiederkommen denken, um sich das Weggehen leichter zu machen.

Borcherts *Draußen vor der Tür* beginnt mit der traditionellen Erwartung Beckmanns, ein solchermaßen ausgemachtes Wiedersehen könnte stattfinden, wie gedacht. Was aber, wenn nicht? – und was wenn, nach unbelehrt traditionellem Muster, nicht sofort nach einem neuen Trost gegriffen wird? Beckmann mußte manchem als ein gemeinschaftsfremder Nihilist erscheinen, mit dem nichts anzufangen ist.

Borchert, 1941, erfüllt noch ein anderes Klischee, und schreibt darüber im Brief an Heidi Boyes:

In Hamburg habe ich natürlich aus allgemeinem Weltschmerz furchtbar getrunken und – – aber es hat nicht geholfen, im Gegenteil.

So ist es Brauch, früher gab es dafür eigens ein Handgeld – geholfen hat es nie, und war doch immer hilfreich, die letzten Stunden Freiheit freiwillig zu bezwingen.

Und gleich darauf, wieder aufgestiegen in die alten höchsten Höhen:

Alles Große, Reine, Schöne im Leben wie in der Kunst wollen wir uns zu einem Tempel zusammenfügen, in dem wir beten! Du und ich!!

Wie gehabt, und freilich ist es nicht wahr, wenn er behauptet, er habe *nie so einen sentimentalen Rührbrei geschrieben*, wohl aus Furcht, im Überschwang der Gefühle alles verderben zu können, wie gehabt – und freilich ist es nicht wahr, wenn er nun schreibt und es sicher auch glaubt:

...ich bin am Ende meiner gespielten Oberflächlichkeit angelangt – bin vollkommen am Ende meiner Weisheit!

So sehr das Ende einer Weisheit ihr Anfang sein kann, und so wenig Borcherts Schicksal durchschnittlich seinen weiteren Lauf nimmt – er wird weiter alle Ausflüchte probieren, lachend, so oberflächlich das auch gespielt sein mag, er wird oberflächlich spielen, er wird weiter den sehr widersprüchlichen, sensiblen Hintergrund seiner Unruhe so lachend wie es geht überspielen.

Jetzt geh ich einen saufen und schreib heut nacht weiter... – heißt es im Brief. Und was er dann weiter schreibt, sehr offen, deutet doch die Andersartigkeit dieser Beziehung an, das, was sie ihm bedeutet.

Beide begegnen sich in einem Augenblick, der für Borchert mit einem geradezu wahnsinnigen Bedeutungshintergrund überladen ist. Nach einem fünfjährigen Alles-oder-nichts-Ritt steht er zum ersten Mal vor der Nüchternheit seines Berufs, hilflos, als Anfänger, was allein schon schwierig genug wäre. Aber es geht für ihn ja um mehr – es geht tatsächlich um eine *Lebenssehnsucht*, um einen Wunsch, der den praktischen Wunsch, Schauspieler werden zu wollen, überhaupt erst wünschenswert erscheinen ließ, damals, nach jener Hamlet-Aufführung mit Gründgens, ›gemeinsam‹ mit der Mutter, unter den so sehr seltsamen Umständen, die, deutlicher als alles andere zuvor, das eigentümliche Mutter-Sohn-Verhältnis offenbart hatten. Damals, als die Flucht aus den Widersprüchen begann in den bald reichlich bodenlosen Schwebezustand, gleichgültig gegenüber allen Bindungen und doch händeringend um Bindungen bemüht, in allen seinen flehentlichen Briefen, die zwangsläufig ins Leere gingen – hier nun, am Ziel seiner Flucht, auf der Bühne: Heidi Boyes kommt ihm per Besetzungszettel entgegen, das Glück ist perfekt, ist greifbar wirklich – und erweist sich im Handumdrehen als eine sehr kurzfristige Illusion, als zu früh gefeierte Seligkeit, deren Anfang auch ihr Ende ist. Aber dennoch, am Ende hatte diese Illusion ihren Zipfel Wirklichkeit.

Immer war in den Briefen die Rede davon gewesen, daß es mit der jeweiligen Adressatin etwas ganz anderes sei, oder doch werden könnte, und es hatte eher prahlerisch als traurig geklungen, daß da keine Not in den Pausen der großen Ewigkeit gewesen sei.

Nun folgt im Brief eine andersklingende Bilanz, die ehrlich scheint, so jungenhaft ehrlich, daß, angenommen alles wäre erfunden, der Grund dafür keineswegs harmloser sein müßte. Zumal es sich ja nicht um ein Werbeversprechen handelt, sondern um einen vorläufigen Abschiedsbrief, der über die Abfahrt des Zuges hinaus um Vertrauen werben will, durch Anvertrauen.

Die Mädchen, die ich verführt habe, heißt es da, *waren im selben Moment für mich erledigt – und die Frauen, die mich aus irgendeinem Grund zu sich ins Bett nahmen, spielten nur mit mir. Mit Liebe, ganz ehrlich und so, hab ich das noch nie kennengelernt, immer nur im Suff, aus Spielerei und sonstigen Schweinereichen.*

Ein heikles Thema – besser, man redet nur mal so darüber, denn etwas Geschriebenes in der Art ist immer gefährlich. Aber Dir kann ich sowas alles erzählen, ja?

Weil ich es immer von einer häßlichen oder unglücklichen Seite aus kennengelernt habe – denn wenn man mit einer Hure zu Bett geht (– noch besser: Zu Couch geht!) oder mit einer Frau, die soooviel älter ist, die man unglücklich liebt, das kann ja nur alles unglücklich und häßlich sein.

Sicher ehrlich, und auffällig, denn dieser Brief ist nur wenig jünger, als jener andere Brief an Vera Mohr-Müller, in dem es noch hieß: *Saufen, huren, spielen – leben! Theater, es gibt nichts schöneres!*

Auffällig, Borchert ist im allerengsten Sinne mit seiner eigenen, unsicheren Existenz befaßt – nur noch einen Schritt von der Kaserne entfernt, zwei Schritte von einer Front, die es erst knapp vier Wochen später geben wird.

Heute fahre ich zum letzten Mal nach Hamburg, schreibt er Ende Mai in den Abschiedsbrief an Heidi Boyes – *dann kommt noch ein gräßlicher Donnerstag und damit ist es aus mit der Freiheit.*

Schon in den ersten Junitagen lautet seine neue Anschrift:
Funker W. Borchert
3. Panzer-Nachrichten-Ersatz-Abteilung 81
Weimar-Lützendorf
Tannenberg-Kaserne Block E

7
Front und Anklage auf Leben und Tod

Ich bin ein deutscher Scheißsoldat!
Wolfgang Borchert schreit diesen Satz sehr bald in Weimar über den Kasernenhof. Nicht aus Protest, er schreit ihn auf Befehl und hat dabei auf Händen und Füßen durch den Dreck zu kriechen.

Keine Gruppe ohne Eigenleben. Vom Alleskönner bis zum Nichtskönner, vom Vorbild bis zur Abschreckung, dazwischen bleibt die Freiheit, sich in Unfreiheit zu fügen, angedroht und verlockt, sich Strafen oder Vergünstigungen einzuhandeln – es sei denn, die einzelnen brächten mehr mit, als blinde Konkurrenz um eine kleine Handvoll Abfallglück. Es geschieht selten, und selbst wenn, auch das dient letztlich dem Gerangel um die Vorteile, der strammen Selbstdisziplinierung, und die Gruppe wird tun, was sie tun soll. Zusammen mit einem Adligen und einem Pastor zählt Borchert zu den schwarzen Schafen. Möglich, daß es genügt, von Beruf Schauspieler zu sein, in den Papieren – anzunehmen, daß er es beweisen will, daß er sofort gegen die erste Grundregel der grauen Alltagsnormalität verstößt: Nicht auffallen.

Ich bin ein deutscher Scheißsoldat!
Da dieser Satz denn doch leicht mißverstanden werden kann, findet er zwar beim Vorgesetzten des Vorgesetzten Mißbilligung, aber es bleibt Borcherts frühe Erfahrung, was es heißt, einem Heldenvolk anzugehören.

Schon Ende des Monats schickt er aus der Kaserne *zwei neue und einige ältere Gedichte* an Hugo Sieker in die Redaktion des *Hamburger Anzeiger*.

Um welche Gedichte es sich handelt, ob sie überhaupt erhalten geblieben sind, ist auch hier ungewiß. Sicher aber ist, daß sie weiter wie bisher kaum einen Bezug zu seinen äußeren Lebensumständen gehabt haben werden. Unverändert der Ton im Begleitbrief an Sieker:

Nach einer kurzen, wunderbaren Theaterzeit bin ich nun auch – es ist laut in Europa, aber nicht von Schillers großem Pathos, sondern vom Lärm der Massen! Sie sehen, daß ich trotzdem weiterlebe – mein inneres Leben.

Wer will, mag hinter diesen Formulierungen eine politische Erklärung vermuten, eine vorsichtig verschlüsselt abgegebene Verurteilung – ungläubig, daß es selbst noch in der Kaserne bei einem Wolfgang Borchert diese hergestellte, weitentfernte Distanz geben kann, aus der, wie von oben herab, von störendem Lärm gesprochen wird, und ein Weltkrieg stattfindet, den er nun selbst Tag für Tag zu üben hat.

Er schreibt weiter seine Gedichte, fragt an, ob in der Hamburger Redaktion *etwas davon zu gebrauchen* wäre. *Für mich wäre es immerhin einiger Trost in der seelischen Einöde der Uniform (sprich: Einform!).*

Sieker antwortet am 1. Juli: »Nun hat es also auch Sie erwischt! Ich kann Ihnen nur wünschen, daß es Ihnen gut bekommen möge.«

Der ironische Klang ist kaum zu überhören – deutlicher wohl noch in der Kaserne empfunden, als in der Redaktion hingeschrieben. Möglich, daß Sieker Schlimmes befürchtet. Wenn er diesen jungen Mann auch persönlich nicht kennt, der ihm da seit einiger Zeit Gedichte schickt, er wird sich aus eben diesen Gedichten ein Bild machen, ohne ahnen zu können, wie sehr das Leben des Schreibers daran hängt, sich mit durchweg romantischen Illusionen zu verkleiden. Möglich, daß Sieker sich einen Realitätsgewinn für Borchert davon verspricht, wenn diese Illusionen nun auf Leben und Tod durch den sehr realen Krieg müssen. Das hat zwar etwas von der Kleinen-Leute-Dummheit, in der Kaserne würde der Jugend wenigstens Ordnung beigebracht, die

Arglosen kämen männlicher aus dem Krieg usw. – aber leider ist eben auch das wahr, in viel zuvielen Fällen. Gegenüber Borchert scheint jede Realität machtlos. Er wird als sein eigener Held alle abenteuerlichen Illusionen unbeschadet durch den Krieg bringen – er wird unverdrossen auf Bewunderung aus sein –, und er wird dazu Anlaß geben, sobald es für ihn unausweichlich wird, sich über sich selbst zu wundern. Es wird wieder eine Flucht sein, wieder aus der eigenen Realität.

Noch geht die Flucht aus der Kasernen-Wirklichkeit in extrem romantische Illusionen.

In seinem Brief vom 1. Juli macht Hugo Sieker einen Vorschlag: »Erinnern Sie sich bei den Soldaten bitte Ihrer Begabung für die Prosa und schicken Sie einmal ein kurzes Prosastück – wir werden es im Augenblick leichter unterbringen können als Gedichte.«

Borchert antwortet aus Weimar: *Aber im Augenblick tötet die total aufgezwungene Welt des Zwangs und der Uniform-Einform alles Schöne, alle Kunst in mir...*

Deutlicher kann er seine Vorstellungen von Kunst, die auf den schönen Trost hinauslaufen, nicht formulieren. Deutlicher als es dann in der zweiten Hälfte des Satzes geschieht, kann er das Ausmaß seiner Bedrängnis nicht beschreiben:

...und ich muß oft an mich halten, nicht in einer plötzlichen Anwandlung der Reaktion gegen diesen Zwang eine Dummheit zu begehen!

Wenige Monate später, an der Front, wird der ausweglose Zwang der äußeren Umstände noch größer sein – und die schon jetzt für möglich gehaltene *Dummheit* wird geschehen, zwangsläufig, und sie wird zwangsläufig bestritten werden müssen, von ihm selbst, aus Überlebenswillen.

Unerträglich finden viele das Unerträgliche. Aber für gewöhnlich geht das Leben weiter, irgendwie. Borchert wird einmal seinen Welterfolg daraus formulieren, aber zuvor wird er sich selbst überleben müssen, irgendwie.

Deutlicher noch als in seinem Brief an Hugo Sieker gesteht er seinen Zustand einer jungen Schauspielerin, Helga Bammert, damals mit an der Landesbühne in Lüneburg. Sie ist inzwischen nach Berlin gegangen, und dahin schreibt Borchert ihr einen Brief aus Weimar. Voll Abscheu gegen den Zwang des Soldatseins gesteht er offen, dazu fähig zu sein, sich selbst kampfunfähig zu machen. Nicht ohne komödiantische Heiterkeit, also bitterernst, schreibt er, daß alle sicher fassungslos wären, wenn er plötzlich mit verbundener Hand dastehen würde. Und auch von der zu erwartenden Bestrafung ist schon die Rede, ohne daß sie den Briefschreiber veranlaßt, aus Furcht zu schweigen, den Brief besser nicht abzuschicken.

Durch allerlei Umstände bleibt dieser Brief unbeantwortet und wird 1945 von der Empfängerin achtlos vernichtet. Vom Ruhm des einst jugendlichen Kollegen ist erst später die Rede – und während sie 42 Jahre nach Empfang des Briefes in ihrer Hamburger Wohnung den Inhalt rekonstruiert, weiß sie noch immer nicht, daß es einen Wolfgang Borchert mit verbundener Hand wirklich gegeben hat.

Noch sind es Wörter auf Papier.

Bei den Eltern und bei Aline Bußmann lösen ähnliche Briefe Bestürzung aus – derart rücksichtslos offen sein Befinden mitzuteilen, läßt Schlimmes befürchten.

Besorgt fahren die Eltern von Chemnitz nach Weimar. In einem Hotel erwarten sie den Sohn, der ihnen dann bleich und hilflos in seiner Uniform gegenübersteht.

Sie wünschen sich keinen strammen Soldatenstolz – aber doch einen Sohn, von dem sie hoffen können, daß er die Zeit übersteht.

Was sollen sie sagen?

Was raten?

Einem sensiblen Kind, einem höchst mißtrauischen Jungen, der hinzuhören weiß, rauszuhören versteht, der gutmeinende Beschwichtigungen mit schützendem Schweigen beantworten wird.

Verständnis zeigen?

Sie können es nicht, aus Furcht, ihn zu ermutigen zu einem aussichtslosen Protest, der den Kopf kosten kann, der aus Bedrohung den sicheren Tod macht.

Kein Verständnis zeigen?

Sie können es nicht, aus Furcht, ihn gänzlich allein zu lassen, was ihn nicht weniger ermutigen könnte, aus noch größerer Verzweiflung das zu tun, was er selbst eine *Dummheit* genannt hat.

Dazwischen liegt das große sinnlose Eigentlich mit dem ewigen Aber.

Unschwer zu erraten, daß der Satz fällt: Sei vernünftig.

Unschwer zu erraten, daß ihm zumindest die Frage im Gesicht steht, was das heißen soll? In einer Zeit, die gegen alle Vernunft ihren Lauf nimmt, in der für den einzelnen Vernunft höchst unvernünftig wird.

Das einmal von den Eltern so möglich geglaubte Leben zu dritt, eine Familie zu sein, kann für knapp zwei Stunden im Kino stattfinden, sie können da nebeneinandersitzen, im Dunklen, ohne etwas sagen zu müssen. Es könnte so aussehen, als sei alles ganz normal in Ordnung, so, wie es fünf Jahre zuvor einmal so ausgesehen hatte, als sei da nichts zwischen ihnen, als Mutter und Sohn im dunklen Zuschauerraum des Theaters in Hamburg nebeneinandergesessen hatten.

Nun im Kino, vorweg die Wochenschau, Bilder vom Siegesmarsch auf Moskau zu, unaufhaltsam vorwärts – während in Deutschland Massenverhaftungen von Antifaschisten stattfinden, aus Furcht, die Kriegsgegner könnten an Einfluß gewinnen, sobald der Vormarsch ins Stocken kommen könnte, was sich an der Front mehr und mehr abzuzeichnen beginnt.

Auch wenn es von niemandem gedacht wird, der alte Widerspruch kann höchste Absurditätsblüten treiben: Je besser es mit dem möderischen Krieg vorwärts geht, um so sicherer ist das Leben eines Wolfgang Borchert, doch immerhin noch mit der Chance, beim Töten nicht getötet zu werden, draußen an der Front, anstatt schon in der Heimat hoffnungslos unter Kriegsgesetze zu fallen. Und das, obwohl Borchert im engeren Sinne nicht als Antifaschist zu bezeichnen wäre. Seine Kriegsgegnerschaft ist derart elementar persönlich, daß sich, selbst wenn Gelegenheit dazu wäre, jede Form von wirklicher Aktivität ausschließen würde. Vermutlich.

Die Eltern reisen wieder ab, sitzen stumm und machtlos im Zug nebeneinander.

Alle Wenn und Aber und Hätte – es nützt nichts, sie sich gegenseitig vorzureden, sich aus Wünschen einen Trost zu machen – schweigend, wie vor einem Rätsel, denn den eigenen Sohn begreifen, ihn auch nur halbwegs verstehen, hieße ja doch, seinen sicheren Untergang mit ansehen.

Kaum anzunehmen, daß sie frei davon sein können, in Gedanken nach Schuld zu suchen, bei ihm, bei sich selbst – daß er doch müßte, daß sie vielleicht doch hätten müssen – eigentlich –, um nun irgendwie über die tragischen Folgen ihrer guten Absichten zu kommen. Damals, in der frühen Kindheit, daß sie das Dumußt wohl doch mit mehr drohenden Sanktionen hätten aussprechen müssen, als Übung für ein Mußleben – so wenig sie es gekonnt hatten, mit harten Prügeln auf den geringsten Widerspruch zu reagieren, fürs Mundaufmachen ein paar hinter die Ohren – es würde nichts ändern, sich nun, im Zug sitzend, eine andere Vergangenheit zu wünschen, die die Gegenwart besser vorweggenommen hätte, praktischer, widerspruchsloser.

Fritz Borchert, wohl nie ganz zufrieden mit der eigenen Friedfertigkeit, er könnte sich, und kann es doch nicht, auf die eigene Schulter schlagen, sich rühmen, das unauffällige Schweigen zu schaffen, selbst in der fremden Umgebung, in Chemnitz, nicht nur im vertrauten Lehrerkreis in Hamburg, und könnte anführen, daß es auch ihm nicht leichtfiele.

Hertha Borchert, so anders sie es sich wünscht, sie könnte anführen, sehr glaubhaft, was denn geworden wäre, wenn sie sich nicht nach den ersten Androhungen eilig in Sicherheit gebracht hätte, und kann es doch nicht in der Pose der glücklichen Siegerin, ein Kunststück vollbracht zu haben. Noch weniger nach ihren eigenen Erlebnissen in Chemnitz, bei der Vermietfrau ihres Mannes, einer älteren, verhutzelten ›Kräuterfrau‹, die stolz ihr Rezept für das gesunde, sichere Überleben vorgeführt hat. Grotesk, schon wie ein Witz auf die schöne Lebensregel, daß man sich eben nur zu helfen wissen müsse, und schon sei alles halb so schlimm. Der Mangel in Kriegszeiten, schon eine gute Übung für die Nachkriegszeit. Sie hat gesammelt, eingekocht, eingemacht, getrocknet, weggestellt. Sie hat Übung darin, Vogelnester auszunehmen. Sie weiß auch, daß Hunde gut schmecken. Die Natur ist reich, sie ist gerüstet, soll kommen was will – möglich, daß unter den gesammelten Kräutern in ihrer Küche auch die für Gewißheit sind, keine Bombe könne ihr auf den Gemütskopf fallen. Sicher eine sehr merkwürdige Frau – nur, anders verwinkelte Blicke in die Zukunft sind kaum weniger kurzsichtig.

Aus Hamburg schreibt Aline Bußmann tröstende Worte in die Kaserne. Bis zu einem Antwortbrief, geschrieben am 13. Juli, hält dieser Trost nicht.

Ja, Du hast recht, wir werden durch diese ganzen Erlebnisse reifer und dann später jede Minute der Freiheit im Leben und jedes noch so kleine Ding um so mehr lieben – aber die Endlosigkeit der augenblicklichen Lage macht mich doch ganz verzweifelt!

Deutlicher noch beschreibt Borchert diesen Zustand im August in einem Brief an Hugo Sieker, in dem er auf das Angebot zurückkommt, für den *Hamburger Anzeiger* ein Stück Prosa zu verfassen.

Es fällt mir jeden Morgen von neuem schwer, mich mit der Beraubung meiner über alles geliebten Freiheit abzufinden. Ich wehre mich auch dagegen, mich daran zu gewöhnen – mein Innenleben würde dann ganz zerreißen –

Sie fragen mich, ob ich hier nicht einmal etwas Prosa schreiben könnte und dachten dabei sicher an einen Stoff aus dem augenblicklichen Milieu, in dem ich lebe. Nun habe ich etwas geschrieben – aber man muß schon sehr gut hinsehen und vielleicht sogar mich selbst kennen, um den Zusammenhang mit dem Geschriebenen und meinem momentanen Leben erkennen zu können.

Relativ nüchtern nimmt er hier selbst die Begründung vorweg, weshalb die mitgeschickte Geschichte auch aus schreiberischen Gründen nicht im *Hamburger Anzeiger* erscheinen wird. Denn eben das, Bezüge herzustellen zu einem Wolfgang Borchert, der den Lesern nicht bekannt ist, dürfte schwerfallen. Und auch die politischen Gründe sind verhältnismäßig einfach. Zu einer Zeit, in der den Führern überdeutlich wird, daß dieser Krieg mit Sicherheit nicht wie vorgesehen bis Weihnachten zu gewinnen sein wird, in der sie zu ahnen beginnen, dieser Krieg könne für sie selbst zur Katastrophe werden, in dieser Zeit ist für die Öffentlichkeit blanker Optimismus gefragt, heitere Geschichten, läppisches Zeug zwischen unaufhaltsamen Vorwärtsmärschen, eben weil es ernst wird, weil es nur noch aufhaltsam und verlustreich vorwärtsgeht. Soll Hugo Sieker ein noch so integerer Mann sein, was eine Tageszeitung im Sommer 1941 kann, und was sie nicht darf, das weiß er.

Borchert selbst scheint gänzlich frei von derartigen Überlegungen, er steckt die Geschichte in einen Umschlag, klebt eine Briefmarke drauf, schickt sie ab – unbekümmert, als sei außerhalb der Kaserne die Freiheit, als sei da eine Kunst-Welt, begierig, zu wissen, wie einer sein Innenleben durch *die Vision des Untergangs* bringt, wie sich da einer zwischen Gott und Natur Trost sucht, um einen Glauben wiederzufinden.

Mit Wörtern wie *Krieg* und *Schlachtfeld* scheint Realität in Borcherts Schreiben gekommen zu sein, Zeit, nun per Uniform hautnah – und doch, um wieder hinter alten Sehnsüchten zu verschwinden.

Ich träumte, rings war Vernichtung und Tod – sinnlos sank das Leben in das Nichts, zu keiner Auferstehung. Wo ist der Sinn der Welt – frage ich in das All. Ist kein Sinn? Verzweifelt und ohnmächtig wanderte ich von Zeit zu Zeit, aber immer war es Krieg. Voll Grauen und Größe brach diese Vision des Untergangs auf mich hernieder – wo ist der Gott? fragten die sterbenden

Augen. Wo ist das Leben – fragten die welkenden Münder – wo ist der Sinn und die Liebe – fragten die verirrten, verzweifelten Seelen.

Unverkennbar ein Borchert-Text – *Die Blume*[19] –, unverkennbar der frühe Vorläufer einer Geschichte, die Borchert im Januar 1946 schreiben wird – *Die Hundeblume*.

Erschüttert von der unbekannten Größe und von der eigenen Kleinheit fand ich mich wieder auf dem Schlachtfeld und der Wüste des Grauens – aber der Gott des Alls, der Geist der Natur hatte mir den Glauben wiedergegeben. Und ich fand – fand Genesung und Trost: Umtost von den Wirrnissen der Welt stand, bebend den Traum des Gottes träumend, eine kleine, zarte, lichte Blume – ihre Blüte war von unendlich liebender Hingabe der gütigen Sonne zugeneigt. O Natur, freie und Allgemeingültige, bist Du der Gott – die Göttin, die ich suchte? Bist Du die Erfüllung aller Dinge, die sich in einer Blume dem Irrenden offenbart? All, bist du der Gott?

Heiter, wie in der Erzählung *Gottes Auge*, oder ernster, wenn auch wohl mehr schon als Selbstzitat, in *Draußen vor der Tür*, wird Borchert diese Frage später oft stellen, in wechselnden Zusammenhängen, vor einem wechselnden Hintergrund – zum Leidwesen von Theologen dann allerdings kaum noch so händeringend ungebrochen, wie sich der Text hier noch lesen läßt, als sei da hinter der sich selbst verzehrenden Hingabe nichts, als liefe die Geschichte naiv glücklich auf den Alleswiedergut-Schluß zu, wo es dann heißt:

Wie die unberührte Seele eines Mädchens zitterte die Blume leise vor meinem Atem – und ich erkannte in ihr die Allmacht der Liebe und fand heim in das Leben, das ich verloren.

Als selbständiges literarisches Produkt genommen, bleibt diese Geschichte uninteressant, denn tatsächlich müßte der Leser, um *sehr gut hinsehen* zu können, den Schreiber kennen, der in dieser Geschichte seinen Widerspruch mehr lebt als beschreibt, auf der Ebene des Traums, der Realität seines Innenlebens. Ungewöhnlich das Ausmaß der Differenz zwischen Traum und Wirklichkeit, ungewöhnlich die Vehemenz, mit der er den Versuch unternimmt, die ihn umgebende Wirklichkeit als nichtig zu überwinden, verbal, in einer Sprache, die zwangsläufig sich ins manieriert Salbungsvolle erhebt.

Borchert beschreibt ja nicht die eher übliche Praxis, wie einer in Bedrängnis eben Gott als letzte Autorität anruft, wenn alle anderen Bezüge zur Welt plötzlich fraglich geworden sind, und so die Erde quasi im Himmel wieder in Ordnung kommt. Kaum ein Haltsucher bringt es wie Borchert fertig, diesen Halt sofort mit Fragen zu durchbohren. Halt in einer durchfragten, durchlöcherten Autorität zu suchen. Es schmälert die Verbindlichkeit des Trostes. Seine Welt wieder in Ordnung zu bringen heißt, sie in die Schwebe des Traums zurückzubringen, frei von zu harten Berührungen mit der schnöden Wirklichkeit, die hier unerbittlich Kaserne heißt. Daß diese Kaserne nur der Anfang seiner Kriegswirklichkeit ist, scheint ihn kaum zu beschäftigen. *Ich kann mich mit allem abfinden*, schreibt er zur gleichen Zeit in einem Brief an Aline Bußmann, *nur mit dieser ohnmächtigen Gefangenschaft nicht*.

Der Schluß der Geschichte mag manchem poetisch klingen: *Wie die unberührte Seele eines Mädchens...* Das klingt anders als noch im Brief an Heidi Boyes: *Die Mädchen, die ich verführt habe, waren im selben Moment für mich erledigt...*

Das Leben, in das der Erzähler am Schluß heimfindet, war ja praktisch so schön erfreulich friedlich nicht, wie es beim Lesen den Anschein haben könnte – voller Wünsche, in dieser unwirklichen Schwebe einer ungewissen Sehnsucht – letztlich sicher nach einer Autorität, die glaubhaft versichert: So ist es! – und gut. Wer eine solche Antwort findet, sich mit einer solchen Antwort abfindet, der mag, zumindest bis zur nächsten Antwort, seine Ruhe haben. Er mag mit seinem Leben besser zurechtkommen als ein Wolfgang Borchert, besser als ein Beckmann auf der Bühne. Und wer nicht beunruhigter ist als durch eine praktische Antwort zu beruhigen, der wird sich wohl auch kaum durch die Unruhe eines Wolfgang Borchert beunruhigen lassen, kann beschämen lassen, zumal weder Borchert noch Beckmann vorgeben, eine Antwort zu wissen. Aber gerade das wird den Beruhigten trostlos unerträglicher sein als die unerfreulichste Wirklichkeit. Die praktischste aller Antworten ist das Einverständnis.

In Hamburg legt Hugo Sieker die Geschichte zu den unveröffentlichten Manuskripten – Borchert aber gibt sich wenig später in einem Brief an Aline Bußmann vom 14. August 1941 so, als hätte er für sich selbst das Ziel der Geschichte erreicht:

Ich bin jetzt soweit, daß ich durch all das Geschehen wie ein Träumer unberührt hindurch wandle – nur manchmal bricht die Wunde noch auf, dann schreit alles in mir nach Freiheit. Aber mein Verstand muß mich immer wieder zum Aushalten mahnen – aber: wie lange noch! fragt die gefangene Seele zurück.

Schon ist hinter zwei Aber-Einschränkungen der Sieg des Träumers über die Realität aufgehoben, schon heißt es wieder:

Oft bin ich soweit, daß ich das Leben wegwerfen möchte – aber ich sage mir dann: Um was? Es lohnt sich ja nicht! Ja, aber dies ist doch kein Leben!!! Oh, und dann ist mir so zu Mute wie Hyperion, als er ausrief: Ich war es endlich müde, mich wegzuwerfen, Trauben zu suchen in der Wüste und Blumen über dem Eisfeld! –

Zeilen, die sehr deutlich Borcherts Zustand signalisieren – weit entfernt vom bloßen Spiel mit einem literarischen Zitat – auf ein dramatisches Ereignis zu, wie immer es sich ereignen wird, ohne diese Briefstellen wäre der Zufall glaubhafter, den er selbst zur Erklärung geben wird.

Das Ende des Kasernenlebens rückt näher – das aber heißt: Front!

Im Brief folgt ein schlichter Satz. Und doch, wenn wir ihn begreifen, ein großer Antikriegssatz – geeignet, uns zu bestärken, von uns, von unserem Leben soviel Aufhebens zu machen, als nur irgend denkbar.

Gewiß, heißt es da, *ich mach viel zu viel Aufhebens von mir und meinem kleinen Leid – aber das ist doch für mich alles: Mein Leben!*

In einem knappen Nachsatz die Frage: *Was macht Ruth?*

Ähnliche Briefe, die Schlimmes befürchten lassen, treffen bei den Eltern ein. Briefe, die aus begreiflichen Gründen einige Monate später vernichtet werden.

Nach einem Besuch bei den Eltern schreibt Aline Bußmann am 10. September einen Brief nach Weimar, aus dem nicht nur der Wunsch der Eltern nach Beschwichtigung spricht, sondern auch das eigene Dilemma, nun, wo das Leben, *wie es ›vorbeirollt‹*, eben doch zählt, wo der gutgemeinte Satz, vor knapp eineinhalb Jahren hingeschrieben, nur noch wie blanker Hohn klingt: »Nimm Dein Leben, wie es ist, mein lieber Wolfgang, es ist ein schönes Leben.«

Denkbar, daß sie erschrocken ist, wie sehr dieser Junge ›die Welt des Traums‹ derart lebensgefährlich hochhält, daß sich der schöne Zweck, die Welt erträglicher zu machen, nun ins unerträgliche Gegenteil verkehrt.

Und so wird es denn nicht mehr als der umständlich formulierte Rat: Schluck's runter!

»Aber, mein lieber Wolfgang, Du mußt ja doch hindurch und wirst es auch schaffen, auch Dir wird die Kraft wachsen mit der Schwierigkeit des zu Bewältigenden. Wenn Du mit groben und harten Menschen zusammen bist, gerade solchen vielleicht ausgeliefert bist, weil sie Dir vorgesetzt sind, – mache Dich hart dagegen, verschließ in Dein Inneres, was aufsteht gegen solche anders als Du Geartete, sprich nicht darüber, schreib nicht darüber, ich glaube, dann kommst Du am besten über alles weg und ersparst auch anderen tiefes Leid, das sie Deinetwillen sonst durchmachen müßten.

Ein gütiges Geschick möge Dir helfen, alles Schwere, das diese Zeit mit sich bringt, glücklich zu überwinden; aber hilf Du selbst auch mit!«

Der Gruß am Schluß klingt wie Abschied: »In innigem Gedenken«, und statt »Deine Aline« heißt »D. A.«

Wenn auch mit der Vorsicht geschrieben, zu der dieser Brief mahnen will – es bleibt eine Handvoll Redensarten, in der Kaserne wohl mit hochgezogenen Augenbrauen zur Kenntnis genommen, wie ein Verrat.

Wie anders soll er sich diesen Brief erklären? – plötzlich in so auffällig verändertem Tonfall geschrieben?

Daß es nicht nur Befürchtungen schlechthin sind, die hinter diesem Brief stehen, sondern ein sehr konkreter Anlaß, läßt sich selbst nach vier Jahrzehnten noch auffinden.

Eine Geschichte, die am Schreibtisch von Helmuth Gmelin beginnt, wo seine Schüler den Unterricht gewöhnlich mit ein paar Atemübungen beginnen. Im Sommer 1941 steht an diesem Schreibtisch ein siebzehnjähriges Mädchen. Aranka Jaenke. Sie geht noch zur Schule, nimmt aber, da es ihr leidenschaftlicher Wunsch ist, Schauspielerin zu werden, nebenbei schon Unterricht. Während der Übungen fällt ihr Blick auf den Schreibtisch, auf einen Brief, der mit auffällig grüner Tinte geschrieben ist. Von Gmelin erfährt sie, daß der Absender ein ehemaliger Schüler ist, nun Soldat in einer Kaserne in Weimar. Wolfgang Borchert. Da sie hört, daß ihm das Soldatsein schwerfällt, entschließt sie sich, ihm einen Brief zu schreiben, einen Gruß aus Hamburg, an den unbekannten zukünftigen Berufskollegen. Sie haben sich nur ein einziges Mal gesehen, vor Monaten, an der Tür, als sie zum Unterricht kam, als er ging, und ihr dabei zufällig die Tür geöffnet hatte.

Sie schreibt und bekommt Antwort. Ein kleiner Briefwechsel beginnt, sie ist glücklich, denn es sind schöne Briefe, die er ihr schreibt, leidenschaftlich über den Beruf, über den Wert der Freiheit – alles in allem aber doch, soweit sie erhalten geblieben sind, sehr zurückhaltende Briefe, in denen er ihr gesteht, an einem sehr nahen Kontakt nicht interessiert zu sein, aus Furcht vor Trennung, mit Anklängen an ähnliche Passagen in anderen Briefen, und doch mit dem Eingeständnis, daß ihn Unschuld fasziniert.

Den letzten Brief schreibt er am 28. August 1941. Noch ehe er in Hamburg eintrifft, sehr früh am Morgen darauf, erscheint die Gestapo zu einer Hausdurchsuchung. Die Briefe mit dem Absender Wolfgang Borchert werden beschlagnahmt, das Mädchen, eben noch dabei, sich für die

Schule fertig zu machen, muß mit ins Stadthaus zum Verhör und kommt auch am Abend nicht zurück.

Verständlich, daß die Eltern in ihrer Sorge nach Ursachen suchen, daß sie annehmen müssen, es ginge in erster Linie um diese Briefe, um den Absender. Schon als die Tochter den ersten Brief erfreut gezeigt hatte, war es der Vater gewesen, der sofort dazu geraten hatte, derartige Briefe besser wegzuwerfen, wohl in der Ahnung, daß es mit dem sensiblen Schreiber eines Tages Ärger geben könnte, daß derlei nicht in die Zeit paßt. Sie aber, empört über das Ansinnen, verwahrt die Briefe in ihrem Sekretär – den dann die Gestapo durchsucht –, der heute in Hamburg in ihrer Wohnung steht, in einem der Fächer vier Briefe, in der Kaserne mit grüner Tinte geschrieben, und dazu das 1946 erschienene schmale Bändchen mit Gedichten, *Laterne, Nacht und Sterne*. Borcherts erste Buchveröffentlichung. Unter den Gedichten eins mit dem Titel ›Aranka‹.

Aranka
Ich fühle deine Knie an meinen,
und deine krause Nase
muß irgendwo in meinem Haaren weinen.
Du bist wie eine blaue Vase,
und deine Hände blühn wie Astern,
die schon vom Geben zittern.
Wir lächeln beide unter den Gewittern
von Liebe, Leid – und Lastern.

Zeilen, die viel mehr seiner Phantasie entsprungen sein sollen als der Realität und die zumindest nichts von dem verraten, was im Sommer 1941 geschieht.

Von den Verhören im Stadthaus, die den ganzen Tag über dauern, wird Aranka Jaenke in das Konzentrationslager Fuhlsbüttel gebracht. Wolfgang Borchert in Weimar weiß davon nichts.

Bei seinen Eltern in Hamburg ruft am folgenden Sonntagmorgen ein unbekannter Mann an, mit der Bitte um ein Gespräch. Gleich darauf erscheint er mit seiner Frau. Und dann stehen sie sich gegenüber, zwei Familien, 1941, die Tochter der einen im Konzentrationslager, der Sohn der anderen in der Kaserne. Aber wohl doch nicht so ganz als gemeinsam Betroffene, nicht ganz frei von Vorwürfen darüber, daß mit mehr Vorsicht der Zeit zu entkommen gewesen wäre. Briefe nicht schreiben. Briefe wegwerfen. Sich unschuldig halten.

Für die einen scheint das Schlimmste endgültig, für die anderen scheint es bevorzustehen. Begreiflich, daß sich bei den Borcherts in die Sorge Unverständnis darüber mischt, daß dieser Junge noch immer nicht begriffen hat, in wie gefährlichen Zeiten er lebt, nichts aus dem eigenen Verhör im Stadthaus gelernt zu haben.

Die Eltern des Mädchens mobilisieren Verwandte und Bekannte. Da ist einer, der bei der Kriminalpolizei arbeitet und versuchen wird, sich für die Tochter einzusetzen. Hertha Borchert spricht mit Aline Bußmann, in der Hoffnung, daß sie ihren Einfluß auf den Jungen geltend macht. So kommt ihr Brief vom 10. September zustande, in seinem plötzlich auffällig veränderten Tonfall, mit dem Schlußsatz: »...und ersparst auch anderen tiefes Leid, das sie um Deinetwillen sonst durchmachen müßten.«

Statt »müßten« müßte es freilich richtiger heißen:... das sie um Deinetwillen durchmachen müssen. Das aber in einem Brief zu schreiben, wäre gefährlich. Mit Hilfe des Bekannten kann Aranka am 22. September Fuhlsbüttel wieder verlassen – Wolfgang Borchert bleibt unbehelligt. Nicht seine Briefe sind der eigentliche Grund für Hausdurchsuchung und Verhaftung. Wieder, wie schon damals bei Karlheinz Corswandt, geht es um das Tanzen nach englischer Schallplattenmusik. Wieder werden Briefe Wolfgang Borcherts nebenher zum Fund für die Gestapo. Wohl hält die einige der Briefe für derart gefährlich, daß sie nicht zurückgegeben werden, aber wohl doch nicht für ausreichend, um Anklage zu erheben. Ohne davon zu wissen, geht diese Drohung noch einmal an ihm vorüber. Dennoch: Sein Name ist abermals aktenkundig geworden und fällt auf dem Gefängnishof in Fuhlsbüttel. Einer der Wächter pöbelt das siebzehnjährige Mädchen an, sie solle sich nicht so haben, sie hätte schließlich auch »mit diesem Borchert geschlafen«.

Es ist Krieg. Auf deutsche Städte fallen Bomben – Moskau soll erobert werden. Am 2. und 3. September ist der bis dahin schwerste Bombenangriff auf Berlin niedergegangen. Am 15. und 16. September fallen erneut Bomben auf Hamburg. Aber Moskau soll unbedingt erobert werden. In jedem Irrenhaus gibt es Leute, die von sich behaupten, sie wären Napoleon. Der Mann, der sich Hitler nennt, glaubt, er sei ein besserer Napoleon. Und das, wenn auch nicht allein, ist dann die Zeit, durch die ein Wolfgang Borchert ›hindurch‹ soll, möglichst unbeschadet.

Aber noch ›steht‹ er nicht an der Front. Zur Überraschung der Eltern steht er plötzlich im Oktober in der Haustür. Zehn Tage Urlaub. Hastige Tage, ausgefüllt mit der Begrüßung und der Verabschiedung von alten Freunden, er geht und kommt – am Ende bringt ihn der Vater zum Bahnhof, verabschiedet ihn mit den besten Wünschen ins Ungewisse, nach dieser kurzen Illusion von Freiheit.

Anfang November kommt ein Brief aus Weimar, daß der Abtransport in Richtung Osten bevorsteht, daß er sich mit einer Feldpostnummer wiedermelden wird. Der Dezember beginnt – kein Lebenszeichen.

Am 8. Dezember 1941 findet abends im Hotel Reichshof in Hamburg eine Autorenlesestunde statt. Angekündigt wird Hertha Borchert mit vier weihnachtlichen Geschichten. *Die Hanseatin*, ein Blatt der NS-Frauenschaft, die diesen Abend veranstaltet, stellt in der Dezembernummer die Autorin vor. Freilich nicht als Mutter, die in Sorge um ihren Sohn ist, der, wie es da heißt, »im blühendsten Alter an der Ostfront« steht. Vielmehr fließt der gewünschte Schein in Zeilen, der bald zum grotesken Widerspruch zu den Ereignissen stehen wird: »Aus einem jungen Künstler ist ein harter Soldat geworden. Hetha Borchert trägt das Schicksal von Millionen deutschen Müttern, den Sohn zum Einsatz des Vaterlandes fortziehen zu lassen, mit Ernst, Stolz und Zuversicht.«

»Mach Dich hart«, hatte es im Brief mit den guten Ratschlägen geheißen – nun scheint der harte Soldat fertig, die Mutter stolz, zur patriotischen Nachahmung empfohlen der einen oder anderen Mutter, der es noch an Zuversicht fehlen sollte.

Im Januar trifft eine Karte ein, die wohl als Weihnachtsgruß gedacht war. *Mutti hat sicher überall Kerzen aufgestellt. Oder gibt es keine Kerzen? Hier ist es im Augenblick ruhig.* Aber wo dieses Hier ist, verrät keine Feldpostnummer, und wann dieser Augenblick war, in dem es noch ruhig zuging, verrät kein Datum. Die unruhigen Gänge zum Briefkasten bleiben vergeblich, denn was in der Zeitung steht, daß es in harten Kämpfen vor den Toren Moskaus um den Sieg geht, heißt: Tote. Daß es schon 300 000 deutsche Soldaten sind, die, in der verharmlosenden Sprache des Krieges, ihr Leben ›gegeben‹ haben oder gar ›gefallen‹ sind, steht in den Zeitungen noch nicht.

Um so beunruhigender, daß ein Brief vom Panzergrenadier-Regiment kommt, mit der Anfrage, wie die Feldpostanschrift des Sohnes laute. Der Vater schreibt zurück, daß es traurig sei, wenn nicht einmal das Regiment wisse, wo sich die eigenen Soldaten befinden.

Überraschend plötzlich die Nachricht: Er liegt in einem deutschen Lazarett, im Stadtkrankenhaus Schwabach, südlich von Nürnberg. Die Eltern entschließen sich, sofort hinzufahren.

Mit Fieber und einer verbundenen linken Hand finden sie ihn in einem Krankenbett, aber doch immerhin am Leben. Unter diesen Umständen ist kein längeres Gespräch möglich – wie ihm das Fieber, steht den Eltern die Besorgnis im Gesicht. »Macht euch keine Sorgen, das wird alles wieder«, sagt er. Und einer scheint vom anderen zu wissen, was gemeint ist.

Am folgenden Tag besuchen sie ihn noch einmal in der Hoffnung, vielleicht doch noch darüber sprechen zu können, was sie in Hamburg erfahren haben, was wirklich geschehen ist, ob es eine Möglichkeit gibt, ihm zu helfen. Aber das Fieber ist stärker geworden, es geht ihm ganz offensichtlich schlechter als am Tag zuvor. »Halt man die Ohren steif«, sagt der Vater in seiner ruhigen Art. Ob der Kranke in seinem Fieber überhaupt wahrnimmt, daß der Vater etwas von einer Anklage sagt, bleibt ungewiß.

Fritz Borchert muß zurück nach Hamburg in die Schule, sein vorübergehender Einsatz in Chemnitz ist beendet. Hertha Borchert bleibt noch, aber am darauffolgenden Tag findet sie den Sohn in der Isolierstation, das Fieber ist weiter gestiegen. Diphterie. Durch die trennende Glasscheibe ist keine Verständigung möglich. Mit dem Versprechen wiederzukommen, fährt auch sie nach Hamburg zurück – durch Deutschland im Krieg, mit aller Ungewißheit, was werden wird, in einem von diesen Augenblicken, in denen es schwerer fällt, irgendwie zu hoffen, und in denen doch nichts anderes übrigbleibt, als weiterzuhoffen, wenn auch kaum noch vorstellbar ist, wie das Erhoffte eintreten soll. Es wird der Anfang von Reisen, hinter dem Schicksal ihres Jungen her, der einmal rosig und still, friedlich im Frieden, in seinem Babykorb gelegen hatte, begrüßt für ein harmlos normales Leben zu dritt.

14 Tage später fährt Hertha Borchert erneut nach Schwabach, unangemeldet, um den Sohn zu überraschen. Es wird ein Schock.

Im Krankenhaus erfährt sie, daß er die Isolierstation verlassen hat. Sie ist froh, nun endlich mit ihm sprechen zu können – aber es kommt zu einem gänzlich unerwarteten Zusammenprall. Beim Anblick der Mutter gerät er in höchste Erregung, fordert sie auf, sofort nach Hamburg zurückzufahren. Unter Drohungen fallen Sätze wie: »Ich will dich nicht sehen!« – »Du machst mich unglücklich!« – »Fahr sofort ab!« Schon der Versuch, ihm begreiflich zu machen, daß sie seinetwegen eine weite Fahrt hinter sich hat, scheitert an seiner nur noch größer werdenden Erregung. Ob sie will oder nicht, sie muß das Krankenhaus verlassen.

Betroffen von der unverständlich harten Zurückweisung, verbringt sie die Nacht in einem Hotel in Nürnberg, sucht verzweifelt nach Erklärungen, hält es für möglich, daß sein Reagieren nur die Folge des hohen Fiebers ist, hofft, er könnte sein Verhalten inzwischen schon bereuen. Nach einer schlaflosen Nacht ruft sie am Morgen im Schwabacher Krankenhaus an, erreicht ihn am Telefon, aber, unverändert, in seiner Stimme ist nicht die Spur von Reue. Im Gegenteil. Er ist sofort empört, daß sie nicht wirklich abgefahren ist, so, wie er es von ihr verlangt hatte. Er droht, falls sie es noch einmal versuchen sollte, zu ihm ins Krankenhaus zu kommen, würde er dafür sorgen, daß sie nicht bis zu ihm vorgelassen würde. Ohne ein Wort der Mutter abzuwarten, legt er den Hörer auf. Fassungslos bleibt ihr nur der Weg zum Bahnhof, die Rückfahrt nach Hamburg.

Später gibt Borchert seiner Mutter für all diese Unfreundlichkeit eine sehr freundliche Erklärung: Es sei nur ein Angriff aus Rücksicht gewesen.

Tatsächlich vermutet er, daß jeden Augenblick seine Verhaftung erfolgen kann. Diesen Anblick, sagt er später, hätte er der Mutter ersparen wollen. Eine Erklärung, die sicher nicht falsch ist und doch nur die knappe halbe Wahrheit sein wird, denn zu fragen bleibt, was diese Verhaftung – aus seiner Sicht – der Mutter gegenüber bedeutet?

Ein: Ich bin unschuldig. Du irrst dich.

Oder ein: Ich habe versagt. Du hast recht.

Wie befürchtet, wird er im Schwabacher Krankenhaus verhaftet und in das Untersuchungsgefängnis der Militärstrafanstalt nach Nürnberg gebracht – unter dem dringenden Verdacht, sich durch Selbstverstümmelung der Wehrpflicht entzogen zu haben.

Ihm droht die Todesstrafe.

Die Kapitulation vor der Wirklichkeit wäre total: Vor ein Erschießungskommando treten. Was immer geschehen ist, er wird glaubhaft machen müssen, daß es anders war.

Er wird vorbringen: Bei einem Postengang im Graben an der Front taucht plötzlich ein russischer Soldat auf. Aus der kurzen Entfernung ist es ihm nicht möglich, zu schießen. Es kommt zu einem Handgemenge, und dabei löst sich aus dem eigenen Gewehr ein Schuß, der in die eigene linke Hand tritt, so daß der Mittelfinger amputiert werden muß.

Eine Geschichte, die nicht völlig unmöglich ist, aber doch sehr unwahrscheinlich klingt, zumal er wohl ohnehin deutlich zu erkennen gegeben haben wird, alles andere als gern Soldat zu sein. Das mag dazu beitragen, daß die Vorgesetzten ihm diese Geschichte nicht abnehmen, daß sie mit der Meldung den Verdacht weitergeben, hier handelt es sich um einen Fall von Selbstverstümmelung.

Oder doch der harte Soldat? – unschuldig beschuldigt? Im Mai 1942, nun 21 Jahre alt, eingesperrt mit der Ungewißheit, ob das Urteil schuldig oder unschuldig lauten wird. Leben oder Tod?

Alle Gesprächspartner, die Borchert gekannt haben, weisen heute den Gedanken weit zurück, es könne auch nur die Möglichkeit bestehen, daß er sich die Verletzung selbst beigebracht habe. Dafür werden in der Hauptsache zwei Argumente angeführt. Einmal, er habe die dafür angedrohte Strafe genau gekannt, er habe sich ausrechnen können, daß dieser gefährliche Ausweg kein Ausweg sei, ihn nur tiefer in die Gefahr bringen würde, oder doch, daß eine solche Verletzung sehr schnell heilen würde, ihn nur kurz aus seiner Lage befreien würde. Und es wird angeführt, seine Hände hätten ihm soviel bedeutet, daß er sie niemals selbst zerstört hätte.

Eigenartige Argumente, die wohl eher beweisen, daß die, die sie aussprechen, nie in einer wirklich ausweglosen Situation waren.

Borchert selbst hat sich, wie versichert wird, zu den Ereignissen später nie geäußert, auch nach dem Krieg nicht, als ein Geständnis gefahrlos möglich gewesen wäre. Aber auch darin ist kein Beweis zu finden, denn er hat, auch das wird versichert, über seine gesamte Kriegszeit kaum gesprochen – außer in seinen Geschichten, die jedoch, trotz aller Nähe zu tatsächlichen Ereignissen, alles andere als reine Beschreibungen sind, und daher bestenfalls geeignet, Vermutungen wiederzufinden, nicht aber Beweise.

Es bleiben Fragen, denn die Antwort wird offenbleiben müssen: Ob nicht der Abmarsch an die Front zwangsläufig in eine Katastrophe führen mußte für einen derart sensiblen Menschen wie Borchert, mit der Absicht, sich unsensibel zu machen – durch alles Geschehen unberührt wie ein Träumer wandeln zu wollen – plötzlich in einer grauenvollen Realität, zu der die Kaserne nur Vorübung war. Plötzlich in die bis dahin schlimmste Schlacht des Krieges geraten – plötzlich zwischen Hitlers brutal-verbissenem Willen, Moskau um jeden Preis noch vor Ende des Jahres 41 zu erobern – und Stalins Wissen darum, was es für den Ausgang des Krieges bedeutet, wenn Moskau fällt.

Dazwischen gerät ein Wolfgang Borchert mit seinem Traum von Kunst und mit dem Heimat-Ratschlag im Gepäck: Mach dich hart!

Schon im Sommer, in der Kaserne, ist er soweit, das Leben *wegwerfen* zu können! Nun, im Eiswinter, an der Front, vor Moskau, in der tatsächlichen Wirklichkeit des Krieges – sollte er sich nicht die Frage stellen, ob es noch lohnt weiterzuleben? – weiterzumachen? – auf Befehl? In einem Augenblick, in dem keine Antwort mehr zu finden ist – sich wenigstens entziehen?

Nur er selbst könnte widersprechen – der Annahme, daß es ein Tag gewesen sein mag ohne dramatisches Ereignis eigentlich, ein Sonntag, vielleicht ruhig, sinnlos ruhig, sinnlos weit – mit diesem Gefühl, dem wir uns für gewöhnlich zu verweigern wissen, falls wir uns ihm nähern: machtlos ausgeliefert zu sein. Da an der Front, in der weißverschneiten Endlosigkeit, vor sich nur das eine Ende, wie andere *tot-verkrümmt* ein Fleck zu werden. Da, wo der absurden Wirklichkeit auf einem Pegasus nicht mehr zu entkommen ist, wo kein ›Ziel‹ mehr ist – hoch oben drüber, in den Wolken, durch die einmal der Vers-Ritt gehen sollte.

Muß nicht die im Krankenhaus unmittelbar bevorstehende Verhaftung ihm vor den Augen der Mutter wie ein demonstratives Scheitern vorkommen? Die überstarke Wutreaktion der Mutter gegenüber wäre nichts anderes als der Versuch, sich dennoch zu wehren.

Der alte Widerspruch? – ein verbissener Zweikampf um Verständnis? Daß die Mutter diesen befürchteten Augenblick anders empfinden würde, nicht als rechthaberischen Triumph über alle Warnungen – selbst, wenn er es zu verstehen bereit wäre, es würde doch nichts an seiner Situation ändern.

Später, beim Schreiben, fällt der Blick auf die vier Finger der linken Hand – später, wenn er Beckmann sagen läßt, der habe sich das kaputte Knie als Andenken mitgebracht, um den Krieg nicht zu vergessen. Aber – und das wäre auch später noch Grund genug, die Geschichte vom bloßen Mißgeschick im Graben nicht zu revidieren – auch später wird es die Erinnerung an eine Kapitulation bleiben: Das Leben letztlich doch nur der Lüge zu verdanken, der Selbstverleugnung, dem Eindruck vor Gericht, ein guter, harter Soldat zu sein, kampfwillig und einverstanden mit allem, dem nur eben ein zufälliges Mißgeschick widerfahren ist.

Möglich, daß dieser Umstand später hinter der Widersprüchlichkeit eines Beckmann steht, hinter seinem leidenschaftlichen Versuch, moralisch kompromißlos zu sein, hinter seiner Erwartung, nach dem Krieg müsse das doch möglich sein – hinter seinem Scheitern. Gerade die Geschichte Beckmanns zu schreiben bedeutet ja, in einem Widerspruch zu bleiben, der sich im praktischen Leben als verhängnisvoll erweist, und vor dem Kriegsgericht tödlich gewesen wäre. Das Leben geht weiter. Dieser Satz des Anderen im Stück hat möglicherweise seine sehr unmittelbare Realität.

In Hamburg verbrennt Aline Bußmann aus Angst vor Hausdurchsuchungen Briefe mit gefährlichem Inhalt, versteckt andere, wie sie später berichtet[20], auf dem Hausboden, wo sie die Zeit überstehen. Ihr Ehemann Dr. Carl Hager, Rechtsanwalt in Hamburg, bemüht sich auf Bitten Borcherts erfolgreich um die Zulassung als zweiter Verteidiger für den bevorstehenden Prozeß in Nürnberg. Ihm gelingt es, für die Eltern eine Sprecherlaubnis zu erwirken, mit der sie nun abermals in den Zug steigen, um, wenn auch kaum mit Aussicht auf Erfolg, dem Sohn wenn irgend möglich helfen zu können.

Gegen alle Erwartungen erweist sich der vom Kriegsgericht bestellte Verteidiger, Dr. Hermann Krohner, als ein Mensch, der die Sorgen der Eltern versteht, der bereit ist, mehr zu tun als seine Amtspflicht, wissend, daß es im Prozeß vor allem auf den Eindruck ankommen wird, den der Richter vom Angeklagten haben wird, denn das Ereignis selbst, weit entfernt von Moskau, wird sich im Gerichtssaal kaum aufklären lassen. Nach diesem Gespräch wird es ein Zusammentreffen mit dem zuständigen Kriegsgerichtsrat geben, einem schneidigen, uniformstrotzenden, unnahbaren Mann, gegen den jedes Wort der Eltern schon im voraus vergeblich scheint. So die Vorwarnungen des Rechtsanwalts, die sich gleich darauf als sehr nützlich erweisen werden, trotzdem mutig zur Verteidigung überzugehen, zielgerichtet auf den so lebensrettend notwendigen Eindruck, ruhig und selbstsicher.

Bis zur Begegnung mit dem Kriegsgerichtsrat bleibt noch Zeit – Dr. Krohner fährt die Eltern in seinem PKW durch Nürnberg, um ihnen die Sehenswürdigkeiten der Stadt zu zeigen. In ihrer Erregung fahren sie zwar wie Blinde an allem vorbei, aber dennoch, diese ungewöhnliche Freundlichkeit erzeugt ein Gefühl von Hilfe und Vertrauen.

Fritz Borchert gesteht später, daß er schon früh alle Hoffnung aufgegeben hatte. Gänzlich uneingeschüchtert dagegen Hertha Borchert, obwohl ihnen der schon beschriebene Kriegsgerichtsrat nun wirklich entgegentritt, als sei das Urteil gefallen. Fritz Borchert schweigt, sie aber entwirft ein rundum positives Bild von ihrem Sohn, an dem sie nur Freude gehabt habe, der sich immer als sehr gutwillig gezeigt habe. Ein Bild, das sie mit den gängigen politischen Floskeln aus der Zeitung zu umranken weiß, mit Führer- und Bewegungstreue, bereit, sein Bestes zu geben usw. – sie weiß, daß es hier um Leben und Tod geht. Was immer vorgefallen sein mag, sagt sie, es könne nur ein ganz und gar ungewöhnliches Ereignis gewesen sein, das ihn aus der guten Bahn geworfen habe.

Es ist die einzige Linie, auf der eine Verteidigung möglich ist, und offenbar verfehlt das Gesagte die beabsichtigte Wirkung nicht. Zumindest scheinen die Aussichten weniger hoffnungslos, wenn da auch die Sorge bleibt, er selbst könne sich um den Kopf reden.

Nach diesem Gespräch dürfen sie ihren Sohn sehen. Aus seiner Zelle wird er in den Sprechraum geführt, noch immer mit den deutlichen Anzeichen der kaum überstandenen Krankheit, dazu kommen die Bedingungen der Haft, aber er gibt sich zumindest optimistisch. »Habt keine Sorgen«, sagt er. »Sie können mir nichts anhaben.« Eine Zuversicht, die wohl mehr gespielt ist, wie zur Entschuldigung den Eltern gegenüber, die ohne ein Wort des Vorwurfs gekommen sind, in seinen Augen aber wohl doch wie ein Vorwurf dastehen.

Die Angriffe der Mutter gegenüber sind vergessen, als hätte es das unerfreuliche Zusammentreffen in Schwabach nicht gegeben. Nun, hilflos, sitzt er ihnen gegenüber, so gefährdet, wie es die Eltern immer befürchtet haben. Umgeben von Wächtern, ist kein Gespräch darüber möglich, was geschehen ist. Die knappe Zeit läuft ab. Der Angeklagte wird wieder in seine Zelle geführt, die Eltern gehen nur knappe zehn Minuten von dort entfernt in ihr Hotelzimmer. In der durchgrübelten Nacht gibt es keinen Fliegeralarm wie in Hamburg, aber ganz in der Nähe ist ein Lokal, in dem SS-Leute grölend feiern. Und das klingt nicht weniger bedrohlich.

Am anderen Morgen fahren sie zurück nach Hamburg. Das Leben geht mit Abwarten weiter, mit Schuldienst und der Absicht, jetzt noch weniger aufzufallen, keinen Anlaß für den Vorwurf zu geben, es könne ihnen am guten Willen fehlen, dem ›Werk des Führers‹ zu dienen, mitzuhelfen für den Sieg. Hertha Borchert arbeitet in einer Keksfabrik, packt Pakete für die Front und liest weiter ihre Geschichten bei Frauenschaftsveranstaltungen, die mit einem mehr oder weniger kräftigen ›Sieg-Heil!‹ enden, ehe die Gekommenen auseinanderlaufen, um gegebenenfalls rechtzeitig in der Nähe ihres Luftschutzkellers zu sein. Eine Zeit, die gelebt wird – in ihrer alltäglichen Absurdität.

Nach drei Monaten Einzelhaft findet der Prozeß vor dem Militärgericht in Nürnberg statt. Am 31. Juli 1942. Am Tag zuvor darf Carl Hager den Angeklagten sprechen. Er begegnet einem ausgemacht selbstsicher-fröhlichen Wolfgang Borchert, der sich freut, aus Hamburg Besuch zu haben, als ginge es am Tag darauf nicht um Leben und Tod. Ein sicheres Zeichen dafür, daß er sich durchaus einem möglichen Ende nahe sieht!

Aber – am 31. Juli geschieht das Unwahrscheinliche: Freispruch. Jedenfalls für den Anklagepunkt, sich die Verletzung selbst beigebracht zu haben. Alle Beweise jedoch, die diese Anklage ursprünglich erhärten sollten – Briefe und Zeugenaussagen, die belegen sollten, daß Borchert zu dieser Tat fähig sei –, werden Gegenstand eines zweiten Prozesses. Die Anklage lautet nun: Heimtückischer Angriff auf Staat und Partei. Für den Angeklagten gefährlich genug, aber das Urteil wird nicht heißen: Tod durch Erschießen.

Leider läßt sich heute der Hergang beider Prozesse nicht mehr rekonstruieren, denn schon 1943 verbrennen Hagers Prozeßunterlagen bei einem Bombenangriff auf Hamburg. Sicher aber scheint zu sein, daß dem Gericht Äußerungen vorliegen wie, seine Kameraden seien *für nichts und wieder nichts gefallen*, er empfinde die Kasernen als *Zwingburgen des dritten Reiches*, er fühle sich als *wehrloser Kuli der braunen Soldateska*.

Das Gericht verurteilt ihn zu vier Monaten Gefängnis, die auf seinen eigenen Wunsch hin in sechs Wochen verschärfte Haft umgewandelt werden, mit anschließender Frontbewährung. Im Oktober 1942 wird Borchert in das Ersatzbataillon seines ehemaligen Regiments nach Saalfeld entlassen – aus der Zelle zurück in die Kaserne.

Am 12. Oktober, unmittelbar nach seiner Haftentlassung, heißt es in einem Brief aus Saalfeld:
Meine liebe Aline,
was soll ich schreiben? Es wirbelt noch alles zu sehr um mich herum. Darum nur diesen kleinen Gruß für Dich und Deinen lieben Mann von Deinem treuen Wolfgang.

Mit im Brief ein kleines Gedicht, als *Zeichen der Dankbarkeit für Eure liebe Freundschaft.*
Der Traum
Die Erde sinkt zurück,
die Fesseln und die Schmerzen:
Ich bin am Himmel Stern geworden
und fühl im All den Schlag
von Gottes weitem Herzen.

Deutlicher kann er – nach allem was war – seine neue Position kaum angeben: Es ist die alte, nur um einiges höher, statt in den Wolken nun im All darüber, als Stern, allem Irdischen weit entflohen.

Und auch das Triviale hat bald wieder den alten Platz daneben.

Noch vor seiner Verhaftung in Schwabach am 9. Mai 1942 hatte Hugo Sieker ihm einen Gruß ins Krankenhaus geschrieben, ohne zu ahnen, was diesem Wolfgang Borchert bevorsteht.

»Mit großer Freude habe ich von Ihrer Mutter gehört, daß Sie aus dem Osten nach Deutschland zurückgekehrt sind. Nun haben Sie doch erst einmal wieder etwas Zeit zur Besinnung und können sich vielleicht auch ein wenig mit jenen Dingen befassen, die Ihnen den Inhalt des Lebens bedeuten«, hatte es da geheißen.

Wenn auch von Sieker für den Krankenhausaufenthalt gedacht – sicher wird es in den Monaten der Untersuchungshaft und in den anschließenden sechs Wochen der verschärften Strafverbüßung so etwas wie Besinnung gegeben haben. Nur, vorerst scheint er sich weiter krampfhaft dagegen zu wehren, sich mit sich selbst einzulassen – vorerst entsteht aus der Flucht ins All der Sterne nur Läppisches.

Auf einem Kopfbogen der *Verwundetenbetreuung Bereich Ostland der N.S.D.A.P.* schreibt er im Oktober aus Saalfeld an Sieker:

... eigentlich wollte ich Ihnen den ›Buchfink‹ persönlich bringen, aber widriger Umstände halber muß er nun auf brieflichem Wege auf Ihren Schreibtisch flattern – als kleiner Dank dafür, daß Sie nun schon seit so langer Zeit versuchen, mir die richtigen Wege zu weisen.

Der Buchfink
Dich wundert,
daß der Buchfink beim Singen
sich so in die Brust wirft?
Freund, wie würdest du dich recken,
könntest du so ein Lied!

Wieder fahren die Eltern hinter dem Schicksal ihres Jungen her. Nun nach Saalfeld, ein paar Kilometer südlich von Weimar, von wo er ein Jahr zuvor an die Front gezogen war. Ein schlimmes Jahr, das nun hinter ihm liegt, und doch mit mehr Glück, als zu erwarten war. Mit diesem Glück des Davonkommens.

Im Reichsjustizministerium werden 1942 amtlich 3393 Hinrichtungen registriert – insgesamt verurteilen die Kriegsgerichte mindestens 20000 Soldaten und Offiziere zum Tode – und selbst das ›normale‹ In-den-Krieg-Ziehen heißt ja soviel wie ›Galgen‹, mit der Hoffnung, daß der Strick vielleicht reißen mag. Bis in den Sommer 1942 hat er für mindestens eine Million deutscher Soldaten gehalten.

Wolfgang Borchert hatte Glück.

Auf die Eltern macht er einen nicht gerade besonders gesunden Eindruck, aber er ist doch guter Dinge. An zwei

Nachmittagen darf er die Kaserne verlassen, sich für Stunden frei fühlen, nach einem Jahr wieder mit den Eltern sprechen, ohne daß die Entfernung, das Fieber, die Glasscheibe einer Isolierstation zwischen ihnen ist, frei von der Kontrolle der Gefängniswärter. Und doch werden es kaum die zurückliegenden Ereignisse sein, von denen die Rede ist, mehr, wie gefahrloser durch das Bevorstehende zu kommen ist.

Der Krieg geht weiter.

Die Deutsche Wochenschau vom 14. Oktober 1942 verkündet den nahen Sieg über Stalingrad, zeigt neue Angriffe auf Leningrad – vergeblich alle Siegesgewißheit, beide Städte werden zum Begriff für Wahnsinn und zum Begriff für Heldentum. Zum Trost für schmale Lebensmittelrationen gibt es Statistik, den Vergleich, daß es doch immer noch besser als im ersten Weltkrieg sein soll – aus der Ukraine rollt eßbare Kriegsbeute nach Berlin, was denn wohl sagen soll: Der Krieg lohnt sich. Aus den Flugzeugen fallen Bomben auf den Feind – die Bilder von Trümmern in Lübeck, Rostock, Stuttgart, Köln, Essen, Bremen, Kassel, Nürnberg, Berlin und Hamburg kommen 1942 in der Wochenschau nicht vor.

Die Eltern sind wieder in Hamburg, und der erste Brief, den er ihnen schreibt, klingt auffällig sarkastisch-friedlich, klingt nach: Wenn Ihr wollt, dann kann ich Euch solche Briefe schreiben...

Am 25. Oktober heißt es:

Ihr beiden Guten!

Heute ist hier ein wunderbarer Sonntag und die Stimmung des herrlichen Wetters hat mir auch etwas abgegeben und ich kann ganz unbeschwert atmen...

Einige Päckchen und Briefe sind eingetroffen, aus der Buchhandlung Boysen in Hamburg ein Band Homer, den er trotz seines Umfangs mitschleppen will, sobald es wieder an die Front geht.

... Ich werde mich nun nicht mehr von den Übergängen beirren lassen – das äußere Leben hat für mich seine Schrecken verloren

und wird mich nicht mehr treffen – innerliche Prüfungen aber werden immer nur eine Bereicherung sein für die Seele. Was ist denn so groß angesichts der Sterne, daß es uns aus der Bahn werfen könnte? Es sei denn, daß die Unendlichkeit, die Trost und Verdammung zugleich ist, uns selbst übermannt.

Doch wohl zu große Worte, wenn es nur darum gehen würde, versichern zu wollen, in Zukunft keine gefährlichen Briefe mehr zu schreiben. Zu auffällig, die Ausflucht bis rauf zu den hohen Sternen, um alles andere wirklich klein erscheinen zu lassen.

... uns selbst übermannt... – ... aus der Bahn werfen... – doch Umschreibungen für das Ereignis an der Front, von dem ansonsten keine Rede ist?

Anzunehmen wohl, daß er für den unwahrscheinlichen Zufall im Graben andere Formulierungen gefunden hätte. Und sollten die Briefe gemeint sein, wohl erst recht, denn gerade sie waren ja nicht aus einer plötzlichen Übermannung geschrieben, die ihn aus einer ansonsten gutwilligen Bahn geworfen haben könnte.

Ein Brief, der nach dem abrupten Wegschicken der Mutter in Schwabach nun in großen Worten versichern will, daß alles in Ordnung und gut sei. Und doch wenig glaubhaft, denn spätestens beim Weiterlesen erweist sich der Brief als Maske. Der sensible Junge im Tonfall eines senilen Greises. Ein Spiel aus bitterem Ernst, das nicht mehr und nicht weniger sagen will, als: Soweit habt Ihr mich!

Und wenn die Sterne ihre Bahn verlassen, wer sagt uns denn, daß es nicht geschieht, um sich in eine noch größere Ordnung zu fügen? Und da wollen wir schon über unsere kleinen alltäglichen Sorgen verzweifeln – ich glaube das hieße, unseren göttlichen Sinn nicht erfüllt zu haben. – Gegen die wechselnden Stimmungen aber, die uns täglich überfallen, wollen wir tapfer gegenangehen und Trost in der Schönheit der Kunst suchen und uns gegenseitig helfen.

Hier aber ist man untröstlich, wenn es statt eines drittel Brotes nur ein viertel gibt und statt Butter Margarine – muß man die nicht verachten – und bedauern? Auf was für dunklen und engen Wegen wandeln sie. Manchmal weiß ich nicht, soll ich mich für Hochmut diesen gegenüber oder für Demut dem All gegenüber entscheiden – aber Zwiespältigkeit ist wohl der Motor unseres Schaffens und die Sehnsucht nach Vollendung das treibende Wesen unserer Kraft.... Viele liebe Tüschis!

Euer treuer Hanning

Nun wäre dieser Brief weit weniger interessant, wenn es nicht einen anderen Brief geben würde, undatiert, und doch mit Sicherheit vor dem Besuch der Eltern in Saalfeld geschrieben – in dem der Hinweis auf die Hand zumindest eine Zeitangabe bedeutet.

Meine Lieben, heißt es da, *dieses ist mein erster Versuch, mit meiner Hand auf einer Maschine zu schreiben und es geht so ganz leidlich, wenn auch sehr langsam.*

Wie in keinem anderen Brief sonst, formuliert er hier den Eltern gegenüber die eigene Position – und das weit umgangssprachlicher, weit natürlicher als das Gegenteil in den gestelzten Formulierungen des voranzitierten Briefes.

Ihr seid zu komisch. Mutti schreibt: Wie hat Rilke gerungen mit seinen Nöten. Ja, meint Ihr denn, daß Rilke allein Nöte hat? Bei mir aber fragt Ihr – wir können uns gar nicht vorstellen, was dich bedrückt und was sind das für Konflikte? Ja, ich habe auch keine Geduld mit mir und um eine Genüge in der Lust an Gottes Maßstab zu finden, bin ich zu jung und zu unruhig mit meinen 20 Jahren. Und soll ich mich mit meiner Jugend wie ein altes Weib mit meinem Schicksal abfinden und geduldig wie eine Kuh sein? Entstehen nicht gerade durch das Auflehnen gegen unser Schicksal Kräfte, die sonst ewig geschlummert hätten? Nein, für diese Stimmungen gibt es tausend Erklärungen und ebensoviel Trost – es nützt alles nichts, die Krisen müssen überwunden werden, und ihre Überwindung ist wieder eine Stufe zur Reife und Menschwerdung. Da ist es auch unwesentlich, ob ich in einer Zelle oder in einem Schloß wohne, denn die Konflikte sind von diesen äußeren Umständen ganz unabhängig. Sie tauchen hervor aus dem dunklen endlos tiefen See unserer Seele und versinken wieder in ihm – und wir stehen wie machtlose Zuschauer vor diesem seltsamen

Schauspiel und können je nach Veranlagung lachen oder weinen – nur eingreifen können wir nicht in diese Handlung, wir können unserem Herzen nicht befehlen, lustig oder traurig zu sein – wir können die Seele nicht abschließen oder immun gegen Stimmungen machen, oder unserem Verstand weismachen wollen, daß alles Geschehen in der Welt und im Weltall heiter und harmlos sei.

Daß er es dennoch mit dieser harmlosen Heiterkeit immer wieder versuchen wird, daß er vorgeben wird, sein Inneres abzuschließen, ist so seltsam wie verständlich. Immerhin, so weit er sich auch noch von jenem Wolfgang Borchert entfernt, der später von sich reden machen wird, es ist sein widersprüchlicher Weg dahin – der letztzitierte Brief doch immerhin ein Hoffnungsschimmer inmitten aller Ausflüchte, aller Ratlosigkeit über die eigenen, zwiespältigen Gefühle.

8
Doppelt ausweglos:
Die Krankheit

Aus der Genesungskompanie in Saalfeld entlassen, kommt er zur Garnison nach Jena, und damit der Front wieder ein Stück näher.

Ihr Lieben, schreibt er den Eltern nach Hamburg, *nun sind wir schon eine Woche in Jena und genießen die letzten Tage und Nächte bis zum letzten Pfennig – wer weiß, für wie lange es vorhalten muß.*

Glücklich berichtet er von der Freundschaft mit einem Oberleutnant, den auch die Eltern vom Sehen her kennen. Bei ihrem Besuch in Saalfeld war er ihnen in der Hotelhalle aufgefallen, in Zivil, beim Schachspielen, und die Frage hatte nahegelegen, warum dieser Mann nicht Soldat sei, sondern so etwas Exotisches wie ein Privatmensch. Borchert hatte ihn dann in der Kaserne wiedergetroffen, mit einer auch nicht makellosen Vorgeschichte. Ein degradierter Oberstleutnant.

...jedenfalls stellt er, was Intelligenz betrifft und allgemeine Lebensweisheit, meine bisherigen Bekanntschaften weit in den Schatten. Da er nebenbei auch noch eine wirklich gute Erscheinung ist, machen wir jeden Abend die ›elegante Welt‹ Jenas unsicher. Mit der Chefin eines hiesigen Tanzorchesters – zwischen Aline und Vera Möller – habe ich mich auch angefreundet... Sie ist aber auch schon älteren Semesters. Aber sehr schön und klug, berichtet er den Eltern, die nun wissen, daß sein fremdes Leben doch auch heimische Züge hat, vertraute Eckpunkte. *Wenn ich meine freien Stunden nicht schon vergeben habe, treibe ich mich immer in den schönen alten Jenaer Antiquariaten herum und nehme noch eine Nase voll geistdurchtränkter Luft mit...*

Aber das Glück ist kurz, am 17. November folgt schon ein Brief von ›unterwegs‹ – wieder in Richtung Ostfront.

Beide, und darin liegt eine sonderbare Ironie, beide, Wolfgang Borchert und das Oberkommando des Heeres, glauben in diesem Winter besser gerüstet zu sein. Im Operationsbefehl Nr. 1 vom 14. Oktober 1942 heißt es: »Wir werden diesem zweiten russischen Winter besser vorbereitet entgegengehen...« Und in Borcherts Beruhigungsbrief an die Eltern heißt es: *Aber die Vorzeichen sind dieses Jahr doch wesentlich besser – ich fühle, daß ich innerlich jetzt stark genug bin, auch das Schwerste zu ertragen und den äußeren Dingen muß man eben mit der gewissen überlegenen Heiterkeit entgegentreten – wie sie meinetwegen Carl Hager besitzt.*

Es wird anders kommen – wenn auch für Wolfgang Borchert nicht abzusehen ist, daß ihm ausgerechnet diese optimistische Heiterkeit zum Verhängnis werden soll. Aber vielleicht gehört es zu den Eigenheiten des Schicksals, daß es durchweg mit den Extremen gleich verfährt – mit der Heiterkeit wie mit der Verzweiflung – vielleicht, weil es auf Mittelmaß aus ist.

Er hat *»nach oben« einige nette Menschen kennengelernt*, gesteht er, und daß er nun einen *sehr aktiven Glauben* habe. Von den Eltern wünscht er sich, daß sie *die Zigaretten- und Tabakbekanntschaft in Aktion treten lassen*, ihm ein Sternenbüchlein schicken, einen Band Ringelnatz und ›Deutsche Gedichte‹, herausgegeben von Katharina Kippenberg.

Auch der Brief, den er am 17. Dezember schreibt, klingt so, als hätte ihn ein ›normaler‹ Soldat geschrieben:

Ihr Lieben,

gestern kamen wir nach zehntägigem harten Waldkampf – Tag und Nacht draußen – wieder in Ruhe – 2 von Euren Briefen waren für mich da. Nun müßt Ihr erstmal das Schreiben einstellen, denn ich hab mir die Füße erfroren. Komme erstmal ins Feldlazarett – von dort aus hört Ihr sofort von mir. Macht Euch keine Sorgen um mich, ich hoffe, daß ich in 2–3 Wochen wieder in Ordnung bin – es ist also kein Grund zur Sorge!! Im Lazarett werde ich Euch dann einen langen Brief schreiben, damit Ihr ganz ruhig seid.

Deutlicher noch das Verfahren: Wenn es Euch beruhigt, schreib ich Euch, was Euch beruhigt. Und das nun weniger aus Angst vor einer Briefzensur oder vor Hausdurchsuchungen in der Heimat. Eher nach dem Prinzip, sich in sein inneres Leben schließen zu wollen, alles Äußere als belanglos erscheinen zu lassen. Von da innen kommen keine Briefe und wären wohl auch kaum zu formulieren.

Wir haben in dieser kurzen Zeit schon wieder soviel erlebt, daß ich eine Menge erzählen kann, heißt es. *Mein Freund ist auch schon verwundet. Später – ich schreibe Euch noch, könnt Ihr mir auch meine Uhr schicken + die Handschuhe – aber erst müssen wir abwarten, was nun wird.*

Kein Gedanke an große Gedanken, denn:

Es ist schade, daß ich hier – vorläufig hoffentlich nur – weg muß, denn es war eigentlich recht nett, wie ich es so schnell nicht wieder treffen werde... aber ich hoffe stark, daß ich wieder zurückkomme.

Daß es in die entgegengesetzte Richtung zurückgeht, nicht zurück nach vorn, an die Front, und doch viel weniger glücklich, als er es sich erhofft, gehört, mit allem, was sich auf diesem Rückweg ereignen wird, zum großen Widerspruch seines Lebens. Am 2. Weihnachtstag 1942 heißt es im Brief an die Eltern, in dem er sich eine billige Brieftasche, einen Notizblock und Pulswärmer wünscht:

Ich glaub, ich muß später einmal ein Leben zwischen Mönch und Abenteurer führen, um mein Inneres zu befriedigen – ein Jahr in der Zelle und ein Jahr auf dem Jahrmarkt! Aber er ahnt doch mitten im Schreiben schon, daß dieser freie Umgang mit den eigenen Gefühlen in Hamburg auf Unverständnis stoßen wird, Befürchtungen auslösen wird, daß es Zeilen gegen das Versprechen sind, sich und andere nicht in Gefahr zu bringen, daß der recht burschikose Umgang mit dem Wort *Zelle* Schrecken auslösen kann.

Also fügt er, verbunden durch einen Gedankenstrich, sofort hinzu:

– Ich zehre immer von den bisher schönsten Stunden unseres Zusammenlebens: Die Tage in Saalfeld! Und das ist nur ein kleiner Prolog gewesen – ein Vorgeschmack für das viele Schöne, was wir

drei in der Zukunft zusammen erleben werden. Schreibt mir von Euerm heiligen Abend und von allem –

Auch im neuen Jahr bleibt der Grundton in seinen Briefen an die Eltern zuversichtlich-optimistisch. Ganz im Gegensatz zu den Tatsachen. Aber davon erfahren die Eltern erst später. Seine Briefe liefern das wortreiche Versteckspiel, liefern den ja doch letztlich gewünschten Beweis, daß es gelingt, mit einigem Glück unauffällig durch diesen Krieg zu kommen. Seinen Briefen nach zu urteilen sieht es eine Zeitlang so aus.

Ich will Euch immer einen langen Brief schreiben, und hätte so viel zu erzählen – aber ich glaube, das bewahren wir auf für später, bis dahin hab ich auch das Unwesentliche vergessen und nur das wirklich Wichtige behalten, heißt es in einem Brief vom 12. Januar 1943.

Für mitteilenswert hält er, daß er sich gerade den Vollbart abgenommen hat, bis auf eine kleine Clark-Gable-Bürste, die stehengeblieben ist. Und: *Mir geht es jetzt schon wieder ganz gut, nur meine Füße erlauben noch kein Aufstehen.*

Aber ansonsten glaubt man seinen Mitteilungen, scheint er mehr auf die heitere Seite des Krieges geraten zu sein, frei von Bedrückendem.

Sonst verbringe ich die Zeit mit lesen, Russenmädchen ärgern und mit – na, die deutschen Schwestern bekommen allerhand zu hören von uns! Na, Ihr merkt wohl, daß Hanning schon wieder oben auf ist!

Am 22. Januar meldet er sich aus Smolensk, wo er kahlgeschoren und mit Fieberanfällen im Seuchenlazarett liegt. Die Ärzte vermuten Fleckfieber.

Mit den Haaren ist das nicht so wild, schreibt er, *als Charakterdarsteller hätte ich so bestimmt mehr Chancen als vorher.*

Dennoch, auch im Lazarett wird sein Fach das des jungen Liebhabers bleiben.

Gegen seine Absicht, nichts über die Ereignisse schreiben zu wollen, folgen dann doch ein paar knappe Andeutungen:

Diese kurze Zeit im Dezember war für mich fast zu schlimm – könnt Ihr Euch vorstellen, ohne Waffe in den Wäldern und zwischen den Russen herumzulaufen. Was war es für ein Geschenk, sich plötzlich von einem deutschen Mädchen umsorgt zu wissen. Es war wie in einem kitschigen Film – deswegen kann ich es auch nicht erzählen. Aber vielleicht kommt noch einmal der Tag, wo ich Euch alles erzählen kann.

Sicher, so kitschig kann es zugehen, so Ufa-filmig empfunden werden, wenn ein Mädchen sich Mühe gibt, den Krieg wieder wettzumachen. Nur gut, daß er später eine solche Geschichte nicht geschrieben hat. Im Gegenteil. Das Mädchen, das in *Draußen vor der Tür* hilfreich an den Strand von Blankenese kommt, gerät in eine keineswegs kitschige Geschichte. Geschrieben dann gegen die billige Erwartung, wenn dem Liegenden unter die Arme gegriffen wird, wäre alles wieder gut.

Noch ist er weit davon entfernt, eine derartige Szene schreiben zu können. Und – erstaunlich, weil gegen alle frühere Anmaßung – er weiß, wie weit er noch von Literatur entfernt ist, und ist sich doch sicher, eines Tages wirklich etwas schreiben zu können.

Ich bin wie eine Schnecke, heißt es da, *die ihre empfindlichen Teile hinter einer harten Schale verbirgt und nur ihre Fühler in die Welt hinausstreckt – einmal aber werden diese Quellen in mir alles aufbrechen und wenn ich dann die rechten Schalen dafür finde, wird mein Leben sich vielleicht erfüllen und ich werde nicht ganz umsonst gelebt haben.*

Wenn auch in höchst abgegriffenen Wendungen formuliert, als hätte er nichts zu sagen – vielleicht in der Eile, unter der Hand des Hinschreibens, ein Gedanke, in der geringfügigen Abweichung vom üblichen Klischee. Zuvor hätte es seiner Vorstellung vom Dichten entsprochen, zu sagen:... werden die Quellen in mir aufbrechen... Immerhin heißt es nun... werden die Quellen in mir alles aufbrechen...

Ein winziger Schritt – die Schalen um das eigene Versteckspiel aufzubrechen, eine Form zu finden, in der ein Gedanke aus dem Widerspruch formulierbar wird.

Daß er es tatsächlich schafft, eines Tages, scheint weiter eher zunehmend unwahrscheinlicher. Im gleichen Brief liefert er eine Kostprobe dafür, wie sehr er sich noch immer mit einem schwachen Trost zu trösten weiß:
Und wenn Orkane auch das Werk
von Stirnen und Gehirnen
zu Elementen wieder machen,
denke doch!
Groß steht das Siebengestirn,
Kassiopeia und Mond.

Später wird sich zeigen, wie sehr seine besseren Absichten von seinem schlechten Gesundheitszustand abhängen – in dieser tragischen Konstellation, die seinen frühen Tod bedeutet, und seinem verhältnismäßig späten, erfolgreichen Versuch, das hier formulierte Ziel zu verwirklichen: Nicht umsonst gelebt zu haben.

Im Augenblick bedeutet die Krankheit: Leben – zwischen den vielen Toten im Seuchenlazarett vom Smolensk, deren Gräber vom Fenster aus zu sehen sind. Kein Wunder, daß er dieser Situation entflieht, sobald die Fieberanfälle nachlassen.

Am 25. Januar – andere Briefe müssen verlorengegangen sein – schreibt er den Eltern nach Hamburg:

Mutti hat immer den richtigen Riecher: Wenn ich schreibe »verlobt«, dann heißt es höchstens »verliebt« – aber es ist doch sehr dramatisch, wie immer bei mir. Also: Elisabeth Kunstmann, 27 Jahre, schwarz, groß, hochbeinig, Rheinländerin, genannt »Schwester Napoleon« – Überschrift: Romeo und Julia im Schnee.

Es ist aber immer dasselbe – das gefährliche Alter bei Frauen, wo sie sich auf die »Jünglinge« stürzen. Na, und ich bin ja auch nicht aus Holz. Jedenfalls macht sie in ganz große Liebe (wer weiß, ob echt oder gespielt?), während ich alles doch immer mit einem Zwinkern im Auge betrachten muß. Ihr könnt also auch in diesem Falle unbesorgt sein. Ich kann da ja doch nichts für – wofür ich im Moment auch mein Leben opfern würde, das erscheint mir im nächsten Moment winzig und dumm – jedenfalls geht es mir in der

Liebe immer so. Mussolinis These: Ja: das war gestern! – könnte ich mir auch ganz gut aneignen.

Und sicher ist die allgemeine Situation, in der Borchert sich augenblicklich befindet, mit einem einzigen Satz voll beschrieben:

Ja, und mit dem Fleckfieber ist das so eine Sache – hier ist ein Massenbetrieb und man weiß gar nicht, was in der nächsten Stunde mit einem geschieht.

Am 18. Februar meldet er sich aus Minsk, mit einem Rückblick auf die Ereignisse in Smolensk: *Wir hatten da so nette Ärzte und da es mir bei Diätkost ganz gut ging, habe ich bald auf der Schreibstube gesessen und der Erfolg war, als das Lazarett aufgelöst wurde, daß mich der Stabsarzt fragte, ob ich auch mit wolle – zurück – nach Westen! Ja, und so bin ich nun nach Minsk gekommen.*

Von einem russischen Mädchen, das er in Smolensk kennengelernt hatte, ist in auffällig unterschiedlichem Ton die Rede. Sehr beiläufig gegenüber den Eltern:

Von meiner Fina (so hieß das Mädchen aus Smolensk) hab ich noch einen kleinen silbernen Ring mit einem Herzen drauf bekommen – naiv, aber niedlich.

Zwei Tage später, in einem Brief an Hugo Sieker, erscheint die Beziehung zu diesem Mädchen wesentlich bedeutungsvoller.

... inzwischen habe ich viel erlebt, Furchtbares und Wunderbares! Furchtbar waren drei Tage bei Toropez, wo ich als Melder nachts durch die grauenhaften Wälder laufen mußte, furchtbar waren die Tage im Seuchenlazarett, wo jede Nacht die Toten rausgetragen wurden – aber dann war da auch viel Schönes! – ein wundervoller Arzt, ein kleiner Flirt mit einer Schwester – und dann ein paar wirklich märchenhafte Tage mit einem zarten russischen Mädchen – Fina – in Smolensk, wo die letzten Strahlen der untergehenden Sonne mit dem Gold der Kuppeln der Kathedrale kokettierten – aber im Hintergrund waren immer so häßliche Worte wie Enteritis, Gastritis und Hepatitis – andererseits dank ich es diesem »Leiden«, daß ich mich langsam westwärts bewege, der Erfolg steht noch aus.

Wie sehr er sich mit seinen Formulierungen den Empfängern anpaßt – offenbar aus Mangel an Zutrauen den eigenen Empfindungen gegenüber –, zeigt sich in einem Brief, den er am gleichen Tag über die gleichen Ereignisse an Aline Bußmann verfaßt. Wirkliches kommt kaum noch vor, die Sätze werden ins Abstrakte gehoben, so wie er sich anscheinend Literatur noch immer vorstellt.

... der große Ernst, der uns alle und alles Geschehen umgibt, hebt diese wenigen heiteren, süßen oder schönen Momente noch betonter heraus, so daß man die Erinnerung daran wie kostbare Schmuckstücke bewahrt, wie einen alten Ring an der Hand, den man oft in einsamen und traurigen Stunden besieht und Trost an ihm findet. Und ich freue mich, daß ich selbst in Rußland solche Schmuckstücke sammeln konnte...

Offenkundig, es ist schwer, unter den eigenen Einfluß zu kommen.

Die Dinge des Krieges und das, was man in ihm erlebt, eignen sich nicht für Briefe an Euch, heißt es aus Minsk an die Eltern, und spätestens hier, wo er es hinschreibt, fällt auf, wie selten bei Borchert das Wort Frieden in seinen Briefen und später in seinen Geschichten vorkommt – *und alles andere erscheint so unwesentlich – man hat ja nur einen Wunsch und eine Sehnsucht: Frieden – und dieser Gedanke ist so groß, daß alles andere daneben zu gering erscheint, als daß man viel darüber nachdenkt.*

Ein langer Satz, der begreiflich erscheint – mit diesem Fingerzeig auf Selbstbehauptung und doch resignierend, es könnten Ansichten sein, die von den Eltern letztendlich nicht verstanden werden. Was er zur Begründung anführt – angenommen er denkt es wirklich so –, es wird sich wandeln. Denn gerade die schlichte Formel: Hauptsache Frieden! wird es für ihn später so nicht geben, die irrige Hoffnung, nach dem einstweiligen letzten Schuß sei alles gut. Mehr als andere wird er darüber nachdenken – daß alles andere nicht einfach alles andere ist.

Und dann schreibt er einen Satz, den er vier Jahre später selbst lesen wird, in Briefen die ihn nach seinem Hörspiel erreichen werden. So, oder ähnlich: *Wir wollen auch gar nicht so viel über alles nachdenken, sonst wird alles noch viel schwerer zu ertragen.*

Heidi (gemeint ist Heidi Boyes) *hatte mir ein Heft über Modersohn mit Briefen von Rilke geschickt – und Hölderlin hab ich auch da, das hilft über vieles hinweg...*

Ende Februar schreibt er aus Radom an die Eltern: *Ich werde nun doch wohl noch etwas länger hierbleiben, denn vorläufig geht es mir eher schlechter als besser...*

Aber dann, mitten im Brief, heißt es: *Eben erfahre ich, daß ich morgen mit dem Lazarettzug nach Deutschland komme – aber noch bin ich nicht da. Aber schön wäre es schon, sonst müßte ich mich schon wieder verloben...*

Als sei es ein anderer Krieg, als gäbe es wirklich keinen beängstigenden Grund für diese Heimatreise. Am 3. März teilt er rundum seine neue Adresse mit, optimistisch die Eintragungen in eine vorgedruckte Karte an Hugo Sieker:

Ich befinde mich im Lazarett. Es geht mir *lyrisch,* denn ich fühle den nahenden Lenz. Meine Anschrift lautet: *Wolfgang Borchert,* Dienstgrad *Funker, Reservelazarett Elend/Harz, Abteilung Hubertus.*

Von hier aus entwickelt er sofort eine recht unbekümmerte Aktivität, als sei der Krieg so gut wie vorbei, als sei es nun Zeit, die alten Pläne zumindest per Post wieder in Gang zu setzen.

Den verblüfften Eltern teilt er mit: *Wenn ich zu meinem Genesungsurlaub noch meine 3 Wochen Fronturlaub bekomme, soll ich in Lüneburg im* Goldenen Dolch *von Apel (Sonnenstößer) den jungen Fürstensohn spielen. Das Stück spielt in Japan. In Altona hat damals Lauffen die Rolle gespielt – war aber nicht jung genug.*

Pläne, die, wie sich zeigen wird, nicht nur gegen den gesundheitlichen Zustand gemacht sind, in dem er sich befindet. Da sind andere, nicht weniger unerfreuliche Zustände, da ist Krieg, und es hilft wenig, ihn mit Optimismus zu ignorieren wie die eigene Krankheit, von der nur andeutungsweise die Rede ist:

Gestern bin ich schon eine Stunde spazieren gewesen in der wunderbaren Harzluft – hinterher war ich aber noch recht erschöpft. Es ist ja auch kein Wunder – meine Jacke schlackert mir nur so um den Körper und in die Stiefelschäfte können noch 2 mit rein. Aber ich fühle mich sonst ganz gut und Ihr braucht Euch wirklich nicht um mich zu sorgen.

Aline Bußmann gegenüber ist er ein wenig mitteilsamer, was die zurückliegenden Ereignisse angeht:

Ja, es war ganz merkwürdig – fast am gleichen Tag wie vor einem Jahr wieder nach Deutschland – in den deutschen Frühling zu fahren. Und ich bin für alles so dankbar geworden – das letzte Jahr hatte mir doch wohl etwas zu häßlich mitgespielt. Doch muß ich sagen, ich war fast gefeit für die grauenhaften Tage vor Weihnachten bei Toropez, wo wir innerhalb von 4 Tagen 5 Kompaniechefs verloren haben und uns oft genug nachts gefragt haben – siehst Du die Sonne morgen noch aufgehen? Fast gefeit – aber die helle Angst hat mich doch oft gepackt, wenn die erdbraunen Gestalten plötzlich mitten unter uns waren – denn ich war immer nur auf meine arme harmlose Leuchtpistole angewiesen – also praktisch ganz wehrlos. Aber dann bekamen wir einen neuen Chef, der sagte, er könne es nicht mitansehen, daß ich ohne Waffe und dazu noch als Melder immer allein da vor den Russen rumliege und ich kam dann in den Bataillonsstab – Adolf Hitler war im Weltkrieg ja auch Bataillonsmelder – ich trat also in geweihte Spuren, aber an dem Tag kamen wir in Ruhe.

Nun scheint das neue Jahr ihm fröhlicher *mitzuspielen*, und nach der Devise, daß länger darüber nachzudenken nur hieße, es schwerer zu ertragen, trägt er es leicht. Der Komödiant, der erst nach dem Krieg dem Krieg näher sein wird als je zuvor. Nun dichtet er Verse, die geeignet sind, im Lazarett, im Kreis der einstweilen Mit-Entkommenen, Furore zu machen. Und dazu gehört nicht viel.

In einem zweiten Brief an Aline Bußmann vom 9. März 1943 gesteht er, daß er mit Dantes *Neuem Leben* wenig anzufangen weiß, daß er da *nicht so ganz mit kann. Vielleicht,* schreibt er, *ist es auch nur der Stil, der etwas befremdet. Kennst du es? Es ist ein Inselband.*

Und nicht nur das. Verständlich, die Geschichte mit der Beatrice liegt einige hundert Jahre weit entfernt. Nur, wohin er sich mit seinem eigenen Stil entfernt, ist denn doch noch um einiges befremdlicher.

Dem Brief an Aline Bußmann liegen die neuesten Schöpfungen bei:

Klosterfrühling
Die Nonne saß in ihrer Zelle
und fühlte eine Hitzewelle
in ihren Busen steigen:
Der Frühling stimmte seine Geigen.

usw. – wir wissen schon, sie muß über die Mauer. Oder:

Der arme Sultan
Ein Sultan hatte dreizehn Damen,
die nächtlich ihn besuchen kamen –
die ganze Nacht war ein Gewandre

usw. – wir wissen schon, er haucht sein Leben aus. Erschütternd auch folgende Weisheit:

Der Wurm
Ein kleiner Wurm – ein hoher Turm:
Das wurmt den kleinen Wurm –
Warum ist denn so hoch der Turm?
Warum bin ich so klein, ich Wurm?
Dem Turm werd ich's schon zeigen:
Ich werde ihn besteigen.

usw. – bis hin zum guten Rat:
Drum, Mensch,
erklettere niemals einen Turm,
wenn du
so winzig bist wie dieser Wurm.

Nach dem Ritt in höchste Höhen nun das Reimen schnöder Plattheiten weiter unten – an allem Tatsächlichen vorbei, hoch drüberweg, oder tief unterdurch. Dummheiten, die nicht besser werden, weil sie von einem Wolfgang Borchert aufgeschrieben wurden.

Aber wahr ist auch: Keiner weicht der Realität mehr aus als der Betroffene. Bis hin zum Gehtnichtmehr. Die Dialektik macht ihre Sätze aus diesen merkwürdigen Vorgängen. Daß die Wahrheit, eh sie in ihrem neuen Glanz erstrahlt, eben auch eine Katastrophe für den bedeutet, der sich ihr nähert. Auch wenn wir wissen, daß Selbstbetrug tödlich sein kann, wir bleiben mutig feige, wir fürchten den Abschied von unseren eingeübten Dummheiten, denn gerade sie lassen leben, schützen vor der Katastrophe, in die sie führen.

Im Brief liegt ein viertes Gedicht. *Einsamer Abend*. Da ist von den bekannten Hunden die Rede, die sich unterm Galgen balgen, von den Damen, die nicht kamen, und alles zusammen mündet dann in eine tantenhafte Halb-so-schlimm-Stimmung, wie sie erschreckender kaum sein kann:

Doch:
>   Lebe nur zu –
>   die traurigsten Stunden
>   hast du hernach
>   oft heiter gefunden!

Denn:
>   Mitten durchs Leben
>   tanzen, wie's scheint,
>   Tragik und Komik
>   munter vereint!

Um es in seinen eigenen Bildern zu sagen: Diese Jahrmarktsverse kommen natürlich aus der Klosterzelle.

Dringen die Nachrichten von dem, was unmittelbar in diesen Tagen geschehen ist, nicht bis in den Kriegswinkel eines Reservelazaretts, nicht bis in den kleinen Harzort Elend?

Stalingrad?

Oder der erste von den Nazis selbst in die breite Öffentlichkeit getragene Fall von Widerstand gegen den Krieg, zum ersten Mal in den Zeitungen nicht verschwiegen, zur

Abschreckung. Hört er von den Hinrichtungen in München?

Später ist es so einfach wie naheliegend, ihn und die großen Zeitereignisse allzu logisch zu einem widerspruchslosen Bild zusammenzufügen.

Die Erwartung mag wohl sein, daß Borchert nach diesen großen Ereignissen Verse sehr anderer Art niederschreibt, aus Betroffenheit, aus Leidenschaft. Der spätere Klang seines Namens läßt eine andere Spur von Zeit erwarten, einen gescheiten Satz in Briefen, der zumindest ahnen läßt, daß da einer gedacht hat, läßt vermuten, daß es sich für einen Wolfgang Borchert verboten hätte, derart störrisch banale Verse zu Papier zu bringen.

So wie sie dastehen, könnten seine Verse wie der ausgelassene Jux eines Glücklichen scheinen, der sich in Sicherheit weiß.

Und tatsächlich, gemessen an dem, was an der Front auf ihn zukommen würde, scheint die Krankheit wie ein Geschenk des Himmels, wie ein Glück in Fortsetzungen, mit Genesungsurlaub und Fronturlaub, mit dem Glück, mitten im Krieg, im totalen Krieg, auf einer Bühne in der Heimat stehen zu können, als glücklicher Komödiant, ... *sonst mache ich nämlich Krach*, schreibt er den Eltern. *Jetzt können sie mir nämlich nichts mehr anhaben und ich nehme mich in acht vor dieser Art von Gefahren.*

Sätze, die klingen, als sei er den Androhungen nun doch, wenn auch auf Umwegen, kapitulierend auf den Leim gegangen.

Einstweilen nichts, was den Klang seines Namens begründen könnte, nichts, was seinen Namen später in die Nähe anderer Namen bringt.

Im November 1942 kam ein junger Soldat von der Ostfront zurück. Drei Jahre älter als Borchert, Medizinstudent in München. Hans Scholl. Seine Schwester, Sophie Scholl, ist wie Borchert 1921 geboren. Noch stehen diese Namen weit auseinander – Borcherts Gedichte nehmen sich absurd aus gegen den Mut, zusammen mit Freunden, verschworen zum Kern der studentischen Widerstandsorganisation *Weiße Rose*, Flugblätter gegen den Krieg zu schreiben, sie im Keller einer Münchner Atelierwohnung selbst zu vervielfältigen, sie zu verteilen gegen alle Gefahr, mit der einmal gewonnenen Überzeugung, daß dieser Krieg in Deutschlands Untergang führt, daß er beendet werden muß.

Unmittelbar nach Stalingrad, in einem ›Aufruf an alle Deutschen!‹, heißt es: »Zerreißt den Mantel der Gleichgültigkeit...! – Entscheidet Euch, ehe es zu spät ist!«

Borchert, wenn auch nicht so gleichgültig, wie es scheint, hat sich in einen Mantel gehüllt.

Später, wenn mancher leichtfertig das Schlimmste vorbei glaubt, wird Borchert mit gleicher Leidenschaft sein Anti-Kriegs-Manifest formulieren: *Dann gibt es nur eins!* Dann, wenn es selbstverständlich, also überflüssig scheint, keinen Krieg zu wollen, wenn zwischen den Trümmern mehr Überlebensoptimismus herrscht, als Ruinen-Fotos heute glauben lassen. Dann, wenn die allgemeine Hoffnung, alles würde gut, nicht selten die Naivität eines billig gereimten Verses haben wird.

Am Morgen des 18. Februar 1943 lesen die Vorbeigehenden in der Münchener Ludwigstraße an den Häuserwänden: Nieder mit Hitler! Über dem Eingang der Universität steht, hastig mit Ölfarbe hingeschrieben: Freiheit! An diesem Morgen sieht Sophie Scholl zu, wie zwei Frauen das Wort mit Wasser und Sand wieder entfernen. Ihr Bruder hat es in der Nacht zusammen mit Freunden unter Lebensgefahr da angebracht. Die Frauen, die es entfernen, können es nicht einmal lesen, sie sprechen kein Deutsch – es sind zwangsverpflichtete Frauen aus der Sowjetunion. Lebende Kriegsbeute. Die erzwungene, bittere Ironie des Vorgangs kann bedrückender kaum sein.

Am Morgen des 18. Februar fallen Flugblätter in den Lichthof der Münchener Universität. Schon am Tag darauf schreit Freisler das Todesurteil. Dann folgt ein Sonnabend und ein Sonntag. Die Hinrichtung findet am Montag statt, am 22. Februar 1943.

Der Mutige, heißt es in der üblichen Redewendung, sei unerschrocken. Aber wahrscheinlich ist es anders. Wahrscheinlich ist gerade der Mutige erschrocken, darüber, was andere nur schrecklich finden.

Borchert bleibt weiter der Großspurige mit den schmalspurigen Versen, den wirren Vorstellungen von einer schönen Freiheit. Immer noch träumt er von theatralischen Heldentaten, wie gleichgültig über alle wirklichen Ereignisse hinweg, übermütig einem gereimten Unfug verschrieben, der mit Humor allein nur schwer zu erklären wäre.

Heute will es kaum angängig scheinen, daß das Folgende Anfang 1943 von Wolfgang Borchert geschrieben wurde.

Seelenwanderung
In Borneo trug man einen Neger
zu Grabe. Es war ein Kopfjägerneger.
Und nach neun Monaten kaum
wuchs aus seinem Grab ein Gummibaum.
Den Gummisaft aber transportierte man
in die Textilfabrik von Astrachan.
Nun dient der tote Borneoneger
Herrn Puchmeier aus Hamburg als Hosenträger.

Mit geradezu kindlicher Naivität bleibt er dabei, unbedingt in der Tageszeitung, im *Hamburger Anzeiger*, Gedichte veröffentlichen zu wollen, gänzlich unabhängig davon, was sonst noch in diesen Zeiten in der Zeitung steht, von ihm mit Reimen garniert würde, falls die Verse den Weg bis in die Druckerei fänden.

Wieder hat er eine Serie abgeschickt, wieder ist fraglich, um welche Verse es sich handelt, wieder wandern sie in der Redaktion am Hamburger Gänsemarkt in die Mappe. Der Bezug zur Zeit wird sein, daß in wenigen Monaten Bomben drüber fallen.

Hugo Sieker antwortet am 10. März 1943:

»Der Frühling veranlaßt Sie ja zu einem wahren Bombardement auf uns Schriftleiter. Aber es freut mich, daß sich die Lebensgeister in Ihnen so stark wieder regen. Ein gehöriger Schuß Bitterkeit ist in Ihre neue Lyrik eingeflossen. Diese Bitterkeit steht ihr nicht schlecht, nur hat es wohl nicht viel Sinn, Sie mit diesen neuen Dingen in der Zeitung vorzustellen. Ich werde nächstens eine kleine Auswahl aus allem treffen, was sich bisher von Ihnen in meiner Mappe angesammelt hat – eine Auswahl des nach meiner Anschauung besten aus den verschiedenen Zeiten. Und mit diesem lyrischen Sammelblatt, das wir zu allem anderen vielleicht auch noch kunstvoll graphisch ausstatten werden, mögen Sie dann einmal im HA starten.«

Immerhin, es ist eine positiv klingende Absage, mit Aussichten, die sich zwar nicht realisieren, das ›lyrische Sammelblatt‹ kommt nicht zustande, aber Borchert sieht doch Ziele näherrücken – sofort verspricht er in seinem Gegenbrief vom 13. März weitere *Kapriolen* aus seiner *Feder voll Tatendrang*.

Noch ehe sich sein Wunsch, in Lüneburg während des Urlaubs Theater zu spielen, zerschlägt, hat er eine neue Idee, die weiter reicht. Im Brief an Sieker heißt es:

Ich weiß nicht, ob ich Ihnen schon geschrieben habe, aber ich trage da so eine tolle Idee mit mir rum – Ideen von der Gründung eines Theaters – nach dem Kriege, versteht sich. Oder ist es eine Utopie – daß man irgendwie in Hamburg ein kleines altes Kino einrichtet und da mit wenig Geld + viel Idealismus eine Art Kammerspiele aufmacht, nicht, um etwa alle bestehenden Theatergesetze umzustoßen, sondern nur, um zu zeigen, daß wir Jungen auch selbständig spielen können. Ja, ich weiß nicht – aber ich glaube, mit einigem Willen und viel Temperament müßte sich das schaffen lassen.

Sieker zeigt in seinem Brief vom 19. März Verständnis für diese Idee, stellt es Borchert anheim, dafür öffentlich zu werben, mit einem Beitrag in der Zeitung. »Immerhin«, heißt es da, »halte ich es doch für notwendig, vernünftige Pläne für normale Zeiten schon heute zu fixieren. Überlegen Sie sich die Angelegenheit darum nochmals gründlich und versuchen Sie, ob sich eine Form finden läßt, die Ihnen nicht als himmelblauer Romantizismus ausgelegt wird.«

Im *Hamburger Anzeiger* erscheint kein Artikel zu diesem Thema. Die angeratenen gründlichen Überlegungen finden offensichtlich nicht statt. Aber das Theater wird es gut zwei Jahre später geben, nicht nur auf dem Papier, und doch ohne Spielplan, denn es wird sich sehr schnell als zu himmelblau gedacht erweisen.

Seit dem 13. Januar ist aus dem Krieg ein ›totaler Krieg‹ geworden, seit der *Erlaß über die totale Mobilmachung aller Männer und Frauen für den Kriegseinsatz* in Kraft ist. Verstärkt haben Frauen die Arbeitsplätze von Männern eingenommen, kriegsunwichtige Betriebe sind geschlossen, UK-Stellungen aufgehoben. Der Wahnsinn verschlingt Soldaten, der verbissene Kampf gegen das unabwendbare Ende beginnt.

Borcherts Briefe klingen, als wären es großzügig freundliche Zeiten, in denen ein langer, ruhiger Lazarettaufenthalt ganz selbstverständlich sei, ohne Grund für die Eltern, darüber etwa besorgt zu sein. Um seinen Gesundheitszustand aber steht es wesentlich schlechter. Möglich, daß er sich nun auf dem Wege der Besserung glaubt und erst dieser Umstand es ihm möglich macht, darüber wenigstens in Andeutungen zu berichten.

In einem undatierten Brief an die Eltern heißt es: *... wäre es für Euch tröstlicher gewesen, wenn ich Euch geschrieben hätte, daß im Seuchen-Typhuslazarett Smolensk täglich ein halbes Dutzend Tote rausgetragen wurden und daß auf dem Friedhof vor unserem Fenster über 700 Kreuze waren – 700 Gräber allein von Fleckfieber Toten?! Und hätte ich erzählen sollen, daß ich in Minsk und Radom jeden Tag einen Schlauch schlucken mußte, heiß Wasser da rein und dann eine Stunde lang Galle gebrochen habe – siehst Du, dann ist es doch schon besser, ich erzählte von nebensächlichen Dingen, von Finas, Katjes und Schwestern, und noch son spiöken Kram... Na, und daß ich morgens Brei und mittags Brei und abends Brei bekomme, ist doch auch nichts für einen Brief – aber Ihr braucht Euch trotzdem keine Sorgen zu machen, ich wiege immer noch 135 Pfund – und auch die Härchen wachsen schon wieder, zwar sehe ich noch aus, wie ein gerupfter*

Hühnerpopo, aber da mache ich mir so wenig draus – zumal es mir trotz des Glatzköppis nicht schwer gefallen ist, Schwestern allen Alters, Russinnen + Polenmädchen zu ›betören‹ – überhaupt das einzige Vergnügen, was uns noch geblieben ist, denn zu ernsthaften oder tiefschürfenden Dingen kann man sich doch so wenig aufraffen.

Es steht ernst um ihn, und es ist anzunehmen, daß die Ärzte zumindest den Verdacht ausgesprochen haben, die Krankheit könne nicht heilbar sein, schlimmstenfalls. Anzunehmen, daß er ahnt, was ihn nun schon seit Monaten von der Kampffront verschont. Kein Wunder, daß er unter diesen Umständen vom Anblick der Grabkreuze in den *spiöken Kram* geflüchtet war.

Sein Brief beginnt mit einer kaum auffälligen Merkwürdigkeit: Die Wahrheit wäre nicht tröstlich gewesen. Warum, läßt sich fragen, sollte sie es sein? Eine sehr einfache Erklärung wäre möglich. Der rücksichtsvolle Sohn möchte nicht beunruhigen. Aber daß er mehr gegen die Sorgen schreibt, die er hat, als gegen die, die er auslösen könnte, liegt doch zu sehr auf der Hand. Und das Verfahren ist eingeübt, locker alles Bedrohliche, soweit nur irgend möglich, von sich wegzuspielen, wegzuschreiben – in Gedichten, in Briefen, lächelnd mit hochgezogenen Augenbrauen. Ungeheuer üblich, wie Jedermann – in dieser selten totalen, beschwörenden Zuspitzung. Was er später schreiben wird in seinen Geschichten, wird viel weniger direkte Erfahrung mit Krieg und Zeit sein als Erfahrung mit dem Entfliehen daraus. Und eben auch eine Erfahrung mit dem Entfliehen aus der Krankheit.

Seinen Beschreibungen nach hat er Gelbsucht. Möglich, daß die Ärzte sein Fieber zunächst als Anzeichen für Fleckfieber deuten. Dem nur kurzen Aufenthalt in Smolensk nach zu urteilen, hatte er vermutlich kein Fleckfieber. Vielmehr mag es sich um die ersten akuten Anzeichen einer allgemeinen Lebererkrankung handeln, die nun sein Leben bestimmen wird. Sein Leben, hastig in den Pausen der Krankheit, sein Schreiben, seinen Tod. Und wenn er es auch nicht weiß – er wird es ahnen. Ahnen, daß den Tatsachen, mit denen er eigentlich nichts zu tun haben will, nicht mehr zu entfliehen sein wird.

Daß es zurück in Richtung Heimat ging, war nicht der zufällig glückliche Umstand, wie in den Briefen beschrieben. Er weiß es – und gibt sich aus Furcht optimistisch. Denn wenn sich bestätigt – und am Ende wird es sich bestätigen –, daß er entweder an Cholangitis (Gallenwegsentzündung) oder an Leberzirrhose ursächlich erkrankt ist, wird bei Diät und allgemein vorsichtiger Lebensweise kaum noch die *schönste Zeit* seines Lebens, das große komödiantische Abenteuer, wiederholbar sein. Eines Tages wird dies die wirklich endgültige Ausweglosigkeit bedeuten – mit sich selbst eingesperrt zu sein. Eine Situation, wie sie dann in der *Hundeblume* beschrieben ist – als ein Eingesperrtsein mit sich selbst, mit der Furcht vor sich selbst.

Daß er erst sehr spät, und dann auch nur indirekt, den Eltern die Tatsachen nennt, könnte scheinen, als sehe er die Krankheit wie einen Verstoß gegen das Versprechen, nun vorsichtig sein zu wollen, wenigstens äußerlich mehr üblich-normal, ohne Auffälligkeiten. Ein zunächst absurder Gedanke, denn erfrorene Füße und Fieber sind etwas schuldlos Objektives. Und daß er in den Krieg gezogen ist, wo man sich beides holen kann, werden ihm die Eltern nicht vorhalten, so wünschenswert derartige Zeiten auch wären.

Es ist nicht seine Schuld – und doch spricht er in einem anderen Brief von *Sünden*, also durchaus von Schuld.

Im April gerät die Krankheit zum ersten Mal in eine Art von Bilanz. Borchert schreibt einen Brief aus aneinandergereihten Gedichten. Literarisch bleiben sie uninteressant, wenngleich sie sich von manch anderem Reim im Ton unterscheiden. Interessanter, daß Borchert sich später, wenn ihm wirklich Literatur gelingt, in einer ähnlichen Lage befindet, statt im Lazarett dann nach dem Krieg in einem Hamburger Krankenhaus. Jetzt sind es Gedichte, dann wird es *Die Hundeblume* sein.

Meine liebe Aline – soll ich Dir etwas von meinen Tagen in Elend erzählen?! Hör zu:

> Wenn es dunkel wird
> Über eine Stunde
> trommelt nun schon so
> die Fliege gegen das Fenster.
> Eigentlich bin ich froh –
> aber im Hintergrunde
> sind immer irgendwelche Gespenster.
> Die Fliege summt eine monotone Klage –
> warum kann das Tier
> nicht fröhlich an der Lampe schaukeln?
> Warum müssen vergangene Tage
> mir immer meine Sünden vorgaukeln?
> Was will die Fliege von mir?

Im Brief an die Eltern kommen diese *Gespenster* nicht vor – so wenig, wie er hier die *Sünden* näher beschreibt.

Zeilen, die an einen Brief erinnern lassen, geschrieben damals, unmittelbar, bevor er in die Kaserne gemußt hatte, als von reichlich Alkohol die Rede war. Daß er nun im Krieg, an der Front, nochzu mit seinen Beziehungen *nach oben*, davon frei bleibt, ist kaum anzunehmen. Zur Munition gehört auch Schnaps, damit aus Befehlen ein richtiger Krieg wird. Was sollte ansonsten mit *Sünden* gemeint sein? Kaum als Ursache, wohl aber mit schlimmen Folgen.

Zwischen gereimten Erinnerungen an Frauen und Mädchen die Befürchtung:

> Manchmal sagst du dann bange
> zu deiner Uhr:
> Geh nur
> nicht so schnell,
> denn es bleibt nicht mehr lange
> so hell.

Und wie ein Grundmuster zu allen Laternengedichten, als Bild für Vergeblichkeit, die Erinnerung:

Abschied

...
Die Laternen blinzeln verlegen
durch den Regen
hinter mir her –
ich hab dich nicht mehr!
Kein Mond scheint,
es schlägt halb vier
und die Nacht weint
leise mit mir.

Letztlich bleibt es eine Bilanz mit roten Zahlen, mit einer bedrohlichen Prognose für die Zukunft – in über hundert Zeilen, in denen die Zeit, der Krieg, nicht vorkommt. Und was er sagt, bleibt in der gezwungenen Enge des Reims, in dem das, was er nicht zu sagen weiß, tatsächlich ein Stilbruch wäre.

Am Schluß scheint es dann, als sei alles nur aufgeschrieben, um es mit einer großzügigen Macht-ja-nichts-Haltung wieder zur Seite zu schieben. Und das wäre immerhin eine Haltung, hart genug, um bald zu zerbrechen, knickte sie nicht mitten im Vers um in die melancholische Bescheidenheit, sich dann eben von einem kleinen Augenblicksglück froh machen zu lassen. Und der Vers ist freilich so platt wie die Haltung, aus der er gereimt wird.

Das Glück ist zum Glück
immer nur ein Augenblick –
Leid
hat meistens mehr Zeit.
Und darum wird man nach langem Leiden
so bescheiden
und ist so froh
für jeden Augenblick
Glück.

Sein Urteil über die Zeit hat er knapp auf eine Postkarte geschrieben, am 17. März an Aline Bußmann. Eine Ansichtskarte, die den *Deutschen Harz* zeigt, über Hügeln im Sonnenlicht ein überdimensionales Hakenkreuz, wie eine Naturerscheinung. Auf der Rückseite fügt er zum *schönen Gruß* die Feststellung: *Gottes Wunder hören nimmer auf!* Das klingt, kurz und knapp, als sei jedes weitere Wort überflüssig – und klingt auf jeden Fall besser als die voranzitierten Reime zusammen.

Weniger bescheiden in den Glücksvorstellungen hatte zwei Jahre zuvor der Wunsch geklungen, für ein *wunderschönes, großes Ziel vor Augen* alles ertragen zu wollen: *1943 unser endgültiges Wiedersehen...*

Geschrieben in den Abschiedsbrief an Heidi Boyes. Nun, 1943, gibt es dieses Wiedersehen, wenn auch nicht endgültig, wenn auch nur für einen neuen Abschied mit neuen Ungewißheiten. Heidi Boyes kommt nach Elend. Bei einem Waldspaziergang fotografiert sie ihn: Die Tabakspfeife im Gesicht, die Haare noch kurz vom Seuchenverdacht, in Uniform und Stiefel – macht er weder einen besonders kranken noch einen besonders heiteren Eindruck, soweit das der winzige Augenblick des Fotografierens festhielt. Und wohl doch einigermaßen optimistisch: Der fehlbesetzte Komödiant, im Vertrauen darauf, daß bald ein passenderes Stück auf den Plan kommt. Heidi Boyes, das heißt Besuch aus alten schönen Tagen, die für einen Augenblick wiederholbar scheinen, bald, wenn es möglich wird, den Rock des Weltkriegssoldaten mit dem Kostüm eines Fürstensohns vertauschen zu können im Urlaub vom Krieg.

Und dieser Urlaub rückt näher.

Den Eltern rät er ab, nach Elend zu kommen, denn alles sei *elend* teuer, und ohnehin sei er ja bald wieder daheim in Hamburg.

Zu seinem 22. Geburtstag entschließt sich die Mutter aber doch, ihn zu besuchen. Am 19. Mai erwartet sie ein ausgelassen fröhlicher Sohn, der noch einen Stubenkameraden mit zum Bahnhof gebracht hat, vorgestellt als ›Berliner Schnauze‹. Kein Zweifel, es sind die beiden Stimmungskanonen des Reservelazaretts. Sie spürt sofort, er braucht keine Hilfe, er weiß sich zu helfen, er ist frei von gefährlich-grüblerischen Gedanken. So jedenfalls sieht es aus – stimmen wird es gegen die zweite Hälfte seines Widerspruchs nicht, aber es sieht so aus, und genau das ist ja der Zweck der Übung. Anders als bei anderen Besuchen mischt sich in die schlaflose Nacht der Mutter ein Gefühl von ruhiger Zufriedenheit, alles könne doch noch gut ausgehen.

Am folgenden Nachmittag treffen sie sich zum Tee in der kleinen Pension, in der die Mutter untergekommen ist. Er hat wieder den lustigen Berliner mitgebracht, und so ist keine Gelegenheit, darüber zu reden, was sich in den zurückliegenden Monaten wirklich ereignet hat. Von ihm wohl gewollt, und von der Mutter kaum bedauert, mit dem Gefühl, daß es besser ist, nach vorn zu denken, auf einen glücklichen Ausgang zu, wie immer der auch zustande kommen soll. Kaum anzunehmen, daß es eines Tages einfach nur überraschend im Radio heißt, er sei aus, so, wie es einmal hieß, er sei da, der Krieg. Aber auch das ist kein Thema für eine Geburtstagsfeier.

Bücher, Papier und Tabak – die Geburtstagsgeschenke. Aber er ahnt wohl, daß die Mutter sich nicht traut, alles aus ihrer Tasche auszupacken. Er sieht nach, und da ist denn auch noch das, was seit frühen Jahren zum 20. Mai gehört: kleine grüne Laubfrösche aus einer Zucker-Gummi-Masse. Es gibt sie auch in totalen Kriegszeiten unverdrossen weiter zu kaufen. Der große Junge in seiner Uniform jubelt. Ein Jahr zuvor hatte er diesen Tag in einer Nürnberger Gefängniszelle zubringen müssen.

Hertha Borchert fährt zuversichtlich zurück nach Hamburg, wie sie glaubt, mit guten Nachrichten. Die weniger guten Nachrichten kommen schon bald hinterher.

Der Urlaub, der so sicher schien, fällt der ›totalen Mobilisierung‹ zum Opfer. Im Mittelabschnitt der Front stehen großangelegte Kampfhandlungen bevor. Gebraucht werden Nachschub-Soldaten. Daran ändert auch Krachmachen nichts.

Aus der Traum: *In Weimar, in Schwabach und Nürnberg, in Saalfeld und in Jena – überall fuhr nachts die Eisenbahn und ihr Lied war immer so traurig – hier bimmelt sie auch an meinem Fenster vorbei, aber lustig: No Hus, no Hus...*

Anfang Juni packt Wolfgang Borchert im Lazarett seine Sachen zusammen – seine neue Anschrift lautet: Panzergrenadier Wolfgang Borchert, 7. Genesungskompanie, Panzergrenadier-Ersatzbataillon 59, Jena.

Wieder in der Kaserne – vor sich die Front. Und wie aus einer Vorahnung, möglicherweise eines Tages wieder Hilfe nötig zu haben, heißt es in einem Gruß an Dr. Hager: *Wenn man nur ein weniger empfindsames Innenleben hätte!* Am 13. Juli folgt eine Karte: *Einen Brief kann ich nicht schreiben, da ich fürchte, er könnte etwas nach Weimar riechen – es ist wohl so, daß ich zu empfindlich bin!*

9
Was auch geschieht:
Immer noch heiter

Zum Kasernenleben kommt in Jena die Nachricht vom Tod des Oberleutnants – ›gefallen‹ – dieser Mann, mit dem zusammen er einmal die *elegante Welt* der Stadt *unsicher gemacht* hatte. Die alte, heitere Ausflucht zur Dienstpflicht hat nun ihren bitteren Beigeschmack – ganz abgesehen von den *Gespenstern*, die weiter hinter jedem fröhlichen Abenteuer stehen, lebensrettend, eh sie sich als tödlich erweisen.

Spätestens hier muß ihm bewußt werden, wie sehr Krankheit bedeutet, am Leben geblieben zu sein – wie sehr Gesundheit lebensgefährlich wird, weil sie an die Front führt.

In schlimmen Zeiten eskaliert auch die Hoffnung – für Borchert ist nun schon ein Ausmaß an Optimismus nötig, das kaum noch aufzubringen ist. Kein Wunder, daß ihm jeder Optimismus einmal höchst verdächtig sein wird.

Die Nachricht vom Tod wird zum Anlaß, das *Requiem für einen Freund*[21] zu schreiben. Sieker bestätigt den Empfang am 9. Juli.

Nach *Die Blume* ist es Borcherts zweiter Prosa-Versuch – erfolgreich, da er nicht in die bewußte Mappe wandert, erfolglos, da bei näherem Hinsehen doch nur ein Kuriosum bleibt. Im Jahr zuvor hat er für Brief-Äußerungen über den Krieg – Kameraden sind für nichts und wieder nichts gefallen – eine Gefängnisstrafe verbüßt. Nun äußert er sich zum gleichen Thema, und doch in einer Weise, die in der Redaktion des *Hamburger Anzeiger* keinen Kopf und Kragen kostet, zu einer Zeit, in der die Gestapo fieberhaft nach ›zersetzenden‹ Äußerungen fahndet. Es bröckelt an der deutschen Glaubensfront, in diesem Krieg würde für den Sieg gestorben. Aber, und das macht diesen Text so kurios, Borchert ist keineswegs bereit, ein Zugeständnis zu machen, um gedruckt zu werden, das Krepieren an der Front nun für sinnvoll zu halten – und doch läuft sein Text letztlich darauf hinaus. Wenn auch verschwommen und mit Sicherheit ungewollt, letztlich gerät er zur Kriegsverherrlichung. Und das, da seine Vorstellungen von Literatur noch immer bedeuten, schwülstige Gefühlsballungen in höchste Höhen zu treiben, Bedeutung aus angelesenen Bildern zu fabrizieren.

Auch Borchert fällt noch einmal darauf herein, den Krieg als Gelegenheit für die sogenannten tieferen Empfindungen zu benutzen, allzuoft eilig für besonders humanistisch gehalten.

Nach dem ersten Weltkrieg – 20 Jahre nach der Entstehungsnacht, hatte Rilke versucht, seinen Cornet-Erfolg in friedliche Bahnen zu lenken, mit der Versicherung: »Da war nicht Krieg gemeint...« Aber auch durch den zweiten Weltkrieg schleppt nun manch feinsinniger Soldat die ›Weise von Liebe und Tod‹ wie einen Sinn durch die Sinnlosigkeit. Borchert hat sie auswendig im Kopf, und er weiß nun, was Krieg ist. Denkbar, daß beides sich zu stoßen beginnen könnte, daß der schwülstige Dahinritt auf dem Papier doch anfangen könnte, fader zu klingen.

Aber im Gegenteil, er scheut sich nicht, seine Zeilen für den toten Freund ganz ungebrochen im Cornet-Stil zu beginnen:

Wir marschieren. Wir marschieren bei Tag und wir marschieren bei Nacht. Wir schlafen bei Tag, wir schlafen bei Nacht...

Rührselig und schlimmer, was sich da aneinanderreiht, unerträglich – er ahnt es nicht:

Und dann vergeß ich es nie, wie du nach tagelangem Marsch in dem zerschossenen Haus die kleine verschrumpfte Kartoffel aus der Asche nahmst, wie man eine kostbare Frucht, einen Pfirsich, nimmt und voll Andacht ihren Geruch atmet. – Erde und Sonne – sagtest du, und draußen waren es 48 Grad Kälte.

Und da ist ein Kind, das Asja heißt und das dich traurig ansieht – doch du siehst durch die dunklen Seen ihrer Augen hindurch ein lichtes blondes Mädchen. Du fühlst das bedeutsame Tasten seiner Hände auf deinem Haar und findest einen Sinn in all dem scheinbar so Sinnlosen...

Daß es Sinn haben könnte, zum Trost wenigstens noch als Wind im Gebälk zu knistern, Borchert scheut sich nicht, es hinzuschreiben, es für Literatur zu halten:

– Zu Hause – sagst du und das ist dein letztes Wort. Dann geht deine Seele mit dem Wind, der abends um euer Haus flüstert und im Gebälk knistert – und deine Augen suchen den Himmel...

Nichts hindert ihn, die abgegriffensten Bilder zu verwenden, die abstrusesten Schlüsse gedankenlos hinzuschreiben.

...du warst mein Bruder und hattest den heiligen Glauben an das ewige Leben. Du mußtest darum sterben – wir wollen, wenn es uns vergönnt ist, dafür kämpfen und leben!

Wer will, mag sich einen Sinn in diesen Wirrwarr denken, ob da nun fürs Leben oder fürs Sterben gekämpft werden soll – letztlich steckt auch wohl hinter diesem Unverständlichen sein Hang zur Vergeblichkeit.

Dazwischen schon Motive, die später in verständlichen Sinnzusammenhängen wieder auftauchen, so sehr es hier noch scheint, als trüge er sie nur auf den großen Berg der Irrtümer, um sie loszuwerden, als wären es nur zufällige Beigaben zu den Bildern seiner Vorbilder. Da ist schon das viel zu laute Lachen der Soldaten, der grausame Schnee, die tröstlichen Blumen, da ist der Löwenzahn, der als Hundeblume zur Geschichte wird – Dampfer tuten auf der Elbe, das Meer, und da ist Gott, nach dem auch später so oft gefragt werden wird:

Wo ist Gott – schreien die Granaten! Wo ist Gott – schweigen die Sterne! Wo ist Gott – beten wir!

Auch das Umkippen der Sätze ins schalkhaft-kindlich Naive ist da, wenn es weiter heißt:

Gott ist das Leben und Gott ist der Tod – sagtest du immer. Bist du nun bei Gott?

Und – wie freiwillig auch immer – er konstruiert sich einen versöhnlichen Schluß, nicht erträglicher als die Umstände, denen er entfliehen will, im Augenblick des Hinschreibens mag es ein Trost sein:

Aber vielleicht bist du glücklich? Denn du bist wieder eingereiht in den großen unendlichen Kreis, den Reigen, in dem es keinen Tod gibt: Denn es gibt nur das ewige Leben.

Ein schwacher Trost, der sich am Schluß der *Hundeblume* dann später zumindest ironisch wie vergeblicher Trost lesen läßt.

Zu keinem anderen Zweck ist dieses ›ewige Leben‹ von gescheiterten Sinnsuchern erfunden worden – eben, um verzweiflungsfreier über jeden Unsinn des weit kürzeren Lebens hinwegzukommen. Und sicher hätte der Führer seine helle Freude an so braven Soldaten, denen es egal ist, ob sie im großen Kreislauf grad zur lebenden oder einstweilen zur toten Materie gehören.

Hertha Borchert hat in Hamburg einen Sanitätslehrgang absolviert. Zwischen 17 und 50 müssen nun auch alle Frauen etwas für den total mobilisierten Krieg tun, »soweit sie noch nicht eine überwiegend kriegswichtige Tätigkeit ausüben«, wie es amtlich heißt. Auch das Lesen von Geschichten ist noch gefragt, zumal für Frauen, die zur Arbeit antreten müssen, und gelegentlich auch zur Kultur, Veranstaltungen, die vorgeschriebenermaßen immer noch mit einem Siegheil! enden. Was macht es da schon, wenn es vorkommt, daß sich eine fremde Frau zu der Vortragenden beugt, um leise die Vermutung zu äußern, daß sie doch wohl eigentlich auch nicht dafür sei. Was macht es schon, wenn sich dann zwei Frauen undeutlich zunicken – mitten in einem Weltkrieg, der seinen Lauf nimmt.

Gegen Ende Juli, für Fritz Borchert sind Schulferien, verlassen die Eltern Hamburg. Ihr Ziel ist der kleine Ort Laage in der Nähe von Rostock, wo ein Bruder von Fritz Borchert wohnt. Da es auf dem Eisenbahnweg liegt, besuchen sie in Kröpelin zunächst seine Schwester, deren Mann Bürgermeister in dieser mecklenburgischen Kleinstadt geworden ist. Eine Reise, gedacht, um ein wenig Ruhe vor dem oft nächtlichen Fliegeralarm in der Millionenstadt zu haben – und doch, es wird eine Reise mit Schrecken. Schon die ungetrübte Siegesstimmung im Haus des Bürgermeisters wird zum Schock – Fritz Borchert hat seine Schwester anders in Erinnerung, und darüber kann auch das gute Essen nicht hinwegtrösten, als gäbe es kein Schlangestehen mit Lebensmittelkarten, als gäbe es keinen Krieg. Also beschließen sie die schnelle Weiterfahrt, abends in ihrem Hotelzimmer, im *Lindenhof*, unmittelbar neben dem Rathaus. Es ist die Nacht vom 24. zum 25. Juli 1943 – in der sie plötzlich von Detonationen geweckt werden, die das Haus erschüttern. Unter ihrem Fenster, auf dem Marktplatz, versammelt sich ein Trupp Leute, ratlos und unruhig, darunter der Bürgermeister, amtseifrig mit Beschwichtigungen, es werde schon nicht so schlimm sein.

Dann ist es wieder still, und am Morgen sieht es so aus, als sei nichts gewesen. Ein schöner Morgen, ein Sonntag, und der Himmel ist blau. Eh sie wirklich abreisen, wollen sie noch einen ausgedehnten Spaziergang in Richtung Kühlungsborn an die Ostsee unternehmen, unter sich, in der Natur, die frei von Ansichten ist, und die dann doch überraschende Ansichten bietet. Als sie den kleinen Ort hinter sich gelassen haben, auf freiem Feld, sehen sie, daß im Westen eine ungewöhnlich dunkle Wolkenwand aufzieht, ein Gewitter. Aber da, wo sie unterwegs sind, ist der Himmel noch blau. Also kehren sie nicht um. Und auch das schwere Brummen von Flugzeugen, die wenig später auftauchen, ist ihnen vertraut. Der Krieg ist überall, auch wenn er hier weiter ab scheint. Das Wetter bleibt freundlich. Nur das Ziel ihrer Wanderung, Kühlungsborn, der Badeort an der Ostsee, erscheint ihnen dann doch bedrohlich gespenstisch. Im Hintergrund die seltsam dunkle Wolkenwand, die Häuser und Hotels, die eigentlich nach Ferien aussehen – auf den Dächern wehen Hakenkreuzfahnen, und alles ist still. Sie erschrecken plötzlich, der Ort scheint ihnen unheimlich, sie kehren wieder um. Unterwegs beschließen sie, am anderen Morgen endgültig abzureisen.

Wieder in Kröpelin, heißt es aus dem Mund des Bürgermeisters: In der vergangenen Nacht soll Hamburg zerstört sein. Was sie für aufziehende Gewitterwolken gehalten hatten – es war der Rauch der brennenden Stadt.

Sofort nach Hamburg zu fahren, erweist sich als unmöglich. Züge nach Hamburg verkehren nicht. Schon am Sonntagnachmittag liegt die Stadt unter einer zweiten Angriffswelle – zehn Tage wird das Unternehmen der Alliierten dauern, bis zum 3. August, unter dem Motto: *Gomorrha*. Später wird es die Statistik in nüchterne Zahlen fassen:

3000 Flugzeuge werfen 3 000 000 Brandbomben, 80 000 Phosphorbomben, 25 000 Sprengbomben, 500 Phosphorkanister. In den Trümmern werden 50 000 Tote liegen – 277 330 zerstörte Wohnungen, 900 000 Obdachlose – 24 Krankenhäuser, 277 Schulen, 58 Kirchen zu Schutt und Asche.

Noch lange wird Verwesungsgeruch über die Trümmerberge ziehen – in Ohlsdorf füllen sich Massengräber – in den Parkanlagen kampieren die Überlebenden. Trotz aller Bombenangriffe zuvor – noch immer hatte der Krieg bis dahin hauptsächlich woanders stattgefunden. Seit Stalingrad ist ein halbes Jahr vergangen. In ganzen Stadtvierteln Hamburgs ragen nur noch Mauerreste in den Sommerhimmel. Wer will, kann nun wissen, was ein totaler Krieg ist – wie es in den Städten zugegangen sein mochte, von denen es in der *Deutschen Wochenschau* geheißen hatte, sie seien, Straßenzug um Straßenzug, siegreich erobert.

Fritz Borchert gelingt es dann doch noch, nach Hamburg zu kommen, vorbei an Ruinen, bis in den Norden der Stadt. Das Haus steht, die Wohnung unverändert, so wie vor ein paar Tagen verlassen. Ein Wunder. Er packt ein paar Sachen ein, darunter ein von Paul Schwemmer gemaltes Bild seines Jungen. Wolfgang Borchert im Alter von fünf Jahren. Er bringt es mit nach Kröpelin, wo es dann doch verlorengeht.

Aus Furcht vor weiteren Angriffen auf Hamburg ist an eine Rückkehr nicht zu denken. Aber auch das Bleiben in Kröpelin wird deshalb nicht angenehmer.

Auf dem Bahnhof treffen Züge mit ausgebombten Hamburgern ein – Hertha und Fritz Borchert schämen sich ihrer sauberen, heilen Kleidung, mit der sie dastehen, auf einen Zug warten, der sie nach Laage bringen soll. In diesem Augenblick kommt es zu einem überraschenden Wiedersehen. Hans Salchow, das Unikum der Familie, der einbeinige Erfolgsmensch, der Allesverlierer, der reiche Arme, kommt abgerissen und verstört über den Bahnsteig. Hinter sich einen kleinen Wagen mit geretteten Habseligkeiten, ausgebombt, einer von den 900 000 – der ehemalige Inhaber einer ›Kommunistenkneipe‹ wird nun einstweilen bei einem Nazi-Bürgermeister unterkommen. Sein Leben ist ohnehin voller Kuriositäten – in aller Welt wird man von ihm hören, denn er wird in die Literatur eingehen, als der Onkel mit dem Sprachfehler, als Schischyphusch.

Nun hatte man ihn in Hamburg aufgegriffen, als er mit seinem Handwagen durch die zerstörte Stadt gezogen war und dabei lauthals gesungen hatte: Denn wir fahren gegen Engeland... Ein passend-unpassender Kommentar zu den jüngsten Ereignissen, man griff ihn auf, und er war wieder einmal gerettet, plötzlich auf dem Bahnhof in Kröpelin, umarmt von seiner Schwester, zwischen weinenden und schreienden Hamburgern, die nach ihren Angehörigen, ihren Kindern suchen.

Wolfgang Borchert hört in Jena von den Angriffen auf Hamburg: Da er weiß, daß die Eltern verreist sind, bittet er am 29. Juli Hugo Sieker um ein Lebenszeichen aus der Heimatstadt. Sieker antwortet am 16. August: »Ich selbst habe gleich in der ersten Nacht meine ganze Habe verloren, bin aber heil aus der Katastrophe herausgekommen. ... Jetzt befindet sich das ganze Leben in Hamburg vor einem neuen Start. Man muß sehen, was bei dem merkwürdigen Rennen aus Ruinenfeldern in den nächsten Jahren herauskommt.«

Borchert erfährt vom Untergang Hamburgs, während er für sich selbst den nächsten Fronteinsatz in Richtung Osten befürchtet. Von der Genesungskompanie ist er zur 5. Stammkompanie des Ersatz- und Ausbildungs-Bataillons 58 in Jena gewechselt.

Ich hätte Euch längst schreiben müssen, heißt es am 21. August in seinem Brief an Aline Bußmann und Dr. Hager, *aber was – angesichts dieses Ungeheuren, was Euch überfallen hat? Ist nicht alles andere klein und unwichtig dagegen? – Aber ich war doch immer bei Euch und in Hamburg – und jetzt, wo wir es verloren haben, fühle ich erst, wie sehr wir doch dahingehören.*

Tatsachen belehren – glauben wir, sehr unbelehrt von den Tatsachen. Als gäbe es diesen schlichten Erkenntnismechanismus, daß die Rechnungen für Bestelltes nur kommen müssen, um die Augen zu öffnen – die Katastrophe, die Dummheit besiegt. Borcherts Urteil im Brief über die Ereignisse im Hamburg ist hart und illusionslos:

Die Schöpfung gab den Menschen die Vernunft als göttliche Gabe den Tieren voraus, und nun kommt es wie ein Strafgericht über sie, die die Vernunft zur Unvernunft gemacht haben und sinnloser leben als die Tiere.

Das klingt anders als der unlängst selbstgereimte Trost, sich eben an *Kassiopeia und Mond* halten zu wollen, an den heilen Himmel, wenn auf der Erde das Werk von *Stirnen und Gehirnen* unter Bombenflugzeugen zerfällt. Es klingt anders, und doch: Sein Urteil kommt nicht aus der Belehrung durch Tatsachen über den Selbsttrost, alles Kommende mit heiterer Gelassenheit hinnehmen zu wollen, nun, wo diese alten Briefstellen vollends makaber-lächerlich dastehen. Tatsächlich greift seine Haltung weit zurück in Schülerjahre, in das frühe Empfinden von Zeit. Deutlich geblieben ist der reichlich großspurige Unterton, weniger mit dem Blick in den Himmel als von da oben herab, aus Kunsthöhen, auf die anderen, als gehörte er selbst in keiner Weise dazu. Deutlich die Distanz: So seid ihr! Später in seinen Gedichten unverändert. Auch dann wird seine Haltung nicht sein: Wir armen Opfer.

Mancher spricht in diesen Tagen in Hamburg ein sehr offenes Wort gegen den Krieg. Mancher mag belehrt sein, daß selbst die Furcht vor dem Konzentrationslager ihn nicht davon abhält, die großen Schuldigen, die Führer im eigenen Land, offen zu nennen. Aber die Parteigenossen hören weg – und der gewöhnliche Alltag nimmt seinen Gang. Borcherts Haltung reicht weiter – mag sie auch im Augenblick noch so abenteuerlich anmuten, als ginge sie an allem Wirklichen hochtrabend vorbei.

Auch nach den Ereignissen in Hamburg – bis zu diesem Zeitpunkt ist es der schwerste Bombenangriff, der je auf eine Stadt geflogen wurde – gibt es keinen anderen Wolfgang Borchert.

Ende August kann er den seit Frühjahr erhofften Urlaub endlich antreten, wenn auch unter sehr anderen Vorzeichen. Hamburg, die Stadt, die er verlassen hatte, gibt es nicht mehr. Trümmer auf dem Weg vom mehr als halb zerstörten Hauptbahnhof bis zur völlig heil gebliebenen Wohnung. Später fährt er zusammen mit der Mutter bis Hammerbrook durch die Stadt, ohne viel zu sagen, beim Blick aus dem rollenden S-Bahn-Fenster, durch die Stadt, die nun anmutet wie ein Film, der zeigen will, was Krieg ist.

Jahre später, nach dem Lesen seiner noch ungeschriebenen Geschichten, werden wir ihn den frühen Beschreiber dieses Trümmer-Elends nennen – obwohl die kahlen Häuserreste nur sehr knapp angedeutet sein werden, als Hintergrund für das eigentümliche Reden von Überlebenden – wie etwa in *Nachts schlafen die Ratten doch*.

»Ich habe eine Straße gesucht, die ich im Schlaf hätte finden müssen«, schreibt Hans Erich Nossack, der auch in diesen Augusttagen 1943 durch Hamburg geht und im November sein Buch schreibt: *Der Untergang*[22].

Fotos machen diese Tage heute annähernd vorstellbar, diese Wirklichkeit, die etwas von einer Heartfieldschen Montage hat – am Hauptbahnhof, über dem Ausgang zum Glockengießerwall, hängt noch eine Parole aus den Tagen zuvor, wie, als hätte sie der Altmeister der politischen

Fotomontage da mitten in die Trümmer der Stadt geklebt: »Sieg oder bolschewistisches Chaos!«

Wolfgang Borchert schreibt Gedichte. Sie klingen nicht nach Zäsur. Auch die schlimmsten Tatsachen hindern ihn nicht, Herzen auf Schmerzen zu reimen.

Hamburg 1943
Der Mond hängt als kalte giftgrüne Sichel
über den hohläugig glotzenden Fenstern –
es knistert und wispert rings um den Michel
wie von tausend verirrten Gespenstern.
Da ragt eine Wand wie ein Schrei
in das Grauen der einsamen Nacht.
Gestern hat hier noch ein Mädchen gelacht –
und der Wind weht träumend vom Kai.
Und der Wind weht vom Meer –
und er weht über Freuden und Schmerzen,
er riecht nach Tauen, Möwen und Teer –
und er singt von Hamburgs unsterblichen Herzen!

Nun, wo sie verloren ist, kehrt die Stadt als Idylle zurück.

Anders bei Nossack. »Was uns umgab, erinnerte in keiner Weise an das Verlorene«, heißt es im *Unterang*. Borchert hat weniger Mühe, weniger Schwierigkeiten, sich an das Gewesene zu erinnern – weniger Skrupel, nun auch Trümmer mit in den heimatseligen Reim zu bringen, über alle Toten hinweg die immer noch unsterblichen Herzen zu bedichten. Nossacks Satz verrät die Mühe des Begreifens.

Später gibt es für Borchert eine Zäsur – später wird es in *Das ist unser Manifest* heißen: *Nein, unser Wörterbuch, das ist nicht schön. Aber dick. Und es stinkt. Bitter wie Pulver. Sauer wie Steppensand. Scharf wie Scheiße. Und laut wie Gefechtslärm.*

Dieses Manifest, oft kopfschüttelnd kritisiert, das doch ganz offensichtlich dann viel weniger Programm zum Schreiben sein will als ein Schlußpunkt hinter die verträglich schönen Wörter eines allesrundenden Reims.

In einem dreiteiligen Gedicht, *Die Stadt*, heißt es im zweiten Vers:

> Dann kam der Krieg:
> Er spielte grausam mit den Steinen –
> die langvertrauten Züge,
> die Häuser, Kurven, Ecken
> brach er gewaltsam.
> Doch gieriger als alle Flammen,
> die durch die Straßen stoben,
> umfing jetzt unser Herz
> das Kleinod: Unsere Stadt!
> Und wenn wir drüber achtlos waren,
> nun sehn wir tiefer und behutsam
> in dieses leidzerrissene Gesicht.

Als würde diese Zeit mit ihren Ereignissen nicht Gedanken möglich und nötig machen, die mehr zu bedenken wissen.

Ungewollt, sicher, aber dennoch: Er merkt nicht, daß den Nazis eine derart stille Haltung nur sehr recht sein muß. Zuversichtlich in den eigenen traurigen Herzen auszumachen, was da geschieht. Der beschwingte Zukunftsglaube hat seinen alten Trostplatz – er hilft über die Gegenwart hinweg. Alles soll viel schöner werden, als es war.

Bei allen Wörtern – zwischen Vergangenheit und Zukunft noch immer kein Wort.

> ...
> Und aus dem Rhythmus neuer Tage
> steigt sie verjüngt empor –
> im Fackelschein der Bogenlampen,
> die dann die Melodie des Lebens
> durch dunkle Nächte schleudern,
> stehn wir beglückt und lauschen
> auf ihre ersten Atemzüge!

Hamburg in diesen Tagen zu fotografieren ist verboten. Die beiden Gedichte erscheinen im *Hamburger Anzeiger*. Borchert mag das noch für einen dichterischen Erfolg halten.

Aus der Hoffnung, in Lüneburg den jungen Fürstensohn spielen zu können, wird nichts. Aber eine Handvoll Komödiantisches wird doch möglich. In der Neustädterstraße gibt es ein Künstlerlokal, den *Bronzekeller* – von Bomben verschont, eine der vielen kleinen Inseln, die es immer gibt, selbst wenn ein Untergang stattgefunden hat. Borchert ist in diesen Tagen häufig dort zu finden, und wenn es auch kein reguläres Kabarett ist, so hat doch der eine oder andere Gelegenheit, sich zu produzieren, etwas vorzutragen. Und wie sein späterer Kabarettdirektor in *Draußen vor der Tür* weiß Borchert sehr gut, was die Leute wollen. Leichtes, Heiteres, um Himmels willen keine Probleme. Im Gegensatz zu Beckmann hat Borchert 1943 durchaus Verse dieser Art auf Lager. Er trägt sie vor:

Der Tausendfüßler
Ein Tausendfüßler –
nicht mehr jung an Jahren –
war in einer Kneipe versackt –
da kam er aus dem Takt
und wurde überfahren.
Er hat sich etliche Beine gebrochen
hundertzehn an der Zahl –
jetzt liegt er im Spital
und die Schwestern sammeln schon seit Wochen
Knochen.

In einem anderen Vers, auch im *Bronzekeller* vorgetragen, kommt die für Borchert nun schon ferne Front mehr gereimt als wirklich vor:

Brief aus Rußland
Man wird tierisch.
Das macht die eisenhaltige
Luft. Aber das faltige
Herz fühlt manchmal noch lyrisch.
Ein Stahlhelm im Morgensonnenschimmer.
Ein Buchfink singt und der Helm rostet.
Was wohl zu Hause ein Zimmer

mit Bett und warm Wasser kostet?
Wenn man nicht so müde wär!
Aber die Beine sind schwer.
Hast du noch ein Stück Brot?
Morgen nehmen wir den Wald.
Aber das Leben ist hier so tot.
Selbst die Sterne sind fremd und kalt.
Und die Häuser sind
so zufällig gebaut.
Nur manchmal siehst du ein Kind,
das hat wunderbare Haut.

Wie Rühmkorf berichtet[23], soll es neben Beifall auch einen kritischen Kommentar unter den Zuhörern geben: »Kleiner, du mußt mal an die Ostfront.« Und Borchert gibt gelassen zurück: *Bin ich schon gewesen!*

Gemessen am späteren Klang seines Namens – absurder kann dieser Auftritt im *Bronzekeller* nicht sein.

Noch immer hat Borchert nicht erlebt, was er erlebt hat. Andere, und auch das gehört zu diesem Widerspruch, werden dennoch erfolgreicher im Hintersichbringen sein, im Loswerden des Erlebten.

Vorerst deutet nur der pralle Übermut, mit dem sich Borchert zu den anderen ins Vergessen stürzt, darauf hin, daß sein Spiel mit den Widersprüchen möglicherweise doch nicht aufgehen könnte, so sehr er sich wieder ›los‹ wird, als immer noch Lachender, als Komödiant, als Optimist, wenn auch nicht ganz unverkrampft:

...
Und aus dem Rhythmus neuer Tage
steigt sie verjüngt empor –
...

Beckmann wird in den Trümmern verzweifeln. Er wird, im *Traum*, in die Elbe gehen, wird nicht mehr mitmachen wollen. Borchert geht erst einmal ins Übliche. Und dazu gehört auch der *Bronzekeller*, in einer Stadt, in der es eben

50 000 Tote gegeben hat, in der es das alte Netz von Straßen noch gibt, weithin nur noch mit Schutthaufen statt mit Häusern umstanden.

Borchert wird sich erinnern, und Beckmann wird drei Jahre später sagen: *Dieser Schuttacker hier zu Hause. Hier in Hamburg.* Und im Text ein paar Seiten weiter: *Das ist unsere Tür. Dahinter röppelt sich ein Leben ab von einem ewigen Knäul. Ein Leben, das schon immer so war, dreißig Jahre lang. Und das immer so weiter geht. Der Krieg ist an dieser Tür vorbeigegangen. Er hat sie nicht eingeschlagen und nicht aus den Angeln gerissen. Unsere Tür hat er stehenlassen, zufällig, aus Versehen. Und nun ist diese Tür für mich da. Für mich geht sie auf. Und hinter mir geht sie zu, und dann stehe ich nicht mehr draußen. Dann bin ich zu Hause.*

Sätze mit einem sehr weiten, zwiespältigen Hintergrund.

10
Hinter Panzern das Ende des Krieges

Bevor Borchert Hamburg wieder verlassen muß – zurück in die Kaserne nach Jena – läuft zu Hause in Alsterdorf pausenlos das Grammophon. Zwei Lieder zum Abschied, die zu den meistgespielten der Zeit gehören, passend für den Augenblick, wie zum Selbstausfüllen, denn jeder hat seine eigenen ›alten Zeiten‹, an die er denken kann, jeder hat seine ›hohe See‹, auf die er hinaus muß. Das Leben spielt, sagt, wer verloren hat.

Evelyn Künneke: »Sing, Nachtigall sing...«
Gustaf Gründgens: »Die Nacht ist nicht allein zum Schlafen da...«

Borcherts Lebensmechanismus funktioniert unverändert. Er gibt sich heiter, schrill heiter – schwebend, abwesend, in den Trümmern seiner Heimatstadt, als sei er sich einer heilen Zukunft gewiß, als sei, was ihm bevorsteht, nur etwas vorübergehend Hinderliches, nicht seine Wirklichkeit.

Über alle Gegenwart hinweg wird Zukunft schön, oder doch zumindest der Augenblick erträglich. Die Männer, als sie nach den Bombenangriffen tagelang Leichen auf Lastwagen in die Massengräber nach Ohlsdorf fuhren, waren betrunken abwesend, um ihr Tun ertragen zu können, um nicht erleben zu müssen, was sie erlebten.

Vor seiner Abfahrt sehen die Eltern den Sohn mit einiger Sorge, fürchten, daß der Zusammenprall mit der Kasernenwirklichkeit neues Unheil bringen wird. Aber die ersten Briefe aus Jena klingen dann doch nicht nach dem Schlimmsten. Was zu Jahresbeginn als Fahrt in den *deutschen Frühling* begann, endet auch im Spätherbst nicht mit einer Rückreise in den östlichen Frontwinter. Schon jetzt würde er nicht mehr bis Smolensk müssen, die Stadt ist befreit – in der es ein Seuchenlazarett gegeben hatte und ein Mädchen, das Fina hieß.

In Jena geht es ihm gesundheitlich zunehmend schlechter. Wie damals in Smolensk und den weiteren Orten in Richtung Heimat hat die Krankheit wieder ihre erfreulich scheinende Rückseite. Er wird nicht frontdiensttauglich geschrieben, denn da sind die alten Leberbeschwerden mit neuen Fieberanfällen.

Nun aber gibt er sich nicht nur heiter – er ist es. Das Unwahrscheinliche kann wahr werden. Alle Anzeichen, daß es möglich werden könnte, zu einem Fronttheater abgestellt zu werden, verdichten sich. Das Spiel könnte weitergehen, wie es einmal für die ›Zuschauer im Waffenrock‹ begonnen hatte, statt in Lüneburg nun an der Front, um Kämpfer bei Laune zu halten...

Und das klingt wieder nicht nach einem Wolfgang Borchert, wohl, weil wir ihn uns zu groß dachten, als daß er auf einen kleinen Kriegswinkel gehofft haben könnte, das Morden komödiantisch zu überleben, mit Späßen zur Soldatenunterhaltung. Wer Helden braucht, der mag erstaunt oder gar ungläubig entrüstet sein. Borchert lebt, bei aller Weltflucht, irdisch – wie anderen sitzt auch ihm das Hemd näher als der Rock. Was immer die großen Worte aus der *Menschheitswelt* sagen – auch er wehrt sich mit ihnen gegen sehr unmittelbare Bedrängnisse, so gut es geht. Gelebt wird praktisch.

Selbst unter Bedingungen, unter denen es kaum noch denkbar scheint, Borchert bleibt auf seinem einmal eingeschlagenen Fluchtweg. Er wird es ein *großes Ziel* nennen, da auf den Brettern einer Frontbühne stehen zu dürfen. Und das mit einer Hartnäckigkeit, die wohl dazugehört, wenn überhaupt Erfahrungen gemacht werden. Nur die Schlaueren lernen sofort und erfahren nichts.

Sein Traum wird sich als Traum erweisen, als Illusion, die ihn an einen sehr anderen Ort bringen wird – als wollten die Widersprüche ihre extreme Konsequenz beweisen. Einstweilen ist da noch die schöne Hoffnung.

Sonderbar, und doch kaum sonderbarer als das, was am 29. Oktober im Kulturteil des *Hamburger Anzeiger* zu lesen ist. Carl Albert Lange berichtet von einer Veranstaltung, in der auch Aline Bußmann mitgewirkt hat. Und da ist von »kandidel lyrischen Ergötzlichkeiten« die Rede, von Geschichten, »dazu angetan, die Zuhörer mit besinnlichem Glück zu erfüllen«. Die *Vereinigung Niederdeutsches Hamburg* »entrückte«, heißt es, in die Stadt »von gestern und ehegestern«, erinnerte an die »Hamburger Jungs zu Sedan...«

Das Leben geht weiter, auch in einer Trümmerstadt. Daneben ein Beitrag von Hertha Borchert: *Heimat*. Zeilen, die heute wohl auch anders klingen, als damals üblich hingeschrieben, vom »Land hinter dem Deich«, von Häusern, in denen eine »heilige Ordnung« herrscht, und »Kraft durchströmt die vom Schicksal Geschlagenen«.

Darüber – und so entsteht wie zufällig ein Mosaik aus Zeit – die abgedruckte Mitteilung, daß ein »Hetzer hingerichtet« wurde, weil er die Meldungen des feindlichen Rundfunks weitergesagt hatte und also sein Recht verwirkt habe, »weiterhin der Volksgemeinschaft anzugehören«. Einer von 5684 Zivilpersonen, die 1943 in Deutschland hingerichtet werden – dazu kommen die Urteile der Militärgerichte, dazu kommt die weit größere Zahl der in Konzentrationslagern Ermordeten, dazu kommen die an der Front ›Gefallenen‹, so normal üblich es auch scheint, daß es im Krieg um den Tod geht, weil es immer so war. Diese Nachricht, mitten in einem begeisterten Frontbericht, als ginge es um ein Räuber-und-Gendarm-Spiel. Und dazwischen der Strich, der den Kulturkeller der Zeitung vom Oben trennt, die Realität vom Ehegestern. Das arglose Wort ist töricht, heißt es bei Brecht.

Im November kommt Borchert von Jena in eine Entlassungskompanie nach Kassel-Wilhelmshöhe, wo die letzten

Wochen vor dem *schönen Ziel* vergehen. Am Vorabend sind es nur noch Stunden, die den Panzergrenadier vom Komödianten in Uniform trennen – da, am 30. November 1943, in der Stube 32 der Hindenburg-Kaserne, als das Entfliehen schon geglückt scheint, im Übermut eines vermeintlichen Erfolgs: Borchert erzählt Goebbels-Witze, parodiert den Reichspropagandaminister. Alle lachen. Einer, der Grenadier von Grünewald, meldet den Vorfall, Borchert wird vom Kompaniechef verhört, festgenommen und nach Jena zurückgebracht. Der Traum ist aus – die Realität härter als zuvor, oder doch wahrnehmbarer als auf einer Soldatenbühne.

Aus seiner Untersuchungshaft wendet er sich am 2. Dezember wieder an den Ehemann von Aline Bußmann, an seinen Verteidiger in Nürnberg, Dr. Hager:

... es ist wohl die Strafe dafür, daß ich so sehr lange nicht geschrieben habe, daß ich nun einen so häßlichen Brief schreiben muß. Aber Sie werden mir doch glauben, wie schrecklich es mir ist, Ihnen wieder mit einer so riesigen Dummheit aufwarten zu müssen.

Ob nun bewußt, einer möglichen Zensur wegen, oder aus dem Augenblick, seine Sätze klingen naiv: *... Und da verleitet mich irgendein Teufel dazu. Ich hab mir leider gar nichts dabei gedacht... und sitze hier in Untersuchungshaft und verwünsche die Natur, die den Menschen die Sprache verliehen hat. Ja, und was bleibt mir nun in meiner Not weiter übrig, als Ihnen zu schreiben und kläglich um Ihren Beistand zu bitten. Wollen Sie das noch einmal tun? Ich hab es ja weißgott nicht verdient...*

Was Borchert hier selbst eine Dummheit nennt, bei der er sich gar nichts gedacht hat – wir sollten es nicht Widerstand nennen. Diese dann teuer bezahlte, verhältnismäßig billige Gelegenheit für den überflüssigen Beweis, daß die angedrohten Strafen wirklich angedroht sind. Daß er nun mit Galgenhumor und allerlei Hoffnungen auch dieser Konsequenz zu entkommen hofft, ist nur folgerichtig.

Ich glaube, das einzige Talent, das ich besitze, ist: Pech zu haben und meinen Angehörigen zur Last zu fallen. Aber vielleicht erwische ich doch noch einen Rockzipfel von Fortunas Kleid – im Moment hat sie keinen Pfennig für mich übrig, heißt es im Brief an Hager.

In einem zweiten Brief, lediglich mit »Sonntag« datiert, klingen seine Sätze, als sei überwunden, was er sich selbst als nicht so schwerwiegend denkt:

Je länger ich darüber nachdenke, desto irrsinniger kommt es mir vor, daß ich wegen so einer Geringfügigkeit eingesperrt worden bin... Ich glaube, daß Dr. Goebbels sich nur amüsieren würde...

Und das ist wahrscheinlich sogar richtig, denn, so sehr ein Witz tödlich sein kann, auf Politiker dürfte er eher eine belebende Wirkung haben, doch immerhin im Volksmund zu sein. Nur, Gesetzeshüter können sich diesen Humor nicht leisten. Riskant muß es schon sein, wenn Mut im Lachen sein Ende finden soll.

Sind wir denn lauter Spießbürger und vertrocknete, witzlose Pedanten – oder vernünftige, großzügige Menschen? – fragt sich Borchert. Eine abstruse Frage, die mit einem Nachsatz nur noch schlimmer an der Wirklichkeit vorbeigeht. *Aber es gibt immer noch Menschen, die sind päpstlicher als der Papst.* Kein Gedanke daran, daß eine etwas großzügiger gehandhabte Gewalt nicht besser wäre. *Sie sehen,* heißt es im Brief, *daß ich mich keineswegs schuldig fühle für so ein Staatsverbrechen...*

Dann, in einem Brief vom 12. Dezember, klingen wieder eher reuige Töne an:

... Aber es ist doch zu schrecklich von mir – dieser Rückfall! Und dann fünf Minuten vor einem so herrlichen Ziel... es ist gar nicht zu beschreiben, wie entsetzlich dumm ich wieder gewesen bin. Womit haben meine armen beiden Eltern bloß so einen Filius verdient?

Wirklich, Borchert ist kein Held, so, wie er hier über seine eigene ›Tat‹ klagt. Der Spielraum, der dem alten Widerspruch bleibt, wird eng.

Er, der Hitlerjunge von einst, der die Querflöte dann doch nicht mehr blasen wollte, mit all seiner Abneigung gegen Militärisches, wird nun wieder den guten Soldaten spielen müssen, den überzeugten Nationalsozialisten, besser noch als in Nürnberg – nicht auf der Bühne, und doch in einer Komödie seltsamster Art.

Noch laufen die Voruntersuchungen in Jena, und da gelingt es, allerlei positive Aussagen zusammenzutragen, die sogar eine Aufhebung der Festnahme bewirken. Alle, bis auf den Denunzianten, sagen Günstiges über den Delinquenten – der Obergefreite Velde, ein ehemaliger HJ-Führer, bestätigt, daß Borchert auf dem Boden der Bewegung stehe – Oberfähnrich Wimmer gibt zu Protokoll, daß Borchert auch die schwierigsten Lebensumstände an der Front als gegeben hingenommen habe. Dazu kommen sein Panzerkampfabzeichen und seine Ostmedaille.

Borchert selbst zeigt sich verwundert. An seinen Verteidiger schreibt er: *Wenn Sie demnächst all die Beurteilungen über mich lesen werden, dann denken Sie sicher auch, ich sollte das Ritterkreuz bekommen. Hoffentlich steht das mir etwas bei. ... Aber wie es auch ausgelegt wird, Frontbewährung wird man mir wohl zugestehen.*

Für die Eltern in Hamburg wird es wieder ein Weihnachtsfest mit Sorgen, mit ratloser Ungewißheit.

»Er sieht alles so komisch an, aus allen möglichen Stimmungen heraus«, heißt es in einem Brief, den die Mutter am 22. Dezember an Aline Bußmann richtet. »Jetzt kann man ihm wieder nicht so schreiben, wie man möchte. Man weiß nicht, ist er noch frei, wenn er den Brief bekommt, oder geht es schon wieder durch die Zensur. Außerdem will man ihn auch nicht mit Vorwürfen belasten, wenn er wieder von aller Welt abgeschlossen ist. Mündlich könnte man alles sagen. Mein Mann meint überhaupt, man hilft ihm kaum, wenn man ihm Ratschläge gibt. Er schreibt uns, es gehört zu seinem Leben, daß es ihm schlecht geht. Vielleicht war es nur eine trostlose Stimmung, daß er so etwas an uns nur aus einer entsetzlichen Verfassung heraus schreibt, aber wir sollen damit fertig werden. Sein Leben ist unser Leben. Aber ein junger Mensch will die elterliche Liebe gar nicht fühlen. Jedenfalls wird er sie nie begreifen, und so wird Wolfgang auch um unser Herzeleid nicht wissen. Er schreibt wohl, wie ihm dieses passierte, hat er immer nur an uns gedacht. Aber er sieht scheinbar die große Gefahr für sich gar nicht. Er stumpft scheinbar ab. ›Ich gewinne nur Kraft für den nächsten Schlag.‹ Das ist alles so furchtbar. Man möchte ihn anschreien und aufwecken. Irgendwie sieht er alles verkehrt. Nein, dieser nächste Schlag darf nicht kommen, für ihn nicht und für uns nicht! Über die ganze Sache schreibt er uns so wenig. Er schreibt von neuen Gedichten – und das ist doch alles so unwichtig. Wir möchten nur wissen, wie die Sache ausläuft, weiter gehen unsere Gedanken nicht mit ihm...«

Sonst gibt es kaum etwas von Bedeutung – schreibt er am 11. Januar an Dr. Hager nach Hamburg – *einen kleinen Eheskandal konnte ich gerade noch verhindern – sowas kann ich natürlich jetzt nicht gebrauchen. Aber es ist gerade noch gutgegangen.*

Noch weiß er nicht, daß der Haftbefehl schon am 3. Januar in Berlin ausgestellt worden ist. Am 20. Januar heißt es an Dr. Hager:

Eben erfahre ich auf Grund meiner guten Beziehungen zu der Dienststelle des Gerichtsoffiziers, daß in Berlin die ›Sachen Borchert‹ höchstwahrscheinlich ein Opfer der Terrorangriffe geworden sind – vielleicht wäre das gar nicht so ungünstig. Aber wir werden es ja erleben.

Tatsächlich sind auf Berlin Bomben gefallen – nur, die ›Sachen Borchert‹ sind nicht unter den Opfern, wie gewünscht.

Zwei Tage später hat er eine neue Hoffnung. Am 22. Januar schreibt er an Aline Bußmann:

Übrigens – das interessiert aber Deinen Mann mehr als Dich – ist gestern eine neue Verfügung rausgekommen, nach der Freiheitsstrafen, die über »gestrauchelte« Soldaten verhängt worden sind, nicht mehr vollstreckt werden. Nach dem Urteilsspruch werden die Soldaten ohne Teilvollstreckung sofort zur Front abgestellt und die Verbüßung ihrer Strafe ist bis Kriegsende ausgesetzt. Das ist einigermaßen erfreulich – auch für mich: so brauche ich wenigstens nicht wieder endlose Zeit hinter Gittern zuzubringen!

Das Verfahren ist einfach, und es funktioniert auch bei einem Wolfgang Borchert: Mit Gittern drohen, schon ist da Hoffnung, wenigstens an die Front zu dürfen. Und das Kriegsende scheint weit genug, um es sich nicht weiter vorzustellen.

Mit seinen Gedanken ist er in Hamburg. *Weißt du noch, wie ich dich vom Zahnarzt abgeholt habe! Es war trotz Trümmer so schön in unserem Hamburg. Ich glaube, wenn nach dem Kriege der Hafen wieder voll arbeitet, dann ist unser Hamburg bald wieder zu seiner einstigen Größe aufgeblüht...*

Und ganz nebenbei erfahren wir, daß er in Hamburgs Trümmern während seines letzten Urlaubs *eine kleine Komödie zusammengeschrieben* hat. Er fragt an, *ob sich wohl etwas daraus machen ließe.*[24]

Bis zu *Draußen vor der Tür* sind es noch zwei Jahre, bis zu einem Beckmann, der dann anders reagieren wird.

...dazu ist unsere Rasse, unser Hamburger Schlag, viel zu gut, um sich vom Leben unterkriegen zu lassen, heißt es noch im Januar 1944 im Brief an Aline Bußmann. Erst Beckmann wird sich allem Optimismus verweigern, wenn er nach dem Krieg in die dann aufgeräumten Trümmer kommt.

Noch scheint es ihm verständlich, daß Ruth – *ich habe sie damals wohl wirklich »herzzerbrechend« geliebt* – ihn von der *Liste ihrer Bekanntschaften gestrichen* hat, weil er seinen *höchsten Dienstgrad bei der Wehrmacht* erreicht hat, und da dieser *außerdem sehr »mangelhaft« ist. Ich hatte damals noch kein Glück bei so ausgesprochen blonden Menschen – jetzt hat sich das etwas gebessert,* heißt es. Wenn auch wohl bewußt locker formuliert, es klingt nicht mehr nach den frühen, nächtlichen Verzweiflungssätzen.

Der Brief ist noch in Jena geschrieben. Das folgende Telegramm vom 25. Januar kommt schon aus Berlin. Ein knapper Hilferuf an Dr. Hager:

Bin heute in das Wehrmachtsuntersuchungsgefängnis Berlin NW 40 Lehrterstraße überführt.

In einem Brief vom 24. Januar teilt das Gericht der Wehrmacht-Kommandantur Berlin an Dr. Hager mit, daß am 3. Januar gegen den Panzergrenadier Wolfgang Borchert Anklage erhoben und Haftbefehl ergangen ist. Als »Verbrechen nach § 5 Abs. 1 Ziffer 1 KSSVD« (Kriegssonderstrafverordnung) wirft die Anklage ihm vor, »öffentlich den Willen des deutschen Volkes zur wehrhaften Selbstbehauptung zu lähmen und zu zersetzen gesucht zu haben«. Angeführt werden seine Äußerungen vom 30. November 1943:

»Das deutsche Volk kann ruhig sein, Lügen haben kurze Beine, aber es ist meinem Orthopäden gelungen, mein rechtes Bein auf die normale Länge zu bringen; Volksgenossen und Volksgenossinnen, unsere Führung hat euch luftige und helle Wohnungen versprochen, wir haben unser Versprechen gehalten, die Wohnungen habt ihr jetzt; der deutsche Soldat wird kämpfen bis zur letzten Patrone, dann wird er das große Laufen kriegen. Ihr werdet erlauben, daß ich schon jetzt vorlaufe, da ich am Gehen behindert bin.«

Borchert, als Vorbestrafter, kann auf mildernde Umstände nicht hoffen – aber er hofft, und hält damit nicht nur sich selbst für harmlos.

Die einst noch breite, fanatische Siegesbegeisterung beginnt in Unmut umzuschlagen, selbst unter Leuten, denen wirklicher Widerstand fernliegt. Trotz aller Propaganda werden für viele die Tatsachen beängstigend wahr, auch wenn die Niederlagen an der Front noch ›planmäßiger erfolgreicher Rückzug‹ heißen. Lebensmittel werden knapper – daß eben Krieg ist, die Erklärung macht nicht satter, verkürzt nicht die Schlangen der Lebensmittelkartenbesitzer vor den Geschäften. Die Trümmerfelder in deutschen Städten weiten sich aus – daß es eben die ›Terrorangriffe‹ das Feindes sind, die Erklärung macht Ruinen nicht bewohnbar. In die Hoffnung auf ein Ende mischt sich die Furcht vor einem Ende.

Es wird zwar immer noch geglaubt, aber die großen Wunder bleiben aus. Und die Justizmaschinerie arbeitet gegen jede Erschütterung des so ›unerschütterlichen Glaubens an den Sieg‹.

Im ersten Halbjahr 1944 werden 310686 Personen aus politischen Gründen verhaftet. Das Reichsjustizministerium registriert 1944 offiziell 5764 Hinrichtungen.

Das Umfeld zu Borcherts Schicksal in der Moabiter Zelle – das Umfeld zu vorgetragenen Witzen in einer Kaserne.

Auf Berlin fallen Bomben. Der Eingesperrte fürchtet, daß seine Briefe nicht bis Hamburg kommen, *denn gerade am nächsten Tag war hier* ein Angriff.

Inzwischen, heißt es in einem am 2. Februar geschriebenen Brief an Hager, *hat man Berlin ein paarmal angegriffen und wir mußten als Soldaten tatenlos zusehen, wie draußen die Stadt kämpfte. Ich habe an unser Hamburg gedacht.*

Ist es ein für die Zensur bestimmtes Schuldbekenntnis, die eigene, willige Harmlosigkeit zu bekunden? – der Galgenhumor eines Komödianten? – der Versuch, eine Ebene zu finden, auf der zu überleben ist, mit der Gefahr, die Bomben könnten zufällig doch nicht woanders hinfallen?

Er schreibt: *Angesicht dieser ungeheuren Ereignisse schäme ich mich tatsächlich wegen meiner Dummheiten hier untätig festzusitzen und eine Menge Leute meinetwegen in Arbeit zu halten.*

Grotesker können die Zeilen eines Eingesperrten kaum sein – selbst, wenn er nur meint, sie schreiben zu müssen. Und so stehen sie nun da, wie der kaum noch zu überbietende Höhepunkt einer abenteuerlichen Widersprüchlichkeit.

Und das hat, im Hintergrund, durchaus mit dem späteren Beckmann auf der Bühne zu tun, mit dem Scheitern einer Absicht. Beckmann gibt die Verantwortung zurück.

Hager formuliert die totale Unschuld seines Mandanten: Es war nicht so gemeint. Nicht Borchert hat die genannten Witze über den Reichsminister Dr. Goebbels erzählt, sondern ein Unteroffizier ist es gewesen, auf einem Kameradschaftsabend kurz zuvor. Borchert habe dessen Witze nur wiedergegeben, um die Art des Vortrags zu zeigen, über die gelacht worden war. Den Inhalt selbst aber hätte er sofort »eine Gemeinheit« genannt. Ihm sei es nur äußerlich um die Art des Vortrags gegangen, denn er sei von Beruf Schauspieler und hätte ohnehin oft Kameraden und Vorgesetzte imitiert.

Im März wird die ›Sache Borchert‹ einstweilen ausgesetzt, um eine Entscheidung des Reichsministers der Justiz einzuholen, ob das Verfahren weiter verfolgt werden soll. Hager wendet sich am 27. März an den Reichsminister, mit der Bitte, die Anordnung auf Verfolgung der Tat nicht zu erteilen. In seiner Begründung heißt es:

»Eine gehässige Äußerung über den Reichsminister Dr. Goebbels hat ihm völlig ferngelegen. Man kann fast von einer gewissen Tragik sprechen, die darin liegt, daß Borchert seine Vortragskunst ausgerechnet im Umkreis einer Persönlichkeit erproben mußte, die er nicht nur als besten und größten Redner – wie er bereits einleitend und entschuldigend den Kameraden gegenüber betont hat –, sondern gerade als politische Persönlichkeit achtet und verehrt. Hierfür mögen, falls es notwendig sein sollte, die in Hamburg ansässigen Eltern des Angeklagten als unverfängliche Zeugen gehört werden. Gerade diesen gegenüber hat Borchert häufig seine Verehrung für die hohe Intelligenz und politische Wirkungskraft des Reichsministers zum Ausdruck gebracht und ihnen u. a. die Anschaffung des bekannten Werkes Dokumente zum Zeitgeschehen empfohlen.«

Sicher eine, wenn überhaupt, sehr ironische Empfehlung – aber hier geht es ums Überleben, ums glimpfliche Davonkommen. Fritz Borchert hat alles zusammengetragen, alle Briefe mit wenigstens ungenauen Sätzen, nun dafür gut, so zu erscheinen, als enthielten sie »eine politische Äußerung positiver Art... die geeignet ist, ihn zu entlasten, da sie zeigt, daß er nicht aus innerer Einstellung hat zersetzend wirken wollen«. So in einem Brief an Hager vom 31. Januar 1944, in dem es weiter heißt: »Vielleicht können Sie auch das einliegende *Requiem für einen Freund* zur Entlastung gebrauchen – ich schicke es für alle Fälle mit.«

In seinem Brief an den Reichsminister der Justiz schreibt Hager über dieses inzwischen zu den Gerichtsakten gegangene *Requiem:* »Die wahre Natur des Angeklagten zeigt sich in der Schönheit und dem Ernst dieser gedruckten Betrachtung, nicht in den politischen Witzeleien in der Mannschaftsstube.«

Alles gut gemeint, nur in den Amtsstuben des Reichsministers der Justiz wird die »wahre Natur« des Angeklagten nicht zur Diskussion stehen – diese Natur, die dem Angeklagten selbst kaum mehr als in ihren äußeren Auswirkungen bekannt ist. Wie gehabt, wie schon im vorangegangenen Prozeß, alles wird auf Selbstverleugnung hinauslaufen müssen, als einzig mögliche Form der Selbstbehauptung.

Nach allem, wenn es überstanden sein wird – ausreichend Grund für Borchert, sich über sein Leben zu wundern, *zwischen Absturz und Auffangen.* (Die Hundeblume) *Sich selbst begegnen* – wissend, daß dazu keine Gelegenheit wäre, hätte es zwischen dem Beckmann-Nein und dem Anderen-Ja nicht immer wieder den Kompromiß gegeben, hätte er sich für den mutigen Helden entschieden, nicht für den feigen Helden, der das geradebiegende Verdrehen seinem Rechtsanwalt überläßt.

Noch gibt es das Nur-mit-sich-selbst-eingesperrt-Sein des Hundeblume-Mannes nicht, »*nackt, hilflos ... ohne Attribut der Ablenkung ...* Noch sind da fünf Mitgefangene in der Zelle. Er wünscht sich, die Eltern möchten ihm ein Reclam-Heft schicken, Shakespeare, *Richard III.*, und einen Bleistift. *Vor einigen Tagen stand im* Völkischen Beobachter, *daß man es einem französischen Kriegsgefangenen möglich gemacht habe, hier in Deutschland ein Drama zu schreiben, welches dann über Berlin nach Paris zur Aufführung gelangte. Ich glaube, dann kann man einem deutschen Soldaten kaum abschlagen, ein berufliches Buch – eben ein Rollenbuch – bei sich zu haben.*

Aber so wie er sich mit einer auffällig selbstverständlichen Unschuld die Verhältnisse denkt, sind sie nicht.

Hagers Antrag an den Reichsminister der Justiz wird am 6. April abgelehnt, mit der Begründung, die mehr ist als bloß ein Nein – in Formulierungen, die darauf schließen lassen, daß doch eine harte Strafe verhängt werden soll. Der Angeklagte sei »einschlägig vorbestraft« – seine »wehrfeindliche Einstellung« sei bekannt – »Rückfälle« sind nicht ausgeschlossen.

Hagers sicher nur vage Hoffnung, sein Brief könne tatsächlich Erfolg haben, schwindet. Offenbar lagen bei der Entscheidung die Gerichtsakten des ersten Prozesses in Nürnberg vor – Hager kennt sie nur allzugut –, so daß über den Angeklagten doch mehr bekannt war als nur, daß er zufällig einen Witz zitiert hätte, ansonsten aber ein bravbegeisterter Goebbels-Verehrer sei, ein guter Frontsoldat, der sich aus Panzerkampfabzeichen und Ost-Medaille etwas macht.

Borchert bleibt weiter in der Zelle, die Zeit vergeht mit Abwarten, mit Ungewißheit darüber, was gegen ihn beschlossen wird. Er ist Kalfaktor geworden, er darf den Toiletteneimer raustragen – wieder wurde es Mai, sein 23. Geburtstag. Wie vor zwei Jahren ist es ein Tag hinter Gittern.

Wieder fahren die Eltern dem Schicksal ihres Jungen hinterher, nun nach Berlin, durch Fliegeralarm und Trümmer, um ihn für ein paar Minuten zu sehen, oben im ersten Stock des Moabiter Gefängnisses, vorgeführt, stehend hinter einem Tisch, rechts und links von zwei sitzenden Wächtern beobachtet. Später fährt Hertha Borchert allein, denn für den Vater ist es zu riskant, der Schule fernzubleiben mit einer schülerhaften Ausrede. Die Begründung, seinen Sohn in einem Militärgefängnis besuchen zu wollen, kann er sich nicht leisten in seiner Position als Lehrer, als Pflicht-Parteigenosse in Staatsdiensten.

Dr. Hager bemüht sich weiter um Material zur Verteidigung. Aus seinem Urlaub in Bad Gastein wendet er sich am 1. Juli an Hugo Sieker, mit der Bitte, ihm einen Artikel Borcherts zur Verfügung zu stellen. *Ruinen.* »... er verspricht sich von der Verwertung seines Artikels eine wesentliche Verbesserung seiner Lage. Es wird Ihr freundli-

1941:
Für ein paar Wochen Komödiant
an der Landesbühne Ost-Hannover in Lüneburg.

1943:
Nach erster Haft und neuem Fronteinsatz,
nach dem Ausbruch der lebensbedrohenden Krankheit –
im Reservelazarett Elend/Harz.

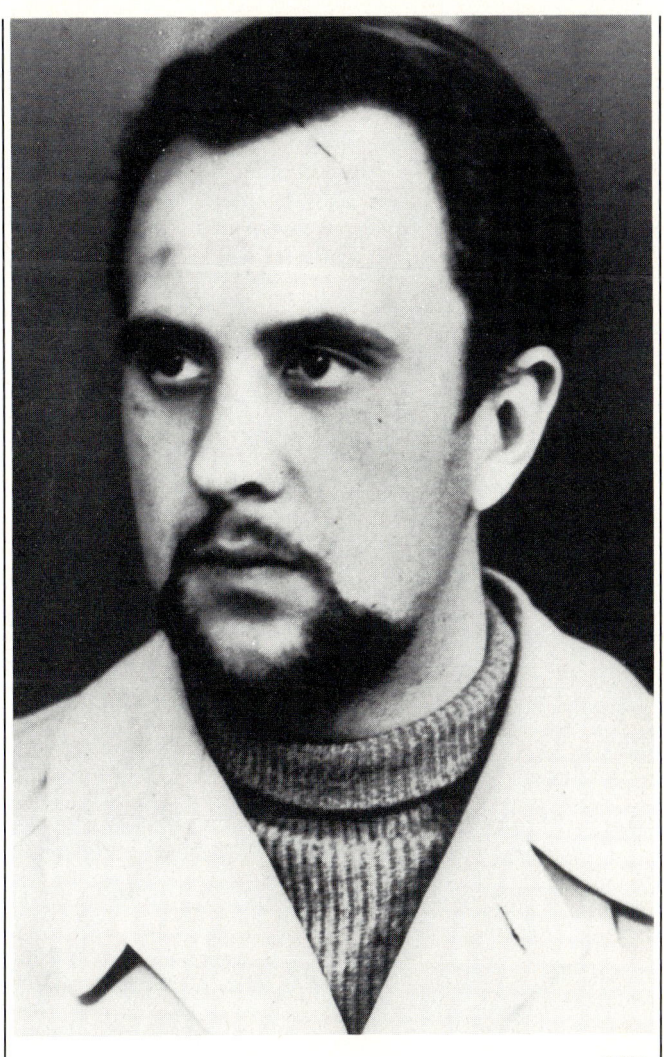

1945:
Wolfgang Borchert
bei Kriegsende.

Antrag auf Ausstellung eines Ausweises für politisch, rassisch und religiös durch den Nazismus Verfolgte

Zur Beachtung:
Sämtliche Fragen sind gewissenhaft und ausführlich in lesbarer Schrift zu beantworten.
Falls einzelne Fragen nicht beantwortet werden können, muß mit „nein", „nicht zutreffend" bzw. „nicht bekannt" ausgefüllt werden.
Ausfüllung durch Striche ist nicht statthaft.

Name und Vornamen: *bei Frauen auch Geburtsname Rufname unterstreichen*	Wolfgang <u>Borchert</u>
Geburtsdatum, Geburtsort und Bezirk:	Hamburg
Beruf:	Schauspieler
Familienstand und Zahl der Kinder:	ledig
Jetzige Wohnung:	Hbg 39. Mackensenstr. 80
Nationalität:	Deutsch
Wie lautete die Anklage?	Zersetzung d. Wehrkraft, Heimtückegesetz
Welches Gericht hat Sie verurteilt?	Divisions Ger. Nürnberg, Zentralgericht d. Heeres - Berlin
Wie lautete das Urteil?	1.) 8 Monate 2.) 9 Monate Gefängn.
In welcher Strafanstalt inhaftiert?	Nürnberg von Mai 1942 bis X. od. XI. 42 Berlin von Januar 44 bis September 44 (Kassel, Zeug. von 1-2 Monate) bis
	von bis
Waren Sie im KZ?	nein von bis
	von bis
	von bis
	von bis
Insgesamt in Haft:	1 Jahre 5 Monate

Antrag auf Ausstellung eines Ausweises für Verfolgte des Nazi-Regimes.

ches Herz die Mühe überwinden. Ich sitze hier am Wasser und versuche beim Brausen des großen Wasserfalls das Brausen im Kopf zu übertönen.«

»Ich möchte nur wünschen, daß die dem Jungen wirklich helfen können«, schreibt Sieker am 9. Juli zurück. Im *Hamburger Anzeiger* wird die Geschichte bereitgelegt – und verschwindet später vermutlich mit den Prozeßunterlagen. »... lassen Sich sich fleißig weiter vom Wasserfall überbrausen, das ist bestimmt ein angenehmeres Geräusch und Gefühl, als dem Lärm der Zeit zu lauschen«, heißt es in der Antwort Siekers.

Was sich dann ereignet, ein paar Tage später, am 20. Juli 1944, ist kaum noch mit dem Geräusch eines Wasserfalls zu übertönen, so sehr die Zeit, der Lauf der Dinge, darüber hinweggeht: das spektakulärste Sprengstoff-Attentat auf Hitler.

Die Eltern Borcherts erfahren davon in der S-Bahn, unterwegs, um in den Vierlanden Lebensmittel zu ergattern. Ein Attentat – der Versuch, einen Staatsstreich auszulösen – aber Hitler entgeht dem Anschlag. Und so wird es eine Nachricht, die bei den Eltern sofort Befürchtungen auslöst, aus Rache könnte es zu einer Strafverschärfung für den Sohn kommen.

Auch in Moabit erfahren die Gefangenen von diesem Ereignis – es herrscht Unruhe, denn einige der Verhafteten werden in die Lehrterstraße gebracht. Borchert erzählt später, er habe von Witzleben in seiner Zelle gesehen, beim Rasieren, zwischen den Verhören – in der Goerdeler-Regierung gedacht als neuer Oberbefehlshaber der Wehrmacht.

Nicht nur die Eltern, Borchert selbst fürchtet, *einer allgemeinen Strafverschärfung zum Opfer zu fallen.*

...nun habe ich tatsächlich 6 Monate hinter mir und es ist immer noch nichts geschehen, schreibt er am 3. August an Hager. *Manchmal will es gar nicht mehr gehen mit der Geduld – aber dann sage ich mir wieder, so geschwächt wie ich jetzt bin, würde ein plötzliches Rauskommen in Kampf und Strapazen mein*

völliges Zusammenklappen zur Folge haben – ich bin ja sowieso nie ein Herkules gewesen.

Was folgt, liest sich heute wie ein komödiantischer Einfall – aus der Zelle ein Brief, als sei er für die Zensur-Leser der Gefängnisverwaltung geschrieben – aber wohl kaum, denn daß von deren Humor wirklich nichts abhängt, falls sie ihn haben, dürfte sicher sein. Ein Spiel zum Mutmachen? – mit der Pointe, daß er seine Freiheit schon hätte, wenn er sie hätte?

Wenn ich allerdings in Freiheit gewesen wäre, hätte ich mich vielleicht schon längst an das Opfer meines Spottes, den so ein Kerl unbedingt mißverstehen wollte, gewandt und ich bin sicher, daß er diese Bagatelle glatt hätte niederschlagen lassen.

Oder ist er wirklich so naiv, er säße in der Zelle, weil ein Herr Goebbels übereilt beleidigt sei? Hand drauf, und alles wieder gut?

Vorläufig muß ich mich damit trösten, daß der liebe Gott mich hat vor besonderem Unglück beschützen wollen und mich deswegen in sicheren Gewahrsam genommen hat.

Sowenig es der liebe Gott ist, der hier hat einsperren lassen, so wahr ist, daß ein Unglück an der Front größer, endgültiger hätte sein können.

Ob meine Eltern mir nicht den »Faust« als Brief schicken können. Es ist kaum zu glauben, wie hungrig man auf geistige Nahrung sein kann – und dieser Hunger ist schlimmer als das Knurren eines leeren Magens.

Spätestens am 7. August hat seine Ungeduld ein Ziel.
... nun ist es wohl doch notwendig geworden, daß ich bestraft werden muß und ich mache mich auf einen tüchtigen Schlag gefaßt: Also, am 21. August 13 Uhr habe ich Hauptverhandlung, heißt es im Brief an Hager.

Und nun wünscht er sich nicht den ›Faust‹, sondern: *Mir wäre sehr daran gelegen, daß ich wieder zu meiner Panzerdivision komme, da ich für den Infanteriedienst wegen meiner Hand sowieso nicht mehr tauge. Aber ich glaube, in Torgau wird man darauf keine Rücksicht nehmen. Vielleicht können Sie da etwas für mich tun?!*

Weitaus verständlicher sein Satz: *Ich freue mich schon, am 21. 8. ein bißchen Heimat zu fühlen!*

Der Prozeß findet vor dem Feldgericht des Zentralgerichts des Heeres statt – und das Urteil lautet: 9 Monate Gefängnis wegen Wehrkraftzersetzung. Fünf Monate werden aus der Untersuchungshaft angerechnet, für die restlichen vier Monate wird am 4. September, dem Tag, an dem das Urteil rechtskräftig ist, »Strafaufschub zwecks Feindbewährung bewilligt«.

Sowenig die zurückliegenden Monate in der Zelle ein Urlaub waren, sowenig ›Frontbewährung‹ nun Freiheit bedeutet – das Urteil wird nicht zum befürchteten Schlag – bei allem Schlimmen, für Borchert ist wieder eine Handvoll Glück im Spiel – letztlich bleibt er der seltsame Vogel, der komödiantisch durch den Krieg flattert. Wäre er zu dieser Zeit gewesen, was mancher später von ihm glaubt, er hätte diese Jahre nicht überlebt.

Aus dem Gefängnis in Berlin muß er zurück in die Kaserne nach Jena.

...nun ist der Tag, an dem ich die vergitterten Fenster von außen besehen wollte, doch plötzlich gekommen, und ich stehe zwar befreit – aber dennoch etwas unfrei wieder auf meinen Beinen, schreibt er aus Jena am 15. September an Aline Bußmann nach Hamburg. *Habe ich mich 8 Monate lang vielleicht zuviel mit mir selbst beschäftigen müssen, so bin ich nun gerade in das Gegenteil reingesprungen, und ich weiß heute am ersten Tag noch nicht recht, wo mir der Kopf steht. Deswegen war ich ganz froh, daß ich gleich auf Wache ziehen mußte – so habe ich nun ein paar Nachtstunden für mich – und für Euch.*

Er glaubt, daß ihm noch ein paar Tage Ruhe in Jena bleiben und daß er dann wohl an die Westfront kommen wird. *Aber...,* heißt es, *jeden Augenblick können sich wahrhaft umwälzende Dinge ereignen, die alle Planungen glatt über den Haufen werfen.*

Verständlich, daß Borchert, eben aus dem Gefängnis entlassen, hier vorsichtig formuliert, daß offenbleibt, an welche Dinge er denkt, die sich wahrhaft umwälzend ereignen könnten. Auch wenn nicht sicher ist, wie er sich im Herbst 1944 ein Kriegsende vorstellt, daß darüber hinaus in einer Kaserne spekuliert wird, unter Soldaten, die ›wieder raus müssen‹, es liegt auf der Hand. Wer noch glaubt, wird zwangsläufig an Wunder glauben müssen – am 8. September ist die erste V-2-Rakete in Richtung London abgeschossen worden – möglich auch, daß die noch geheimen Ideen von einem Friedensschluß im Westen für den Weiterkrieg in Richtung Osten als denkbare Möglichkeit bis in die Kaserne nach Jena dringen.

Waren die Gedanken in der Zelle auf das Rauskommen konzentriert, nun bleibt die Frage, in was es hineingeht?

Alles bleibt höchst widersprüchlich: Kaum die Anwesenheit in der Zelle, eher die Abwesenheit von den laufenden Ereignissen ist es, die bei ihm Verwirrung auslöst, wenn auch sofort wieder beschwichtigt, denn dem Eingeständnis, noch nicht zu wissen, wo ihm der Kopf steht, folgt ein paar Zeilen weiter der Entschluß, sich mit *gutem sturen Hanseatengeist* zu wappnen. Und so verwundert es kaum noch, daß er seinen Gefängnisaufenthalt eine ruhige Zeit nennt, eine genutzte Gelegenheit, literarisch weitergekommen zu sein.

Ich habe in Berlin ganz unglaublich viel geschrieben – alles was sich noch so aufgestaut + angesammelt hatte, kam in dieser Ruhe an die Oberfläche. Ach, und ich bin auch wieder ein ganzes Stück weiter gekommen – glaube ich.

Ob wirklich *weiter* oder nicht – es ist müßig, darüber nachzudenken, ob dieser Weg zwangsläufig weiter von einem Wolfgang Borchert zu dem Wolfgang Borchert führt. Es ist sein Weg, auch wenn er einstweilen weiter ins Bedeutungslose geht, hin zu Reimversen, die kaum mehr sagen als: Mehr weiß er nicht zu sagen. Angetrieben von Widersprüchen, die er nicht kennt.

Der Mond lügt (in Moabit)
Der Mond malt ein groteskes Muster an die Mauer.
Grotesk? Ein helles Viereck, kaum gebogen,
von einer Anzahl dunkelgrauer

und schmaler Linien durchzogen.
Ein Fischernetz? Ein Spinngewebe?
Doch ach, die Wimper zittert,
wenn ich den Blick zum Fenster hebe:
Es ist vergittert!

Doch ach... Könnte er genauer die Klage über sich selbst formulieren? – folgerichtig, wo er doch selbst schon eine Dummheit genannt hat, was ihn in diese vergitterte Situation geraten ließ. Und so bleibt weiter nichts als eben die schlichte Tatsache, in einer Zelle zu sitzen. Wieder findet seine alte Neigung, einen kaum begonnenen Gedanken abzuwürgen, ihn in einen tödlich-platten Reim zu pressen, die dafür kaum noch zu übertreffende Zeile: *Es ist vergittert!* Unüberhörbar im Tonfall einer Wilhelm-Busch-Verträglichkeit.

Auch ein weiteres Moabit-Gedicht bleibt auf der anspruchslosen Unterhaltungsebene – nachvollziehbar, sicher, so wird es gewesen sein, unter Männern in einer Gefängniszelle:

Moabit 1944
Die Wanzen lassen uns nicht schlafen.
Man denkt die ganze Nacht an Frauen,
die wir wohl irgendwo mal trafen.
Von den smaragdäugigen und blauen,
den schlanken und den zärtlichen
haben wir die ganze Nacht gequasselt.
Wir Hungrigen. Wir Bärtlichen.
Im ersten Morgengrauen
ist eine Ente laut vorbeigerasselt
zum nächsten Binnenmeer –
Mensch, wenn man sone Ente wär!

Was er in seinem ersten Brief nach der Haft, geschrieben am 15. September 1944, an Plänen für die Zukunft entwickelt, klingt erschreckend jugendlich naiv. Unbelehrt. Ein Berg aus Realität, und geboren wird eine bescheidene Handvoll

Wunschglück. Er denkt sich nicht die Zustände, sondern den eigenen Namen anders.

Wenn ich nach diesem Kriege noch schreiben kann, habe ich mich entschlossen, einen anderen einprägsameren und aussagenden Namen anzunehmen, der irgendwie mit mir + meinem schreiberischen Ziel Verbindung hat – nämlich: Kai Wasser. Und warum Wasser, fragst Du? Paß auf: ich bin an der Tarpenbek geboren, die Tarpenbek tropft in die Alster, diese plätschert in die Elbe – die Elbe schweigt ins Watt und das Watt rauscht ins Meer! Ach, und der Regen, der Nebel, die Wolke und die Träne – das Blut + der Saft der Blumen + Bäume: heißt nicht das alles Wasser? Und der Vorname Kai ist der Steg, der in das Wasser hinausragt + an dem die Gedanken Anker werfen und von dem sie ausfahren wie die Schiffe: Kai Wasser. Ich will so stark sein, daß es ein Name wird – oder pathetisch: ein Begriff. Die gesetzlichen Fragen über so ein Pseudonym muß Dein Hausherr aber für mich klären.

Ein paar Zeilen weiter der flehentliche Satz, der die vorangegangenen Wünsche erklärt: *Aline, wir dürfen uns von diesem Krieg nicht erdrücken lassen – wir wollen stark und wir selbst bleiben und unsere kleine große Welt bis zuletzt verteidigen!*

Traute Ideen von einem Dichterglück. Und die mörderischen Kriegs-Schlachten toben. Aber sicher, wer seine kleine Welt *bis zuletzt* verteidigt, dem wird die größere Welt zwangsläufig größer werden. Die Dialektik weiß um diesen Widerspruch.

Während Borchert seinen Brief schreibt, sitzt die größere Welt im fernen Quebec zusammen. Die Vertreter der USA, Großbritanniens und der UdSSR. Sie beschließen, wie Deutschland nach der Kapitulation in Besatzungszonen aufgeteilt werden soll. Einen Kai Wasser wird es dann nicht geben, so wenig, wie ein Tarpe Beck zum Begriff werden wird. Ein Bill Brook wird durch Trümmer gehen. In einer Geschichte. Aber ihr Autor wird Wolfgang Borchert heißen.

Wider Erwarten finden die freundlichen Tage in Jena so schnell nicht ihr befürchtetes Front-Ende.

Liebe Eltern, gerade haben wir Feierabend gemacht..., heißt es in einem undatierten Brief aus diesen Tagen, und was er mitteilt, klingt kaum, als käme es Ende 1944 aus einer Kaserne. *Die O-Beine habe ich vom Simpli* (Simplizissimus) *wiederbekommen – es wirkt scheinbar doch nicht so, wie wir dachten. Aber sie haben mich aufgefordert, wieder etwas einzuschicken. Sieker hat auch zwei neue Gedichte von mir. Und meine Stube, wo ich jetzt wohne – mit all den Schreibstubenleuten zusammen – hängt voller Hafen- und Nachtbilder von mir. Und einen schönen Dramenstoff hab ich auch: Kai und Ulla.*[25] *Es fängt ganz heiter und beschwingt an und wird dann ernst.*

An Frauen und Mädchen herrscht Überfluß, weiß er zu berichten. *Und ich habe endlich mal ein paar kleine Blonde dabei, die ich eigentlich viel lieber mag – nur wird es nie was. Oder es bleibt eine einseitige Liebe.* Alles wie gehabt, in Kriegs- wie in Friedenszeiten. An der östlichen Front waren es Episoden mit *Finas* gewesen, von der westlichen Front ist Marguerite nach Jena gekommen, als sogenannte Fremdarbeiterin, ein siebzehnjähriges französisches Mädchen. Borchert lernt sie im Kino kennen, bestellt bei der Mutter in Hamburg ein Paar Handschuhe für sie, aber als sie eintreffen, ist auch diese Episode schon beendet – *sooolange dauert sowas doch nie bei mir*. Die Handschuhe aber, da ist er sich sicher, wird er schon *an die Frau bringen.*

Und auch dabei bleibt es: *Ich glaubte, ich werde mein ganzes Leben Nachtgedichte schreiben! Und die Nächte erlebe ich auch immer besonders intensiv – wenn es so gegen Morgen geht und ich allein nach Hause gehe, allein mit meinem Schatten und dem Mond.*

Die Episode mit Marguerite verstieß gegen Vorschriften und soll ihm, wie in der späteren Geschichte,[26] vier Wochen Ausgangssperre eingebracht haben. Unter derartigen Umständen geraten die Erinnerungen im Brief, anders als in der späteren Geschichte, lyrisch:

Damals in Hamburg gehörten die Nächte mir, wenn ich von Altona oder von Mackenthun oder sonst woher nach Hause ging durch die kühlen stillen Nachtwinde – dann in Lüneburg und nun in Jena jede Nacht fast eine Stunde Weg – das sind für mich die schönsten Minuten und reichsten Stimmungen.

Zeilen, durch die unverkennbar alte Vergeblichkeit schimmert, und die doch so klingen sollen, als sei alles in Ordnung, alles ein Erfolg.

Euer Kippentabak kommt mir sehr zu paß, wenn er auch etwas sehr nikotinhaltig ist – aber ich brauche immer eine gewisse Menge Gift, um leben zu können, heißt es am Schluß des Briefes.

Ein weiterer Brief ist nur als Fragment erhalten, ohne Datum und Anrede, unterschrieben mit Tarpe Beck. Möglich, daß es sich um die Antwort auf einen Gegenbrief der Eltern handelt, auf Ermahnungen, mit der eigenen angeschlagenen Gesundheit sorglich umzugehen.

...Ja, wenn ich wüßte, daß ich meine Arbeit bis zum 30. Lebensjahr so beendet haben müßte, oder ich würde nichts erreichen, so würde ich auch das auf mich nehmen. Lieber jung gestorben und gelebt – als alt geworden und die Welt nur tropfenweise genossen.

Seine Schrift hat nichts von der abgezirkelten Strenge, zu der er sich bisweilen zwingt. Sätze, die spontan hingeworfen scheinen.

Ja, und allzu alt werde ich bei meiner Gesundheit kaum werden, das fühle ich. Manchmal macht sich doch schon allerlei bemerkbar.

So mutig bereit es klingt, letztlich wohl doch geschrieben, um Befürchtungen zu zerstreuen.

Aber noch liegt das alles weit ab – freilich, das Schöne auch und wir müssen sehen, daß wir wieder den richtigen Kurs gewinnen.

Sätze mit dem alten Schlenker ins Optimistische. Dahinter die Furcht – wohl wirklich weniger vor den Drohungen der Krankheit als davor, daß sein Optimismus kaum halten wird, daß die schönen Ideen weniger Selbstbeschwichtigung liefern als nötig gegen die bleibende Unruhe.

Und es sind nur noch drei knappe Jahre Leben.

Ende September kommt die Mutter nach Jena, um, wie schon einmal, den Sohn nach überstandener Gefängnishaft wiederzusehen. Es werden – in ihrer Erinnerung – ruhige, frohe, harmonische Tage in einer Stadt, die, ganz im Gegensatz zu Hamburg, vom Krieg noch wie unberührt scheint. Nachmittags darf er die Kaserne verlassen – vormittags ist Hertha Borchert über sich selbst erstaunt, einfach sorglos in der Stadt spazierengehen zu können, Besuche machen zu können, wie bei Helene Voigt-Diederichs, die sie von einer gemeinsamen Rundfunksendung her kennt und nun beim Marmeladekochen antrifft. Es ist Krieg. Zu einem anderen Besuch wird sie von ihrem Sohn überredet: Ricarda Huch. Hertha Borchert überwindet Ehrfurcht und Scheu. Kaum nötig, denn der 80jährigen Dichterin begegnet sie sehr zwanglos auf dem Markt, dabei, Gemüse zu erstehen. Hertha Borchert trägt ihr die volle Tasche in den Philosophenweg, bis in die Wohnung, wo ein plötzlicher Fliegeralarm beide eine reichliche Stunde zusammenhält. Gesagt wird dies und das – ein Gespräch über die Nützlichkeit von Holunderbeeren –, und da Hertha Borchert erzählt, daß sie in der Stadt ist, um ihren Sohn zu besuchen, kommt die Frage, ob er denn gern Soldat sei?

Hertha Borchert – und so wird die Episode am Rande zum kleinen biographischen Detail – Hertha Borchert ärgert sich erst später, diese Frage Ricarda Huchs nur ausweichend beantwortet zu haben. Dabei wäre ein Nein so einfach wie wahr. Aber darüber zu sprechen, ist ihr wohl wirklich nicht möglich zu dieser Zeit, und kaum aus Furcht vor den Folgen einer vertraulichen Offenheit. Auch seine Briefe würden dieses Nein nicht beweisen, sowenig sie sich für ein Ja lesen lassen.

Der Krieg geht weiter. Die Fronten rücken näher. Borcherts Kasernenglück in Jena hält an.

Am 14. Oktober heißt es in einem Brief an Aline Bußmann: ... *So ist es: bergauf, bergab – ewige Berg + Talbahn – ewiger Jahrmarkt: in jeder Bude neue Überraschungen. Und wenn man wieder auf der aufsteigenden Linie ist, sieht man wie ein Phönix auf die dunklen Niederungen, in denen man beinahe steckengeblieben wäre, und ein gewisser grimmiger Hoch- und Lebensmut steht mit stolzen Engeln am Wege nach oben. Manchmal überschatten ihn zwar die Nachwehen der Berliner Tage, die aber wie Dämonen sind und mich zum Licht drängen, und ihre Fratzen stehen als drohende Warnung im Hintergrund.*

Bei aller schwärmerischen Liebe zum Lokalen weiter unten, nun ein *fanatischer Hamburger* geworden zu sein, *aus Heimweh*, wie er in anderen Briefen gesteht – sein *Kurs* bleibt doch weiter auf den größeren Trost-Himmel hoch darüber gerichtet. Sein Verhältnis zur Literatur bleibt anbetend religiös, sehnsüchtig, doch auch etwas Großes verfassen zu wollen – und gänzlich unwichtig bleibt, was denn da groß zu sagen wäre. Aber das ist weder gedacht als Vorwurf noch als überflüssige Entschuldigung. Es ist weitgehend üblich.

Viele der Großen haben früh von ihrer Größe geträumt. Auch die Kleinen. Das Urteil wird später gesprochen, wenn die frühen Träume fürs Lächeln sind.

Wenn ich auch erst ganz am Anfang von all diesen Dingen war, als ich Soldat wurde, heißt es weiter im Brief, *so ist mir doch das Leben mit den schönen Geistern unserer Kunst der beste Talisman für die dunklen Stunden gewesen, und ich führe oft wunderbare Zwiegespräche mit ihnen – ob sie nun Sappho, Shakespeare, Rilke, Rimbaud oder Hamsun heißen –, sie alle sprechen einen trostreichen Chor. Wir sind als Großstadtmenschen wohl doch nicht mehr naiv und bescheiden genug, um an den Freuden in der Natur – an den Käfern, den Sternen und den Blumen Genüge zu finden. Die Natur nimmt nicht teil an unseren Nöten, aber die großen Genien der Kunst haben wie Hunderte Christusse für uns gelitten und erlösen uns nun.*

Sicher, anderes ist mit *Erlösung* wohl auch nie gemeint gewesen. Manches hat seinen Wert gerade darin, daß es nicht gelingt. Manches wäre unbemerkt geblieben, wenn es nicht wenigstens gewollt worden wäre.

Mit im Brief liegen drei Gedichte – *Abendlied, In Hamburg, Antiquitäten* –, sie erscheinen zwei Jahre später, im Dezember 1946, zusammen mit elf anderen Gedichten in dem schmalen Bändchen *Laterne, Nacht und Sterne,* dann schon weit ab von ihren Entstehungsumständen in der Moabiter Zelle oder in der Jenaer Kaserne. Veröffentlicht zu einer Zeit, in der der Schreiber den Schreiber der Gedichte schon mit Distanz sehen wird.

Am 22. Oktober wieder ein Brief an Carl Albert Lange. Über zwei Seiten hin in einer eng-gezwungenen Schrift, wie aus einer überlegt sicheren Konzentration, und doch mit gewollt ausholend genialen Zügen an den älteren Dichterkollegen in Hamburg.

Ein nicht uninteressanter Brief, denn im Eifer formuliert Borchert sein schwärmerisches Ziel deutlicher, in seinen Mühen, bildreich-literarisch sein zu wollen, geraten die hastigen Gedankengänge bis ins Groteske, so daß die fällige Abkehr nicht mehr weit scheint.

Es ist aber jetzt so, daß unser ganzes Denken nur um den einen Punkt kreist: wieder nach Hause, wieder arbeiten und tätig sein können – etwas schaffen und schöpfen dürfen – danach schreien wir, nach unserer Welt, nach unserem Leben! Und die Erinnerung an die Vergangenheit muß nun stark genug sein, uns Trost für die Zukunft zu geben. Zukunft, Morgen – das ist unser tägliches Gebet – und währenddessen vertrocknen meine Schminkstifte zu Hause ruhmlos und einsam.

Daß Zukunft etwas anderes als schöne Vergangenheit sein könnte, alles Unerfreuliche darin gestrichen, der Krieg aus, der Friede da, das Weiterleben einfach so möglich, daß es noch etwas anderes geben könnte als abenteuerlich komödiantische Kunstvorstellungen – Borchert rechnet nicht damit.

Nun sind wir bald wieder wie die Vaganten geworden, die auf ein paar losen Blättern ihre unsterblichen Werke in der Tasche tragen – bis sie vielleicht eine spätere Zeit für würdig befindet, in Bücher zu binden.

Der nicht gerade glückliche Satz will doch immerhin ein Glück entwerfen – aber viel erstaunlicher ist, daß in den folgenden Sätzen für ihn die greifbare, faßbare Wirklichkeit offenbar nur als *Vision*, als *Traum*, als *teuflisches Schauspiel* von Bedeutung ist – als Gegenstand für halsbrecherisch akrobatische Wendungen.

Vielleicht aber werden wir diese Visionen des Grauens und der Erschütterungen selber einmal zerreißen, wenn wir aus diesem apokalyptischen Traum erwachen und uns dann in der reinen großen Schönheit baden werden, bis wir in ihr ertrinken – das soll unsere Vergeltung sein! Wenn wir wieder eine Blume oder die Sterne, die Vögel oder die dunklen Wimpern eines Mädchens besingen dürfen – mag sein – daß dann das Entsetzen von uns abfällt wie eine spukgewordene Maske und daß von diesem teuflischen Schauspiel nur noch ein leiser Schauder bleibt – als Mahner, jede Minute des Glücks ganz auszutrinken!

Manches, was später gutwillig über ihn gesagt werden wird, klingt dann ähnlich arg, ähnlich gefühlstrunken.

Ob ihm bewußt oder nicht, tatsächlich nimmt Borchert die Mentalität der frühen Nachkriegshelden vorweg, denen dann eilig das Entsetzen abfällt, die zu jedem Glück greifen, um es hastig runterzuschlucken, mit dem optimistisch-lebensmüden: Nach uns die Sintflut!

So schwankt man aber umher zwischen der Flucht ins Idyll und dem Zwang, dieses Grauen doch zu gestalten..., heißt es im folgenden Satz.

Er wird sich weder für das eine noch für das andere entscheiden... Noch heißt es ungebrochen: *Trotzdem: Uns geht die Sonne nicht unter!*

Anschließend schreibt er eine Karte an die Eltern, an diesem 22. Oktober 1944, der zwischen zwei Kriegsdaten liegt, die nun schon überdeutlich die sich unaufhaltsam nähernde Kapitulation anzeigen.

Am Vortag ist Aachen von den Amerikanern besetzt worden, am Tag darauf werden sowjetische Truppen die Grenze Ostpreußens überschreiten. Die neueste Wunderwaffe heißt ›Volkssturm‹. Auch Kinder und Greise dürfen nun mit der Waffe in der Hand verrecken.

Wie es zugeht, wenn Kinder diesen Krieg noch gewinnen sollen und wollen, wird Borchert in einigen Wochen miterleben. Im Augenblick denkt er an seinen Vater in Hamburg, knapp zwischen zwei anderen Sätzen:

Gerade habe ich an CA Lange geschrieben und ihm auch ein paar Verse mit eingelegt. Muß Vati auch zum Volkssturm? Oh oh! – Könnt Ihr mir nicht in Reclam »Die Räuber« schicken und ein Inselbändchen: Gedichte von Rimbaud!

Am 31. Oktober heißt es an die Eltern: *Gestern abend waren wir im Konzert – leider kamen zum Schluß die barbarischen Insulaner und störten die andächtige Feier.*

Ein Satz, der ironisch gemeint sein könnte. Aber vorstellbar ist auch, daß er diesen Angriff schlechtweg als unfreundlichen Akt wertet, als einfach störend, denn er selbst ist friedlicher dabei, den Krieg zu beenden – nur, davon endet er nicht.

Musik, heißt es, *hat mich schon immer so merkwürdig berührt – sie braucht nicht einmal ernst zu sein. Es überläuft mich immer eiskalt, wenn ich manchmal aus irgendeinem Radio leichte und verrückte Musik höre – jetzt, wo im Augenblick die ganze Welt aus den Fugen zu gehen droht!*

Als wäre sie in sicheren Fugen, noch, oder doch gewesen. Aber wer sich *zurückdenkt*, ohne zu denken, daß die ›schönste Zeit‹ seines Lebens ja doch auch schon im Krieg, wenn auch noch auf der Bühne, stattfand, dem wird nichts Störendes an Wendungen auffallen wie, da gerate nun etwas aus den Fugen. Eine Wendung, die gewöhnlich für das Bedauern reserviert ist.

Ich habe ein bißchen den Franz Moor geübt, aber ich fühle mit Grauen, daß mein Kehlkopf glatt abbaut, wenn er etwas stärker beansprucht wird!

Das Irrsinnige einer Zeit – nicht nur an den Fronten wird millionenfach gestorben – läßt sich an den Randabsurditäten ausmachen. So, wie im Frieden ganz harmlos der Krieg geübt wird, läßt sich auch der harmlose Frieden im brutalsten Krieg üben – denn es muß ja weitergehen...

Einige malen in der Jenaer Kaserne *für viel Geld laufend farbenfreudige Alpenlandschaften und dergleichen*, teilt Borchert am 11. November den Eltern mit. Er selbst verfertigt *ein paar echte Hanning-Hamburg-Hafenbilder*.

...heute ist hier noch ein prachtvoller Spätsommertag und es zieht hinaus – aber, aber...

Nur wenig später sitzt er im Zug nach Hamburg. Es wird ein kurzes Glück. Offenbar haben ihm Freunde in der Schreibstube den Urlaubsschein verschafft, es gibt Schwierigkeiten, ein Telegramm, er muß schon nach ein paar Stunden wieder zurück nach Jena. Die Eltern sind besorgt, aber dann ist doch alles in Ordnung: 10 Tage Urlaub, Borchert sitzt wieder im Zug in Richtung Norden.

Ganz im Gegensatz zum vorherigen Urlaub bleiben seine Aktivitäten im heimatlichen Hamburg deutlich gedämpfter. Schweigend dazusitzen, Stillstand nicht mit fahrigen Bewegungen zu überspielen, ist nicht seine Art. Aber in diesem Urlaub bleibt er doch auffallend häufig einfach nur unentschlossen – erinnert sich später die Mutter. Nicht selten war in den Briefen der letzten Zeit von den *Nachwirkungen der Berliner Tage* die Rede gewesen, von der Vermutung, seine Nerven könnten doch stärker gelitten haben als anfangs gedacht. Von einem Wutanfall hatte er geschrieben, gegen einen Mitsoldaten, den er – zu seinem eigenen Erschrecken – im Streit fast erwürgt hätte. Befürchtungen zwischen dann wieder heiter klingenden Sätzen, zwischen optimistischen Plänen. Alte Ratlosigkeit, kaschiert, unter die sich nun das Kriegsende zu schieben beginnt.

Von Leberbeschwerden scheint er im Augenblick weitgehend frei zu sein. Dafür machen ihm seine Füße zu schaffen. Nun, wieder im Dezember, zwei Jahre nach den Erfrierungen an der Front. Mehrmals am Tag muß er die Füße in Bäder stecken, was ihn allein schon zwingt, untätig dazusitzen.

Selbst das Plötzliche kommt im Leben nur selten überraschend. Ehe eine Situation wirklich ausweglos wird, hat sie ihre Vorläufer mit Auswegen. Möglich, daß dieses Festsitzen – das wie symbolisch scheint, wie erfunden als Metapher, nicht weglaufen zu können – ihm zum ersten Mal, wenn auch noch folgenlos, die Grenzen aller Ausflüchte anzeigt. Nicht allein, es werden andere Ereignisse dazukommen. Und es werden kaum die Nachrichten von den großen Weltereignissen sein. Ihnen ist lange weit besser zu entkommen als dem sehr Nahen, Unmittelbaren, Zurechtgelegten – so sehr der Zustand seiner Füße von den Weltereignissen rührt.

Anzunehmen, daß er es versucht, um so mehr versucht, diese beschriebene *Minute des Glücks ganz auszutrinken.* Anzunehmen, daß dieses Spiel nicht bringt, was die Erwartungen versprechen.

Am 17. Dezember, schon wieder in Jena, heißt es in einem Brief an Aline Bußmann von diesen Tagen: *...sie sind grob und entsetzlich nackt – nur von den Frauen kommt uns ein Licht und eine herrliche Zartheit – aber ich fürchte, das ist auch nur ein Quichote-Traum von mir. Alles ist von Profanem und Alltäglichem durchseucht – vielleicht ist es nur die Kunst, die wahrhaft groß und rein ist – darum müssen wir auch immer wieder zu ihr flüchten und neue Kraft aus ihr trinken, um lebensfroh zu bleiben.*

Sein altes Muster – mit neuem Nachsatz: *...aber diese Sehnsucht fängt langsam an, unerträglich zu werden...*

Am Ende seines zehntägigen Urlaubs äußert er die Absicht, sich Zivilkleidung mit in die Kaserne nehmen zu wollen. Verständlich, daß die Eltern fürchten, es könne ein Ende vor dem Ende werden – desertiert, erschossen, ohne Glück, noch ein drittes Mal davonzukommen. Er läßt sich überzeugen. Der Vater bringt ihn zum Bahnhof, ohne den gefährlichen Friedensrock im Gepäck. Wieder zu Hause, erzählt Fritz Borchert, er sei ruhig und gefaßt in den Zug gestiegen. Es beruhigt, auch wenn beide wissen, daß es nur so ausgesehen haben wird.

Der Krieg geht in seine letzte Phase. Im Januar 1945 rücken sowjetische Truppen in Richtung Oder vor – die alliierten Truppen sammeln sich am linken Rheinufer. Drei Monate später werden sie sich an der Elbe begegnen.

Aus Tausenden von Flugzeugen fallen weiter Bomben auf deutsche Städte – die nun Verzweifelten waren ruhig geblieben, wenn nicht gar stolz gewesen, als damals der Sieg über die Städte des Feindes verkündet worden war. Hamburgs weite Trümmerlandschaft nun auch in Dresden und Berlin.

Borchert, weiterhin nicht frontdiensttauglich, sitzt noch immer in der Jenaer Kaserne – und gesteht am 3. März in einem Brief an Carl Hager: *Ich tue schon lange nichts Ver-*

nünftiges mehr. Wenn es irgend geht, steuere ich abends das Stadtinnere an, um da die Stunden irgendwie dumm oder verliebt zu vertun – oder die Insulaner jagen uns in den Keller und dann pinsel ich Papier voll, um nicht in Wut zu geraten.

Natürlich, es wäre schöner, wenn der Krieg ohne Krieg zu Ende gehen würde.

Heute, im nachhinein, hat sein kindliches Gemüt freilich auch etwas Grandioses – etwa zu meinen, die sollten da ihren Krieg gefälligst über die Runden bringen, ohne gleich alles kaputtzumachen. Es ist nicht sein Krieg. Und so hat seine Reaktion, im Keller gegen die Wut zu *pinseln*, durchaus etwas von der störrischen Gegenwehr eines Kindes, mit Albernheiten zu reagieren, wenn es die Erziehungsmaßnahmen der Großen nicht versteht.

Daß aus dieser ungeheuren Entfernung von der Realität, oder genauer, aus dieser ungebräuchlichen Position ihr gegenüber, dann eine überraschend auffällige Nähe wird, seine undurchschnittliche Fähigkeit, ganz unmittelbar Wirklichkeit zu empfinden – Verblüffung über Wirklichkeit auszulösen – gehört zu seinem Widerspruch.

Borchert schreibt Verse, versieht sie mit schlichten Bleistiftkritzeleien – und meint, daß ein mitgeschicktes Blatt *etwas nach Oase von Sylt* riechen würde, und ist offenbar gänzlich frei von den geringsten Skrupeln, sich in die schlimmste Maler-Dichter-Idylle zu denken, als Lebensplan für die Nachkriegszeit. Und so denkt er sich *später einmal einen kleinen Band Gedichte:*

> *Hafenballade*
> Ein Mensch, (offenbar soll es heißen: ein Mädchen)
> das aus dem Hafen stammte,
> empfing
> die Nachricht, daß das Schiff
> auf dem ihr Liebster fuhr
> von ungefähr ein Riff
> berammte
> und unterging.

Dazu heißt es: *Das ist allerdings höchstens Literatur und keine Dichtung – aber wenn ich überhaupt für irgendeinen Zweck schreibe, dann für keinen anderen, als für den: in einer eigenen, wenn auch nicht besseren, so doch mir gemäßeren Welt zu leben und in ihr glücklich zu sein. Wenn nebenher ein zweiter oder dritter auch noch für eine Stunde daran Erbauung findet, dann ist das zwar ein schönes Gefühl – und man darf den Ruhm als Glücksgefühl nicht unterschätzen – aber arbeiten tu ich ganz für mich allein!*

Manches im Leben taugt bestenfalls für die Ernüchterung.

Ende März setzen die Alliierten über den Rhein. Am 29. März wird Frankfurt am Main von den Amerikanern besetzt. Mit dem allerletzten Aufgebot soll auch Borchert noch einmal an die Front. Seine Einheit kommt bis südlich von Frankfurt am Main. Die Offiziere flüchten, die Soldaten hüten sich, in einen Kampf zu geraten. Sie warten auf das Ende. Borchert wird Zeuge, wie Schüler in einen letzten Akt von Wahnsinn getrieben werden. Sie stürmen siegesgewiß einen Bahndamm – und sterben im Maschinengewehrfeuer. Borchert ist dabei, sie zu begraben. Seine Einheit läßt sich kampflos gefangennehmen. Als sie auf Lastwagen in Richtung Westen gebracht werden, nutzen einige die Gelegenheit zur Flucht. In einem Waldstück springen sie vom Wagen. Borchert ist dabei. Zusammen mit anderen, später allein, macht er sich zu Fuß auf in Richtung Norden, querfeldein nach Hamburg.

Ein weiter Weg, nicht ungefährlich, und: Natürlich wird es auch der Weg des Komödianten Borchert. Ein Weg nach Hause, mit Stationen, die Biographisches wie in Kurzform wiederholen oder vorwegnehmen. Heiter, und bitter am Ende.

Amerikanern, denen er begegnet, zeigt er seinen Gefängnisentlassungsschein. Ob sie es wissen wollen oder nicht: Nun ist es besser, sich doch schuldig zu fühlen, nun ist es besser, kein glühender Verehrer von Goebbels sein zu wollen – Leben ist ein Abenteuer –, was er wirklich ist, und was er sein möchte, es würde auf keiner Seite zählen. Sie lassen ihn laufen.

Bei einem Bauern bekommt er Zivilkleidung – nun ist die Uniform gefährlicher geworden. Alles wandelt sich. Nun ist er doch desertiert, wenn auch vorm Feind, was anderenfalls zur Not ein mildernder Umstand sein könnte.

Er selbst hat sein Leben mit einem Jahrmarktsplatz verglichen – *in jeder Bude neue Überraschungen* –, nun schläft er in einer Scheune auf Stroh, wenig später ist er Gast auf einem Rittergut in Westfalen. Aus der Gesindeküche, erzählt er später der Mutter, holt ihn die Gutsfrau ins Herrenhaus. Glück – aber es ist das alte Glück mit unglücklichen Anzeichen. Sein Gesicht ist gelb, sein Allgemeinzustand nicht der beste. Die Frau hat Mitleid. Er darf bleiben, er darf in die Badewanne, er darf sich frische Wäsche anziehen, er darf mit dem Rittergutsbesitzer in der großen Bibliothek sitzen und über Literatur reden, als wäre das Kriegsende nicht nur schon da, sondern so gut wie vergessen. Im Garten scheint die Sonne, da steht ein Liegestuhl, und zu allem gibt es da auch ein Mädchen. Schöne Tage, er kann bleiben und verläßt doch eines Morgens ohne Abschied fluchtartig seine Gastgeber.

Rittergut Wöbbel, Steinheim, Westfalenland. Die Adresse liegt liegt später in Hamburg zwischen seinen Papieren. Aber er kann sie nicht finden, sagt er. Und so schreibt er auch später keinen Brief, um sich zu bedanken.

Seine nächste Station ist Rinteln. Da wohnen die Angehörigen eines Freundes, den er nach der Moabiter Haft in Jena kennengelernt hatte. Aber die Leute begegnen ihm mißtrauisch. Wieder sehr gelb im Gesicht, krank und desertiert – sie wollen sich offenbar nicht mit ihm einlassen. Also zieht er weiter auf seinem strapazenreichen Weg, mal unterwegs mitgenommen, mal zu Fuß.

Etwas von seiner Verfassung verrät ein Gedicht.

Am Fenster eines Wirtshauses
Beim Steinhuder Meer
Auf dem Nachhauseweg 1945

> Die Apfelblüten tun sich langsam zu
> beim Abendvers der süßen Vogelkehle.
> Die Frösche sammeln sich am Fuß des Stegs.
> Die Biene summt den Tag zur Ruh –
> nur meine Seele ist noch unterwegs.
> Die Straße sehnt sich nach der nahen Stadt,
> wo in der Nacht das Leben weiterglimmt,
> weil hier noch Herzen schlagen.
> Wer jetzt noch kein Zuhause hat
> wenn ihn die Nacht gefangennimmt,
> der muß sich lange fragen:
> Warum die Blumen leidlos sind –
> warum die Vögel niemals weinen
> und ob der Mond wohl auch so müde ist –
> Und dann erbarmt sich leis ein Wind
> bis er – im Schlaf – die Welt vergißt.

Die andere Hälfte des Widerspruchs Wolfgang Borchert springt ins turbulent Komödiantische. Lauthals singend tanzt er hinter englischen Panzern her. Dazu hat er einen durchlöcherten Regenschirm aufgespannt, mit dem er sich im Kreis dreht, zum Gaudi der Soldaten, die ihn von ihren Panzern runter für einen Verrückten halten, für einen Entlaufenen, der nichts dafür kann. Zu harmlos, als daß er etwas mit dem Krieg zu tun haben könnte.

Auch das hilft nun, lebend aus diesem Weltkrieg wieder herauszukommen – als sei das Unsinnige für den noch einmal kritischen Augenblick geübt, seit Kindertagen, wenn es Ernst wird, den Heiteren zu spielen.

Sein Weg nach Hamburg führt durch die Lüneburger Heide. Er kennt die Gegend seit frühester Kindheit von unzähligen Spaziergängen. An diesem Tag geht der Krieg zu Ende, der damals, im Mai 1939, als er in seinem ›Ockerfarbenen‹ den Eltern entgegengelaufen war, noch nicht begonnen hatte. Auch das war in der Heide gewesen.

Sein Gesundheitszustand hat sich rapide verschlechtert. Mühsam schleppt er sich in Richtung Bendestorf. Dort hat sein ehemaliger Lehrer Frerk ein kleines Haus. Der hält ihn beim Näherkommen für einen komischen Ausländer, tiefgelb im Gesicht, von den physischen Anstrengungen entstellt. Ein sonderbares Wiedersehen nach all den Jahren, die seit der Schulzeit vergangen sind. Eh er ihn erkennt, spricht er seinen ehemaligen Schüler auf englisch an. Borchert kann bleiben, kann sich in das Bett des hilfsbereiten Mannes legen, der für sich selbst eine Schlafstelle auf dem Fußboden herrichtet.

Frerk war von allen Lehrern der einzige gewesen, zu dem Borchert ein engeres Verhältnis gefunden hatte, dem die sonderbare Widersprüchlichkeit des Schülers früh aufgefallen war.

Frerk mag an diesem Abend glauben, daß es nur die physischen Anstrengungen sind. Borchert selbst wird wissen, daß es die Krankheit ist, die ihn mit Fleckfieberverdacht ins Seuchenlazarett Smolensk gebracht hatte – daß es die *Gespenster* sind, drohend wie einst.

8. Mai 1945. In Berlin-Karlshorst ist die Urkunde der bedingungslosen Kapitulation unterschrieben. Um 23.01 Uhr sollen alle Kampfhandlungen eingestellt werden, um 0.01 Uhr beginnt das Kriegsende. Für Borchert der so sehr erhoffte Augenblick, das Ende seines Soldatseinmüssens, nun wirklich ohne ein Zurück in die Kaserne, und doch anders als gedacht, nun, wo Grund zur Heiterkeit wäre, geht es ihm gesundheitlich schlechter als je zuvor, ist er unfähig, sich auch nur schlicht zu freuen.

Schon am 3. Mai ist Hamburg kampflos an die Engländer übergeben worden. Panzer rollten nachmittags gegen 15 Uhr durch die leeren, stillen Straßen. Ein undramatisches Kriegsende. Aufatmen, daß die Stadt entgegen der ursprünglichen Absicht der Nazis nicht doch noch verteidigt worden war, was mit Sicherheit ein Ende auch der letzten Straßenzüge bedeutet hätte. Kein Schuß ist gefallen, keine erbitterten Straßenkämpfe wie noch am Tag zuvor in Berlin.

Inzwischen hat Hertha Borchert die Nachricht, daß ihr Sohn unterwegs ist in Richtung Vierlande, ihrer alten

Heimat, südlich von Hamburg. Bei einer Freundin der Mutter in Curslack wollen sie sich treffen.

Trotz heftiger Beschwerden bricht Borchert am 9. Mai, an diesem ersten Nachkriegstag, in Bendestorf auf in Richtung Elbe, überquert sie beim Zollenspieker und schleppt sich mühsam, gestützt auf einen Stock, über Kirchwerder nach Curslack.

Dazwischen, einen Blick weit ab, liegt Neuengamme, das Konzentrationslager. Auch da ist es friedlich still, als sei nichts gewesen, als hätte es da 100000 Häftlinge nicht gegeben. Am gleichen Tag, zur gleichen Stunde, als in Hamburg der Einmarsch so undramatisch vonstatten gegangen war, starben über 7000 Neuengamme-Häftlinge auf der ›Cap Arkona‹ und der ›Thielbek‹ vor Neustadt in der Lübecker Bucht, zusammengeschossen auf den brennenden, untergehenden Schiffen... Das Lager in Neuengamme liegt still und sauber aufgeräumt da, besagt eine englische Inspektion, die an diesem 9. Mai abgeschlossen wird. Die Nazis hatten alle Spuren beseitigt.

In Curslack erwartet Hertha Borchert ihren Sohn, den sie, als er endlich über die Landstraße kommt, zunächst für einen alten Mann hält. Aber es ist ihr Sohn, der in ein paar Tagen sein 24. Lebensjahr vollenden wird. Müde, abgerissen, krank – die Augen tief eingefallen im gelben Gesicht. Nicht, wie es schien, älter als tatsächlich, eher jünger, hilfsbedürftig wie ein kleines Kind.

Am nächsten Tag gehen beide zu Fuß bis Bergedorf und geraten glücklich in einen der überfüllten Züge. Die Fahrt geht durch Hamburg, durch die nun schon alten, gewohnten Trümmer, durchzogen von befremdlich saubergeräumten Straßen –

Es ist der 10. Mai 1945. In Alsterdorf steht Fritz Borchert wartend in der Tür. Er, der seine Gefühle nur schwer zeigen kann, steht nun weinend da. Der Krieg ist wirklich aus.

11
Turbulent erschreckend
keine Stunde Null

Ruhe, und langsam wieder zu Kräften kommen, dann, scheint es den Eltern, würde alles wieder gut werden, dann würde die Krankheit zu besiegen sein, würde sie ihr Ende haben wie der Krieg, zumal sie doch ganz offensichtlich als unmittelbare Folge des Krieges erscheint. Borchert selbst bezeichnet sie als *mitgebracht*, als *russische Gelbsucht*, und das klingt zumindest erklärend, so, als sei es möglich, sie im Heimatfrieden bald wieder loszuwerden.

Alle Hoffnungen zielen auf das irgendwie Bessere, auf das Elementarste, ein Dach überm Kopf, ein wenigstens provisorisches Zuhause, und sei es in der Ecke eines Bunkers oder einer Ruine. Sattwerden gehört zum täglichen Sieg. Eine unruhige Zeit, die den Aktiven gehört, den Praktischen, die aus allem etwas zu machen wissen. Borchert ist zur Bewegungslosigkeit verurteilt, eingesperrt in das heilgebliebene Zuhause.

Gegen die Besorgnis der Eltern steht er schon früh wieder auf, wirkt aber doch nur kränker, wenn er unter Mühen durch die Wohnung irrt, unentschlossen, unfähig, mit dem richtigen Leben zu beginnen, wie immer er es sich vorgestellt hatte, ob nun in den hehren Höhen der großen Kunst oder mehr in der turbulenten Komödiantenszenerie ein paar Handbreit weiter unten. Nichts geht – was draußen geschieht, es betrifft ihn nicht. Daß es verboten ist, die Elbe zu überqueren, mit einem Fahrrad zu fahren; er besitzt weder ein Vermögen auf der Bank noch eine Schußwaffe im Schreibtisch; er ist kein Beamter, der nun einen neuen Eid schwören kann und damit den alten ungültig machen könnte. Und sicher ist es kein Trost zu wissen, daß es die Gesetze nicht mehr gibt, nach denen er noch unlängst verurteilt worden war – daß Goebbels tot ist, die Leiche gefunden, Selbstmord, es steht in der Zeitung.

Das erste Ausgehverbot ist aufgehoben, tagsüber darf ein Hamburger wieder durch Hamburg gehen, abends drohen die Strafen der Sperrstunde. Aber Borchert ist ohnehin gezwungen, in der Wohnung zu bleiben – also macht er seine Spaziergänge auf Papier. Wie schon in der Kaserne in Jena, er malt Bilder: Mädchen und den Hafen, Seeleute, schwankende Typen, gelegentlich mit einer Laterne an der Straße – es sind die in seinen Briefen beschriebenen alten, nächtlichen Vorkriegsspaziergänge, nun in den bunten Farben der Phantasie.

Die Wohnung ist heilgeblieben, aber sein Zimmer ist vermietet. Die Not riesig, wer irgend kann, muß Untermieter aufnehmen. Borchert zieht in das schönere Balkonzimmer. In seinem Zimmer wohnt ein junges Mädchen. Sie hat ein Madonnengesicht voll rührender Naivität. Borchert will nun Madonnengesichter malen, viele Madonnengesichter. Und sie, die in einer Fabrik arbeitet, malt sich aus, diese Bilder eines Tages zu verkaufen, an einem Stand auf dem Gänsemarkt. Ideen wie aus dem Handbuch der Idylle – harmlos die kleine Ruhe vor dem großen Sturm ins Abenteuer.

Borcherts Zustand bleibt schwebend, auch wenn er jetzt nicht wie einst über die Straße enteilen kann, als berührten seine Füße nicht den Boden, wie die Eltern es besorgt vom Fenster aus gesehen hatten. Einstweilen bleibt es ein Weglaufen auf der Stelle.

Seine Adresse wechselt. Sein Ort nicht. Aus der Mackensenstraße (benannt nach August von, Generalfeldmarschall im ersten Weltkrieg) wird die Carl-Cohn-Straße. Und könnte Borchert um die Ecke biegen, dann käme er nicht mehr in die Adolf-Hitler-Straße, sondern in die alte August-Bebel-Allee. Ende Mai fahren im Hafen wieder Schiffe.

Die Zeit, deren großer Beschreiber Borchert werden wird, sie beginnt ohne ihn.

Seine Existenz bleibt vage, ohne Bindungen zum Üblichen, zum normalen Erwerbsleben: den Blick nach vorn, die Ärmel hochgekrempelt, die den Ellenbogen freilegen. Selbst wenn er könnte, da wäre nichts, womit in aller Selbstverständlichkeit fortzufahren wäre. Schule und Lehre abgebrochen, ein paar Wochen Schauspieler, der Krieg, am längsten noch Soldat, und auch nicht, denn weit länger als an der unmittelbaren Front hat er in den Zellen von Gefängnissen zugebracht, wenn auch nicht aus einem Grund, der nun Inhalt für ein Ziel sein könnte – und es doch wird, wenn das völlige Scheitern den Punkt setzt, der zum Doppelpunkt wird. Das Wichtige geschieht wie beiläufig.

Abends kommt zu den Borcherts häufig ein Gast, ein Bildhauer, der in der Nähe sein Atelier hat. Fritz Borchert ist mehr durch Zufall mit ihm bekanntgeworden, und daß sich der Kontakt hält, hat sicher den gleichen Grund wie schon in den 20er Jahren, als andere, eigenwillige Künstlernaturen sich bei den Borcherts wohl gefühlt hatten. Dieser Bildhauer nun scheint nicht frei von den Zügen eines Aussteigers, so, wie er heute beschrieben wird. In einer Zeit, in der Millionen über den Suchdienst nach ihren Angehörigen forschen, hat er sich von seiner Familie zurückgezogen, mit seinen Ideen, aus Steinquadern menschliche Figuren zu meißeln. Er kommt, um Fritz Borchert zu skizzieren, seines markanten Gesichtes wegen, um zu reden, und sicher auch, um sich aufzuwärmen.

So lernt Borchert ihn kennen, bei langen Gesprächen: Beckmann. Curt Beckmann. Und so sehr es heißt, er habe dann nur den Namen übernommen, mehr zufällig – wahrscheinlicher ist, daß es für Borchert doch sehr konkrete Motive dafür gibt. Möglich, daß Borchert, wenigstens zum Teil, seine eigene Kunstbegeisterung in diesem Curt Beckmann wiederfindet – auch die großen Ideale, bis hin zum Zweifel, dann, wenn Borchert selbst schon der andere ist, dessen Leben in großen vollen Zügen weitergeht. Möglich, daß es da zumindest Skepsis gibt, wenig später, wenn es Borchert möglich wird, die Wohnung zu verlassen, diesen Curt Beckmann zu besuchen, der bei Erbsensuppe seinen eigenwilligen Vorstellungen nachgeht. Möglich, daß es für Borchert nur die Ernüchterung ist, mit anzusehen, um wieviel mühevoller es ist, eine Idee zu realisieren, als eilig über sie zu reden. Dann, wenn Borchert sich selbst mehr für das Lockere entschieden haben wird und vielleicht sogar abzusehen ist, daß Curt Beckmann scheitern wird oder doch kann, ohne den Ruhm der großen Bewunderung bleiben wird. Curt Beckmann ist tot – ihn nach dieser Zeit fragen ist nicht mehr möglich.

Wohl Anfang Juni 1945 hört Isot Kilian, daß Wolfgang Borchert zwar krank, aber doch wieder in Hamburg sein soll. Die Theater sind noch geschlossen, aber, angeregt durch den Leiter der Theatersammlung in Hamburg, Dr. Paul Theodor Hoffmann, hat Isot Kilian den Plan, zusammen mit einem Partner wenigstens Theaterstücke vor einem Publikum zu lesen, Ausschnitte mit verteilten Rollen vorzutragen. Sie glaubt, daß Borchert mitmachen würde. Aber sie ist erschrocken, als sie mit ihrem Plan raus nach Alsterdorf kommt und ihn wiedersieht. Der Fröhliche von einst, mit dem sie oft quer durch das nächtliche Hamburg gelaufen war, kann sich kaum bewegen, dazu die fiebrigen Augen im gelben Gesicht. Dennoch, Borchert ist froh, daß sie gekommen ist, glücklich über diesen ersten Nachkriegsbesuch, der die Verbindung zum Damals wiederherstellt, zu alten Plänen und Ideen, zum Theater überhaupt. Noch ist es mühevoll, nur ein paar Schritte raus auf den Balkon zu gehen, aber es werden die ersten Schritte in eine neue Aktivität. Ein paar Tage später trauen sich beide schon runter auf die Straße, Borchert zittert noch vor Aufregung und Schwäche, aber er kommt doch wieder auf die Beine und gewinnt seinen alten Optimismus zurück. Sie stellen ihr erstes Programm zusammen: Shakespeare. Ausschnitte aus *Hamlet* sind dabei – Borcherts Theater-Grunderlebnis – und natürlich *Romeo und Julia*.

Der erste Abend findet in Blankenese statt, in der Villa eines Apothekers, vor 30 bis 40 geladenen Gästen. Dr. Hoffmann spricht einleitende Worte über Shakespeare, sagt etwas zu den Stücken – es ist ein kleines halbes Nottheater ohne Bühne, aber ein Anfang. Weitere Programme heißen: Goethe, Eichendorff und Novalis. Es gibt Honorar, und es gibt den Beifall der Anerkennung. Borchert denkt an mehr, auch wenn sein Gesundheitszustand sich inzwischen wieder verschlechtert hat.

Mit Helmut Gmelin, Borcherts einstigem Lehrer, kommen neue Pläne ins Haus. Er ist im Mai von den einrückenden Engländern aus dem Untersuchungsgefängnis in Fuhlsbüttel befreit worden – hatte, was Borchert versagt blieb, an Fronttheatern gespielt, war dann aber im September 1944 verhaftet worden, weil er ausländische Sender gehört und darüber gesprochen hatte. Auch für ihn hätte es schlimm werden können – auch er hatte einen guten Anwalt, dem es wenigstens gelungen war, ihn in die hinziehende Untersuchungshaft zu bringen statt vor den Urteilsspruch eines schnellen Richters. Und so ist es ein Wiedersehen nach ähnlich glücklich überstandenem Schicksal. Im Herbst wird Helmuth Gmelin Lessings *Nathan der Weise* inszenieren. Borchert soll Regieassistent werden und ist glücklich.

Eines Tages wieder auf der Bühne stehen können, beginnt für viele Schauspieler mit Steineklopfen und Aufräumen, mit Proben auf den provisorischen Bühnen. Von den neun Theatern Hamburgs sind sechs zerstört. Alles ist schwer, und doch, manches wird nie wieder so leicht sein.

Jüngere Schauspieler müssen ihre in der Nazizeit erworbene Befähigung neu nachweisen. Borchert hat sie bald in der Tasche – und im Kopf noch immer die Idee von der Gründung eines eigenen Theaters, wie einst an Hugo Sieker kühn in einem Brief entworfen. Nun, wo nichts geht, geht alles. Er findet sofort begeisterte Mitstreiter, oder genauer, Mitstreiterinnen. Lotte Manzart ist dabei, und: Ruth Malchow. Sie ist Funkdramaturgin von Beruf und wird in Borcherts Leben noch eine Rolle spielen, an die im Augenblick kaum zu denken ist.

Gegen alle überdeutlichen Anzeichen der Krankheit, gegen alle Besorgnis der Eltern: Borchert stürzt sich mit Macht in das geballte Abenteuer. Die vermeintlich schönste Zeit seines Lebens, in Lüneburg, wird zum blassen Vorspiel. Und die Zufälle spielen kräftig mit.

An einem Sonnabendnachmittag im Juli 1945 besucht Hertha Borchert eine alte Freundin aus der Gedok-Zeit. Maria Rhine. Der Zufall will es: Das Telefon klingelt, Maria Rhine erfährt, daß ihre Cousine mit drei Kindern in einem Flüchtlingslager gelandet ist und Hilfe braucht. Diese Cousine heißt: Rosemarie Clausen. Wolfgang Borchert weiß, es ist die weithin bekannte Theaterfotografin Rosemarie Clausen. Der Kontakt kommt zustande – es wird eine sehr enge Freundschaft, die es mit sich bringt, daß es heute eine ganze Reihe Wolfgang-Borchert-Fotos gibt, gemacht zu einer Zeit, als sein Ruhm noch nicht abzusehen war, und die nicht mehr zu machen gewesen wären, als sein Ruhm nach Fotos verlangte.

Was liegt näher? Beide planen einen Bildband über Hamburg. Borchert, der zum leidenschaftlichen Hamburger geworden ist, will seine Stadt beschreiben. Vorstellbar, wenn auch ein Irrtum – er, der Sensible, der Geschlagene, in den Trümmern, der ernüchterte Schwärmer in der bitteren Realität. Aber dieser Plan scheitert, und das bedeutet biographisch doch mehr als nur, daß es eine Idee blieb. Im Sommer 1945! – noch liegt diese Zeit auf der Straße, aber noch ist Borchert nicht der Mann, der sagen wird: *Denn wir lieben diese gigantische Wüste, die Deutschland heißt*. Was doch sagen will, die eigene Schande anzunehmen, statt sie so schnell wie möglich unsichtbar zu machen. Diesen Augenblick dazwischen festzuhalten, bewußt zu machen, wäre mit einem solchen Bildband doch immerhin möglich. Aber Borchert ist noch immer aus auf die Idylle, auf das Beschwören einer Vergangenheit – und die Bilder, die Rosemarie Clausen dazu liefern könnte, sind alles andere als idyllisch.

Im Hafen liegen 14000 Kirchenglocken, eher ein absurder Anblick zwischen Kais und Schuppen, übriggeblieben von 90000 Glocken aus ganz Europa, auf dem Weg in die Munitionsschmelze. Sie passen nicht zum Hafen-Klischee, wie Borchert es in diesen Monaten besingt. Noch ist all das da, was bald vergessen sein wird – in dieser ersten Stunde, in der auch Borchert mit dem Vergessen beschäftigt ist. Sein Widerspruch hat kaum neue Namen. Erst in der zweiten Stunde wird er sich an diese erste erinnern.

Einstweilen verwendet er seine schwindende Energie, und wohl auch seinen letzten großen Optimismus, daran, den Widerspruch seines Lebens weiter zu vertiefen, sich noch einmal zu entkommen.

Auch dafür liegen die Möglichkeiten auf der Straße. Hertha Borchert trifft einen Bekannten. Sie kennen sich von gemeinsamen niederdeutschen Leseabenden. Bernhard Meyer-Marwitz.[27] Er ist dabei, ein Kabarett-Programm zusammenzustellen für heitere Stunden, denn die Zeit ist ernst. Er weiß, daß Hertha Borchert einen Sohn hat, der Schauspieler ist. Was liegt näher als die Frage, ob er Lust hat mitzumachen. Und er hat Lust.

Die Proben finden in der Wohnung von Meyer-Marwitz statt – später der Ort für eine Geschichte, *Gespräche über den Dächern*, zu der nun erst einmal die Wirklichkeit, oder die Unwirklichkeit, abläuft, wie man es nimmt. Borchert quält sich krank die Treppen rauf, um sich in ein Programm zu üben, das laut Plakatankündigung von »verliebten Leichtmatrosen und seetüchtigen Schwerenötern, Weltenbummlern und Seeräubern...« erzählt. Gegen alle Krankheit an, Borchert übt sich darin, locker Verse aus dem vermeintlichen Seesack zu ziehen, in dem auch Beiträge von Hans Leip,[28] dem Dichter des Lili-Marleen-Liedes, stecken.

Und das alles nun nicht ohne Sinnzusammenhang, logisch-unruhig, eine Kette aus Gliedern, die morgen, oder doch bald, von Borchert anders zusammengesetzt werden. Im Krieg waren es die Geschichten von Hans Leip gewesen, Hamburg-Geschichten, die aus dem Hamburger Borchert einen leidenschaftlichen Hamburger gemacht hatten – und die Bomben halfen mit. Vor dem Krieg Borcherts verächtliche Bemerkungen über das heimatlich Niederdeutsche – nun, nach dem Krieg, ist er bei den Niederdeutschen – um die Vorkriegsidylle neu zu beleben. Widersprüchlich genug, um von ihm selbst bemerkt zu werden. Nicht die Geschichte, aber der Stoff für *Gespräch über den Dächern* ist da, und dieser Stoff heißt auch *Draußen vor der Tür*.

Dann, im Stück, wird Beckmann singen:
>Der Schnaps ist alle
>und die Welt ist grau,
>wie das Fell, wie das Fell
>von einer alten Sau!

Nun, für den Seesack des Janmaaten-Programms geschrieben, ist die gleiche Welt noch um einige Klischee-Töne bunter, wenn auch nicht weniger leer:
>In der Kombüse kreist die Buddel.
>Es spukt ein toller Kuddelmuddel
>um rote und um grüne Positionslatüchten:
>Janmaaten spinnen Seegeschichten.
>Sogar der Halbmond geht im Hafen
>vor Anker und dreht sachte bei.
>Der Schiffsjung kann nicht schlafen
>die Nutten girren am Kai.
>Die Nacht legt einen Silbernebel
>auf Masten, Tau und Segel.
>Es schlägt halb zwei. Da kräht ein Hahn.
>Vielleicht war's auch der Klabautermann.

Daneben laufen die Vorbereitungen zur Gründung des eigenen Theaters. Daß es mit viel Idealismus und wenig Geld gelingen müßte, hatte er im Brief an Hugo Sieker gehofft. An Idealismus mag es nun nicht fehlen, an Geld aber fehlt es. Und, wie immer: Er hat Glück. Nach einigen Überredungskünsten ist Hertha Borchert bereit, mit ihm zu einer Frau zu gehen, die über ausreichend Kapital und

Humor verfügt, um das heikle Unternehmen zu finanzieren. Alles gelingt – die Widersprüche steuern auf einen neuen Höhepunkt zu.

Derweil gehen in Alsterdorf die exotischsten Frauen ein und aus, bunt geschminkt gegen das Grau der Stadt, auffällig gekleidet gegen den Lauf der Zeit, im letzten Schick der Nachkriegseleganz. Hertha Borchert kennt das, so sehr sie sich wundert, so besorgt sie ist. In den Künstlerkreisen, zu denen sie mit ihrem Mann nach dem ersten Weltkrieg Zugang gefunden hatte, war es nicht anders gewesen. Lebenshunger nach dem großen Sterben! Sie weiß, wie es um die Gesundheit ihres Jungen bestellt ist – während ihr nichts anderes übrigbleibt, als mitanzusehen, wie er sich weiter in die Alles-oder-nichts-Komödie des heiteren Überspielens wirft, gegen die drohenden ›Gespenster‹. Sie heißen nicht ›Zeit‹ – so bedeutungsvoll gewichtig das manchem heute klingt, als sei dieser Wolfgang Borchert selbstvergessen wie ein Christus durch die Trümmer gegangen, traurig, geschlagen, um mahnend für ein neues Himmelreich zu predigen, hoffnungsvoll in die Ohren der Unwissenden, oder wie immer.

Mit in der Wohnung lebt noch immer das Mädchen mit dem Madonnengesicht, staunend, was aus den schlichten Wünschen geworden ist, voll Wut darüber, vergessen zu sein, beleidigt. Nun bringt sie die ›noblen‹ Gäste runter zur Tür oder rauf in die Wohnung – und schminkt sich die Lippen auch rot. Aber Wolfgang Borchert sagt, daß das nicht geht. Früher, sagt er, hätte man sie viel lieber gehabt. Und das ist ja auch leider zu ihrem Unglück wahr.

In der Mönckebergstraße macht das Schuttwegräumen weiter Fortschritte – in *Planten un Blomen* blühen die Rosen, und die Kartoffeln, die da auch wachsen. Sie können bald geerntet werden, heißt es in der Zeitung.

Am 2. August gehen in Potsdam die Siegermächte auseinander. Die Beschlüsse sind fertig, die verhindern sollen, daß das Grauenvolle, das von Deutschland ausging, sich wiederholt. Wie der Frieden der Welt aussehen soll, scheint nun sicher. Vier Tage später, am 6. August, fällt die erste von den Amerikanern abgeworfene Atombombe über Hiroshima. Massenmord ohne Gaskammern, ohne die Verbrennungsöfen von Auschwitz. Am selben Tag öffnen in Hamburg wieder die Schulen – in den feierlichen Reden kommt das Wort Zukunft vor. Drei Tage später fällt die zweite Atombombe über Nagasaki.

Borchert wird davon hören, er wird den Kopf schütteln, wie viele den Kopf schütteln – dafür, daß es ihn wirklich trifft, daß es ihn auch nur einen Augenblick zögern läßt, mitten in seinen komödiantischen Unternehmungen, dafür gibt es nicht den geringsten Anhaltspunkt. Das Leben geht weiter. Borchert, krampfhaft verbissen gegen das schnelle Auf und Ab seiner Krankheit, bleibt beim Dennoch-Optimismus des Anderen.

Borchert bleibt dabei, den Widerspruch zu leben, den er eines Tages beschreiben wird.

Am 27. September haben die *Janmaaten* im Volksheim Eppendorf, im Gemeindesaal in der Ludolfstraße, Premiere. Für die angekündigten fröhlichen zwei Stunden überschminkt Borchert sein fiebriges Gesicht, verdeckt, mit Lachen, wie immer, das Gegenteil. Der ausgelassene Komödiant, verkleidet als dümmlich naiver Kleinbürger, der die Welt nicht versteht, verkleidet als welterfahrener Seemann, der alles kennt – und führt dem ahnungslosen Publikum doch nur freiwillig-unfreiwillig den Widerspruch seines Lebens vor. Sein eigener Yorick, nicht einmal mit einer unsinnigen Heldentat, es sei denn die, da überhaupt zu stehen, sich selbst in die äußerste Zuspitzung zu treiben – ausgerechnet an diesem Ort.

Im Saal sitzt Hertha Borchert unter den Lachenden, ohne Vergnügen, eher mit dem Gefühl, sich vor einer drohenden Schande verbergen zu müssen, mit Angst, der Ulkige da auf der Bühne könne vor Schmerzen zusammenbrechen, seine Verstellung könne ihr trauriges Ende finden, grausam vor aller Augen. Und immer haben ja Gefühle ihre größere Summe als nur die Handvoll Tatsachen, auf die sie sich unmittelbar beziehen. Nicht nur Wirklichkeit bildet sich ab, bisweilen auch überdeutlich so etwas wie die Wahrheit.

Der Zufall will es so, an diesem gleichen Ort. Und doch ein nicht unerklärlicher Zufall. Damals, vor Jahren, war es umgekehrt. Damals saß die Mutter auf der gleichen Bühne, zusammen mit Hermann Claudius vor dem Mikrofon einer öffentlichen Rundfunkübertragung. Unten, zwischen Zuschauern verborgen, saß ihr Sohn. Nun möchte sie sich verbergen, und ihr Sohn steht auf der Bühne. Dazwischen die lange Kette von Ereignissen mit ihrem inneren Sinnzusammenhang – mit einem Krieg, mit Mord und Trümmern.

Daß wir als Kinder anfangen die Welt zu verstehen, heißt es. Aber wir fangen ja auch an, sie nicht zu verstehen. Ob Fragen bleiben, ist die Frage, ob wir auch das Unvermögen lernen, alles immer zu verstehen.

Kinder, ist bekannt, vertragen nur selten den Schritt der Eltern in die Öffentlichkeit. Hier, für einen Sohn, obendrein der Schritt der Mutter. Es mußte für den Sohn so unverständlich, unbegreiflich sein, wie für die Mutter nun das, was dieser Sohn ihr Jahre später vorführt. Damals für den Sohn der erfahrene Widerspruch, daß einer auch anders noch derselbe sein soll. Das dann weiter mit Fragezeichen versehene Grundmuster, in das alle anderen Ereignisse fallen, immer mit der Differenz, die nicht aufgeht, die überspielt wird, solange es geht, und nun schon fast darüber hinaus. »Ein Komödiant, der sich beim Lachen vor Schmerzen die Leber halten muß«, heißt es bei Rühmkorf[29], »... er gibt sich noch als lockerer Bruder und optimistischer Liederjan, wo sein körperlicher Ruin bereits beschlossene Sache ist.« Viel bereiter zum Unfug, als ein Kabarettdirektor es seinem Beckmann später anheimstellen könnte.

Noch überspielt Borchert das Überspielen ins demonstrative Einverständnis, in den gewollten Untergang – bereit, willentlich *Schuld auf Schuld* zu türmen, bereit, an seinem eigenen Leben zu *verbrennen*. So in 15 Versen[30], die er schon am 17. Juli 1945, deutlich an die Mutter gerichtet, verfaßt hat. Verse, die unverständlicher wären, klänge nicht doch

wieder so etwas wie ein Hilferuf durch, gerade weil so
selbstherrlich vorgetragen:

Der kleine Ketzer
Ma chere mama, du versuchst es jede
Minute, mich mit Christus vollzustopfen.
Hier steh ich dir mit zwanzig Tropfen
erlauchter Tinte schnodderige Rede:
Trost in der Religion?
Ich will vom Leben nicht getröstet werden,
ich will nicht glücklich und zufrieden sein –
das ist nicht unser Sinn auf Erden:
Zufrieden ist der Käfer und das Schwein!
Christliche Ethik
Ein brauner Rowdie aus Formosa
schlägt seine Weiber auch nicht öfter tot
als sein Pendant hier in Europa –
wieso da: Christliches Gebot?
Christliche Geduld
Ich hasse diesen Kreuzes-Kult
und diese unerotische Geduld.
Ich häufe lieber Schuld auf Schuld
um eines Augenblickes süße Huld!
Amouren – so und so
Erzähl mir nichts von Nächstenliebe!
La femme hat zwar ein süßes Angesicht –
doch war einmal ein Kriegsgericht
und: darauf reimt sich höchstens Hiebe!
Einkehr
Verlangt das Herz nach innerer Erbauung,
warum mit Bibelworten fasten?
Zwar ist das besser für die seelische Verdauung,
allein Homer greift voller in die Tasten.
Vom Glauben
Warum soll Christus meines Glaubens Mitte sein?
Ich glaub an Shakespeare, Bach und Goya.
Man kann doch auch für Nietzsche oder Rilke sein,
vielleicht auch für Dionysos, für Steiner und Loyola.

Oder nicht?
Den Sinn des Lebens kann ich wohl erkennen:
zu leben und dran verbrennen!
Wer sich sein Leben nach dem Sinn zerquält,
der hat den Sinn verfehlt!

Ich sterbe meinen Tod
Und was das Sterben anbetrifft:
Für mich ist Christus nicht gestorben!
Im Augenblick genieß ich unverdorben,
daß Charon mich hinüberschifft.

Kreislauf
Um meinen Körper hab ich keine Bange –
der ist bei Wurm und Made bestens aufgehoben.
Das große Karussell bleibt stets in Gange:
Als Distel bin ich morgen wieder oben!

Unsterblichkeit
Aufs Weiterleben freut sich meine Seele ungeheuer:
Wir haben Platz genug in unsern Stratosphären
für dieses unerhörte Abenteuer –
Vielleicht spiel ich schon morgen mit dem großen
                                              Bären!

Der große Unbekannte
Und Gott? fragst du, wo läßt du ihn?
Im Unbekannten, wo er immer war.
Denn dort auch hat er mir verziehen,
daß ich so jeder Ehrfurcht bar.

Ich bete auch
Sag nicht, mir fehle es an Tiefen!
Ich fühl mich andächtig und klein,
bin ich mit einem Mädchen oder einer schiefen
hellgelben Hundeblume Aug in Aug allein.

Wo ist Mephisto
Doch dies sag ich ihm ins Gesicht:
Vielleicht bist du die Liebe und das Sein,
doch gut, Gott, bist du nicht –
von wem soll sonst das Böse sein?

Exodos
Oh mother dear, du liest
hier meine ehrfurchtslosen Thesen +
ich hoffe, daß du sie beniest –
sonst weihe sie dem Besen!

Verse, die plötzlich etwas von einem Villon haben – frei von der eben noch besungenen Hafenromantik, offen bis zur Rücksichtslosigkeit. Das alte Thema, wie es in Briefen, wenn auch nur selten, kaum genannt, schon wieder zurückgenommen worden war, nun in äußerster Zuspitzung. Offen, und doch nicht ohne Verkleidung, denn es ist ein Hilferuf, auf den es nun schon keine Antwort mehr geben kann.

Anfang Oktober zwei weitere Vorstellungen im Volksheim in Eppendorf, noch einmal die *Janmaaten*. Ob vor der Vorstellung oder in einer Pause, Borchert steht geschminkt vor der Tür, und der Zufall will nun auch dies: Isot Kilian geht auf der Straße vorbei, ein Wiedersehen, ein Abschied, aber das wissen beide nicht. Was machst du? Gedacht war einmal mehr, aber immer scheint weniger zumindest mehr als nichts. Wenn die Schminkstifte auch ruhmlos bleiben, sie vertrocknen doch nicht ganz umsonst. Ein Trost. Sie weiß es. Und wie sollte auch einer vom anderen ahnen, daß sie beide doch noch mehr erreichen werden. Isot Kilian zieht wenig später mit ihrer Mutter in die Ostzone. Das *Berliner Ensemble* ist noch nicht gegründet, Brecht noch in Amerika, aber sie wird dort einmal arbeiten. Borchert hat noch keine Zeile von dem geschrieben, was den Klang seines Namens einmal ausmacht.

Einstweilen entfernt er sich weiter von seinem Ziel. Am 11. November gibt es das eigene Theater auf einem Hinterhof in der Altonaer Allee – *Die Komödie*. Ginge es nach seinen Plänen, würde er gleich mehrere Hauptrollen spielen – aber er wird nicht eine spielen. Er liegt mit hohem Fieber im Bett – und damit ist auch die begonnene Regieassistenz bei Helmuth Gmelin beendet. Wie schon vor dem

Krieg hat er ganze Nächte damit zugebracht, die eifrigsten Ideen zu entwickeln, nun findet die Premiere von *Nathan der Weise* am 21. November 1945 ohne ihn statt. Ein sonderbarer Zufall, aber es ist so: Zwei Jahre später, wieder an einem 21. November, 1947, wird die Uraufführung von *Draußen vor der Tür* stattfinden – und auch ohne ihn. Die Bühne, auf der dann ein Beckmann stehen wird, ist gerade gegründet. Am 22. November 1945 meldet das *Hamburger Nachrichtenblatt:* »Die *Hamburger Kammerspiele* haben ihr Heim bereits gefunden.« Ida Ehre hat das ehemalige *Savoy-Theater* in der Hartungstraße übernommen. Das Haus öffnet im Dezember mit *Leuchtfeuer* von Robert Ardrey.

Borcherts Idee vom eigenen Theater wird ein paar Tage später begraben. Am 15. Dezember beendet *Die Komödie* in der Altonaer Allee ihr Dasein.

Borchert liegt schwerkrank im Bett – alle Lebensversuche sind gescheitert in diesem ersten halben Nachkriegsjahr. Auch für ihn gibt es zwischen Kriegsende und Nachkriegsanfang die Stunde Null des ganz anderen Neubeginns nicht, weder praktisch noch als beschworene Absicht. Er war nicht ›dafür‹, er muß jetzt nicht ›dagegen‹ sein. Wäre da nicht die Krankheit, könnte tatsächlich alles weitergehen nach den alten Vorstellungen, unbekümmert wie zuvor, der Versuch, sich ein Stück buntes Glück zu erobern, irgendwo zwischen Leip und Lessing eine berufliche Bleibe zu finden. Aber alle Unternehmungen, wieder gesund zu werden, scheitern.

Vom Hausarzt ist er zum Homöopathen gewechselt, er hat es mit Brennesselsalat versucht, mit Ölkuren, mit einer Haferflockendiät. Alles vergeblich. Für ein paar Tage ist er ins Alsterdorfer Krankenhaus gegangen, aber noch bevor eine gesicherte Diagnose feststeht, ist er schon wieder entflohen aus der nüchtern religiösen Strenge des geistlich geführten Hauses. Daheim gesteht er der Mutter, daß er schon viel früher weggelaufen wäre, wenn der Chefarzt nicht wie Napoleon ausgesehen hätte. Der saß, da er einen Unfall gehabt hatte, in einem Rollstuhl, in dem er von

Krankenbett zu Krankenbett gefahren worden war. Um diesen täglichen Auftritt erleben zu können, war Borchert ein paar Tage länger im Krankenhaus geblieben.

Es wird Weihnachten – das ereignisreiche Jahr geht seinem Ende zu, voller Dramatik, und am Ende doch passiv, niedergeschlagen. Er rafft sich auf, um selbst den Tannenbaum zu schmücken, bleibt aber über die Feiertage doch überwiegend resigniert liegen.

Das turbulente Leben geht weiter – ohne ihn. Und das ist sicher schmerzlicher, als nur zu denken, es sei vorbei.

Gleich Anfang 1946 entschließt er sich zu einem neuen Rettungsversuch, diesmal im Elisabeth-Krankenhaus. Auf dem Weg dahin begleitet ihn – und das ist, oder wird doch, nicht uninteressant – Curt Beckmann.

Wieder ist es ein konfessionell geführtes Krankenhaus, wieder ist Borchert von der allgemeinen Atmosphäre erschlagen. Curt Beckmann bringt am anderen Tag allerlei Zeichnungen mit, darunter einige Aktskizzen, die beim Personal sofort Protest erregen, da der auffällige Patient sie auch noch an die Wand gemacht haben will, als erhoffe er sich von ihrem Anblick mehr als von ärztlicher Kunst, als von stiller Demut.

Der aufmüpfig Leidende – alles bleibt widersprüchlich, deutlicher denn je und drohender als zuvor, und wieder auf engstem Raum. Seine eigentümliche, so ungeheuer ernstgenommene Religiosität, unfreiwillig in einem religiösen Umfeld. Der gläubige Ketzer, der das Versprechen eingelöst haben will, von denen, die es versprechen. Seine Bereitschaft zu glauben, transponiert in die hohe, edle Kunst des Guten und Schönen – sein trivialeres Lachen aus Gegenwehr, oder genauer, aus frühgeübter Notwehr. Und doch ist der Weg nicht mehr weit bis hin zur Frage, was denn überhaupt erwartet wird, was geglaubt, gesagt, erhofft wird.

Davor aber liegt noch ein krasser Sprung ins Gegenteil. Noch einmal, und nun schon erschreckend gewaltsam, spielt er sich in den bloßen Ulkbruder – krank von seinem

Bett aus, drastisch, als würde er noch immer in einem Lazarettbett unter Soldaten liegen, als ließe sich das da geübte Spiel nun ergötzlich fortsetzen.

So bitter die Wahrheit auch ist, Borchert bringt sich ausgelassen fröhlich zu Papier, in einem Gedicht, versehen mit schlichten Bleistiftmalereien, wie einst in der Kaserne, gerichtet an seinen ehemaligen Rechtsanwalt.

Der Titel:

Tolle Abenteuer eines leberkranken Knaben,
die ihn fast zerrüttet haben.
Mit 9 Fingern gestaltet für Carl Hager

Weder die Vorgeschichte seiner 9 Finger, die ihn der Todesstrafe sehr nahe gebracht hat, noch die Krankheit hält ihn davon ab, in alter laxer Art zu reimen, als sei es nicht ums Leben gegangen, als ginge es nicht ums Leben. Passend zu den Illustrationen heißt es:

So wuchtete ich 3 Tage lang
geniegeladen den Flur entlang,
kaum dem Vulkan des Geistes gebeutend.
Von ferne wirkt ich sehr bedeutend
mit meiner Löwenmähnen
auf ein paar weibliche Hyänen...
Besonders eine hatt ich angelockt
und die war himmelblau bemorgenrockt.
Ihr Blick war leider nicht ein braver:
Hyänen wittern den Kadaver –
so saugen sie sich zäh und stark
die Lebenskraft aus Knochenmark.
Ich aber ging – weil ich ein boy von Bildung bin –
teils sehr empfohlen, teils aus eignem Sinn,
mit schnellen Schritten zum Friseure hin
und präsentiert mich also frisch geschnitten:
Ein wenig nackt und kahl und glattgeritten –
Die Himmelblaue aber ist davongeglitten!
Nun singt um mein Bettchen der Schwestern Chor:
Simson – Simson – der alles verlor!
Ich aber fieber mit Bürste statt Kopf

und schmähe mich selbst einen schrecklichen Tropf
und wünsche, daß nie ich geboren –
als so: Klein-Dovi mit Plüsch an die Ohren!
Ein Jüngling-Mensch,
der kühn gelockt,
wirkt immer toll und genial –
doch ist er erstmal kahl,
dann ist er völlig aufgedockt!
Was dann noch bleibt ist nur:

                      MORAL!

Hingeschrieben im Januar 1946. Daß zur gleichen Zeit *Die Hundeblume* entsteht, am 24. Januar 1946, mag manchem Leser später unvorstellbar erscheinen.

12
Gegen alle Illusionen:
Die Hundeblume

Borchert, der extreme Normalfall. Wir dürfen über ihn lächeln, verständnislos über ihn den Kopf schütteln – auf die Gefahr hin, über uns selbst zu erschrecken, über unsere unauffälligere Art, doch immer wieder optimistisch zu bleiben, gerade die schlimmsten Wahrheiten in den Witz zu bringen, uns an den unglaublichsten Glauben zu halten.

Immer noch ist es ihm gelungen auszuweichen – in den hohen Himmel der Illusion oder in den platten Ulk. Immer stand sie drohend vor ihm, die Wirklichkeit der Tatsachen, mit der ihr eigenen Konsequenz. Der befreiende Witz führte hinter Gefängnismauern!

Nur: Selbst im Gefängnis war noch Trost, der Wechsel von der Kaserne in die Zelle hatte bei weitem nicht das bedrückend Schmerzliche wie nun der Wechsel vom abenteuerlichen Leben unter bunten Frauen ins schnöde karge Krankenzimmer unter streng züchtigen Schwestern. Hier, nicht in der Zelle, beginnt das ausweglose Eingesperrtsein, hier endet das Spiel – verurteilt zur Reglosigkeit, ohne feststehendes Hoffnungsdatum, ohne Entlassungstag aus der Strafe. Auch die *tollen Abenteuer* auf dem Papier bringen nichts mehr, der Augenblick ist da, die Lebenskomödie zu erkennen – ihr, und damit sich selbst, ausgesetzt – *ohne Attribut und Ablenkung und ohne die Möglichkeit einer Tat*.

Ausgesetzt – denn, gelänge es, dieses Lebensschema zu verlassen, die Komödie zu beenden, ein, wie so oft leicht dahingesagt, neues, anderes Leben zu beginnen, wäre er doch letztlich nur wieder sich selbst entflohen.

Nun, im Krankenbett, beginnt *eines der tollsten Abenteuer, die wir auf dieser Welt haben können. Sich selbst begegnen.* Nicht während der Haft oder nach der Entlassung daraus, jetzt, mitten im Krankenhauseingesperrtsein, wird das Geständnis formulierbar: *Und nun hat man mich mit dem Wesen allein gelassen, nein, nicht nur allein gelassen, zusammen eingesperrt hat man mich mit diesem Wesen, vor dem ich am meisten Angst habe: mit mir selbst.*

Zeilen aus der *Hundeblume*, geschrieben am 24. Januar 1946 im Elisabeth-Krankenhaus – eine Geschichte, die zu Borcherts Start in die Literatur wird – geschrieben aus dem Augenblick der Angst, aus dem Erschrecken über sich selbst – gegen den Trost, der bis ins letzte Detail beschrieben wird, bis in die letzte Konsequenz, bis in den Tod.

Ein Gefangener, ein Eingesperrter, überwindet das Entwürdigende seiner Situation. Gedanklich. Auf den nüchternsten Nenner gebracht, er denkt sich das Entwürdigende würdiger, er erhebt sich aus dem Reich der unwürdigen Dinge in den Geist. Für Borchert nicht neu. So hat er es immer gemacht. Nur, er beschreibt diesen Vorgang nun nicht einfach als vollzogen, oder als Wunsch, oder sich selbst auf dem glücklichen Ritt dahin – er beschreibt ihn unter real-denkbaren, nachvollziehbaren Umständen. Der Eingesperrte erobert sich – rücksichtslos egoistisch, brutal gegen andere, haßerfüllt, bis hin zum Mordwunsch – etwas Eigenes, ein Symbol, eine Hundeblume, unten, beim Rundgang im Gefängnishof.

Bis dahin erzählt Borchert in der ersten Person des Ich-Erzählers. Das hastige Abreißen der Blume wird plötzlich von außen, wie ein objektiver Vorgang gesehen – Borchert wechselt in die distanzierende dritte Person, in der der Ich-Erzähler als *blasierter, reuiger Jüngling* gesehen wird, und über den es dann, sobald er die Hundeblume in seine Zelle getragen hat, heißt:

Er war so gelöst und glücklich, daß er alles abtat und abstreifte, was ihn belastete: Die Gefangenschaft, das Alleinsein, den Hunger nach Liebe, die Hilflosigkeit seiner zweiundzwanzig Jahre, die

Gegenwart und die Zukunft, die Welt und das Christentum – ja, auch das!

Und weiter heißt es:

Er war ein brauner Balinese, ein ›Wilder‹ eines ›wilden‹ Volkes, der das Meer und den Blitz und den Baum fürchtete und anbetete. Der Kokosnuß, Kabeljau und Kolibri verehrte, bestaunte, fraß und nicht begriff. So befreit war er...

So befreit, daß er sich damit einverstanden erklärt, im Schlaf, daß Erde auf ihn geworfen wird, daß er zu Erde wird, daß Blumen aus ihm wachsen.

Oft ist diese Geschichte wie ein Symbol menschlicher Hoffnung gelesen worden, wie das Hohelied darauf, in unmenschlichen Zeiten ein menschliches Zeichen zu setzen... usw. – was bisweilen klang, als sei es Borcherts Absicht gewesen, sie zum Trost für Todeskandidaten zu schreiben, als sei sie nicht von Lebenskandidaten gelesen worden.

Aber es geschieht mit Geschichten nicht selten, daß ihr Anfang schon vergessen ist, wenn der Schluß gelesen wird – eben der Gesichtspunkt, aus dem heraus die Ereignisse erzählt werden, auf ihren Schluß zu. Am Anfang ist von einer Furcht die Rede – vor dem eigenen Wesen – wie es sich am Schluß offenbart, als bereit, sich mit dem selbst zurechtgelegten Trost zu fügen, selbst in den von anderen herbeigeführten Tod. Heißt das nicht, wie so oft: Kapitulieren?

Hingeschrieben als Provokation – der ganz unheilige Sebastian zeigt seine Wunden, demonstrativ, wie sonst nur ein Selbstmörder seinen Lebenswillen anzeigt. Im *Ketzer* hieß es nicht weniger provokatorisch gereimt, *bei Wurm und Made bestens aufgehoben zu sein – als Distel morgen wieder oben.*

Der eben noch Eingesperrte, der sich die Gefängnismauern wegwünscht, der glaubt, Gott käme zu ihm in die Zelle, und doch merkt, daß es nur die Angst ist – er will plötzlich glücklich einverstanden sein mit seinem Tod? Plötzlich gelöst von allem Irdischen, einverstanden damit, sich selbst über das Leben hinwegzuhelfen? Nehmen wir es ihm nicht ab! Borchert, der gläubige Ketzer – es ist nicht Demut, was er da formuliert, es ist Wut, aus Angst, da in seiner Krankenhaus(!)-Zelle. Es ist Lebensbilanz, die ja auch immer eine Glaubensbilanz ist, nun nicht mehr flüchtig, ausflüchtig, zusammengereimt. Es ist ein Strich unter Hoffnungen – nicht durch Hoffnungen, wie ihn nur die ewig Leichtgläubigen fertigbringen, zu jedem Abschied bereit.

Borchert ist alles andere als lebensmüde – er ist lebenshungrig wie eh, er, der bald gestehen wird, alle Literatur, allen Erfolg gegen das Leben tauschen zu wollen – hier in der *Hundeblume* führt er noch einmal seine alten Fluchtversuche vor.

Daß Borchert dazu fähig ist, eine lange Geschichte zu schreiben, um sie dann dem Unbehagen, dem Zweifel auszusetzen, hat er sehr früh bewiesen. 1938, noch als Schüler, mit *Yorick, der Narr!* Ein herrlich konstruiertes Theaterstück, das Vergeblichkeit vorführt – den Glauben an das Gute, der dem guten Narren den Tod bringt, und dem ahnungslosen Trottel das Leben rettet.

Zur Bilanz gehört der Widerspruch – es ist eine Bilanz des Widerspruchs –, ehrlich vorgetragen, mit allen Illusionen, wissend, daß ein Nein fällig ist. Aber dieses Nein nun unumwunden ausgesprochen, wäre simpel didaktisch, hätte mit Literatur schon nichts mehr zu tun. Borchert stellt uns auf die Probe – wieweit wir seinem Ich-Erzähler folgen, den er selbst schon aus der Distanz sieht.

Die Spur reicht weit zurück. 1939, in den frühen Versversuchen an Aline Bußmann, hieß es: *Trunken träum ich mich hinauf ins Reich der Sterne.* 1944, wieder an Aline Bußmann, die Vermutung, wohl doch nicht mehr naiv und bescheiden genug zu sein, um an... *Sternen und Blumen Genüge zu finden.* Denn: *Die Natur nimmt nicht teil an unseren Nöten...*

Dazwischen, 1941, in der Kaserne in Weimar, der noch ganz und gar ungebrochene Versuch: eine Blume als Hoffnungssymbol, als es noch möglich schien, mit hochgehaltenen Idealen, mit einem geretteten Ich, durch den Krieg zu kommen, unbeschadet, unverändert. *Die Blume*, damals noch abstrakt, in abstrakter Ideenwelt: *Wie die unberührte*

Seele eines Mädchens zitterte die Blume leise vor meinem Atem – und ich erkannte in ihr die Allmacht der Liebe und fand heim in das Leben, das ich verloren.

Nun, beim Anblick der Hundeblume, heißt es: *Da öffnet sich ihm etwas und ergießt sich wie Licht in den engen Raum, etwas, von dem er bisher nie gewußt hat: Eine Zärtlichkeit, eine Anlehnung und Wärme ohnegleichen...*

Und noch eine andere biographische Linie in dieser Lebensbilanz ist unübersehbar: Aline Bußmann hatte die Prophezeiung gewagt, an seinem Weg würde es immer blühen, es sei ein schönes Leben, das ihm bevorstünde. Die Bilanz, Gewinn und Verlust gegeneinander aufgerechnet, sieht anders aus. Nicht nur so gelesen ist es kein Zufall, daß in der ursprünglichen Fassung der *Hundeblume* ihr Name von Borchert genannt wird. Im Original nachzulesen, später gestrichen, heißt es: *er empfand sie wie die helle Schulter einer dunklen Frau, und er gab ihr einen Namen: Aline – sagte er.*

Gestrichen ist auch der ursprüngliche Schluß der Geschichte. Daß Erde auf ihn geworfen wird, bleibt nicht nur ein nächtlicher Traum. Am anderen Morgen um 4 Uhr wird der Eingesperrte aus seiner Zelle geholt, *ohne Angst*, wie es heißt. *Er war bereit zu jedem Abenteuer, das die Seele erwartete, Ja zu sagen. –*

Hinter dem letzten Punkt noch ein Gedankenstrich, und Borchert unterstreicht dieses *Ja* – wissend, daß es dann kein Abenteuer mehr gibt.

Spätestens da hatte der Wechsel von der 1. in die 3. Person seinen notwendigen erzählerischen Sinn, der Bruch seine Bedeutung. Sehr biographisch. Der Tote hätte nichts mehr erzählen können, aber der Erzähler lebt. Er lebt, weil es einen ganz anderen Bruch gegeben hatte, damals, beim wirklichen Eingesperrtsein in einer Zelle. Und auch das gehört nun zur Angst des Erzählers vor sich selbst. Er, sein Wesen, sein Ich, wäre hingerichtet worden – hätte er sich nicht in totaler Selbstverleugnung als guten Soldaten, als begeisterten Nationalsozialisten hinstellen lassen. Auch das gehört nun, in der Bilanz, zur Selbstbegegnung. Literatur ist Moral – und hier entsteht, nach einer langen Kette von immer wieder gewollten Versuchen, nun wirklich Literatur, Sätze über gelebte Erfahrung.

Manchem scheint das überraschend. Bei Rühmkorf, ganz im Widerspruch zu seinem großen Verdienst, das Borchert-Bild aus der mystischen Verklärung ins Faktische geholt zu haben, heißt es noch: »Keine schrittweise Entwicklung formaler Fähigkeiten; kein plötzliches Auftauchen neuer Vorbilder, Anregungen, Ratgeber – nichts von alledem, sondern die wider alle Vernunft und Erklärungsversuche unvermittelte Geburt eines Vermögens.«[31]

Sicher gibt es eine Art von Literatur-Gewerbe mit dem eingeübten Vermögen, etwas so hinzukriegen, wie es erwartet wird. Und sicher gibt es eine Handvoll formulierbarer Reglen, die zur Qualität gehören, aus denen aber doch nicht Literatur zu machen wäre. Und es gibt dies Sich-selbst-Erklären, in der doppelten Bedeutung des Wortes, das entweder von Bedeutung ist oder nicht, Literatur oder Geschwätz.

Borcherts Hoffnungs-Illusions-Bilanz wird zu Literatur – sie betrifft nicht weniger uns, seine Leser. Aber freilich, wir können mit Literatur nicht mehr anfangen als mit uns selbst. Darin liegt ihre Vergeblichkeit und ihre Chance.

In einem kleinen Vierzeiler, der nur Äußeres zu beschreiben scheint, gibt Borchert sehr nebenbei einen Hinweis auf das allgemeine Umfeld der *Hundeblume*, auf den eigenen Zustand, aus dem sie entsteht.

Weiße Decken, weiße Wände,
weiße Hauben über welken Schwestern –
und ich spiel mit weißen Händen
faul mit Heute, Morgen, Gestern.

Zum Auslöser für ein derartiges Spiel mit den Zeiten, mit dem, was gewesen ist, es mitteilbar zusammenzufügen zu einer Geschichte, wird etwas zunächst sehr Äußeres: Der schmale Haarkranz, den ein Mitpatient im Krankenhauszimmer um seine Glatze trägt. Er erinnert ihn an einen

Mitgefangenen in der Zelle, an die Kämpfe um Individualität, damals, haßerfüllt in den gleichen Normen des gemeinsamen Eingesperrtseins – wie, für Borchert nicht sehr viel anders, nun in einem weißen, leblosen Zimmer, ohne Möglichkeit, ins bunte, andere Leben auszuweichen. Schreiben bleibt als einzig mögliche Aktivität. Kein Vergnügen, aber auch kein Verzweiflungsakt. Verglichen mit seinen Schreibversuchen ist dieser Erfolg eher nüchtern zu Papier gebracht. Und: nicht zu übersehen, Borchert schreibt *Die Hundeblume* zu einer Zeit, in der es schon Stimmen gibt, die besorgt vor hoffnungsvollen Illusionen über die Zukunft warnen. Seine Sicht auf die Zukunft kommt nicht aus weitreichenden Philosophien oder aus dem politischen Kalkül. Seine Einsicht in Zusammenhänge kommt aus der unmittelbaren Selbsterfahrung. Er beschreibt den Mechanismus des Scheiterns – die Illusion als Selbstaufgabe. Darin fallen Zeit und eigenes Schicksal zusammen, da entsteht Literatur. Wenn auch immer wieder optimistisch, aus Gegenwehr – Borchert ist kein Optimist. Verbürgt sind seine Äußerungen der Mutter gegenüber, alles käme wieder so, wie es war, nichts sei begriffen worden. Und dennoch, er ist nicht der von den Weltereignissen Niedergeworfene, dem Leid nur noch zu bitteren Zeilen gerinnt.

Drei Tage später, am 27. Januar 1946, schreibt er aus dem Krankenhaus einen Brief an Dr. Hager, in dem es heißt:

Haben Sie wohl in Ihrem Besitz Dramen, vorwiegend möglichst Komödien mit wenigen Bildern und Personen, die in den letzten zwölf Jahren nicht gewünscht waren (oder sonst selten sind)? Es brauchen nicht unbedingt Komödien zu sein, aber der Fehler unserer Spielpläne heute ist, daß sie den belasteten Menschen noch belastende Probleme aufgeben wollen.

Daß diese Sätze ausgerechnet von Wolfgang Borchert geschrieben sind, muß heute absurd erscheinen. Etwa ein Jahr später, nach *Draußen vor der Tür*, werden Hörer ihm Briefe mit der gleichen Ansicht schreiben, mit der Forderung nach leichter Unterhaltung.

Sonst geschieht hier nichts, heißt es weiter in seinem Brief, *außer daß ich in der Bibel lese.*

Borchert bleibt der verhinderte Komödiant. Sein Wunsch, sobald es möglich sein könnte, sich doch wieder ins Heitere zu flüchten, in die Verkleidung, wird deutlich. Immer noch glaubt er sich fähig, wieder dieser Attrappenmensch werden zu können, wie seine Mutter ihn genannt hatte, als er, schon krank und doch grotesk heiter, auf der Kabarettbühne gestanden hatte, und mehr noch im Leben nebenher. Hier aber, im Krankenhaus, deckt die Verhinderung auf statt zu.

Es schien so selbstverständlich, und es paßte so gut zum traditionellen Bild vom Dichter, zu meinen, Borchert hätte unter dem totalen Zwang seiner Erlebnisstoffe geschrieben, in ihm sei alle Zeit erdrückend zusammengefallen, daß ihm nur der Aufschrei blieb, der dann stellvertretend für seine Generation von ihm zu Papier gebracht worden sei.

Aber allen Erwartungsmustern zum Trotz, Borchert verfügt erstaunlich frei über das, was er erlebt hat – ohne Unterschied, ob es sich um frühe Kindheitserinnerungen handelt oder den Aufenthalt in Gefängnissen. Er hat nicht als Widerstandskämpfer in Kerkern gelitten – die Wärter tragen auch in seinen Gefängnis-Geschichten nicht die Uniform der SS –, und Borchert stilisiert sich nun auch nicht nachträglich zum Helden, um Wirkung zu erzielen. Er bleibt beim Erlebten. Er beschreibt sein Überleben, auch aus Gesichtswinkeln, die wie harmlos scheinen könnten, banal, wie an allem Wichtigen vorbei. Aber auch da gelingt ihm Zeitbeschreibung aus der Perspektive des Alltags. Nie mit der Frage, wie Macht gemacht wird – immer mit der Frage, wie sie ertragen, wie sie hingenommen wird.

Unter den reichlich 50 Geschichten, die er nach der *Hundeblume* noch schreiben wird, sind mehrere ›Gefängnisgeschichten‹, sehr verschieden, und doch mit sich zum Teil überschneidenden Details, Namen und Ortsangaben, die belegen, daß es sich real um die weitgehend gleichen Tatsachen handelt.

Im Vergleich zur *Hundeblume* ist *Maria*, die mit Abstand aufschlußreichste unter diesen Geschichten, da sie wie ein gewolltes Gegenstück erscheint.

In die Zelle kommt einer, von dem es heißt: *Er war Pole. Aber er war so geistlos blond wie ein Germane. Und die blonden Männer waren immer etwas fade. Er auch.*

Der Mann bringt keine Hundeblume mit. Aber was er hat, bedeutet ihm offenbar nicht weniger. Ein buntes Abziehbild. *Ein Mädchen war da drauf mit einem roten Tuch und einem blauen Kleid. Das Kleid war offen. Eine Brust war zu sehen. Weiß. Sie war reichlich mager. Aber zum Beten mochte sie genügen. Vielleicht war sie auch nur als Requisit gedacht, die weiße Brust. Außerdem hatte das Mädchen noch einige Sonnenstrahlen um den Kopf. Aber sonst sah sie ziemlich stur aus. Wir fanden das jedenfalls. Aber der Pole sagte Maria zu ihr.*

Unverhohlen ironisch erzählt Borchert, wie diesem zum Tode verurteilten Mann in Handschellen mit Haß und Hohn begegnet wird, weil er sich von der Anbetung des kleinen Bildes nicht nur Trost erhofft, sondern die Errettung, nicht zur Hinrichtung geführt zu werden. *Immer wenn draußen ein Wachposten vorbeiging, wurde er abgeholt. Immer wenn der Wachposten vorüber war, durfte er noch leben bleiben.* Eines Tages holen sie ihn dann doch. Alle Gebete scheinen wie selbstverständlich vergeblich – aber, der Ich-Erzähler trifft den Totgeglaubten Monate später im Gefängniskeller wieder. *Begnadigt, flüsterte er, begnadigt! Fünfzehn Jahr, nur fünfzehn Jahr! Und dann strahlte er und strich über seine Tasche: Maria, flüsterte er, alles Maria. Und dabei machte er ein Gesicht, als hätte er die Justiz ganz gewaltig übers Ohr gehauen. Er hatte es. Die Justiz der ganzen Welt.*

Auch ein Stück Hoffnung – in diesem deutlich ironischen Zwiespalt.

Daß er in einem ausgesprochen lockeren Plauderton von seiner Haft erzählen kann, wie von einem beliebig anderen, belanglosen Ereignis, beweist Borchert mit *Ching Ling, die Fliege*. Als ginge es darum, die *Hundeblume* komödiantisch wieder aufzulösen.

Wolfgang Borchert
1947

Dann gibt es nur eins

Prolog zu einem Hörspiel Axel Eggebrecht
von Wolfg. Borchert

Du. Mann an der Maschine und Mann in der Werkstatt. Wenn sie dir morgen befehlen, du sollst keine Wasserrohre und keine Kochtöpfe mehr machen — sondern Stahlhelme und Maschinengewehre, dann gibt es nur eins: Sag NEIN!

Du. Mädchen hinterm Ladentisch und Mädchen im Büro. Wenn sie dir morgen befehlen, du sollst Granaten füllen und Zielfernrohre für Scharfschützengewehre montieren, dann gibt es nur eins: Sag NEIN!

Du. Besitzer der Fabrik. Wenn sie dir morgen befehlen, du sollst statt Puder und Kakao Schießpulver verkaufen, dann gibt es nur eins: Sag NEIN!

Du. Forscher im Laboratorium. Wenn sie dir morgen befehlen, du sollst einen neuen Tod erfinden gegen das alte Leben, dann gibt es nur eins: Sag NEIN!

Du. Dichter in deiner Stube. Wenn sie dir morgen befehlen, du sollst keine Liebeslieder, du sollst Haßlieder singen, dann gibt es nur eins: Sag NEIN!

»Dann gibt es nur eins!«
Eigenhändiges Manuskript,
Oktober 1947.

»Draußen vor der Tür«. Szenenbild der Uraufführung in den Hamburger Kammerspielen am 21. 11. 1947: Hans Quest als Beckmann.

Borcherts Kalender –
das Blatt des letzten Lebensmonats
in Basel.

Haben Sie schon mal im Gefängnis gesessen? Verzeihung, natürlich nicht!... Und so unvorstellbar es auch ist, Borchert bringt es fertig, sich über die Argumente zu seinem eigenen Freispruch lustig zu machen. *Wie ich bei der Verhandlung erfuhr, sollte ich in einem dem Alkoholrausch nicht unähnlichen Zustande irgendwo irgendwann über irgendwen eine faule Bemerkung gemacht haben. Das soll man nie tun. Hamlet mußte auch dran glauben, weil er fand, daß im Staate Dänemark etwas faul ist.*

An der *schmucklosen* Gefängniswand eine Fliege. Der Ich-Erzähler will sie erschlagen. Sie fliegt auf, setzt sich ein paar Zentimeter höher, wo sie nicht mehr erreichbar ist. *Gerade,* heißt es, *wollte ich ihr meinen Stiefel mitten in das höhnische Gesicht schleudern, da sprach sie mich an – mit einer sehr dünnen und sehr sachlichen Stimme, der aber doch eine gewisse Lebensweisheit nicht fehlte, sie erinnerte mich an meinen alten Religionslehrer.* Die Fliege rät, nach vorgeflogenem Beispiel sich immer ein paar Zentimeter über dem eigenen Schicksal zu bewegen, nicht erreichbar zu sein, um lächeln zu können, denn das Leben sei vielmehr Komödie als Tragödie. Ching Ling. *Das ist chinesisch,* schreibt Borchert, *und heißt: Die glückliche Stimmung.*

So locker die Geschichte auch dahingeschrieben zu sein scheint, anzunehmen ist, daß sie in einer sehr bedrängten Phase seines schwankenden Gesundheitszustandes entstand. Lockeres gehört weiter zu seiner Antwort, zu seiner Ausflucht aus der Unentrinnbarkeit. Borchert hebt noch einmal kräftig die Augenbrauen an. Oder zeigt doch, wie man das macht, in dieser knappesten Selbstbiographie. Er wohl mehr erschrocken als möglicherweise der eine oder andere Leser, über diese ebenso praktische wie schlimme Erfahrung, täglich auch außerhalb von Gefängniszellen geübt, daß es darauf ankommt, irgendwie zu überstehen.

Aus einem kaum anderen Blickwinkel erscheinen die Gefängnisereignisse in *Ein Sonntagmorgen* als durchweg absurd. Wachtmeister Soboda verkörpert die Staatsgewalt. Ein höchst subalterner Mann, mit einem geistigen Horizont aus Morgenandacht und Marschmusik, Kleingarten,

Kunsthonig und Dienstvorschriften. Hinter den Zellentüren keine Helden – auch nur kleine Leute – kein Spannungsfeld für Dramatisches. Ein Sonntagmorgen. Der *eisenbenagelte und doch gemütvolle* Schritt Sobodas führt vorbei an 20 Zellen, um zu kontrollieren, ob alles in Ordnung ist. Und es ist alles in Ordnung, denn es ist wie an jedem Sonntagmorgen. Einer weint. Er hat ein Fahrrad gestohlen, und jetzt essen sie zu Hause den Topfkuchen ohne ihn. Einer zerreißt die großen Reden der Politiker in kleine Toilettenpapierstücke. Einer, in Nummer 9 – unschwer, sich den Schreiber selbst in dieser Rolle zu denken –, führt, gemeinsam mit Wachtmeister Soboda, eine Posse auf, die den Wunsch nach der eigenen Zahnbürste zum Inhalt hat. Aber die Vorschriften sind so, daß nichts geht, wie an jedem Tag. *Den Rest seines Innenlebens füllte der Rosahauch seiner Zahnbürste aus,* heißt es, denn auch sie kann so etwas wie eine Blume oder ein Abziehbild sein. Und von den übrigen Häftlingen heißt es, daß sie ihre Ohren von den Türen ihrer Zellen nahmen und *kicherten und kopfschüttelten.* Der Lauf der Wochen kann weitergehen.

Weniger eine Gefängnisgeschichte als die Geschichte eines Gefangenen erzählt Borchert in *Von drüben nach drüben.* Daß auch sie etwas mit dem Thema der *Hundeblume* zu tun hat, liegt auf den ersten Blick fern.

Schon vor dem Schreiben hatte er der Mutter die reinen Tatsachen erzählt – daß er, als er aus dem Moabiter Gefängnis entlassen worden war, auf der Straße Arbeiter gesehen hatte, die damit beschäftigt waren, Teer zu kochen, um damit die Fugen zwischen den Pflastersteinen auszugießen. Er sei einen Augenblick stehengeblieben und hätte weinen müssen, weil ihn dieser Teergeruch an die eigene Kindheit erinnert hätte, und auch der Mutter war wieder eingefallen, daß es ihr früher wirklich nur unter Mühe möglich gewesen war, mit ihm daran vorbeizukommen.

Was macht nun Borchert – etwa zwei Jahre später – aus diesem Ereignis, auf seinem Weg vom Gefängnis zum Bahnhof?

In der geschriebenen Geschichte ist es der erfundene Buchhalter Erwin Knoke, der nach sieben Jahren Haft aus dem Moabiter Gefängnis kommt. *Aber er weinte nicht...,* heißt es. *Er lachte. Verlegen. Aber er lachte. Das hatten sie sich drüben* (im Gefängnis) *so angewöhnt.* Auch dieser Knoke begegnet den Straßenarbeitern, dem Teergeruch: *Berauschendes Parfüm voller Erinnerung! Heilige himmlische Teerluft!*

Wie Blume und Abziehbild wird hier Teer und sein Geruch zum symbolischen Gegenstand, der befreiende Vorstellungen auslöst. Erwin Knoke erinnert sich, als Kind aus halberkaltetem Teer Figuren und Kugeln geknetet zu haben. Mutig verlegen bittet er darum, sich ein kleines Stück davon mitnehmen zu dürfen, für seine Kinder, wie er sagt. Die Arbeiter, die sich ohnehin über den komischen Vogel wundern, gestatten es ihm. *Blöde und baff gafften sie hinter dem gänzlich Verrückten her, der... glückselig, flattrig über die Fahrbahn schwebte.* (In einer Art also, die seine Eltern oft mit Sorge an ihm beobachtet hatten!) *Und der Kurzgeschorene vergaß die Welt der Gitter...,* heißt es dann. *Er rollte auf einer riesigen Teerkugel nach Hause. Den Kartoffelpuffern, seiner Frau entgegen. Rollte, rannte, raste! Und vergaß die Welt mit den bösen sieben Jahren. Und juchte einmal klein und leise wie betrunken vor sich hin. Vor wonnigem Weltgefühl!*

Im nächsten Augenblick überfährt ihn ein Auto, er ist tot.

An diesem Ausgang der Geschichte scheint nichts mehr änderbar, weltvergessen wonnig in den Tod gelaufen zu sein. Am darauffolgenden Nachmittag erinnern sich die Straßenarbeiter mehr beiläufig. Einer vermutet, *...der würde sich schön geärgert haben, der Kleine, wenn er es noch könnte.* Aber – wie es in *Maria, alles Maria* für den Polen eine plötzliche Auferstehung im Keller gegeben hat – auch für den toten Buchhalter gibt es ein Weiterleben.

Am Schluß und in Klammern gesetzt heißt es über Erwin Knoke, er *strolchte abenteuernd mit einem fabelhaften Pusterohr und unermeßlich vielen Teerkugeln durch die ewigen Jagdgründe Winnetous. Und er schoß und traf mit seinen selbstgekneteten Teerkugeln alles was er wollte. Er hatte immer noch seine*

Indianerbücher gelesen und die ewigen Jagdgründe spukten in Ermangelung einer anderen Ewigkeitsvorstellung immer noch heimlich in ihm herum. Das war sein einziges bescheidenes Laster gewesen.

Selbstrettung durch Kritik an der aus sich selbst erfundenen Figur. Sich schreibend von der Vergangenheit zu verabschieden heißt ja auch, sie festhalten.

Und er schoß und traf mit seinen selbstgekneteten Teerkugeln alles was er wollte.

Mit diesem Material aus Kindheitstagen. Seine Geschichten haben ihre längere Geschichte und ihre ganz unmittelbare Wirklichkeit, Jahre nach den Ereignissen.

Vorerst aber ist von allen anderen Geschichten noch keine Zeile geschrieben. Die *Hundeblume* ist fertig, und er selbst ahnt nicht, daß sie für ihn zum Durchbruch werden soll, daß hier nach allem Schreiben nun wirklich Literatur beginnt. Einstweilen steht die Geschichte noch zwischen anderen Versuchen, die erfolglos bleiben, und so, weil sie Ausflüchte versperren, doch wenigstens sehr indirekt zum Erfolg beitragen.

Borchert schickt Kabarettbeiträge an den Rundfunk – die Zeit ist ernst, das Verlangen nach Unterhaltung groß –, aber daß sie trotzdem nicht gesendet werden, liegt wohl kaum daran, daß sie zu ernst geraten, eher zu verkrampft heiter, und so geben diese Texte dann, zusammen mit allen anderen Erfahrungen auf diesem Gebiet, doch wenigstens den stofflichen Hintergrund für eine Szene in *Draußen vor der Tür* ab.

Vom Vater auf der Maschine abgeschrieben, schickt er die *Hundeblume* am 18. Februar 1946 an Hugo Sieker, zusammen mit einem Brief, in dem es heißt: *Nun muß ich Ihnen zum ersten Mal eine Erzählung schicken, und Sie gleichzeitig um Rat fragen: Was soll ich damit machen? Denn ich muß da etwas mit machen – ganz einfach, weil ich Geld verdienen muß, um meinen Krankenhausaufenthalt bezahlen zu können. Meine Bühnenverträge kann ich leider nicht einhalten – also heißt es: Schreiben.*

Und im gleichen Brief: *Sobald ich wieder etwas überschüssige Kraft habe, möchte ich Ihnen ein paar Gedichte schicken – mit zoologischem Inhalt.*

Seine Situation ist bitter ernst: Draußen auf dem Krankenhausflur gesteht der behandelnde Arzt der Mutter, daß es für ihren Sohn keine Heilung gibt, daß er die Chance habe, ein Jahr zu leben, vielleicht auch weniger.

Am 6. März schildert er seinen Gesundheitszustand in einem Brief an Aline Bußmann: *...Auch muß ich jede 5 Minuten ausnutzen, wo ich einigermaßen klar bin – die Röntgenstrahlen greifen mich dermaßen an, daß ich nur noch träge vor mich hinglotzen kann. Dazu kann ich nur noch stoßweise flüstern, da meine Leber solche Ausmaße angenommen hat, daß mir die Puste wegbleibt.*

Aline Bußmann hat *Die Hundeblume* gelesen, hat dazu ein paar Anmerkungen gemacht, die, wie seine Verteidigung auch, unterhalb der Geschichte selbst bleiben. Erörterungen, ob es statthaft sei, und wenn, ob es nicht zu sehr an Rilke erinnern würde, wenn Dinge, wie der Trinkbecher oder der Strohsack in der Zelle, mit Du angesprochen würden. Reichlich naiv läßt er sich auf eine Diskussion ein, die Jahre zuvor weniger verwunderlich gewesen wäre. An die Stelle der fahrigen Überheblichkeit ist durchaus keine stille Sicherheit getreten. Zumindest im Brief macht er keinen Unterschied zur Produktionsweise von einst. *Ich gebe zu,* heißt es da, *daß ich Gedichte oder Prosa nie während des Schreibens erarbeite oder erkämpfe. Der Einfall kommt, wird hingeschrieben und wird nicht mehr verändert. Ich brauche zu einem Gedicht kaum mehr Zeit als nötig ist, die gleiche Menge Worte aus einem Buch abzuschreiben. Hinterher feilen oder ändern kann ich nicht...*

Selbst wenn er dann in einem anderen Brief eingesteht, daß ihm Prosa doch mehr Mühe macht, daß sie ihm zu langsam geht – er schreibt weiter aus dem spontanen Einfall, aus dem Gefühl für Sinnzusammenhänge, nicht aus einer konstruierten Bedeutung, die den letzten Beweis antreten will.

Im Brief heißt es: *Du fühlst sicher diese gewisse Oberflächlichkeit und Flüchtigkeit in meiner Arbeit, die keine Arbeit ist – sondern ein kurzer Rausch.*

Manchem Gedicht bekam das wenig, bestenfalls gut, eben Illusionen zu produzieren. Hinter den Geschichten steht die Erfahrung mit den Illusionen. Borchert nimmt sie weder sich noch anderen kurzerhand aufklärerisch weg. Er führt sie vor. Nicken wir ohnehin nur noch mit dem Kopf, wird uns die Großartigkeit der Geschichten entgehen.

Im April wechseln ihre Briefe auf kürzestem Weg. Auch Aline Bußmann muß sich in Behandlung begeben. Auch sie kommt ins Elisabeth-Krankenhaus.

Hoffentlich, schreibt Borchert aus dem Zimmer 10 ins Zimmer 180, *geht Dir nicht soviel vom Frühling verloren – ich sehe auch immer sehnsüchtig aus dem Fenster. Vielleicht gehen wir beide bald zusammen – ganz langsam natürlich – spazieren.*

Im Brief vorher, am 6. März, hatte er noch von seinen *vielen 1000 (bitte nicht lachen!) Gedichten* geschrieben – dann aber doch schon bescheidener gemeint, daß nur sehr wenige überleben werden. Nun, im Krankenhaus, stellt er etwa 60 Verse unter den Titel *Laterne, Nacht und Sterne* zusammen, gedacht für den Rowohlt-Verlag, aber zunächst schickt er sie Aline Bußmann, mit der Bitte, sie *möglichst flüchtig – und nicht zu streng* durchzusehen. Eine weitere Sammlung trägt den Titel *Der kleine Hering*. Sie ist für Hugo Sieker vorgesehen, für den *Hamburger Anzeiger*.

Später wird es ganz selbstverständlich klingen, daß nach Front und Haft und Trümmern die politische Absicht für Borchert sofort nach Kriegsende bestimmend sei, daß es die großen Zeitereignisse seien, die ihn zum Schreiben veranlassen. Beide Titel für Gedichte klingen eher nach einem Frieden mit den Zeitereignissen. Die Frage, ob nach Auschwitz noch ein Gedicht möglich sei, stellt sich für Borchert nicht – er dichtet, auch nach seinem Start in die Prosa noch, als sei da kein Unterschied.

In Nürnberg finden die Kriegsverbrecher-Prozesse statt. In Hamburg stehen seit dem 18. März vierzehn SS-Männer vor Gericht – verantwortlich für tausendfachen Mord, für unmenschliche Quälereien an Menschen. Unter den Angeklagten der Kommandant des KZ Neuengamme, Pauly. Über sieben Wochen hin berichten die Zeitungen, was der Prozeß über die Zustände im Lager an die Öffentlichkeit bringt. Borchert mag es im Krankenhaus lesen, aber es gibt kein Anzeichen dafür, daß diese Tatsachen Einfluß auf seine Haltung hätten, auf sein Schreiben. Und das nicht aus Gleichgültigkeit, eher weil sein Urteil über diese Leute seit Kindertagen feststeht, daß es primitive Naturen sind, nicht wert, sich weiter mit ihnen zu befassen. Auch ›Nürnberg‹ löst für ihn offenbar kein Gefühl aus, das etwa in die Richtung eines Gerechtigkeitsempfindens gehen würde, das bei ihm Zufriedenheit darüber aufkommen lassen könnte, nun sei es möglich, die Vergangenheit mit einem Urteil abzuschließen. Tatsächlich berühren diese Zeitereignisse seine Art zu denken wohl kaum – so naheliegend der Schluß wäre, die Impulse zu seiner, wie es dann heißen wird, Anklage, kämen aus der Zeitung an sein Krankenbett. Es ist anders, es ist zu einfach, später sein Gesamt-Werk unter dem einseitig großen Begriff der Anklage oder der protestierenden Klage zu sehen, so anklagend es letztlich ist, aus der sensiblen Beobachtung des Verhaltens im kleinen. Borchert gibt zu bedenken. Und das kann mehr sein.

Was in der *Hundeblume* an menschlicher Entwürdigung beschrieben ist, nimmt sich, verglichen mit den Zuständen im KZ Neuengamme, als geradezu paradiesisch aus. Aber dieser Vergleich ist unsinnig, denn Borchert meint, entgegen allen gutgemeinten Behauptungen, in der *Hundeblume* eben nicht das Unmenschliche schlechthin – es sei denn, wir verstehen darunter unsere Arglosigkeit, unsere Hoffnung, die uns in hoffnungslose Situationen bringt, bis hinter den Stacheldraht eines Konzentrationslagers, wenn die immer wieder geduldeten Zeiten eben so sind, daß sie Konzentrationslager hervorbringen oder sonst etwas, dazu geeignet, die Nichtgleichgültigen umzubringen, oder doch wenigstens mundtot zu machen. Nach dem Krieg war nicht nur politische Vergangenheit zu lernen.

Hugo Sieker, inzwischen zur *Hamburger Freien Presse* gewechselt, veröffentlicht am 30. April den ersten Teil der *Hundeblume*. Der zweite Teil folgt am 4. Mai, denn noch erscheint die Tageszeitung nicht täglich. Es sind die Nummern 9 und 10 des 1. Jahrgangs – mitten im Rückblick auf die Ereignisse von vor zwölf Monaten: »Die letzten Tage des Krieges in Hamburg«. Dazu die aktuellen Bekanntgaben, was auf den Lebensmittelkarten in der 87. Zuteilungsperiode zu erwarten ist. Angekündigt wird die Abgabe von Schuhcreme und Zündhölzern.

Hoffnungsvoll sieht ein Zeichner ›Die neue Zeit‹. Hamburgs Denkmal-Bismarck stützt sich nicht mehr auf sein Schwert, in seinen Händen trägt er ein aufgeschlagenes Buch, und der Vierzeiler darunter, nicht von Borchert, lautet:

Nun ist es, Bismarck, doch so weit
im Denker-, Dichterland
drum leg wie wir das Schwert beiseit,
und nimm ein Buch zur Hand.

Aber die neue Zeit wird ungeahnt neu sein – mit mehr Büchern denn je in der einen Hand, mit mehr Schwertern denn je in der anderen Hand.

Noch wird im kaputten Nachkriegsdeutschland gehungert. »Mit 1000 Kalorien kann weder Mann noch Frau gesund bleiben«, heißt es am 4. Mai. Und zwischen all dem, auf schlichtem Nachkriegspapier gedruckt, liest sich heute *Die Hundeblume* fremder, weniger selbstverständlich, als zwischen leinengebundenen Buchdeckeln der besseren Zeit, in der es nun heißt, daß unsere Lebenserwartung steigt, wenn wir weniger Kalorien zu uns nehmen. Aber davon hängt ja nicht allein ab, was wir noch zu erwarten haben.

13
Noch einmal Hoffnung und drei Ewigkeiten

Noch im März 1946, bevor *Die Hundeblume* in der Zeitung abgedruckt ist, hat Borchert eine zweite Geschichte geschrieben: *Tui Hoo*. Wieder ist es ein Mitpatient im Krankenhaus, der den äußeren Anlaß gibt. Ein Mann, der sich eitel angeberisch die Fingernägel poliert und von Borchert sofort als Typ gesehen wird und als Gelegenheit zur Selbstdarstellung.

In der *Hundeblume* beim Mittrotten im Gefangenenkreis gibt es als Gegenstück zum mörderischen Haß auf den Vordermann noch die Ausflucht ins gedanklich Edle, sich dann schon lieber in den Kreislauf der Natur als unsterblich zu denken. In der Tui-Hoo-Geschichte wird das Verlangen, den gehaßten Kontrahenten umzubringen, zur Tat.

Borchert, als Ich-Erzähler, als Tui Hoo, fegt als Wind der Gerechtigkeit durch Hamburgs Hafenviertel – *Der Mond, die alte blasse Zitrone, seilte lautlos und lüstern um den schlanken Leib von St. Katherin* – *Der Nebel spukte in geflickten Unterhosen vom Hafen her*... das ist nicht die Sprache der Janmaaten-Seligkeit, nicht der ungebrochene Reim der Hafenidylle, wie noch vor ein paar Monaten – *Tui Hoo, der Zerzauste, das grüne, blaue Kind, das mit den Fischen spielte. Tui Hoo, der tolle Flötenspieler, der große Organist, der himmlische Musiker. Tui Hoo, der Atem der Welt.*

Das ist noch einmal der alte junge Wolfgang Borchert von einst, der es dem Spießbürger gibt – zurückgekehrt in die Mentalität der Schülerjahre, in die Zeit der großen Gesten, der nächtlichen Wanderungen um die Alster, als der Welt noch mit ›vernichtenden‹ Urteilen beizukommen war.

Selbst der Begleitbrief, mit dem er die Geschichte ins Zimmer 180 zu Aline Bußmann schickt, hat etwas vom optimistischen Schwung der jüngeren Jahre:

Guten Morgen! Ist Dir auch nach Sonntag zumute? Ein paar Wochen weiter – dann ist uns geholfen.

Kannst Du dieses Heft enträtseln? Es ist eine ganz belanglose Angelegenheit, zu der mich mein momentaner Bettnachbar reizte: Er ist Ludovico und die beiden »Damen« stimmen auch.

Auch hier kein Wort über inhaltliche Absichten – und es ist durchaus möglich, ja sogar wahrscheinlich, daß er sich eine schreiberische Absicht nicht nur nicht formuliert, sondern auch gar nicht formulieren könnte. Entgegen allen philosophisch-ideologischen Unterstellungen, Borchert erzielt Weite aus der umittelbaren Enge – er beschreibt die Welt aus seinem ureigensten Widerspruch, aus der sensiblen Unsicherheit. Die Welt und ihr Zustand, die Zeit, offenbaren sich wie nebenher – da, wo wir die großen Themen nicht erwarten. Nach dem Rückblick auf die höheren Illusionen in der *Hundeblume* nun, in *Tui Hoo*, Erinnerungen an die jugendliche Selbstsicherheit.

Ludwig Marusche, Besitzer eines anrüchigen Nachtlokals, einst Oberkoch auf Luxusdampfern, genannt Ludovico, kann sich nach inzwischen vergangenen 20 Jahren nicht mehr an ein Datum erinnern. Damals, am späten Abend des 25. April, im Kattegat, ging der fünfzehnjährige Komüsenstift Heini Hegemann über Bord, weil Marusche ein Feigling war. Tui Hoo, der Wind der Gerechtigkeit, der damals den Jungen von Bord fegte, treibt nun den Marusche vor sich her. *Das war Tui Hoo, der alte Würger und Zerschmetterer, der als Spuk, als Mörder und Totschläger zu seinen Feinden kam. Das war Tui Hoo!!! Und nun hustete und pustete er diesen abgewrackten, aufgetakelten, feisten Barbesitzer durch die einsame, sternenlose Nacht, durch eine Nacht ohne Erbarmen.*

Bei allem Hafen-Milieu, *Tui Hoo* erweist sich als handfest abenteuerliche Karl-May-Geschichte: *Tui Hoo ballte seine Faust und hob sie zu einem unausweichlichen, unfehlbaren Schlag.*

Und er schrie den Koch der Schwarzen Karin an: Denk an den 25. April, du Hund! Und dann schlug Tui Hoo zu mit seiner ganzen Kraft, die Dächer abdeckte und Dreimaster häuserhoch schleuderte, und warf den Koch Ludowico Marusche von der Karin die Kellertreppe zu seinem eigenen Nachtlokal hinunter, daß er schwer mit seinem vor Angst gelähmten Gehirnkasten gegen die Tür dröhnte.

Wie bei Karl May steckt hinter dem Schreibsieg die Lebensniederlage – was hier, im Krankenhaus, sehr wörtlich zu nehmen ist. Und: Die große Vergeltungsgerechtigkeit hat bei Borchert relativ klare Konturen, bei aller Abenteuerlichkeit. Zur Hölle geschickt wird, wer so tut, als sei nichts gewesen. Aber nur auf den ersten Blick gibt es den alleinig großen Schuldigen, der besiegt, tot ist, wenn die Gerechtigkeit zuschlägt. Borchert weiß mehr. Im Brief an Aline Bußmann hieß es:... *und die »Damen« stimmen auch.* Sie stimmen nicht nur äußerlich weitgehend mit ihren Vorbildern überein, wie Irma – so hieß das Mädchen mit dem Madonnengesicht –, sie ›stimmen‹ auch in ganz anderer Weise. Das hier nur am Rande Mitbeschriebene wird bald zu Borcherts wichtigstem Thema werden.

Der niedergestreckte Schurke liegt im Sterben, und es heißt: *Irma, pompös und üppig wie eine Wagnersängerin, hob seinen seltsam verdrehten Kopf von den kalten Steinstufen und bettete ihn in ihrem warmen, weichen Schoß. Als wollte sie einen vom Gutestun erschöpften Gott pflegen...* Dann aber läßt Borchert diesen Vorgang doch offen, denn von den Umstehenden heißt es, daß sie nicht wissen,... *ob Irmas kleine, mollige Hände aus Mitleid oder aus Mordlust an Ludowicos Kragen herumfingerten.*

Der Kontrast kann größer kaum sein – in Marusche möglicherweise einen guttuenden Gott oder aber einen üblen Hund zu sehen. Tui Hoo sitzt triumphierend auf der oberen Stufe der Kellertreppe. Ich, sagt Borchert, töte ihn mit meiner Faust aus Wind – ihr tröstet ihn, in eurem Schoß, oder, wie Lotti, die versucht, ihm die Furcht aus dem Gesicht zu wischen, mit Sekt!

Eine köstliche Geschichte, zu allen Zeiten denkbar, seit es Kirchtürme und Nachtlokale gibt. Noch denkt sich der Schreiber *singend und pfeifend* über die Elbe, *stromabwärts den großen Wassern zu* – ein halbes Jahr später wird er sich – und doch auch wieder gleichzeitig nicht sich selbst – in die Elbe denken, wie eine andere Möglichkeit. Beckmann, stromabwärts, ein Stück, von den Landungsbrücken bis Blankenese, ohne zu pfeifen, klagend, ohne triumphierend zu siegen.

Da sein Gesundheitszustand schwankt, es Zeiten gibt, in denen das Fieber sinkt, bleibt Hoffnung, irgendeine Art von Behandlung hätte möglicherweise doch Einfluß auf seinen Zustand, könnte bessern, wenn er auch wohl kaum noch glaubt, in ein paar Wochen könne ihm wirklich geholfen werden.

Hannes Thienelt, ein Schauspieler – beide kennen sich seit den Vorbereitungen zur Nathan-Inszenierung –, ist zu einer Bluttransfusion bereit. Der Versuch wird gemacht, der erhoffte Erfolg bleibt aus. Die Behandlung mit Röntgenstrahlen erweist sich als nicht weniger erfolglos.

Zu dieser Zeit heißt die Wunderwaffe gegen Krankheit: Penizillin. Die Engländer, die nun in Hamburg sind, haben dieses in Deutschland noch weitgehend unbekannte Antibiotikum. Aline Bußmann, besorgt um Borcherts Gesundheitszustand, wendet sich an den in Hamburg ansässigen Prinz zu Wittgenstein, mit der Bitte um Vermittlung, da sie gehört habe, daß er selbst erfolgreich mit Penizillin behandelt worden sei. Das Unternehmen gelingt, es geht um 2 Ampullen zu je 100000 Einheiten – für eine wirkliche Behandlung zu wenig – immerhin, es wird beschafft. Borchert ist glücklich: *Aline! Aline! Aline!*, beginnt ein Brief, der ins Zimmer 180 des Krankenhauses geht. *Wenn ich gesund bin, mußt Du mir aber verraten, wer und woher – oder habe ich wieder mal mein Leben Euch zu verdanken? ...Ich will versuchen, wenigstens ein paar gute Sachen zu schreiben – wie soll ich mich anders bedanken!?!* Und hoffnungsvoll schreibt der Kranke: *Dein – kerngesunder – Wolfgang.*

Aber in einem weiteren Brief, geschrieben an einem Montag, weniger in Sonntagsstimmung, heißt es dann: *Seit gestern habe ich wieder Temperatur und dieser Mensch antwortet mir auf meine Meldung vom Eintreffen des Pen.: Erst mal machen wir die Röntgenbestrahlung und dann müssen wir mal sehen – das hat immer noch Zeit!!! Hast du Töne, Aline! Als ob ich Zeit hätte! Inzwischen habe ich nun eine lange ausführliche Besprechung mit dem Röntgenarzt gehabt. Er sagt: Gehen Sie nach Hause. Diese Kaserne bedrückt nur Ihre Seele. Die Freude nach Hause zu kommen, hilft vielleicht mehr als meine ganzen Strahlen!...*

Ich werde also Sonnabend oder Montag abdampfen – was soll ich hier noch? Wenn ich Fieber habe, glotzt E. mich nur tiefsinnig mit seinen Röntgenaugen an – und macht: Nix!!! Mit seinen seelenvollen Augen mag er vielleicht bei Frauen Erfolg haben – bei mir nicht! Tui Hoo – ein Mann saust ab nach Alsterdorf...

Am 1. April ist Borchert wieder zu Hause und trotz allem doch optimistisch. Die ärztlichen Erfolge sind ausgeblieben, aber nun mehren sich die Anzeichen für einen literarischen Erfolg. *Die Hundeblume* soll auch in der Zeitschrift *Pinguin* erscheinen, aber entschieden wichtiger: Rowohlt stellt einen Band mit Geschichten in Aussicht, sobald noch ein paar andere *Hundeblumen* vorliegen.

Für Borchert ein Grund mehr, weitere Geschichten zu schreiben, die in schneller Folge entstehen – in welcher Reihenfolge nach der *Hundeblume* und *Tui Hoo* läßt sich heute nicht mehr mit Sicherheit sagen.

Und zu seinem Optimismus gehört auch: Ein Mädchen. Karin. Krankenschwester im Elisabeth-Krankenhaus, mit einem Herzen – *wenn auch hinter viel Eis*.

Nun, entlassen, schreibt er an Aline Bußmann ins Krankenhaus: *Tust Du mir einen großen Gefallen – neben Deinem Kummer und Deinen Schmerzen? Tue (!) mal einen tiefen Blick in meine Karin – sie ist doch nun bei Dir? Sie ist stolz und spröde wie alle 19jährigen Damen und wird nicht in sich hineinblicken lassen. Erziehe sie ein bißchen für mich – aber sie darf es nicht merken. (Stell Dir vor, an dem Tag, wo ich das E. K. verließ, war sie abends schon bei uns – natürlich nur als Schwester, sagt sie!!!)*

Der kleinen Geschichte *Die Professoren wissen auch nix* ist zu entnehmen, daß sie nicht nur an diesem ersten Abend zu ihm gekommen ist – und einem Brief vom 1. Mai 1946 an Aline Bußmann, daß für ihn ein altes Problem keineswegs an Bedeutung verloren hat, so sehr die Zeilen nach einem bloßen Gefühlsüberschwang klingen mögen: *Ich habe noch nie einen Menschenfrühling erlebt – immer nur auf- oder abgeblüht. Ich habe noch nie mit einer Neunzehnjährigen zu tun gehabt. Ich möchte, daß daraus etwas Schönes wird – solange es dauert: drei Monate, drei Jahre oder drei Ewigkeiten. Wenn sie lacht (lautlos), reißt alle Philosophie mittendurch wie eine Papierkulisse, und die ganze Welt lacht uns an!*

Aber das Erfreuliche fällt in unerfreuliche Umstände, das Lachen in einen nicht ganz neuen Kompromiß, der, und eben das ist nun doch anders, nichts mehr zudeckt. Im gleichen Brief heißt es – *ich habe mich allmählich mit Sonstwas abgefunden – wenn ich nicht ins Gefängnis gekommen wär, hätte ich keine Hundeblume geschrieben – wenn ich nicht krank geworden wäre, hätte ich überhaupt kein Wort geschrieben. Das Leben ist doppelseitig wie ein Fisch: Manchmal blinkert die Unterseite ganz silbrig.*

Am Tag zuvor stand in der Zeitung die erste Hälfte der *Hundeblume*.

Den Eltern ist nicht entgangen, daß da ein sehr veränderter Sohn zurückgekommen ist, still, in sich gekehrt, ohne die allesabtuenden Bewegungen nach außen – aber auch sie selbst sind verändert, seit sie wissen, wie ernst es um ihn steht. Dazu die allgemein schwierigen Lebensumstände – Fritz Borchert hat nicht nur seine goldene Uhr, ein Erbstück, auf den Schwarzmarkt getragen, aus der Schule bringt er täglich eine Portion Suppe mit, von Freunden aus den Vierlanden kommt Eßbares, was sonst nicht zu haben wäre. Es ist die Zeit des großen Sich-Durchschlagens, irgendwie.

Abends, nach der Schule, schreibt Fritz Borchert nun die Geschichten auf der Maschine ab, wie zuvor die Gedichte, wie einst die niederdeutschen Geschichten seiner Frau.

Mein Vater wiegt neunzig Pfund und die Maschine fünfundvierzig Pfund, aber er behauptet, es wäre für ihn eine Erholung, heißt es in *Die Professoren wissen auch nix*. In dieser galgenhumorigen Geschichte, die mit der Feststellung beginnt: *Ich bin ein Omelett. Vielleicht nicht so appetitlich und knusperig, aber ich liege mindestens ebenso gelb und flach in der schwarzen Stimmung meines Krankseins wie das Omelett in der Schwärze seiner Bratpfanne. Meine Leber ist ein praller Fußball und mein Kopf ein glühender Teekessel.*

Und über die eigene Ungeduld heißt es in dieser Geschichte: *Aber ich gebe mir Mühe, geduldig zu sein wie ein Kirchenheiliger, dem man die Fingernägel absengelt und der mit seiner Engelsgeduld Gott einen Gefallen tun will.*

Für die Hilfe des Vaters findet sich in der Geschichte ein verständlicher Grund, so sehr dem Sohn bewußt sein wird, daß mehr dahinter steht als:... *Angst, ich würde mich sonst aus meiner Pfannenschwärze hochquälen...*

Die Mutter – mit einem *vagabundig rot- und blaubekleckerten Schal, der von einer bäuerlichen Spange gebändigt wird* – steht in der gleichen Geschichte einfach in der Küche. Kaum zufällig, aber das erzählt die Geschichte schon nicht mehr – daß sie sich zu dieser Zeit überhaupt in eine ausweichende Geschäftigkeit flüchtet, froh, wenn der Sohn einen praktischen Wunsch äußert, und nicht etwa den, mit ihr über seine Geschichten sprechen zu wollen. Denn, selbst wenn sie wollte, sie könnte es nicht, sie hat keine einzige Zeile gelesen, und sie will es auch nicht, aus Angst, die später sehr verschiedene Begründungen findet: Die Beschäftigung mit der Vergangenheit könnte für ihn zu aufregend sein, oder aber, gemessen an seinem Eifer beim Schreiben, es könnte möglicherweise die Kritik so vernichtend sein, daß er die Enttäuschung nicht verkraften würde.

Beides wird mit im Spiel sein – und mutet doch wie eine Umschreibung an für die unverändert eigentümliche Konstellation zwischen Sohn und Mutter, wie sie in zurückliegenden Jahren nur zu oft unvermittelt offenbar geworden war.

Nun, durch den Umstand der Krankheit, ausweglos auf Hilfe angewiesen, klingen seine Sätze der Mutter gegenüber, als bereue er alles, als sei er bereit, einsichtig umzukehren, sein totales Scheitern einzugestehen; alles war ein Irrtum, nicht die Folge von Gründen. So, wie er sich noch vor ein paar Wochen ins volle Leben gestürzt hat, nun zumindest der verbale Versuch, sich ins andere Extrem zu denken, letztlich ins Lieber-nicht-geboren-Sein.

In der Nacht zum 20. Mai 1946 schreibt Borchert einen Text, eine Erklärung, die wie eine große Entschuldigung klingt: *Meiner Mutter zu meinem Geburtstag.*

Heute Nacht vor 25 Jahren, früh 3 Uhr, unternahm ich den anmaßenden Versuch, das Abenteuer diese Lebens allein und ohne meine Mutter zu bestehen. Ich verließ sie, wandte mich ab, trennte mich von ihr. Das heißt, eigentlich brachte ich nicht einmal diese Trennung aus eigener Kraft zuwege. Ich quälte sie so lange, bis sie mich freigab.

Heute Nacht nach 25 Jahren, früh 3 Uhr, nach einem ersten bescheidenen Hineinriechen in das große gewürzige Leben, beginne ich zu ahnen, daß mein Versuch gescheitert ist. Ich komme kein Jahr und keinen Herzschlag ohne Mutter aus – ich nicht, Du nicht, keiner. Und selbst in den Zeiten, wo 2000 Kilometer zwischen uns lagen, fühlte ich den Riß der Nabelschnur. Und um das Abenteuer dennoch durchzuhalten, suchte ich mir eine Mutter. 17jährige manchmal, die eine Zeitlang tapfer neben mir aushielten. Aber immer nur: eine Zeitlang.

Heute Nacht nach 25 Jahren, früh 3 Uhr, trennen uns nur 6 Meter und eine Wand. Der Himmel rauscht einen wohligen Regen durch das Dunkel auf die Erde, der die Pflanzen im Schlaf vor Lust seufzen macht. Oder weint er Tränen der Reue, daß er tatenlos schwieg, als ich mich vor 25 Jahren untreu und dumm davonstahl? Hätte ich bleiben sollen? Vielleicht sollte mich das Soloabenteuer meine Schwachheit lehren, meine Unfähigkeit, ohne sie zu sein. Die Trennung ist unwiderruflich. Doch ich muß probieren, die nächsten 25 Jahre nicht restlos zu versagen und zu verzagen.

Aber ich werde mich oft bei ihr verstecken müssen, wenn das Abenteuer zu groß ist.

Eine nächtliche Reue-Erklärung, und doch kein ergebener Muttertagsbrief – im auffälligen Kontrast zur Tatsache, daß er nur wenig später dem Vater eine Geschichte zum Abschreiben geben wird, in der dieses Trennende sehr anders beschrieben steht.

Und mehr fällt noch auf: Wer dieses Trennende derart selbstschuldig beschreibt, will Bindung, streift über die eigene Art nur das triste Hemd des Büßers. Diesem Bindungsverlangen würde es widersprechen, der Mutter gegenüber persönliche Vorwürfe zu machen – so sehr dieses Verfahren weit verbreitet ist, als sei der bessere Zustand einklagbar, durch den Nachweis, der andere hätte sich schuldig gemacht. Dieses merkwürdige Verfahren – betrieben aus vermeintlicher Selbsterhaltung, und doch in Wahrheit selbstmörderisch. Borchert ist frei davon, wenn er die Rolle des Demütigen spielt. Daß er auch im größeren, ganz allgemein, die, sagen wir, bessere Welt nicht für einklagbar hält, daß sie ihm nicht aus den Vorwürfen gegen die großen Verübler entsteht, oder auch nur denkbar wäre, hat sicher mit dieser Art des Reagierens zu tun.

Ob er sich nun für Vergangenes die bewußte Asche aufs Haupt streut oder nicht, Borchert bleibt in der unruhig unsicheren Schwebe: der sensible Beobachter, der bindungslose Fremdling.

Umsorgt von den Eltern nennt er einen Kuckuck *Bruder Fremdling*, und meint mit dessen Einsamkeit sich selbst. Ausgesetzt zu sein. *Im Mai, im Mai schrie der Kuckuck*. Und von einem dummen Davonstehen ist keine Rede mehr.

Schrei, Kuckuck, schrei deine Einsamkeit in den Maifrühling rein, schrei Kuckuck, brüderlicher Vogel, ausgesetzt, verstoßen, ich weiß, Bruder Kuckuck, all dein Geschrei ist Geschrei nach der Mutter, die dich den Mainächten auslieferte, als Fremdling unter Fremde verstieß, schrei Kuckuck, schrei dein Herz den Sternen entgegen, Bruder Fremdling du, mutterlos, schrei . . .

Äußerlich ist der 20. Mai 1946 das bunte Gegenstück zur Einsamkeit. Von zahlreichen Freundinnen und Freunden besucht, wird es ein schöner Tag. In seinem Zimmer, in dem es vorübergehend stiller geworden war, fehlt es an Platz, all die mitgebrachten Blumensträuße unterzubringen – draußen an der Straße blühen Goldregen, Flieder und Rotdorn unter blauem Himmel, in dieser ansonsten grauen Zeit. Keiner scheint daran zu zweifeln, daß der nun Fünfundzwanzigjährige wieder gesund wird, mit Geduld, mit Zuversicht, mit der Zeit. Nach den Monaten im Krankenhaus mag es optimistisch stimmen, daß er die wenigen Schritte bis raus auf den Balkon, wenn auch unter großen Mühen, doch immerhin schafft, um den weggehenden Freunden nachzusehen.

Und irgendwann in diesen Tagen schreit von den Bäumen in Alsterdorf tatsächlich ein Kuckuck – und wird, wie die Frisur des Bettnachbarn im Krankenhaus, zum Auslöser für eine Geschichte.

Im Mai, im Mai schrie der Kuckuck.

Ausgesetztsein, im Bild des Kuckucks, heißt: woanders ›ausgebrütet‹ worden zu sein als unter den Glücks-Vorstellungen eines Vaters, einer Mutter – *mit der vergessenen Dunstwelt gestern, die hinter uns liegt, mit dem ungeahnten morgigen Dunstland da vor uns. Da stehen wir, dem Kuckuck ausgeliefert, dem Mai, mit verkniffenen Tränen, heroisch sentimental, mit ein bißchen Romantik betrogen, einsam männlich, muttersehnsüchtig, großspurig verloren.*

Diese Geschichte, die kaum eine wird, diese Kette aus wirren Anläufen – mit der Absage an den reimenden Dichter: *Denn für das grandiose Gebrüll dieser Welt und für ihre höllische Stille fehlen uns die armseligsten Vokabeln . . .* Mit der Ansage zur Prosa: *Aber diesen tollkühnen sinnlosen Mut zu einem Buch müssen wir haben!* Und Borcherts Devise lautet: *Addieren, die Summe versammeln, aufzählen, notieren* – auch wenn in diesem Buch dann am Ende nicht mehr steht als *ein paar Glossen, Anmerkungen, Notizen, spärlich erläutert, niemals erklärt,* weil mehr auf den ungeschriebenen Seiten bleibt: *die groteske Ode, das lächerliche Epos, der nüchternste verwunschenste aller Romane: Unsere verrückte kugelige Welt, unser zuckendes Herz, unser Leben!*

Der heimgekehrte Soldat, auf der Suche nach einer Handvoll Trost, erzählt einer Nutte, was eine Nutte ihm vor dem Heimatverlassen gesagt hatte: *Na, wann gehts los, Schätzchen, gehts nach Rußland? Willst noch mal mit der deutschen Frau, gelt Schätzchen?*

Krieg aus diesem leidenschaftlich nüchternen Blickwinkel: *Ein Blei-Morgen. Eine Blei-Eisenbahn. Und Blei-Soldaten. Die Soldaten waren wir. Es war gar nichts Besonderes. Nur das Übliche . . . Als wir an dem bleiernen Morgen den Bahnhof verließen und die winkenden Mütter winziger und winziger wurden, da haben wir großartig gesungen, denn der Krieg, der kam uns gerade recht . . . Und dann kam er. Dann war er da. Und dann, eh wir ihn begriffen, dann war er aus. Dazwischen liegt unser Leben. Und das sind zehntausend Jahre.*

Am Morgen geht der Mann von der Frau weg – und hat seinen Trost so wenig wie der Leser seine begehrte Handvoll Hoffnung, es könne *die neue Stadt* eines Tages wirklich geben, *in der die weisen Männer, die Lehrer und die Minister, nicht lügen . . . in der die Mädchen keine Syphilis haben . . . in der es keine Generäle gibt . . . die großartige Stadt, in der sich alle hören und sehen . . . Wir,* schreibt Borchert, 1946!, *werden es furchtbar wissen, daß es die neue Stadt gar nicht gibt . . . und dann werden wir wieder zehntausend Jahre älter sein, und unser Morgen – der des Erwachens! – wird kalt und bitter sein . . .*

Daß in dieser Geschichte noch ein Stück *Hundeblume* steckt – *bis uns eine erlöst* – ist wohl leichter zu übersehen als der Hinweis auf *Draußen vor der Tür. Denn jede zugeschlagene Tür heißt: Wiederum verloren.* Borchert hat sein zentrales, eigenes Thema – sehr eng, also bleibt ihm nichts anderes übrig, als es in seiner ganzen Breite, in seiner widersprüchlichen Verflechtung immer noch einmal zu formulieren, wortreich gegen das Verstummen vor der lange verdrängten, verlachten Annäherung an die eigene biographische Wahrheit.

Die großen, himmelstürmenden Ziele sind irdischer geworden. Selbst die Unsterblichkeit heißt nun sehr banal: Überleben. Den Eltern gegenüber äußert er als Schreibgrund, mithelfen zu wollen, die hohen Schwarzmarktpreise für Lebensmittel bezahlen zu können. Aber, daß er schreibt, was er schreibt, hat doch andere Gründe.

Nach seinem Geburtstag bleibt das Fieber für ein paar Tage aus. . . . *um so mehr fühle ich, wie sehr die Krankheit in meinem Körper gehaust hat und ich bin – wenn auch bei guter Laune – so restlos ermattet, daß mir das Buch in der Hand zu schwer ist,* heißt es am 28. Mai in einem Brief an Aline Bußmann. *Scheinbar ist der Homöopath aber auf dem richtigen Wege, denn ich reagiere ja tatsächlich auf seine Mittel. Nun hat er mir komischerweise Pferdefleisch verordnet.*

An einem schönen Sommertag wagt er mit Hilfe der Eltern den Weg vom Haus bis zur Ecke, da, wo die Linie 9 der Straßenbahn vorbeifährt, wie dann nicht zufällig in einigen Geschichten, wie, wenn auch wohl etwas später geschrieben, in *Die lange lange Straße lang.*

Ich bin 25. Ich will noch zur Straßenbahn. Ich will mit . . . Aber wohin fahren wir denn? frag ich die anderen. Wir müssen doch wissen: wohin? Da sagt Timm: Das wissen wir auch nicht. Das weiß keine Sau. Und alle nicken mit dem Kopf und grummeln: Das weiß keine Sau. Aber wir fahren. Tingeltangel, macht die Klingel der Straßenbahn und keiner weiß, wohin. Aber alle fahren mit.

Eine Geschichte, die es nicht geben würde, wenn es ihm möglich wäre, auch nur einigermaßen gesund in die nächstbeste Bahn zu steigen, geschäftig, mit einem Ziel, irgendwohin, ohne die nur in äußersten Katastrophen gestellte Frage, wohin das alles denn führen soll. Eine seltene, bald vergessene Frage, auf die ohnehin kaum eine Antwort abgewartet wird, denn schon sind wir, wenn nur irgend möglich, wieder dabei, die alte, gewohnte, unauffällige Normalität herzustellen, in der uns nichts mehr auffällt, die uns sorglos zufrieden macht, daß alles seinen Gang geht, und wir fragen nicht, welchen. Kein Betrüger könnte uns da mehr betrügen als wir uns selbst – aus Furcht vor dem Erschrecken fragen wir lieber nicht, wo die Fahrt hingeht.

Weiter als nur bis zur Straßenecke gehen einige Ausflüge per Auto, die Bernhard Meyer-Marwitz für den Freund organisiert. Der Versuch, trotz Krankheit wieder ins Theater zu gehen, scheitert. Im Altonaer Theater, für Borchert ein Ort voll jugendlicher Vorkriegserinnerungen, steht *Die Dreigroschenoper* auf dem Spielplan. Aber als sie dort eintreffen, müssen sie feststellen, daß die Karten vertauscht wurden, daß sie wieder umkehren müssen. Möglich wird der Besuch einer Barlachausstellung in Brocks Kunstsälen und eine Fahrt ins Barlach-Haus nach Wedel.

Auf dem Weg nach Wedel halten sie in Teufelsbrück – Borchert sieht vom Auto aus nach Monaten die Elbe wieder, ein Umstand, der es verständlich macht, daß die Zeilen sehnsüchtig geraten. *Die Elbe.* Denn, ... *die sie lieben, die weit weg sind und sich sehnen, die sagen: Sie riecht. Nach Leben riecht sie. Nach Heimat hier auf der verlorenen Kugel. Nach Deutschland. Ach, und sie riecht nach Hamburg und nach der ganzen Welt.* Geschrieben aus der für Borchert keineswegs selbstverständlichen Heimatliebe, zumal nun, wo es nicht selbstverständlich ist, auf den Strom sehen zu können.

Voller Erinnerungen: *Immer war es eine Überfülle an Kraft, die aus den stolzen Mäulern der Schornsteine stob und schob, stampfte und dampfte. Kraft, die weißluftig aus den karpfenmäuligen Sirenenohren zischte...* – mit dem Blick auf *die weltgrauen Zeiten, in denen es vorkommen kann, daß kleine weiße aufgeschwemmte Menschenwracks auf den graugelben schmuddeligen Sand von Blankenese oder Teufelsbrück geworfen werden.*

Ein kleiner Hinweis mehr, daß *Draußen vor der Tür* nicht plötzlich aus dem Nichts geschrieben wird. Bis ins Szenische reichen die Anlaß-Momente.

Am Schluß heißt es in diesem Elbe-Hymnus: *Wir stehen auf den abendlichen schaukelnden Pontons und fühlen das Schweigen, den Friedhof fühlen wir und den Tod – aber tief in uns hören wir wieder das Gewitter, das Gedonner und Gedröhn der Werften. Tief in uns fühlen wir das Leben – und das Schweigen über dem Strom wird wieder platzen, wie eine Lüge, von dem Lärm, von der Lust des lauten Lebens!*

Sicher, so ist es, heute – die Zukunft findet als bunte Gegenwart statt – der Blick fällt auf das Lichtermeer der

Geschäftigkeit, großartiger als von Borchert vorausgesehen – und doch mit der neuen alten Frage: Wohin bewegt sich das alles, was wir unsere Zeit nennen?

Auch für den Schluß von *Draußen vor der Tür* gibt es einen Prosa-Versuch. *Gespräch über den Dächern*. Eine Geschichte, die Bernhard Meyer-Marwitz gewidmet ist, und möglicherweise so etwas wie die Geburtsstunde des Stückes umschreibt. Zwei Männer, kaum im Gespräch, eher bei der nächtlichen Abgabe von Erklärungen. Der Eine, der Dunkle, *gekrümmt, schrägschultrig*, wie ein Christus im Fensterkreuz – der Andere, Blonde, im Innern des Zimmers, *der Runde, Gesicherte, Nüchterne*. Und wie es in *Die Blume* einmal sehr theoretisierend sehnsüchtig zugegangen war, ehe ein wirklicher Gegenstand die alten Vorstellungen in neue Bezüge brachte, geht es auch hier, über den Dächern, sehr angehoben abstrakt zu. Reduziert auf den Kern, daß wir mit unserer Todesbestimmung geboren werden und daß es dem Autor schwerfällt, darin einen Sinn zu sehen.

Ausgesetzt schon der Preisgabe, wenn es da heißt: *... wir Illusionslosen mit den großen unmöglichen Rosinen im Kopf.* Preisgegeben, denn er meint sich ja doch selbst – der sein Leben aus dem Fenster schreien will und weiß, daß es keine Antwort für ihn geben wird. *Wir glauben an den Morgen. Aber wir kennen ihn nicht!*

Was der Blonde, der Nüchterne, erwidert, kommt ganz im Tonfall der späteren Elbe, eh sie Beckmann wieder ins Leben zurückwirft: *Warum hängst du dich um Gottes und der Welt willen nicht auf, du hoffnungslose wahnwitzige dürre glimmende Latte, du? Ratte du! Griesgrämige, rotznäsige Ratte! ... Häng dich auf, du blödsinniges besoffenes Bündel Mensch. Warum hängst du noch nicht, du verlassenes, verlorenes, aufgegebenes Stück Leben, wie?*

Aber auch hier ist die Kluft zwischen beiden nicht so total wie ausgesprochen. *Seine Stimme ist voll Sorge und ist gut und warm in all seinen Flüchen,* heißt es. Was er sagt, ist so gut gemeint wie der Optimismus des Anderen gegenüber Beckmann.

Ausgeliefert mit unserem unüberlegten Mut und unseren kleinen Begriffen, heißt es in dieser Geschichte. *Ohne Ziel für eine Flucht*. Und an anderer Stelle: *Ausgeliefert sind wir an das In-uns und Um-uns. Unentrinnbar, ausweglos. Und wir lachen.*

Viel weitreichender als noch vor Monaten die Umstände, damals, als das Krankenhaus zum Gefängnis geworden war, mit Hoffnung auf Entlassung, nun, wo auch die Entlassung in ein Gefängnis führt, in eine Ausweglosigkeit mit beschränktem Freigang, mit kurzen Ausflügen an die Elbe, und ins Grün hinterm Haus. Die Eltern bringen ihn an schönen Nachmittagen bis zum aufgestellten Liegestuhl. Freundinnen und Freunde kommen – aber das Leben findet woanders statt, und Borcherts Lust auf das große Abenteuer ist ungebrochen, aus der Verhinderung eher gesteigert. Besuchern gegenüber gibt er sich noch als lächelnder Flüchtling, der er gern wäre, aber sein Abenteuer bleibt, das eigene Schicksal auf dem Papier zu bewegen, bleibt, mit sich selbst eingesperrt zu sein.

Auslöffeln, aussaufen, auslecken, auskosten, ausquetschen will ich dieses herrliche heiße sinnlose tolle unverständliche Leben! Das soll ich versäumen? Ich? Aufhängen? Mich? – antwortet in *Gespräch über den Dächern* noch der *Hagere* dem *Runden*, oben über der Stadt. Von dem Mann, der als Silhouette in *Draußen vor der Tür* verdächtig gefährlich dicht am Wasser steht, unten an der Elbe, eh er reinspringt, heißt es, daß er einer von denen sei, die *den Laden hinwerfen und nicht mehr mitmachen*, mit diesem *unüberlegten Mut* zum ewig hoffnungsvollen Ausweg, der letztlich doch nur heißt, den Zeiten aus dem Weg zu gehen, damit sie ihren Lauf nehmen können, unabhängig davon, ob der einzelne ausscheidet, am Strick oder im Wasser. Es furchtlos begreifen ist allemal eine Stunde Null.

So sonderbar es anmutet, aber noch fehlt dem in seiner Struktur zumindest potentiell fertigen *Draußen vor der Tür* der naheliegende, eigentliche Stoff, die Zeit, die Umstände, unter denen diese Gesprächs-Haltungen nachvollziehbar agieren können, in der die Erwartung, einer solle da eine

Antwort geben, ihren merkwürdig aufschlußreichen Klang hat, ihren unsinnigen Sinn. Und daß gerade Borcherts Zeit für Borchert einen Umweg braucht, wo er uns doch lange als ihr spontaner Sofort-Beschreiber galt, mag überraschen, vielleicht, solange wir uns Schreiben als einen überaus objektiven Vorgang denken.

Nicht weniger überraschen mag, daß er sein Schreiben noch immer als Übergangslösung auffaßt, bis zu seinem Gesundwerden überhaupt etwas zu tun, wenn es schon nicht möglich ist, als Schauspieler auf der Bühne zu stehen, als lachender Komödiant. Daß seine *ganze Sehnsucht* das Theater geblieben ist, gesteht er in einem Brief vom 18. August 1946, geschrieben nach Sylt, dem ehemaligen Mitschüler, dem frühen Mitstreiter Günter Mackenthun. *Wenn ich gesund bin, dann wüßte ich nicht, wo ich lieber hinginge, als nach Euch. Ich habe noch zwei andere Verträge liegen, aber mich zieht es sehr nach Norden, und vom Hamburger Betrieb erwarte ich in künstlerischer Beziehung nichts... Der gesunde W. B. steht dann zu Deiner Verfügung.*

Lebenspläne, und sofort wieder mit der altbekannten, gehörigen Portion Überheblichkeit, als hätte er mit dem, was er bisher auf der Bühne gezeigt hat, schon im voraus ganz Hamburg aus der Ferne in den Schatten gespielt. Alte Großtuerei – schlichter Selbstoptimismus. Das Fieber kommt in kürzeren Abständen, die Schmerzen nehmen bis zur Unerträglichkeit zu, sein Gesicht dunkelgelb, alle Hoffnung nähert sich dem Tiefpunkt.

So entschlossen der Satz über Zukunft und Wünsche auch klingen soll, das Ungewisse geht bis in die Formulierung, bis ins Nichtzusammengehende. *Wenn ich gesund bin, dann wüßte ich...* Hinter der Bestimmtheit die kaum noch wahrscheinliche Möglichkeit. Im grammatisch falschen Satz ein Stück Wahrheit.

So sehr es ihn nach Norden ziehen mag, er wird nach Süden reisen.

14
Anders als Beckmann:
Draußen vor der Tür

Borcherts Kriegsgegnerschaft ist so total wie elementar. Er hat die Fahne der stolzen, mörderischen Siegesgewißheit, ob blind, verführt oder bestochen, nie aufgezogen – er muß sie nun nach der Niederlage nicht reumütig und belehrt einholen, er muß nicht abschwören, nicht unter eine neue Fahne. Umstände, die ihn selbstherrlich veranlassen könnten, sich als Immer-schon-Rechthaber aufzuspielen, vor sich her die Schuldsprüche der Gerichte, die seine Unschuld belegen – das Edle gewollt, das Üble nur gemußt zu haben, nun willens, von sehr hoch oben der Welt die ganz großen Wahrheiten mitzuteilen.

So sehr Borchert später wohlwollend in eine zumindest ähnliche Rolle gepriesen wird – er selbst spielt sie nicht, weder den gereckten Helden noch den tief Verzweifelten auf Knien, der händeringend auf Erlösung hofft. Gemessen an seinen Jünglingsträumen bleibt er bescheiden bei der Wahrheit, sorgfältig im Detail, verwundert über die eigene Ahnungslosigkeit, über den eigenen Überlebensmechanismus.

In der nur zwei Druckseiten langen Geschichte *Vier Soldaten* wird Krieg in einem winzigen Augenblick vorgeführt. An der Front, offenbar in einem Unterstand, hocken nachts vier Soldaten bei einem Öllicht. *Nur wenn das Eisen oben schrie und furchtbar bellend zerbarst, dann lachte einer der hölzernen Köpfe. Und die anderen grinsten grau hinterher.* Borcherts Lebensprinzip seit den Kindertagen, immer noch zu lachen, auch das Schlimmste ins Humorige zu wenden, um der Realität zu entkommen – hier in dieser Geschichte knapp auf engstem Raum: *Meine Güte. Hier braucht im Frühling aber nicht gepflügt zu werden. Und gedüngt auch nicht, heiserte es aus der Erde. Einer drehte zuversichtlich eine Zigarette: Hoffentlich ist das hier kein Rübenacker. Rüben kann ich auf den Tod nicht ausstehen. Aber zum Beispiel, wie findet ihr Radieschen? Die ganze Ewigkeit Radieschen? Die blauroten Lippen krümmten sich: Wenn nur die Regenwürmer nicht wären. Da muß man sich doch mächtig dran gewöhnen.*

Der in der Ecke sagte: Davon merkst du dann nichts mehr.

Wer sagt das? fragte der Zigarettendreher, wie, wer sagt das? Da schwiegen sie. Und oben kreischte ein wütender Tod durch die Nacht.

Die Betrogenen, bereit, sich selbst zu betrügen.

Einer gibt dem anderen das Öllicht rüber. Seine Hände zittern. Das Licht fällt ihm aus der Hand. Aber sie wissen eine Erklärung. Es ist nicht die Angst, die ihre Hände zittern läßt. Es ist nur die Kälte, sonst nichts. *Und sie hielten sich fest an den gehaßten Gewehren. Und lachten.*

Auch das gehört zu dem, wovon ein Beckmann sich mit seinem endgültigen Nein trennen will – was immer kommt, es auszuhalten, weiterzumachen, als sei das Ertragen des Unerträglichen höchste Tugend.

Noch bleiben die Ereignisse in den Geschichten überwiegend als aus der Vergangenheit erzählt stehen, so sehr sie Gegenwart meinen, dieses: Was-soll-daraus-Werden? Daß ihn die alten Träume nun in einen neuen, fruchtbaren Konflikt führen werden, war nicht abzusehen. Daß es gerade die alten Illusionen sind, die ihn veranlassen, die Gegenwart zu durchschauen, nicht in blanken Optimismus zu verfallen, mutet vielleicht zunächst absurd an.

Wer wird sich zu dieser Zeit nicht fragen, was die Zukunft bringt. Wer wird nicht das Glück der glücklichen Zeiten erhoffen? – Zumindest in den großen Versprechungen wird es reichlich vorkommen.

Mögen sich für Borchert mit einigem Erschrecken die alten Illusionen auch als Illusionen erwiesen haben, vom

Großen, Edlen, als kindlich naiv in einer brutalen Erwachsenenwelt aus Einstecken, Vergessen, Kompromiß und Durchschlagen – ablegen wie den Soldatenmantel lassen sie sich nicht. Borchert hat auch jetzt, nach dem Krieg, keine Übung darin, das praktische Leben mit hochgekrempelten Ärmeln zu meistern. Und wollte er es, die Krankheit würde ihn daran hindern. Die schönen Wünsche bleiben. Also soll und muß Kunst noch immer den alten Widerspruch der Gefühle überbrücken, erträglich machen – diesen Widerspruch, den andere nicht kennen, nicht bemerken, oder doch wegzustecken wissen. Irgendwie erfolgreich. Sie mögen Dinge vermissen. Die aber werden bald zu haben sein. Borchert mag noch von seinen schönen Illusionen träumen. Sie werden nie zu haben sein. Was ihnen im Wege steht, ist komplizierter, auffallend widersprüchlicher, schwerer zu fassen als das, was schlicht und einfach Krieg hieß – Zwang, gegenüber der nun vermeintlichen Freiheit der Möglichkeiten gänzlich neu anzufangen. Ein Augenblick, der, vorausgesetzt, einer ist da sensibel genug, eindringlicher fragen läßt, wie wir eigentlich sind, wir Leute in unseren Zeiten, was wir tun, wollen, sagen, nicht können.

Bei aller Großartigkeit, bei aller Genauigkeit im Detail, seinem Gespür für das eigentümlich Sonderbare – vorerst gelingt es ihm nicht, generell etwas über die eigene Generation zu sagen. Ausgerechnet *Generation ohne Abschied* gerät ihm zum durchsichtigen Versuch, aus der alten Not die allgemeine neue Tugend zu machen, mit dem dann nur noch pathetischen Ausblick, statt des Abschieds doch wenigstens *alle Ankunft* zu haben. Sein ehrlicher, warnender Pessimismus ist überzeugender.

Anders in *Eisenbahnen, nachmittags und nachts*, wie zum Beweis, seine Generation auch aus dem Blickwinkel der Selbstironie sehen zu können, verglichen mit fahrenden Zügen:

Sie sind wie wir. Sie kündigen sich an, pompös, großartig und schon aus enorm ferner Ferne, mit einem Schrei. Dann sind sie da wie Gewitter und als ob sie wunder was für Welten umwälzten.

Dabei ähneln sie sich alle und sind immer wieder überraschend und erregend. Aber im Nu, kaum daß man begreift, was sie eigentlich wollen, sind sie vorbei. Und alles ist als ob sie nicht waren... Eigentlich war es nichts. Oder alles. Wie wir.

Zwischen den Geschichten von 1946 und *Draußen vor der Tür* liegt ein deutlich markiertes Ereignis:

Borchert, vor mehr als einem Jahr dem Krieg entflohen, liest ein Buch über den Krieg. Theodor Plievier: *Stalingrad*.[32]

Am 1. September heißt es in einem Brief an Hugo Sieker: *Darf ich Ihnen mal eine kleine Skizze anbieten? Ich habe das Buch* Stalingrad *gelesen und habe probeweise eine kleine Besprechung darüber verfaßt. Würde die so in Inhalt und Form genügen. Oder ist das Thema ›Stalingrad‹ eine längere Untersuchung wert?*

Die Besprechung erscheint am 25. September in der *Hamburger Freien Presse*, die an diesem Tag auf Seite eins mit der Schlagzeile »Noch keine unmittelbare Kriegsgefahr« beruhigt, oder doch wohl eher beunruhigt. »Wir wären dumm«, meint Großbritanniens Außenminister Anthony Eden, »den Ernst der Lage zu unterschätzen.« Und, auch dabei wird es bleiben: »Keine Einigung über den Beginn der Aussprache über Deutschland.«

Nachrichten, die zum Rahmen für Borcherts Anmerkungen zu einem Buch werden, zu einem Krieg, der droht, seine Fortsetzung zu nehmen.

Das ist kein gutes Buch. Das ist kein Kunstwerk und auch keine Dichtung. Das ist vielleicht nicht einmal Literatur. Aber das ist ein Dokument und ein Denkmal. Das ist Rechnung und Quittung zugleich. Und für uns alle. Und deshalb ist es ein notwendiges Buch. Es ist die nüchterne, nackte Fieberkurve einer überlebten, korrupten Kaste, eines blinden Volkes. Fieberkurve aus sechs Jahren des 20. Jahrhunderts. Fieberkurve eines Massensterbens. Fieberkurve der Agonie von ein paar hunderttausend zu Lemuren und todwunden Würmern verkommenen menschlichen Lebewesen. ... Plievier schüttet seine Mosaiksteine in einem grandiosen Durcheinander von Szenen, Menschenuntergangsszenen, vor uns hin. Und die Steine heißen Hunger, Schrei, Schmerz, Tod. Heißen Eissturm, Eiter, Einschlag. Heißen Heldentum und Kannibalis-

mus, Elend und Qual, Lüge, Selbstmord und Gehorsam. Und sie heißen Blut und Kot und Schnee, Preußens Gloria und Viehtreiben. Und alle zusammen heißen: Hitler! Heißen Stalingrad! Heißen Krieg!... Jeder von uns ist durch Stalingrad gegangen, durch ein großes oder kleines. Und so ein Buch ist Rechnung und Quittung für uns alle. Rechnungen und Quittungen sind unerfreulich. Aber sie sind notwendig. Und deshalb ist das Buch von Stalingrad doch ein gutes Buch.

Das Buch gelesen, das für die Zeitung Geschriebene gedacht zu haben, hat für Borchert Folgen – wenn auch nicht in einem nüchternen Also-Mechanismus, den Krieg nun etwa objektiver zu sehen als aus den eigenen Erfahrungen. Aber es sind neue Erfahrungen hinzugekommen, auch aus dem Lesen anderer Bücher, die nun aus der Redaktion an sein Krankenbett kommen. Besprechungsexemplare, die er ansonsten wohl kaum in die Hand bekommen würde. Borchert ist froh über diese *anregende Tätigkeit*, die ihm das Gefühl gibt, *nicht so ganz abseits* zu bleiben, wie er Sieker auf einer trümmerlosen Vorkriegspostkarte mitteilt.

Empört registriert er in einem langen Beitrag, der erst am 18. Januar unter dem Titel *Kartoffelpuffer, Gott und Stacheldraht* in der *Hamburger Freien Presse* erscheint, das aufkommende Geschäft mit KZ- und Gefängnisliteratur, setzt die wenigen guten Beispiele, wie die Tagebuchaufzeichnungen von Luise Rinser, in Bezug zum gültigen, schon klassischen Bericht, den Wolfgang Langhoff mit den *Moorsoldaten* über die KZ-Wirklichkeit gab. Gegen alle dumme, der Wahrheit abträgliche Geschwätzigkeit heißt es: *Notwendig aber ist, daß die Menschen, die die ungeheure Gesetzlosigkeit des vergangenen Regimes erdulden mußten, diese Kapitel aus der dunkelsten Zeit unserer Geschichte aufschreiben, zur Warnung und Mahnung, für die Toten und für die Lebenden.*

Dem folgt ein Nachsatz, der in diesem Zusammenhang wie eine Zurücknahme des eben Gesagten klingt. Hier in den Spalten der Zeitung noch unverständlich. Ein Satz, der ganz unvermittelt den Schluß von *Draußen vor der Tür* vorwegnimmt: *Der Mensch steht allein auf der dunklen Bühne und ruft nach Gott – kommt Antwort? ...*

Borcherts alte, einst noch kindliche Frage, wie in der sehr schönen Geschichte *Gottes Auge*. Nun über den Tellerrand hinausgefragt. Und: auch dazu ein Buchbeispiel in diesem gleichen Zeitungsartikel. Erschienen sind die Predigten aus dem KZ Dachau, unter dem Titel: *Das aufgebrochene Tor*. Sein Kommentar: *Manches mutige Wort ist hier gesprochen worden – aber oft von einer Lebensfremdheit, die fast bestürzt. Flucht in eine bessere, sicher aber nur eine tote Welt des theologischen Begriffs.*

Kaum anzunehmen ist, daß Borchert noch so selbstsicher sein könnte zu glauben, die eigene Flucht in eine ja oft auch stark theologische Gedankenwelt der Begriffe sei viel weniger Flucht gewesen.

Wie sich sehr bald zeigen wird, denkt er zu all dem mehr und weiter, denn er ist kein geübter Zeitungsschreiber, der in der gängigen Form sein Thema zu Ende bringen könnte, für den Tag. Er ist zu sensibel, zu wach in seinem Eingesperrtsein, um all diese Themen nicht zu sich selbst in Bezug zu setzen.

Am 9. November 1946 ist über Flauberts *November* zu lesen: *Die Lebensbeichte eines chaotischen, sensiblen, leidenschaftlichen jungen Menschen, der aller Qual und Süße des Lebens preisgegeben ist, wann wäre das lesenswerter als heute?* Und zu Versen Shakespeares heißt es: *Ein Buch für die wenigen stillen Stunden, die uns heute bleiben.*

Möglich, daß ihn die Verse daran erinnern, daß er nun, nach dem Krieg, eigentlich hatte ein Dichter sein wollen, der in der *reinen großen Schönheit* baden wollte, gedacht als *Vergeltung*, wie im Brief vor zwei Jahren an Carl Albert Lange formuliert.

Aber er schreibt keine Vergeltungsgedichte, das, womit er befaßt ist, hat weder im Schönen noch im Bitteren mit Vergeltung zu tun.

Gemessen an dem, womit er jetzt befaßt ist, gehören seine Gedichte einer fernen Vergangenheit an. Aber grade jetzt wird er in Hamburg öffentlich als Dichter vorgestellt. Am Totensonntag findet im Eppendorfer Gemeindehaus ein Wolfgang-Borchert-Abend statt, veranstaltet, wie schon das Janmaaten-Programm, von der *Vereinigung Niederdeutsches Hamburg*. Annemarie Marks liest Gedichte aus dem Bändchen *Laterne, Nacht und Sterne*, das kurz darauf im Verlag Hamburgische Bücherei erscheint. 14 Gedichte, im Krieg entstanden, unter vielen, ohne daß der Krieg in ihnen auch nur ahnbar wäre.

> Ich möchte Leuchtturm sein
> in Nacht und Wind –
> für Dorsch und Stint,
> für jedes Boot –
> und bin doch selbst
> ein Schiff in Not!

Aber Borchert ist doch schon ein anderer als der, dem der Beifall an diesem Abend gilt.

Er ist zu Hause, mit dem Vater, der für ihn ein Prosa-Manuskript abschreibt. Vom Beifall berichtet die Mutter. Woran er nun schreibt, erfährt sie nur wenig. Es hat mit dem Krieg zu tun. Aber er spricht mit ihr nicht darüber. Ihr wäre es nach wie vor lieber, er würde alle Vergangenheit vergessen und in Ruhe vielleicht doch noch wieder gesund werden.

In einem Brief, den er schon im Juli an seinen ehemaligen Rechtsanwalt Dr. Hager geschrieben hat, klingt es auch so, als sei es sein Wunsch, die Vergangenheit mit einer leichten Handbewegung von sich wegzuschieben:

Wenn es möglich ist, Vergangenheit zu tilgen, dann soll man es immer tun. Wozu es gut ist, wird sich schon eines Tages erweisen. Aber auch hier muß ich fragen, was ich dabei tun muß, damit meine politische Vergangenheit, die zur Zeit ja nicht ungünstig ist, ausgelöscht wird. Wenn Sie da einen Einfluß drauf haben, haben Sie selbstverständlich alle Vollmachten.

Wenn es dabei auch mehr um formal-juristische Dinge geht, daß die im Krieg ausgesprochene Gefängnisstrafe gestrichen wird und der Rest der Strafe natürlich nicht mehr verbüßt werden muß – alle Urteile dieser Art sind für ungültig erklärt worden –, so überrascht der laxe Ton des Briefes doch, zumindest den, der sich einen Wolfgang Borchert schreibend nur unter dem quälenden Druck der Verhältnisse vorstellen kann, und nicht mit dem Blick auf die Verhältnisse.

Nun, im November, kann diese gleiche Vergangenheit auch anders klingen. Borchert möchte, und auch dazu hat Hager alle Vollmachten, einen Bauernhof pachten oder käuflich erwerben. Hager wendet sich zu diesem Zweck an das *Komitee ehemaliger politischer Häftlinge* in Norden/Ostfriesland, mit der Bitte um Unterstützung, eventuell »den Hof eines ehemaligen Großgrundbesitzers« zu übernehmen. Und dazu klingt dann die eigene Vergangenheit weniger leicht. Verständlich, das Leben hat seine praktischen Seiten, hat seine eigenen Wünsche – selbst wenn sie sich zerschlagen, sind sie doch ein Zeichen für immerhin gehabten Optimismus. Wie begeistert Borchert selbst davon ist, Hamburg zu verlassen, bleibt ungewiß. Anzunehmen, daß es mehr der Wunsch der Eltern ist, sich in die ländliche Vergangenheit zurückzuziehen, ganz praktisch, um den Schwierigkeiten des Großstadtlebens in dieser kargen Nachkriegszeit zu entkommen.

Zwischen all dem entsteht im September 1946 unter äußerlich eher undramatischen Umständen *Draußen vor der Tür*.

Es wird Borcherts Schritt in den so anders geträumten literarischen Erfolg, in den Ruhm, in den Klang seines Namens – umrankt bald von Legenden, von bis heute nicht endenden Auslegungen, die ihren Anfang nehmen, als nur im engsten Freudeskreis Biographisches über den Verfasser bekannt ist, der ganz unvermittelt mit seinem Kriegs-Schicksal in die Literatur geraten zu sein scheint.

Es entsteht die Legende, Borchert habe sich seinen Erfolg als Sterbender im klirrenden Januar 1947 hinter dichtzugefrorenen Fensterscheiben abgerungen, schon außerhalb der eigenen Kontrolle, unter äußeren Umständen, die Nachsicht erforderten, daß dieses Stück eben zwangsläufig ein wenig pessimistisch geraten sei, ohne den hoffnungsvollen Ausblick usw. – als Dokument aber sei es unübertroffen, als Zeugnis einer schlimmen Zeit. Jene Legende, die wahlweise zwischen Klage und Anklage wechselt, zwischen Verzweiflung und Kampf. Vom spontanen Gefühlsausbruch ist sehr bald die Rede, von verzweifelter Leidenschaft, die es lange als frevelhaft erscheinen läßt, sich dem Stück mit schlicht nüchternen Überlegungen zu nähern. Als verlöre es seine Gültigkeit, sobald sie überprüft würde.

So krank Borchert auch ist, so schwierig die Umstände auch sind, er schreibt weder in noch aus allerletzter Verzweiflung, nicht außerhalb aller nüchternen Urteilsfähigkeit.

Gutmeinend, in übergroßen Worten formuliert, heißt es bei Bernhard Meyer-Marwitz: »Dieses Stück ist in der Glut einer irdischen Vorhölle gebrannt worden... Das ist Borcherts Stück: Schrei! Nur so kann es begriffen und gewertet werden.«[33]

Zu werten wäre nur noch wenig. Schrei, der spontane Gefühlsausbruch, rettet das Ich, mit all seinen Verkleidungen. Ernüchterung legt es bloß – dieses *Wesen* Ich, das wir sind, vor dem wir uns fürchten, wie in der *Hundeblume* beschrieben.

Daß ausgerechnet Meyer-Marwitz die Behauptung vom Schrei, vom Aufschrei, früh in Umlauf bringt, ist erstaunlich. Gerade er dürfte am allerwenigsten überhört und überlesen haben, daß *Schrei* und *Aufschrei* bei Borchert im Stück vorkommen – vom Kabarettdirektor ausgesprochen, der sich diesen Aufschrei als zugkräftigen Auftritt vorstellt, als Nummer, als verwertbare Masche.

Borcherts Stück auf diese Ebene herabzuloben, nur so sei es zu verstehen, mutet wie Verdrängung an, kaum wie ein zufälliger Irrtum.

Bei aller Leidenschaft, *Draußen vor der Tür* ist entschieden nüchterner geschrieben, nüchterner, als der beschriebene

Beckmann auf der Bühne agiert. Das Stück ist Ernüchterung – Borcherts Ernüchterung über sich selbst, über den seit Kindertagen vorgeführten Mechanismus des Immerwieder-weiter-Laufens, *auch wenn gehumpelt wird... wider alle mögliche Erfahrung.*

Daß mit *Draußen vor der Tür* die unmittelbare Gegenwart zum direkten Thema wird, ist zunächst nicht als überraschend empfunden worden, eher als selbstverständlich. Die wenigen bekannten Lebensdaten schienen eindeutig. Und das zwischen sehr eindeutigen Zeitdaten. Der totale Krieg eben zu Ende – der totalste Krieg hat mit seinen Drohungen begonnen. 1946. Die Reden der Politiker sind gehalten, die neuen Waffen, Atomwaffen, ausprobiert, die zukünftigen Fronten abgesteckt. Wolfgang Borchert erscheint, ganz selbstverständlich, als Mahner vor den Gefahren des neuerlich drohenden Krieges – scheinbar differenzlos mit dem allgemeinen Wunsch identisch, daß das Drohende nicht wahr werden darf.

Die konkrete Gefahr ist in unkonkrete Hoffnung umgeschlagen, in ein blindes Rennen nach Haben im allgemeinen Mangel. Das Glücksverlangen grenzenlos, selbst wenn es auf den erkennbar brüchigen Beinen einer geflickten Illusion daherkommt. Das Leben ein Abenteuer. Borchert kennt das, er hat mitgemacht, solange es ging.

Ganz anders muß er diese Situation jetzt empfinden – im Augenblick der eigenen Ernüchterung über die selbstgereimten Illusionen? – krank, daran gehindert, sich länger selbst zu betrügen. In diesem Augenblick, in dem der ärgste Satz aller Optimisten für ihn an Trost verloren hat: Das Leben geht weiter.

Daß Borchert uns vor uns selbst warnt – wollten wir es wissen? – wollen wir es wirklich wissen?

In der Zeitung klingen seine Sätze noch rund, gängig, wie allgemein üblich, zur Floskel geworden, selbstverständlich – *die Zukunft besser gestalten... zur Warnung und Mahnung, für die Toten und für die Lebenden.* Nur, zur Eigenschaft von gebräuchlichen Wendungen gehört leider, daß sie nur höchst selten hinterfragt werden. Wie denn? – und, was steht unseren Wünschen im Wege?

Nicht nur der zeitliche Zusammenhang legt den Schluß nahe, daß für Borchert Plieviers Roman *Stalingrad* mit zum Anlaß wird, zum Auslöser, *Draußen vor der Tür* zu schreiben. Auslöser nun zur äußersten Eigenständigkeit diesem Thema gegenüber. Geschrieben aus dem eigenen, bloßgelegten biographischen Widerspruch.

Beim Lesen von Plieviers langem, ungeheuer detailreichem Roman ist heute denkbar, daß sich Borchert provoziert gefühlt haben mag, bei aller Zustimmung in der Zeitung doch auch zu einem Aber im Kopf, zur Frage, ob die Wiederholung aller Schrecken auf dem Papier tatsächlich davor bewahren kann, daß sie sich in der Realität wiederholen? In einer Zeit, in der sich jeder, so gut und schnell er kann, von der Vergangenheit entfernt, sich freispricht, stellt Borchert die schlichte Frage: Warum tun wir immer wieder, was wir eigentlich nicht wollen? – dann doch wieder verstrickt in ein Netz aus lebenspraktischen Kompromissen, mit der einst so kompromißlosen Absicht. Eine ungewöhnliche Frage, denn ganz allgemein beginnt Literatur zu dieser Zeit damit, für gute Absichten zu werben. Zudem eine Frage, auf die wir seit unseren Kindertagen noch immer eine sichere Antwort-Ausrede wußten: Weil die anderen...

Am Ende des Stalingrad-Romans zieht der lange Zug der Geschlagenen in die Gefangenschaft. Borchert läßt seinen Beckmann aus der Gefangenschaft kommen, zurück nach Deutschland, und seine einfache Frage heißt: Was nun? Was, wenn da wirklich einer belehrt zurückkommt, mit dem ehrlichen Wunsch, die gemachten Fehler nicht zu wiederholen? Bei aller Leidenschaft – Borchert fragt mit dem nüchternen Blick auf die Gefahr des Scheiterns.

Besucher, die ihm während der Weihnachtsfeiertage 1946 gegenübersitzen, finden keinen antwortlos-verzweifelten Beckmann vor, sondern einen Wolfgang Borchert, der zwar krank ist, aber doch mit hektischem Eifer agiert.

Gleich nach der Fertigstellung liest er das Stück den Eltern und einigen Freunden, darunter Bernhard Meyer-Marwitz, vor. An einem Sonntagnachmittag, von seiner Liege aus, bald erschöpft, halb aufgerichtet, so, wie er es an Vormittagen geschrieben hat. Hertha Borchert hört den Text an diesem Sonntag zum ersten Mal. Nur ihr Mann, ohnehin mit dem Abschreiben auf der Maschine befaßt, hat den Inhalt kennengelernt und darüber auch mit seinem Sohn gesprochen. Ihr haben beide nichts erzählt. Nur an die Arbeitsweise, den äußeren Ablauf, kann sie sich erinnern – daß er mit äußerster Konzentration und strenger Zeiteinteilung geschrieben habe, nach einer exakten Konzeption, jeden Tag eine Szene. Früh hätte er sich Papier und Schreibzeug zurechtgelegt auf seinem Tisch an der Liege, dann etwa eine Stunde mit Überlegen zugebracht, und die Szene niedergeschrieben. Aufschlußreich, da sich diese Arbeitsweise wesentlich von seinen eigenen Angaben über die Produktion der Gedichte unterscheidet. *Draußen vor der Tür* entsteht nicht als Gefühlsrausch, unreflektiert als letzter Aufschrei. Borchert will – und er weiß, was er sagt. Wieweit er vorausahnt, daß sich das Gesagte als so sehr wahr erweisen wird, wie es sich dann erwiesen hat, bleibt wohl besser eine Frage an uns, wieweit wir bereit sind, es den Tatsachen hinterherzudenken. Wir, die Dulder von Zeit, die immer erst zählen, wenn die Opfer gezählt werden. Zählen wird, wenn wir es ändern wollen, bestenfalls der Eifer, mit dem wir uns in die Ernüchterung begeben.

Borchert ist an diesem Sonntagnachmittag frei vom Gefühl der Siegesgewißheit, es etwa den Widersachern gegeben zu haben. Auf alle anerkennenden Worte reagiert er skeptisch. Er, der kaum je daran gezweifelt hatte, eines Tages ein großer Mann zu sein, zweifelt nun. Aber es bleibt die Frage, ob wirklich an sich selbst. Zumindest zweifelt er daran, daß sich irgendwer für dieses Stück interessieren könnte.

Möglich, daß ihn gerade die anerkennenden Worte an diesem Abend im Zweifel bestärken. Wer immer für etwas gelobt wird, möchte ja doch im Lob seinen Gegenstand wiederfinden.

Praktisch kommt es sehr bald anders. Ruth Malchow, mit dabei, als *Die Komödie* gegründet wurde, liest wenig später das Stück. Sie ist begeistert, und, sie arbeitet beim Nordwestdeutschen Rundfunk in Hamburg. Sie gibt das Stück weiter an Günter Schnabel, Dramaturg und Regisseur in der Hörspielabteilung. Da auch er von dem Stück angetan ist, gibt er es seinem Bruder Ernst Schnabel, Chefdramaturg des Hörspiels. Die Entscheidung, das Stück zu senden, fällt schnell – verbunden mit einigen Änderungswünschen.

Über Weihnachten hat sich Borcherts Gesundheitszustand gebessert – es werden ruhige Tage, mit einer Überraschung: Ein kleines, farbenprächtiges Aquarell von Emil Nolde. Ein Bauersmann, für den sich Borchert dann hocherfreut bedankt, mit dem Hinweis auf sein Hörspiel.

Bilder von Emil Nolde, zusammen mit Plastiken Barlachs, darunter den für die Lübecker Katharinenkirche bestimmten ›Bettler‹, hatte Borchert gemeinsam mit Bernhard Meyer-Marwitz in Bocks Kunstsälen kennengelernt. Der ›Bauersmann‹ wird zur Erinnerung an die Zeit vor Monaten, als, wenn auch unter Mühen, Ausflüge noch möglich waren. Erinnerung, wie der Ausflug nach Wedel – von unterwegs mitgebracht *Die Elbe* und *Hamburg*. Zeilen über die eigene Stadt, in der er nun lebt und doch nicht frei von Idylle und Heimattümelei – nun als Eröffnungsgeschichte für den Band *Hamburg, Heimat am Strom* gedruckt, der in der Hamburgischen Bücherei Ende 1946 erschienen ist.

Das ist unser Wille, zu sein: Hamburg! – heißt es am Schluß. Kaum ausgesprochen, wird dieser Wille auf eine harte Probe gestellt.

Der Winter hat begonnen – keiner zweifelt daran, daß es schwer werden wird, auch durch diesen zweiten Winter nach dem Krieg zu kommen; keiner kann ahnen, daß der beginnende Frost in die schlimmste Nachkriegskatastrophe führt. Im Januar sinkt die Temperatur auf minus 19 Grad

Celsius, Hamburgs Kohlevorräte schwinden, schließlich bricht die Strom- und Gasversorgung völlig zusammen, Menschen werden erfroren in ihren Wohnungen aufgefunden, Krankenhäuser sind überfüllt, Schulen bleiben geschlossen, Geschäfte öffnen nur noch bei Tageslicht, Betriebe stellen die Produktion ein, die Zahl der Arbeitslosen steigt, Bahnen verkehren kaum noch, die Stadt ist dem Tode nahe, und der Frost hält weiter an. Die wenigen Kohlezüge, die noch durchkommen, werden bis zu 70 Prozent von Dieben ausgeräumt. Not macht halsbrecherisch. Es gibt Tote, und die Polizei ist machtlos. Unter den festgenommenen Dieben ein Staatsanwalt und ein Geistlicher.

Seit Neujahr hat sich Borcherts Gesundheitszustand wieder verschlechtert – er liegt mit Fieber und heftigen Schmerzen. Die wenigen Kohlen reichen nicht, auch nur ein Zimmer warmzuhalten. Obwohl es verboten ist, ziehen die Eltern zusammen mit Bekannten in der Nacht los, um von Parkbäumen ein paar Äste zu holen, dickere Stämme, soweit überhaupt noch zu finden, werden in der Küche mit einem Messer zerkleinert. Freunde bringen Brennbares zur Begrüßung mit wie einen Strauß Blumen. Zwanzig Monate zuvor, bei Kriegsende, war zum Maigrün der sonnigen Tage doch immerhin so etwas wie ängstliche Hoffnung gekommen. Nun zieht eisiger Frost durch die grauen Großstadtstraßen. Zukunft heißt, auf das Wetter des nächsten Tages hoffen, und darauf, daß es wenigstens das Wenige auf den Lebensmittelkarten zum Überleben gibt.

Am 16. Januar steht der Sendetermin fest. In einem Brief an Günter Mackenthun, in dem es eigentlich mehr um die Beschaffung von Kartoffeln geht, heißt es beiläufig und doch wohl stolz: *Übrigens: Am 13. Februar abends 8 Uhr überträgt der Nordwestdeutsche Rundfunk ein Hörspiel von mir. Vielleicht hast Du Zeit, es Dir anzuhören.*

Von Anfang an geht es Ernst Schnabel nicht nur um das Hörspiel, sondern auch um Hilfe für einen Kranken. In dieser erbärmlichen Zeit mehr als eine noble Geste, alte

Verbindungen spielen zu lassen, sich an den in der Schweiz lebenden Verleger Henry Goverts zu wenden. In Borcherts Brief vom 16. Januar an Mackenthun heißt es: *Mir macht dieser Winter doch sehr zu schaffen und ich muß im Sommer wohl in die Schweiz, wenn ich überhaupt wieder gesund werden will.*

Mackenthun wird diese Bemerkung wie einen Witz lesen, und doch als verhältnismäßig ›normal‹, denn schließlich wollte Schulfreund Borchert nicht selten das Unwahrscheinliche. In die Schweiz zu reisen ist für einen Deutschen 1947 noch so gut wie utopisch. In dieses Traumland des Sichraushaltens, nicht im Krieg verwüstet, unvorstellbar märchenhaft, wie auf einem anderen Stern.

Einstweilen aber geht es für Borchert um einen schlichten Sack Kartoffeln, der in Kampen auf Sylt steht. Er gehört einem jungen Mädchen, Helga Sturm. Sie ist bei den Borcherts als Hausgehilfin untergekommen und hat besagten Sack Kartoffeln auf der Insel zurückgelassen. Mackenthun soll den gefährlichen Werttransport organisieren – was denn auch gelingt, wie reichlich dreieinhalb Jahrzehnte später zu erfahren ist. Und mehr noch. Das damals sehr junge Mädchen erinnert sich, auf der Toilette bei den Borcherts kleingerissene, handgeschriebene Zettel gelesen zu haben, erstaunt, denn »vorn stand ein Name, und dahinter, was derjenige sagt«. Es war das Originalmanuskript von *Draußen vor der Tür*, damals noch unter einem anderen Titel, unwiederbringlich verloren. Leider, denn auch die erste, noch unveränderte Maschinenabschrift des Vaters gilt bis heute als verschollen.

So sehr es später heißt, Borchert habe mit diesem Titel für sich und seine Generation eine Positionsbestimmung geben wollen, eben *Draußen vor der Tür* – es ist Ernst Schnabel, der dem Hörspiel ohne Mitwirken Borcherts am Vorabend der Sendung diesen Titel gibt. Zum festen Begriff geworden, aber vielleicht doch auch ein Titel, der Assoziationen weckt, die es leichter machen, das Stück mißzuverstehen – als ginge es um ein Ausgesperrtsein, und nicht um die Furcht vor einem Drinnen.

Die von Borchert selbst gedachten Titel, *Ein Mann kommt nach Deutschland*, oder *Einer von denen*, drücken eher Distanz zum Geschehen aus. Aber Borchert stimmt dem neuen Titel zu, als er telegraphisch informiert wird.

Beim Sender laufen die Vorbereitungen für den 13. Februar. Ludwig Cremer hat die Regie übernommen, Hans Quest die Rolle des Beckmann. Borchert selbst geht am 31. Januar ins Hamburger Heidbergkrankenhaus, um sich bestätigen zu lassen, daß ihm mit heimischen Möglichkeiten medizinisch nicht geholfen werden kann. Eine Bescheinigung, die deprimierender wäre, hinge an ihr nicht die Hoffnung, vielleicht in der Schweiz doch noch gesund zu werden.

Henry Goverts ist zur Hilfe bereit. Borchert antwortet ihm am 12. Februar: *Ihr liebenswürdiger Brief war eine große Hoffnungsbotschaft an meinem etwas trüben Himmel.*

Ich liege bereits seit 16 Monaten unentwegt im Bett mit einer seit 1941 verschleppten Krankheit. Vorige Woche war ich zwecks Ausstellung eines Attestes für die Militärregierung (zur Ausreisegenehmigung) eine Woche im Krankenhaus und mußte mir dann nach der Untersuchung sagen lassen, daß ich auf medikamentösem Wege nicht zu heilen wäre. Helfen könnte mir nur die Zeit und eine völlige Veränderung der gesamten Lebensbedingungen. Das sind für einen Fünfundzwanzigjährigen keine schönen Aussichten und ich bin nun um so glücklicher, daß Sie mir eventuell einen Aufenthalt in der Schweiz ermöglichen wollen...

Am folgenden Abend ist sein Hörspiel weithin zu hören, über die Grenzen Deutschlands hinweg – nur Borchert selbst hört es nicht. In weiten Teilen Hamburgs herrscht an diesem Abend wie so oft Stromsperre. Auch wenn er später darüber lachen kann, an diesem Abend wird zur Enttäuschung das Gefühl kommen, wohl überhaupt ungehört zu bleiben. Aber die Resonanz übertrifft alle Erwartungen. Hörer greifen spontan zum Briefpapier, begeistert oder empört. Wiederholungen werden gesendet, die dann auch ihm das Hören ermöglichen – sein Name bekommt jenen eigenartigen Klang, den er für viele behalten wird.

Auffällig an den frühen Mißverständnissen, wie erschreckend praktisch gedacht wird – Borcherts Text wie ein Bettelvers an der Haustür, als ginge es darum, bereitwillig Türen zu öffnen.

»Das erste – was ich nach Anhören Ihres Hörspiels unternehmen wollte, war dies, Sie um Ihren Besuch zu bitten. ... Sind Sie selber ›Beckmann‹?« – fragt ein Oberbaurat aus Hamburg sehr wohlwollend, und an seiner ehrlichen Freundlichkeit ist tatsächlich nicht zu zweifeln. »Dann sollen Sie erfahren, daß man Sie keineswegs vor der Tür stehen läßt. Sie haben sich geirrt. ... Jeder Tag heute bringt uns in die Gefahr, ›die Nerven zu verlieren‹ – wie man es nennt, aber lieber Freund, es ist eine wunderbare Erfahrung, daß, wenn einer gerade dabei ist, die Nerven zu verlieren – wozu er zweifellos eine gewisse Berechtigung hat –, sich andere finden, die gerade in diesem Augenblick nicht soweit sind und ihn halten.«

Verblüffend, wie hier dem Stück ganz unbekümmert ein weiteres Kapitel angefügt wird, ungebrochen im eben erst gehörten jovialen Tonfall des Obersten – noch ein Menschenfreund mehr, der möglicherweise den Kleiderschrank öffnen könnte, etwas Überzähliges abzugeben hätte, zumindest aber doch gute Ratschläge.

»Was Sie über Gott sagen, ist töricht«, meint der Briefschreiber. Und: »So wenig wie Gott kennen Sie Liebe. Sie haben offenbar noch nicht recht erfahren, was die Liebe von Mensch zu Mensch – gerade in diesen Notzeiten – für unerklärliche Wunder zu bewirken vermag. Möchte Ihnen doch auch dieses wundervolle Erlebnis zuteil werden.«

Sicher, alle Wunder sind unerklärlich, oder keine – und wer ist schon so töricht, sich vom Ast der Hoffnung zu sägen, wenn er ihn braucht. Daß manch schönem Wunder ein grausames Sichwundern folgt, ist eine andere Erfahrung, die vorausgeahnt nur wenig Trost abwirft, also, praktisch gedacht, besser nicht gedacht wird.

Möglich, daß Borchert erst nach derartigen Reaktionen, gerade weil sie an allem vorbeigehen, die Dimensionen seines Textes erkennt, weiter, als ursprünglich selbst vermutet, denn große Theorien sind nicht seine Stärke – letztlich wohl doch zum Glück.

Seine Antworten verraten wenig. An jenen Oberbaurat schreibt er am 27. Februar:

Sie haben recht: Mein Stück ist noch nicht gut, wenn Sie das rein Formale damit meinen. Wenn Sie aber den Inhalt meinen, muß ich Ihnen widersprechen. Es lag mir nichts daran, ein gutes Stück zu schreiben. Es sollte nur wahr und lebendig sein und das aussagen, was einen jungen Menschen heute bewegt.

Beckmann, heißt es, geht am Ende nicht in die Elbe. . . . Er fragt nach dem Sinn des Lebens auf dieser Welt! Und er bekommt keine Antwort. Es gibt keine. Das Leben selbst ist die Antwort. Oder wissen Sie eine?

Eine gelassen ruhige Antwort. Was Borchert über die Frage Beckmanns sagt, steht so schon in *Gespräch über den Dächern*, hier wiederholt, als hätte sie, nach allem Vorangegangenen im Stück, nicht ihre neue, viel größere Dimension. Auffällig: Borchert verfällt hier nicht in die Leidenschaft eines Beckmann, nun etwa statt einem Oberst einem Baurat die große Moral beibringen zu wollen, sich im verbalen Kampf zu verzehren.

Borchert ist nicht Beckmann. Er weiß zuviel über ihn.

Wichtig der Hinweis – gegen alle späteren Vermutungen –, daß sich Beckmann am Ende nicht das Leben nimmt. Mancher mag darüber zufrieden sein. Mancher mag darin den alltäglichen Selbstmord unserer leidenschaftlichen Wünsche erkennen, der aus Weiterleben gemacht ist.

Im April druckt die *Hamburger Akademische Rundschau* die Oberst-Szene aus *Draußen vor der Tür* ab.

In einer Vorbemerkung des Herausgebers Karl Ludwig Schneider[34] heißt es: »Leider nur allzuoft wird die krampfhafte Tendenz spürbar, die unumgängliche Auseinandersetzung mit den bitteren Tatsachen unserer Zeit zu überspringen, die alte Friedensfassade wieder aufzurichten und optimistisch zu bepinseln. Allerorts werden mit Fleiß und Zähigkeit Löcher in den Sand gegraben, in die jeder, der will, seinen Kopf stecken kann. Auf dem ohnehin recht dünn besetzten deutschen Parnaß wird an den Knochen weitergenagt, die Rilke und George hinterließen, und eine ganze Reihe von Theatern scheint nur zu spielen, damit die Schauspieler und Intendaten beschäftigt sind. Wir erwarteten«, heißt es, »etwas mehr Aufrichtigkeit und vor allem, daß die jüngere Generation dem allgemeinen Illusionsrummel entgegentreten würde.« Eine Erwartung, in die Borchert nicht als Lieferant für blanke Hoffnung und tiefe Ergriffenheit fällt. Karl Ludwig Schneider weiß Borcherts Stück gescheiter als mit verdrängendem Beifall zu würdigen. »... in einer solchen Zeit verdienen die wenigen genannt zu werden, die den Abgrund ausmessen, in dem wir leben«, heißt es in seiner Vorbemerkung. Ein Satz, der zusammen mit dem Stück Borcherts bis heute nichts an Gültigkeit verloren hat.

Nicht nur das gesendete Hörspiel, auch die abgedruckte Szene löst Protest aus.

»Geistlosigkeit, Böswilligkeit und Unsachlichkeit sind die Triebkräfte, die diese Schwätzer zu so erstaunlichen Leistungen befähigen«, heißt es in einem Brief vom 30. Juni 1947 an Karl Ludwig Schneider, in dem sich ein ehemaliger Frontkommandeur in seinem ›heiligen Zorn‹ zu Wort meldet. »Ich habe nur die Hoffnung, daß diese Elemente, die durch die Zeitverhältnisse über Gebühr emporgewirbelt worden sind, auch wieder in der Versenkung verschwinden werden. Mit Ihnen (im heiligen Zorn irrigerweise groß geschrieben) danken Sie aber bitte auch ab!« heißt es da.

Eine verständlich-unverständliche Reaktion. Aber der Mann ist in seinem ›heiligen Zorn‹ offenbar zu nervös, um sich über den banalen Sieg des Oberst freuen zu können, der nur eine Flasche Schnaps wirklich verloren hat, aber ansonsten doch in seiner schlichten Trivialität den Sieg über Beckmann davontragen kann. Solange es Beckmänner gibt, hat er nichts zu befürchten – aber freilich, sobald es Zuschauer gibt, die den Vorgang begreifen, wird es schlechter um seine Hoffnung stehen.

Borchert reagiert auch jetzt verhältnismäßig gelassen auf diese Selbstentblößungen des Briefschreibers.

An Karl Ludwig Schneider, der als ehemaliger politischer Häftling in der Schweiz ein Stipendium erhalten hat, in Zürich sein Studium fortsetzt, schreibt Borchert: *Die »Akademische« bekam auf meine Oberst-Szene einen gepfefferten Brief... Sie sehen also, Herr Schneider, wir müssen noch tüchtig schießen, bis wir alle diese Schießer zur Strecke haben.* Eher gilt seine Sorge den eigenen Reihen. Im Brief vom 31. Juli 1947 heißt es: *Man muß heute wirklich unter unserer Generation sammeln und suchen, wenn man handfeste Antifaschisten und Antimilitaristen finden will. Die meisten sind zwar dagegen, aber sie tun nix. Sie sind alle zu labberig. Vielleicht ist ihnen das dritte Reich nicht nahe genug an der Kehle gewesen. Diese entsetzliche Indolenz ist wahrscheinlich unser größter Feind.*

Vermutlich hat Borchert selbst sein Hörspiel erst am 16. März gehört – und auch Aline Bußmann hört es im Nachbarstadtteil Winterhude an diesem späten Abend als Wiederholung zum ersten Mal. Am Tag darauf schreibt sie ihm:

»Ja, das ist der Schrei der Zeit, in dem die Millionen Stimmen der Entwurzelten, Ausgestoßenen, Halt- und Zukunftslosen, der von Gott und Tod Verlassenen eins geworden sind, und Deiner Kehle, Deines Herzens, Deiner Ausdruckskraft haben sie sich bedient, und Du hast ein Werk vollbracht, dessen Widerhall wohl in Gottes Herz dringen müßte, sollte man meinen, sofern er der ›liebe‹ Gott wäre, nach dem Du fragst und an dem Du zweifelst. Aber – gibt es ihn: hat nicht er Dir diese heilige Glut ins Herz gehaucht?«

Andere Briefschreiber sind weniger bereit, Borcherts Stellung zum ›lieben Gott‹ derart wohlwollend zu sehen, seinen Zweifel als vom Glauben kommend, als vorübergehend verständlich, unter den Umständen, die bald behoben sind – Aufschrei, bis alles wieder ruhiger ist, Gott und Tod wieder ihren üblichen Platz haben. Im Glauben wird wieder Halt sein, wie kurz zuvor noch von der Briefschreiberin beschworen, im Krieg, als Halt zum Durchhalten, zum Aushalten.».. . ich kenne Dich und hab Dich lieb – und stehe doch staunend vor der in diesem Maße unvermuteten Gewalt, die da aus Dir herausgebrochen ist«, heißt es nun im Brief. Ob Borchert ihn staunend liest, oder gar verwundert, ist trotz allem schwer zu sagen – ob er, ganz allgemein, verwundert darüber ist, daß, wenn Anerkennung ihn erreicht, sie weitgehend diesen schwelgerisch-ergriffenen Tonfall hat, als sei zu allem kein sinnvoll-nüchtern-nützlicher Gedanke möglich. Beckmann und der Andere, doch wieder Arm in Arm. Wieweit Borchert hier denkt, bleibt ungewiß – wenn ihm kaum noch faßbare Unverdrossenheit in Briefen entgegenkommt, oder in der Zeitung.

»Wir Christen seufzen nicht über die schwere Zeit, in der wir leben«, schreibt ein Pastor. »Wir brechen nicht darunter zusammen. Wir wissen von einer Kraftquelle, die uns immer wieder stark macht, mit allem, was uns begegnet, fertig zu werden, alles, was wir nicht ändern können, geduldig zu ertragen.« Aber schlimmer, er führt ein Beispiel dafür an: »Nie werde ich vergessen, was ich in einem Flüchtlingslazarett erlebte. Da lag eine Frau mit einem Lungendurchschuß gelähmt auf ihrem Leidenslager, das wohl ihr Sterbelager wurde. Den Mann hatte sie im Krieg verloren. Mit zwei Kindern an der Hand begab sie sich auf die Flucht. Den einen Jungen verlor sie im Gewühl des Fluchtwegs auf Nimmerwiedersehen. Der andere Junge an ihrer Hand erhielt einen Kopfschuß. Sie konnte ihn nicht einmal begraben und mußte ihn im Schlamm und Schmutz des Weges liegen lassen. Später warf sie selbst der Lungendurchschuß nieder. Das ist schwerstes Leid, gegen das selbst das des Hamburger Heimkehrers, der sich ins Wasser stürzte, versinkt. Aber diese Frau bot mit ihrer unendlichen Gefaßtheit und stillen Fröhlichkeit das Vorbild echten Glaubens.«

Welch eine Zuversicht! – die Planer neuen Unheils können sicher sein, was immer kommt, es wird in ›stiller Fröhlichkeit‹ hingenommen werden, die unendliche Gefaßtheit soll wirklich kein Ende haben. Selbst im Sterben schwebt über den Opfern der Zuversicht noch Glorienschein.

Aber es gibt auch andere Reaktionen, die von mehr Nachdenken zeugen. Der Sender wird förmlich von Briefen überschüttet. Was Borchert in Bewegung setzt von seinem Krankenlager aus ist erstaunlich. Selbst die Art des Papiers, zu dem spontan nach den Sendungen, nach den Wiederholungen, gegriffen wird, sagt etwas über die Zeit, über das Bedürfnis, sich über Widrigkeiten hinweg mitzuteilen. Noch hat keiner die Möglichkeit, den Text nachzulesen – viele fragen danach, wo der Text zu haben ist, oder ob das Stück nicht wenigstens auszuleihen wäre.

Überraschend, denn nach einer repräsentativen Umfrage der Engländer, die in Hamburg, Schleswig-Holstein und Lübeck veranstaltet wurde, veröffentlicht im Dezember 1946, stehen an der Spitze der Lesewünsche Ruhe und Entspannung. *Draußen vor der Tür* ist weder ruhig noch entspannend – und wird ein Erfolg.

Ida Ehre, Intendantin der Hamburger Kammerspiele, hat sich entschlossen, *Draußen vor der Tür* in der folgenden Spielzeit aufzuführen – und wird damit ihren sicheren Theaternerv beweisen, ihr Gespür für diesen unmittelbarsten Gegenwartsstoff.

Auf der Bühne wird, wie im Hörspiel, Hans Quest, nur ein Jahr älter als Borchert, wieder den Beckmann spielen. Auch für ihn ist das Hörspiel zum Start in den beruflichen Erfolg geworden, um den sich beide, Autor und Hauptdarsteller, Ende 1945 vergeblich bemüht hatten. Wie zusammen mit Isot Kilian wollte Borchert mit Quest kleine Programme veranstalten, um etwas Geld zu verdienen. Nun stecken beide in einem großen Programm.

Die Elbe wird, auf Borcherts Wunsch, Heidi Boyes spielen. Eine kleine Rolle, und doch nicht so bescheiden wie einst auf Wanderbühnenbrettern, damals, das kurze Abenteuer, mit Lebensplänen bis weit in die nicht mehr stattfindende Zukunft. Borchert, der schniefend-aufgeregte Liebhaber auf der Bühne, der eloquent-selbstsichere Feuerkopf in den Proben, der nächtliche Wanderbruder, der Lazarett-Soldat in Elend, der Kranke in Alsterdorf – daß sie einmal in seinem Theaterstück auf der Bühne stehen würde, auf seinen Wunsch, und doch nach seinem Tode, war nicht zu ahnen.

Borcherts Kalendereintragungen nach zu urteilen, kommen Hans Quest und Wolfgang Liebeneiner, der als Regisseur die Bühnenuraufführung aus der Taufe heben wird, am 29. März zum ersten Mal nach Alsterdorf. Bis November bleibt noch Zeit, aus dem eingestrichenen Sendemanuskript das Bühnenstück in der endgültigen, heute bekannten Fassung herzustellen. Besonders im Mai sitzen Borchert und Liebeneiner oft zusammen, bei gutem Wetter im Grünen hinterm Haus. Im Juni scheinen die Arbeiten abgeschlossen zu sein.

Teils mag es sich bei den Änderungen nur um Rückgriffe auf das Original handeln, teils ist Neues hinzugekommen. Daß auch nach dem Hörspiel das Original noch als Ganzes vorhanden ist, nicht einfach mit Strichen in die neue Fassung aufging, beweist ein Brief an den jüdischen Emigranten Bernhard Jolles, der das Hörspiel im dänischen Faaborg gehört hat. Interessiert an der Entwicklung im Nachkriegsdeutschland, hat er als ehemals angesehener Kulturredakteur und Übersetzer sofort Kontakt zu Borchert aufgenommen und beschlossen, *Draußen vor der Tür* ins Dänische zu übersetzen.[35] Im Brief, geschrieben vor der Bearbeitung für die Bühne, heißt es am 23. März an Jolles: *Ich schicke Ihnen nun nächste Woche die Originalfassung, denn Ihr Exemplar ist von mir selbst für den Funk bearbeitet worden, das Original ist etwa 20 Seiten stärker. Allerdings ist die unmittelbare Aufeinanderfolge der Szenen dieselbe und das Ganze muß ohne Pause durchgespielt werden.*

Alle drei Fassungen werden also weitgehend identisch sein – und doch ist allein die heute noch mögliche Gegenüberstellung der Texte für Radio und Bühne nicht uninteressant, selbst wenn es sich auf den ersten Blick nur um geringfügige Abweichungen handelt.

Ein mehr oder weniger straffes Grundprinzip ist für die Änderungen nicht zu erkennen. Erzählendes, das die Handlung nicht unbedingt vorantreibt – damals noch ungewöhnlicher im Theater als heute –, ist sowohl gestrichen als auch eingefügt.

So ist, wohl um das Geschehen überschaubarer zu halten, beim ersten, noch sehr divergierenden Zusammentreffen des Anderen mit Beckmann in der 1. Szene einiges von dem gestrichen, was die Art dieses Anderen näher erklärt. Im Stück mögen die vielen Beispiele störend sein, Borcherts Absicht aber, sein Thema aus der frühen Kindheit herzuleiten, mit dem plötzlichen Übergang zum Krieg, wird im späteren Text weniger deutlich.

Gestrichen ist folgende Passage:

Der Andere: ... Weißt du noch, auf der Schulbank hatte ich eine dicke breite Nase und Sommersprossen? Hast du vergessen, daß ich auf der Eisbahn klein und schmal und dunkelhaarig war? Und im Treppenhaus bei der ersten Zigarette kraushaarig und blond?

Beckmann: Und in Rußland: Warst du da der Graue, Unentwegte, Mürrische? Und der Rothaarige, der so schrie, wenn es losging? Und der alte Feldwebel, der Kutscher von Beruf, der immer lachte, wenn alles schiefging?

Treppenhaus und Kriegsfront, hier unmittelbar nebeneinandergestellt, so zeitlich entfernt diese Erfahrungsorte auch voneinander liegen. Aufschlußreich für die Art Borcherts zu denken. Es hat seinen Sinn. Tatsächlich spielen die frühen Ereignisse, im Treppenhaus der Tarpenbekstraße 82, für Borchert eine ganz wesentliche Rolle. So sehr es Dutzendereignisse sind, er bringt sie nicht einfach per Vergessen hinter sich.

Kinderspielplätze sind eine Welt – nur selten wird die größere Welt wirklich größer, wenn die Akteure älter werden.

1947 gesteht Borchert der Mutter mit betontem Ernst, damals ein anderes Kind beschuldigt zu haben, für etwas,

was er selbst getan hatte: zum Ärger des Hausbesitzers das frischgestrichene Treppengeländer verunziert... 20 Jahre später beschäftigt es ihn, und doch sicher viel weniger das Ereignis selbst. In langen Nächten, wenn ihn Fieber und Schmerzen am Schlafen hindern, ›kaut‹ er die frühen Ereignisse mit der Mutter durch. Eine ›Marotte‹, wie er es nennt, dieses Hinter-sich-selbst-Kommen.

Von den Ereignissen im Krieg ist noch immer kaum die Rede. Offenbar gibt es auch in diesen Nächten kein Gespräch über die Umstände der Handverletzung, über die dramatischen Reaktionen danach im Krankenhaus. Auch das hätte seinen Sinn. Denn tatsächlich liegt die Wahrheit ja hinter den Ereignissen. Ihr eigentümlicher Mechanismus.

Borchert, der Sensible, der sich beobachtet, bewertet, der sich beobachtet, bewertet fühlt.

In *Draußen vor der Tür* deuten nur noch knappe Sätze auf die frühe Herkunft des Themas.

Eisbahn. (In der heutigen Druckfassung heißt es irrig ›Eisenbahn‹.) Wir wissen, daß der Vater mit ihm das Schlittschuhlaufen abseits von den anderen üben mußte, ungesehen von denen, die alles einfach können, einfach machen, und gut. Jedenfalls scheint es dem, dem alles problematisch ist, doch zumindest so, und die eingeübte Norm ist ja auch, können zu müssen, wenn etwas verlangt oder erwartet wird. Später kann es ein Krieg sein, von dem es plötzlich früh im Radio heißt, daß er ausgebrochen sei, und daß man können muß, was in einem solchen Fall verlangt wird, mutig sein, wie einst bei Kinderstreichen, und es nicht gewesen sein, wenn es schiefgeht, da die Schuld der anderen das eigene Tun aufhebt. Und wahr ist, man hat weder die Kinderstreiche noch den Krieg erfunden. Beides gibt es schon, als Möglichkeit.

Eine andere Passage, kaum weniger biographisch ausgelöst, kommt für die Bühne um einiges deutlicher hinzu. In der ohnehin stark veränderten 5. Szene, noch in der Erwartung, hinter der alten Wohnungstür die Eltern anzutreffen, hofft Beckmann, der Krieg könne spurlos an dieser Tür vorübergegangen sein, alles könne so weitergehen wie seit dreißig Jahren. Immer wollen wir ja die große Welt anders und die kleine doch beständig. Eine optimistische Erwartung, die sich nicht erfüllt. Auf der Bühne haben sich die Eltern das Leben genommen, da der Vater im Krieg antisemitische Äußerungen gemacht und daraufhin seine Arbeit verloren hat, nun, nach dem Krieg. Der Vater ist Werftarbeiter – wir erinnern uns, Borcherts Vater wollte, jedenfalls im Zorn, einmal Werftarbeiter werden!

Im Hörspiel hieß es:

Beckmann: Ja, aber er hatte doch seine Werft?

Frau Kramer: Das war es ja, hatte, Junge, hatte! 30 Jahre lang war er jeden Morgen um fünfe hoch und um sechs auf der Werft. Aber das war ja mit einemal alles vorbei.

Beckmann: War er denn mit einemale nicht mehr auf der Werft?

Frau Kramer: Ja, Mann, da ist keine Werft mehr. Aus. Vorbei. Blohm und Voss haben sie in die Luft gejagt und die Helgen verbogen und die Docks durchlöchert. Aus. Vorbei. Und die Leute saßen da und haben geheult, sag ich Ihnen, geheult haben sie, die alten Männer...

Im späteren Text ist das Verhalten der Eltern Beckmanns weniger passiv geschildert.

Frau Kramer: Hatten sich ein bißchen verausgabt im Dritten Reich, das wissen Sie doch. Was braucht so ein alter Mann noch Uniform zu tragen. Und dann war er ein bißchen doll auf die Juden, das wissen Sie doch, Sie, Sohn, Sie. Die Juden konnte Ihr Alter nicht verknusen. Die regten seine Galle an. Er wollte sie alle eigenhändig nach Palästina jagen, hat er immer gedonnert...

Mit dem größeren Gegenstand hat die Schnodderigkeit der Frau Kramer ihr größeres Gewicht – opportun daherzureden. Eine drastische Variante der bekannten Floskel, derlei Leute hätten ihr Herz auf dem rechten Fleck.

Nebenbei ist diese Szene ein Beispiel dafür, wie wenig Borchert auf billige Gegenrache aus ist, der damaligen Familie Kramer gegenüber, die einst seine Mutter bei den Nazis denunziert hatte. Der Name soll daran erinnern – nur, Borcherts literarische Verarbeitung reicht entschieden weiter.

Deutlicher in der Fabel nun auch die Haltung des Mädchens in der 2. Szene, nachdem Beckmann seine Befürchtung ausgesprochen hat, es könne mit jedem Schritt rückwärts gehen, in den privaten Frieden mit der Welt.

Mädchen: Ach du. Vorwärts, rückwärts. Oben, unten. Morgen liegen wir vielleicht schon weiß und dick im Wasser. Mausestill und kalt. Aber heute sind wir doch noch warm. Heute abend noch mal, du. Fisch, sag was, Fisch. Heute abend schwimmst du mir nicht mehr weg, du. Sei still...

Erst diese Sätze machen Beckmanns Weggehen verständlich.

Neu in der 3. Szene, daß nun auch der Oberst ihm einen Anzug anbietet, wie vordem die Frau den Anzug ihres vermißten Mannes. Neu, daß Beckmann nicht nur den Rum vom Tisch des Oberst entwendet, sondern auch das halbe Brot, was den Vorgang mildert, und wenigstens als Mundraub in der Not gelten kann. Dann aber, im anschließenden Zusammentreffen mit dem Anderen, verliert die Fabel. Im Hörspiel ist Beckmanns Scheitern deutlicher markiert. Zur Absage an den Anderen in der 1. Szene, *Geh weg! Ich will dich nicht,* steht in der 3. Szene die Aufforderung: *Komm, trink einen Schluck.* Und der so auf die große Wahrheit bedachte Beckmann lügt: *Die Leute haben mir Schnaps geschenkt. Nett, was?*

Deutlicher im Hörspiel auch der Zynismus Beckmanns, mit dem er sich in seine weiteren Aktionen stürzt: *Ich werd mir ein Gedicht zurechtdichten, wo es recht grausig hergeht. So einen charmanten Schlager werde ich mir zusammenschlagen, mit Blut und vielen Toten, daß die Leute was zu lachen haben.* Und, nur logisch, daß es dann heißt: *Komm, Junge, wir (!) gehen zum Zirkus!* In der Bühnenfassung heißt es milder: *Ich gehe zum Zirkus!* – und alles Voranzitierte ist gestrichen. Leider, denn die Möglichkeit zum später weitverbreiteten Irrtum wird dadurch nicht geringer, in Beckmann das bedauernswerte Opfer seiner übermächtigen Gegenspieler zu sehen, denen er schwach, aber edel unterliegt. Daß auch die edle Absicht nur allzuoft ihre untauglichen Konventionen hat, die schon ins Scheitern führen, ehe es ans Unterliegen geht, ist nur sehr selten bedacht worden. Die folgenden Jahre werden es nicht nur auf der Bühne vorführen, laufend neben dem Lauf der Ereignisse her. Wir werden es immer wieder realistisch nennen, wenn wir uns täglich mit dem optimistisch-kompromißbereiten Anderen vertragen, auch wenn wir den Pferdefuß ahnen, beim Anheben der Schultern eh wir die Hände ausbreiten, um zu zeigen, daß sie ansonsten leer wären.

15
Erfolg und Scheitern.
Abreise in die Schweiz

Im Januar 1947, während die Vorbereitungen für das Hörspiel laufen, während der schlimmste Nachkriegswinter die Stadt zu erfrieren droht, entwirft Borchert das Konzept für einen Roman: *Persil bleibt Persil*.

Ein Werbespruch, der in der Geschichte *Von drüben nach drüben* auf jenem Auto steht, das den Buchhalter Erwin Knoke nach seiner Haftentlassung überfährt, im Augenblick der Erinnerungen.

Auf der Innenseite eines Faltblattes mit dem Datum vom 11. Januar 1947 trägt Borchert verschiedene Zitate zusammen, gedacht wohl als Ideenrahmen.

Aus Brechts Kriegsfibel: Der Anstreicher spricht von kommenden großen Zeiten ...

Mit einer flüchtigen Klammer versehen, wie gestrichen, Ovid:
> Was wir waren
> und was wir sind,
> nicht Ebendasselbe
> werden wir morgen noch sein.

Das spanische Sprichwort:
> Auf dem Wege zum Friedhof
> begegneten sich zwei Freunde:
> Leb wohl! sprach der Lebendige zum Toten.
> Bis gleich, der Tote zum Lebendigen.

Und, wieder in eine Klammer gebracht, Shakespeare:
> Ich wollte, es wäre Schlafenszeit,
> Heinz, und alles gut.

Auf der Rückseite die Kapiteleinteilung:
 I. Buch DIE NACHT
 II. Buch NACHT UM UNS, NACHT
 III. Buch NACHT NACHT NACHT

Das nur eine reichlich halbe schreibmaschinenseitenlange Manuskript, offenbar später nicht mehr weitergeführt, beginnt:

Wir bringen unser Leben hin zwischen den Stundenschlägen der Uhren, zwischen November und März, zwischen den mürbeduftenden birnenschweren Herbsten und den erdigfeuchten Frühlingsstürmen, zwischen Bett und Bett, zwischen Geburt und Tod, Ja und Nein, Gott und Nicht-Gott.

Wir bringen es hin zwischen Süße und Bitterkeit, und wir bringen es damit zu, Lust aufzustöbern in allen Minuten und finden Leid an allen Nachmittagen und in allen Nächten, auch wenn die Dämmerung es mildert.

Wir leben dahin, sicher, selbstgefällig, singend, als gäbe es nichts, was uns nach einem Herbst den Frühling verweigern könnte. Wir gehen in den Abend hinein, als hätte uns jemand den Morgen mit all seiner Helle versprochen. Wir nehmen das Leben auf uns, ohne den Ausgang zu kennen, dieses Pusteblumendasein: denn wenn irgendwas pustet, ist alles vorbei.

Wir sind ausgesetzt an die Gestade des Nichts...

Zusammengefügt aus den bekannten Bausteinen, der Generationsanspruch in widersprüchlichen Wortketten: *Wir: klein, kläglich, königlich, kurzlebig, krank, kolossal... verraten an verdämmernde diesige Ungewißheiten... ohne Küste und Kompaß...* Das Motiv der *Hundeblume* noch einmal, nun nicht als begehrte Blume, Blüte, sondern als Pusteblume. Sicher kein zufälliges Motiv. Was erzählt werden soll, ist rekonstruierbar aus den wenigen Notizen, die erhalten geblieben sind.

Wie sein Kalender erkennen läßt, hat ihn der Stoff Monate später noch beschäftigt:

Sein Aufenthalt in Hamburg nach den Bombenangriffen 1943, als das große Abenteuer im verbliebenen Rest der Stadt noch hastig möglich war.

Die knappen Notizen deuten es nur an:
Hamburg	Hbg.
Bomben	1. Eines Sonnabends
oder 1. Kapitel	2. Heute ist Sonntag
Hauptsache Stadt	vorm.
Ankunft	nachm.
Abfahrt	nachts
	3. Montagmorgen

Offenbar ein zu weit gefaßter Plan, den Widerspruch dieser Tage in eine Geschichte zu bringen. Bei allem hektischen Eifer – seine schwindenden Kräfte zwingen ihn, Absichten aufzugeben. Aber gerade in diesem Widerspruch gelingen ihm großartige Geschichten.

Am gleichen 11. Januar schenkt Borchert dem Vater eine Geschichte zum Geburtstag, geschrieben in ein graues Schulheft: *Nachts schlafen die Ratten doch.*

Ein neunjähriger Junge und ein älterer Mann begegnen sich abends in den Trümmern. Der Mann ist auf der Suche nach Kaninchenfutter. Der Junge bewacht seinen vierjährigen Bruder, den er tot unter den Trümmern vermutet, aus Furcht, die Ratten könnten ihn fressen. Um den Jungen davon abzubringen, lügt der Mann: Nachts würden die Ratten doch schlafen. Und er verspricht dem Jungen etwas: ein kleines Kaninchen. Gegen die ideell gute Absicht dazubleiben, ist der Junge dann doch bereit wegzugehen, sich auf den Tausch-Trost einzulassen. Das Leben geht weiter.

Daß Borchert diese Geschichte seinem Vater zum Geburtstag schenkt, hat Bedeutung. Eine, wenn man so will, rücksichtsvolle Geschichte an den rücksichtsvollen Vater – und doch hat sie, auf sehr literarischer Ebene, etwas von der Anklage an die Vätergeneration, nicht die Wahrheit gesagt zu haben, aus der gutgemeinten, und doch verhängnisvollen Absicht, die Wahrheit wäre zu brutal, gerade sie würde alles nur noch schlimmer machen. Borchert schreibt, und das ist auffällig, an den Vater behutsam, nicht in den hektischen Wortballungen, wie er sie so oft über die eigene Generation häuft.

Von einer anderen Lüge aus Freundlichkeit erzählt Borchert in *Er hatte auch viel Ärger mit den Kriegen*. Eine großartige Geschichte, zu Unrecht viel weniger bekannt als *Die Hundeblume*. Und das sicher, weil wir über die hier vorgeführte Unbelehrbarkeit am allerwenigsten wissen wollen. Das Gesagte, das Gerede der Leute, kommt so beiläufig selbstverständlich daher, wie eben nur die Grausamkeit des Alltags. Borchert konnte zuhören.

Herr Lorenz, uniformierter Straßenfeger in Staatsdiensten, seit siebenunddreißig Jahren, steht auf der abendlichen Straße, mit seiner Schwester, deren Mann im Krieg geblieben ist. *Ja, sagt Herr Lorenz, dann denk man nicht so viel, hörst du? Er kommt wohl noch wieder. Hört man doch oft...*

Wo keine Hoffnung ist, läßt sie sich doch machen, und sei es darauf, daß sich eben alles *wieder ausgleicht*.

Diese elenden Kriege, sagt er, denn es war nicht einfach, die Straße immer *wie geleckt* sauberzufegen, und er gibt Beispiele für den Ärger, den er mit Kriegen hatte, mit zwei Weltkriegen, aber die Straße war immer *wie ge-leckt*. Die Besen so schlecht wie das Essen, die Gesunden an der Front, das Revier doppelt groß, und der viele Dreck, wenn sie von den Kasernen zum Bahnhof *rausmachten* – aber tatsächlich, es gleicht sich aus, mancher Straßenfeger kommt zurück, nun, wo der Krieg aus ist, und kaum schmeißt noch einer was weg – letztlich gleicht es sich auf einen statistischen Durchschnittswert aus, letztlich ragt auch, irgendwo in Rußland, der Hügel über seinem Schwager kaum über das allgemeine Bodenniveau hinaus.

Borchert war mehr als bloß ergriffen von Leid und Elend, wußte mehr über den Krieg, als daß er schlimm war, zu einer Zeit, als es üblich wurde, den kleinen Leuten die großen Schuldigen vorzuführen, ohne an ihrer Bereitschaft zur bedingungslos treuen Pflichterfüllung zu rütteln.

Wie ein entworfenes Gegenstück dazu läßt sich eine Passage aus den *Lesebuchgeschichten* anfügen:

Als die Friedenskonferenz zu Ende war, gingen die Minister durch die Stadt. Da kamen sie an einer Schießbude vorbei. Mal schießen die Herren? riefen die Mädchen mit den roten Lippen. Da nahmen die Minister alle ein Gewehr und schossen auf kleine Männer aus Pappe.

Mitten im Schießen kam eine alte Frau und nahm ihnen die Gewehre weg. Als einer der Minister es wieder haben wollte, gab sie ihm eine Ohrfeige.

Es war eine Mutter.

Aber zwischen den beiden Frauen der beiden Geschichten liegen Welten. Oder vielleicht doch nur die eine, die wir kennen.

Etwas später als vorgesehen, da der Winter auch in den Druckereien die Arbeit zum Erliegen gebracht hat, erscheint im Frühjahr 1947 *Die Hundeblume* im Verlag Hamburgische Bücherei. Zwölf Geschichten auf grauem Nachkriegspapier, schlicht gebunden, mit dem Hinweis auf die Genehmigung der Militärregierung, noch einer Feldpostausgabe ähnlicher als einem Buch.

Nach den Gedichten wird es Borcherts zweites Buch, das er noch selbst in Händen hat. Weitere Geschichten liegen fertig vor – seine Aktivitäten lassen eher auf einen gesunden Schreiber schließen, der an Zeit für große Pläne nicht denken muß, weil ein Leben vor ihm liegt – und der doch gesund kaum diese Energie aufbringen würde.

Zusammen mit den Änderungen für die Bühnenfassung von *Draußen vor der Tür* laufen die Vorbereitungen, aus dem gleichen Stoff einen Film zu machen. (Das spätere Ergebnis beweist, daß das nur bei Aufgabe des Inhalts zugunsten äußerer Bilder gelang.) Auch *Straße* (gemeint ist *Die lange, lange Straße*) soll ein Film werden. Für ein weiteres Theaterstück trägt er den Arbeitstitel *Faust, Faust* in seinen Kalender ein. Ein neues Hörspiel rangiert unter dem Titel: *Der Mensch bin ich*. Eine Sammlung von Geschichten ist unter dem Titel *Man weiß dies* geplant. Und auch an Gedichte denkt er noch. Als Stichwort steht in seinem Kalender: *Ich bin lebendig –*.

Mehrfach erscheinen im Kalender Eintragungen wie *Ödipus, Mörder, Barlach*. Unter *Friedenskonferenz* das Wort *Mas-*

senmörder. Pläne, aber gleich daneben, den Tagen zugeordnet, nicht weniger knappe Eintragungen. Der eigene Zustand in Fiebergraden: 38.3 – 38.6 – 39.0 – 39.2... Die Abstände, in denen die Kurve steigt und fällt, werden kürzer. Ein Umstand, der ihn jedoch nicht hindert, an fieberfreien Tagen Briefe in alter, durchaus humoriger Art zu verfassen, wie am 23. August – interessant, da dieser Brief belegen dürfte, daß Borchert sein *Das ist unser Manifest* keineswegs so problemernst verfaßt haben dürfte, wie es später von Kritikern gelesen wird. Wohl doch eher die Kapriolen einer Haltung zu dem, was als Thema angegeben ist: *Helm ab Helm ab: – Wir haben verloren!... Wir werden nie mehr Sand in den Zähnen haben vor Angst.* Kapriolen aus neuer Angst, nun hergebracht sentimental werden zu können: *Alte Sau, sagen wir dann zu der, die wir am meisten lieben... Unser Rilke-Herz – ehe der Clown kräht – haben wir es dreimal verleugnet.*

Bei allem Sich-Geben, der Brief vom 23. August verrät doch einiges – zusammen mit diesem Manifest abgeschickt an die Sekretärin des Herzog Verlages in Tübingen, mit der Warnung: *Fallen Sie nicht um.* Auch sie hat sich wohl falsche Vorstellungen über den Autor gemacht, als sie ihm Brot (vermutlich Brotmarken) schickte und sich selbst als ganz anders vorgekommen war, als swing- und tanzbegeistertes Mädchen, gemessen an den vermutet bitterernsten Intentionen eines Wolfgang Borchert.

In seinem Antwortbrief aber heißt es:

Liebe Swing-Tänzerin, Ihr Urlaubsbrief aus Stuttgart hat mir viel Spaß gemacht. Aber mit der Musik haben Sie doch nicht ganz recht. Ich höre leidenschaftlich gerne (aber nur morgens) Kirchenmusiken und Orgelkonzerte von Bach, Händel und . . . und auch von Mozart. (Mein Großvater und Urgroßvater mütterlicherseits waren beide Organisten – väterlicherseits allerdings Schornsteinfeger und Scharfrichter.) Aber solche Musik kann ich nur zeitweise ertragen. Dagegen: Jazzmusik kann ich Tag und Nacht hören ohne zu essen und zu schlafen. Je perverser die Disharmonien und je genialer die Synkopen sind, um so besser. Ich habe stark das

Gefühl: Das ist der musikalische Ausdruck unserer Zeit! (und nicht Pfitzner, Strauss und auch nicht Orff + Hindemith – sie alle sind viel zu seriös, [. . .?] und konventionell – jede amerikanische Negerkapelle hat mehr mit unserem Leben zu tun, als die neue »Bernauerin« von Orff.)

. . . Daß Ihr Bruder mit Ihnen tanzen geht, ärgert mich sehr – aber nur, weil ich still liegen muß und mir solche Verrenkungen wohl noch für Jahre verkneifen muß. Inzwischen verrenke ich meinen Geist – Sie sehen es an den Geschichten . . .

Daß ihm Leben lieber wäre als Schreiben, ist anderen Briefen noch deutlicher zu entnehmen. Ein Eingeständnis. Aber wann ist Literatur nicht aus Verhinderung entstanden? Könnten wir alle alles mitmachen, wäre es witzlos, darüber ein Wort zu verlieren. Borcherts Widerspruch bleibt und produziert neue Einsichten:

Denn der Krieg hat uns nicht hart gemacht, glaubt doch das nicht, und nicht roh und nicht leicht. Denn wir tragen viele weltschwere wächserne Tote auf unseren mageren Schultern. Und unsere Tränen, die saßen noch niemals so lose wie nach diesen Schlachten. Und darum (!) lieben wir das lärmende laute lila Karussell, das jazzmusikene, das über unsere Schlünde rüberorgelt, dröhnend, clownig, lila, bunt und blöde – vielleicht.

Und dabei hat Ich-Verhinderung in Wir-Behauptung zu verwandeln wohl nichts mit dem Irrtum über die eigene Generation zu tun. Gemeint ist das provokatorische Ihr, das nun leider nicht ins Leere trifft, bis hin zum Satz im Manifest: *Denn wir lieben diese gigantische Wüste, die Deutschland heißt . . .* zu einer Zeit, in der wohl alles andere geliebt wurde. Provokatorischer noch: *Und die Helden, die Hölderlinhelden, für die kein Tag zu hell und keine Schlacht schlimm genug war – wir wollen sie lieben um ihren gebrochenen Stolz, um ihr ungefärbtes heimliches Nachtwächterdasein.*

Ein bedenkenswerter Satz, so sehr er nach leichtfertig religiöser Vergebung klingen könnte. Vielleicht sind es die Schweigenden, heute, mit ihrem einst übersehenen, *gebrochenen* Stolz, sie, die heute gelegentlich von *Opas MG* erzählen, ohne etwas zu sagen.

Auch hier heißt nicht gelesen zu haben, was wirklich dasteht, würden wir es nur den Aufschrei eines Verzweifelten nennen, oder einfach: Anklage. Gemessen an dem geringen Interesse, das er in der Vergangenheit den politischen Tagesereignissen entgegengebracht hatte, bei aller elementaren Ablehnung, ist es nun doch erstaunlich, wieweit sein Denken geht und sich eben nicht in allgemeinen Gefühlseruptionen erschöpft. Bei allem oft großen Wortreichtum, bei allen ungewöhnlichen Wortkombinationen, wie kaum ein anderer weiß er etwas über das schlichte, gewöhnliche Reden der Leute, ihre alltägliche Verstrickung in Zeit. Weniger obwohl, mehr wohl, weil sein Schreiben mit dem fernen Wolkenritt begann. Die alleswegdenkenden Illusionen hat er hinter sich. Er macht nicht Hoffnung – er ermöglicht sie, für den Fall, wir lassen uns darauf ein, nicht nur von den großen Ereignissen zu reden, sondern von uns selbst.

Inzwischen sind neue Geschichten entstanden. Unter der Titelgeschichte *An diesem Dienstag* stellt er, wie einmal vereinbart, 19 Geschichten für den Rowohlt Verlag zusammen, nun, wo es mehr *Hundeblumen* gibt. Nach den beiden schmalen Bändchen ist es schon eher ein richtiges Buch, aber er wird es nicht mehr aufschlagen.

Eine dieser dem Vater gewidmeten Geschichten, *Radi*, beginnt zunächst nicht unbedingt überraschend: Ein Kriegstoter kommt in den nächtlichen Traum des Erzählers – nicht um lebende Schuldige oder Mitschuldige anzuklagen, nicht um Gleichgültige wachzurütteln, nicht mahnend als Schrecken, der belehren will. Borchert geht es um ein anderes Erschrecken. Radi, ein ehemaliger Mitschüler, erweist sich als bis über den Tod hinaus unverändert. Er, der schon in Schultagen Unsichere, oft Verlachte mit dem zu weichen Gesicht, bittet um einen Rat, einen Gefallen, mitzukommen nach Rußland, an den Ort, an dem er nun als verwechselbares Skelett neben seinem verrosteten Stahlhelm liegt. Aber nicht das ist die traurige Sorge des Toten – vielmehr, ob denn die Erde, zu der er geworden ist, auch wie richtige Erde riecht, ob alles normal ist, oder doch widerlich fremd, wie er unsicher vermutet. Die Antwort beruhigt ihn. Die Erde riecht wie Erde riechen muß, wie sie immer riecht. Es ist alles in Ordnung – dieser Radi hat nicht einmal als Geruch eine eigene Spur hinterlassen. Er ist zufrieden, wenn auch tot.

Eine sehr ungewöhnliche Antikriegsgeschichte – in ihrer Absurdität höchst realistisch, höchst erschreckend. Dann, wenn *Draußen vor der Tür* auf vielen Bühnen in allen Nachkriegszonen Deutschlands zu sehen ist, wird auch diese Geschichte zu lesen sein, und wer will, mag über Beckmanns vergeblichen Versuch, der Normalität zu entkommen, ein wenig anders denken als ohne diese Geschichte, zumindest aber dem Beschreiber mehr als Leidensstatistik zutrauen.

Beruflich stehen alle Zeichen auf Erfolg. Ein neues Buch, und der neugegründete Rowohlt Theaterverlag hat *Draußen vor der Tür* übernommen. 35 Jahre später, 1982, wird es das am häufigsten gespielte Stück des Verlages sein! – die Auflagenhöhe der Geschichten sechsstellig!

Der Kampf mit Behörden und Institutionen, in die Schweiz ausreisen zu können, findet sein gutes Ende. Dennoch, Borchert ist keineswegs froh. Alle Zeichen deuten auf den ausbleibenden Erfolg, der sich nun schon über Jahre hinziehenden Krankheit Herr zu werden. Das alte Lebensspiel, sich Freunden gegenüber immer noch lachend optimistisch, immer noch als der andere Borchert zu geben, wird ihm nun selbst unerträglich. Immer häufiger schickt er Freunde weg, oder er dreht sich im Gespräch abweisend auf die andere Seite.

Der Abreisetag rückt näher, sein Gesundheitszustand verschlechtert sich. Am 18. September fährt ihn, zusammen mit der Mutter, ein Wagen des Roten Kreuzes zum Bahnhof. Unter denen, die mit dem Vater auf dem Bahnsteig stehen, sind Ernst Rowohlt und Bernhard Meyer-Marwitz, die beiden Verleger, und die Schauspielerin Viola Wahlen, die ihm zum Abschied eine Rose überreicht. Carl

Albert Lange hat ihm ein kleines gebasteltes Schiff geschenkt, für den Aufenthalt weitab von der heimatlichen Küste, mit dem Wunsch als Namen: *Kehrwieder*. Aber Borchert wird von dieser Reise nicht wiederkehren. Die Mutter darf ihn nur bis zum Grenzbahnhof begleiten. Die anstrengend weite Reise im Liegewagen wird ihm zur Qual.

16
Sein Testament: Nein sagen!

»Ich werde wohl nie vergessen, wie ich Borchert 1947 an der Gepäckausgabe des Badischen Bahnhofes in Basel auf seiner Bahre auslöste – einen anderen Transport ließen von Freiburg aus damals die Franzosen nicht zu« – erinnert sich viele Jahre danach Henry Goverts in einem Brief.

Ursprünglich war an einen erholsamen Kurort gedacht worden, nun wird der Aufenthalt in einem Krankenhaus unumgänglich. Borchert muß in Basel bleiben. Im St.-Clara-Spital gibt es einen Leberspezialisten – Anlaß noch einmal für Hoffnung, wenn auch schon gegen alle Tatsachen. Oben, im zweiten Stock des weitläufigen Spitals, bringt man ihn in das Zimmer 200. Für zwei Monate wird der Blick aus dem Fenster, auf die Bäume im Park, Schweiz bedeuten, denn das Zimmer zu verlassen wird ihm nicht mehr möglich sein. Ein Fremder, auf jede Hilfe angewiesen, dazu ein Deutscher, was allein schon schlimm genug klingt in diesen Jahren. Ein Pfleger sagt es ihm bald schon sehr unverblümt: Was wollen Sie hier...? Ein Evangelischer in einem katholischen Spital, ein Schriftsteller, von dem man in der Schweiz noch nichts gehört hat, leider, und auch zum Glück, die *züchtigen Nonnen* wissen nichts von seinen eigenwilligen Vorstellungen über den ›lieben Gott‹. *Ganz komische Namen haben sie: Placidia, Christiophia, Gerbalda usw. – Sie sehen aber auch so aus, schier und prall und rosig – zum Schlecht werden* – heißt es in einem Brief vom 28. September an die Eltern.

Ein Andersartiger mit langen Haaren, dem die weißen Wände des nüchternen Raums bald zu trostlos kahl sind.

Ein Ungeduldiger, der sein Schicksal nicht in stiller Demut dankbar zu tragen bereit ist – wie auch, in seinem siebenundzwanzigsten Lebensjahr. Man begegnet ihm mit Mißtrauen. Ausnahmen sind selten. Da ist eine Schwester, sie *unterscheidet sich äußerlich nicht von den anderen, nur ihre Augen sind menschlich und sie tut mehr als man von ihr verlangt,* heißt es in einem anderen Brief an die Eltern. Aber diese Schwester ist Tschechin, spricht kaum ein deutsches Wort, und mit dem Schweizer Dialekt der anderen hat der leidenschaftliche Hamburger seine Schwierigkeiten, wie denn auch umgekehrt.

Bei aller Zurückgezogenheit während der letzten Hamburger Wochen, hier kommt zum Abgeschnittensein das Muß der äußeren Umstände. Sein Gesundheitszustand verschlechtert sich weiter. Krampfhafte Schmerzanfälle sind von ersten Blutungen begleitet. Häufiger verlangt er nach Schmerzmitteln.

In der Ferne mischt sich Heimweh mit Reue, ohne daß der alte, unruhige, produktive Widerspruch, hier beschrieben als pendeln *zwischen Angst und Mut,* ganz verschwindet. Sofort springen die Sätze ins allgemeine Wir, wie in den Geschichten, nun im Sonntagsbrief vom 28. September 1947: ... *entweder geht der eigene Puls in dem Ticktack der Vergänglichkeitsuhr ganz auf und wir sind voll Verzweiflung – oder der Gesang des eigenen Blutes übertönt den Totenwurmrhythmus...*

Dann heißt es: *Ich habe diese einsamen Zellensonntage überall dazu benutzt, eine Revue passieren zu lassen von allen Menschen und jedesmal – in Nürnberg, in Berlin, in Schwabach und nun in Basel – es bleibt keiner übrig, alle sind aufgetreten – es war oft gut, oft schlecht, sie sind abgetreten – es war schade oder nicht – nur ihr beide, meine beiden Hasen, Hühner, Spinnen und Faltinasse, ihr beide bleibt nach und wenn ich auch so oft häßlich und ungerecht gegen Euch war, so war das doch abzumessen – aber wie lieb ich Euch habe, das weiß kein Mensch...*

Die Formulierung, es sei *abzumessen* gewesen, will wohl meinen, sie sei bestimmbar gewesen, diese Differenz zwischen dem gewünschten, schönen, gemeinsamen Leben zu dritt, und dem abrupten Weggehen ins Alleinabenteuer, zwischen *Angst* und *Mut*. Und, heute heißt *abzumessen* natürlich auch nachzulesen in der Grundstruktur aller erzählten Geschichten.

Trotz der widrigen Umstände, es gelingt ihm in Basel noch einmal, Leben wenigstens um sich zu versammeln, und ein paar Dinge, die für Leben stehen. In Reichweite das kleine hölzerne Kehrwieder-Schiff, am Bett hängt ein Seepferdchen aus Hamburg, daneben ein Teddy, der aus dem Nachbarzimmer gekommen ist, von einem jungen französischen Mädchen. Um den Hals trägt er eine Madonnenmünze, die eine Schwester mit Wolle umhäkelt hat, als Talisman.

Da das strenge Haus-Reglement es verbietet, Bilder an der Wand aufzuhängen, stehen später kostbare Graphiken in Wechselrahmen auf dem Heizkörper und im Sessel an seinem Bett. Frau Bürgi, eine freundliche Kunstsammlerin, hat sie als Leihgabe gebracht, eine Mappe mit Klee-Originalen, auch Matisse und Picasso sollen darunter gewesen sein. Eine selten großherzige Geste unter Fremden, und dazu in der Schweiz, in der, wie Borchert lernen muß, Spontanität ungewöhnlicher als unter Norddeutschen ist, denen sie doch so reichlich abgesprochen wird. Unvermittelt leidenschaftlich kommt die Ablehnung der bunten Bilder durch die schwarzgekleideten Schwestern. Selbst der behandelnde Arzt Dr. Gigon, zu dem Borchert ansonsten ein gutes, vertrauensvolles Verhältnis hat, schüttelt verständnislos den Kopf über diese von seinem Patienten dankbar begrüßte Genesungshilfe.

Borchert lernt Emigranten kennen, wie den Sekretär des *Verbandes freiheitlicher deutscher Akademiker in der Schweiz*, Georg Bier, der ins Spital kommt, als er von der schwierigen Lage eines jungen deutschen Schriftstellers hört. Er stellt den Kontakt zu anderen her, die dann in Borcherts letzten Lebenswochen zu Brief- und Gesprächspartnern werden. Georg Bier trägt noch die narbigen Spuren seines Schicksals im Gesicht, seit er durch das geschlossene Fenster eines Zugabteils gesprungen war, um der Gestapo zu entkommen. Zeit, die da mit den Besuchern an Borcherts Bett kommt, unmittelbar anwesende jüngste Vergangenheit.

Der achtunddreißigjährige Martin Friedrich Cordes, sehr um den Kranken bemüht, war einst Lektor in Hamburg, dann Theologiestudent in Basel, nun Speditionsangestellter und Übersetzer. Der sechsundfünfzigjährige Dr. Karl Würzburger, dessen Briefe *so männlich riechen: nach Tabak*, wie Borchert meint, stammt aus Bayreuth und war vor seiner Flucht in die Emigration beim Deutschlandsender beschäftigt. Einer von rund 250 Schriftstellern, die Deutschland verlassen hatten. Bei aller Hilfe – schon ein paar Fränkli für Briefmarken sind viel, denn die sie geben, sind selber nicht üppig dran. Und sie kommen mit einer anderen Mentalität, sie lesen die Geschichten Borcherts mit Skepsis, urteilen bestenfalls aus Nachsicht.

Cordes vermutet hinter der *Hundeblume* – er hat das kleine Bändchen aus Hamburg über Georg Bier erhalten – nichts als unverhüllte Blasphemie und ist später doch angetan von der offenen Ehrlichkeit des Leugners. Zunächst ist es aber doch abrückende Distanz, die ihn am 12. Oktober einen Brief ins Spital schreiben läßt, mit der Empfehlung, statt des Revoltierens gegen Gott und die Welt sich zur Demut durchzuringen, und er führt als Beispiel einen Eichendorff-Vers an:

Du bist's, der, was wir bauen,
Mild über uns zerbricht,
Daß wir den Himmel schauen –
Drum so klag' ich nicht!

Ob Eichendorff diesen Vers, neun Jahrzehnte sind seit des Dichters Tod vergangen, auch noch über die Trümmer des zweiten Weltkrieges geschrieben hätte, scheint wohl doch sehr fraglich.

Cordes kündigt seinen Besuch mit der Warnung an, wahrscheinlich auch nur wie ein verlogener Theologe auszusehen, angespielt auf die Bemerkung in der *Hundeblume*. Borchert, nicht ungeübt darin, sich in Briefen anzupassen, reagiert optimistisch: *Doch ich weiß, wir werden uns irgendwo doch wohl nahe sein!* Keine Verstellung, denn letztlich hadert er mit dem lieben Gott wie einst mit Vater und Mutter, denen er anhängt. Nahe aber sind sich beide zumindest in der gemeinsamen norddeutschen Herkunft.

Bei seinem ersten Besuch am 18. Oktober lernt Cordes, wie er sich in seinen Aufzeichnungen erinnert, nicht den vermuteten Lyriker kennen, der nur aus Verbitterung in die störrische Prosa geraten ist – wiewohl daran ja einiges ist – Cordes lernt keinen Passiven, eher einen um Aktivitäten bemühten Borchert kennen, der auch in dieser Situation noch schreiben und in der Schweiz veröffentlichen möchte, einen Borchert, der selbst im Krankenbett den Schauspieler nicht verbirgt.

Cordes wendet sich an alle nur möglichen Institutionen, an die *Schweizerisch-deutsche Kulturvereinigung*, an den *Schutzverband deutscher Schriftsteller in der Schweiz*, an Privatpersonen, er spricht in der Straßenbahn eine Frau an, weil er ihr unüberhörbares Hamburgisch in der Stimme erkennt – selten mit Erfolg für die Bitte, dem Patienten in Zimmer 200 des Clara-Spitals das Alleinsein zu erleichtern. Verleger schicken Bücher, vielen fehlt es an Zeit. Einer ehemaligen Münchnerin gesteht Borchert bei ihrem Besuch hocherfreut: *Sie riechen so gut!* Eine Prise Leben in der ansonsten weniger charmanten Umgebung.

Am 9. November heißt es an Cordes: ... *Gemüts- und Körperverfassung schwanken täglich, mal nach oben, mal nach unten. Ich glaube, das Gemüt muß den ersten Schritt zur Genesung tun – und das ist oft doch nicht so ganz einfach, wenn der »unumgängliche« Körper so zäh in seiner Blödheit (sprich: Krankheit) verharrt* ...

Am gleichen Tag schreibt Cordes einen Brief in die umgekehrte Richtung: »Sie bekommen gerade noch einmal einen Brief vom Theologen! Geben Sie acht: es geht an die Substanz!« Cordes schildert, ehe er zu seinem Thema kommt, zunächst seine Eindrücke von einer van-Gogh-Ausstellung – und allein das schon geht für den ans Bett Gefesselten an die Substanz, mehr vielleicht als alle folgende Kritik. »Ich las die Krähengesichtigen und kam zu dem Ergebnis: Na ja, das ist so. ... Aber dann las ich *Generation ohne Abschied*, und das schlug dem Faß den Boden aus! Gemach: ich erkenne die negativen Feststellungen in diesem Stück durchaus an – Ihr seid eine Generation ohne Bindung, insbesondere seid Ihr die Generation ohne Gott. Das aber, was Ihr da gelebt habt, ist doch in einer Bindung gelebt, nicht für den oder die andere oder das Glück des anderen... Und nun? Was bleibt als Erkenntnis? Schuld? Nein. Selbstgefühl! *Wir sind die Generation der Ankunft... auf einem neuen Stern, in einem neuen Leben.* Ja, wird man denn dort wenigstens bleiben, beglückt und beglückend? Wohl kaum. *Wir wissen, daß alle Ankunft uns gehört.* Das geht also ewig so weiter: ›Denn heute gehört uns Deutschland und morgen die ganze Welt.‹ Mir kommt das irgendwie bekannt vor. Es läuft nämlich – in anderen Räumen – fatal parallel mit dieser Unglückszeile von Hans Baumann.«

Und, kaum versöhnlicher heißt es dann: »Mein Lieber, jetzt lesen Sie noch einmal den *Traum eines lächerlichen Menschen* (Dostojewski) und lassen sich erschüttern, wie ich mich erschüttern ließ und erschüttern lasse, sooft ich es lese... Ich will weiter in Ihrem Büchlein lesen und mit Ihnen daran tragen, daß wir noch immer Deutsche und immer noch nicht Menschenbrüder sind.«

Verständlich, daß ein Emigrant sehr genau auf die Töne hört, die nun aus der ehemaligen, eigentlichen Heimat kommen, aus Deutschland – darauf, ob diese Töne verdächtig alt, oder nun doch anders klingen als gehabt. Bei allem offensichtlichen Mißverständnis, diese hastigen zweieinhalb Seiten *Generation ohne Abschied* gehören, soweit es die Prosa angeht, nicht zum Stärksten, was Borchert schrieb. Die simple Formel für alles Gewesene erweist sich als zu simpel, sein Ankunftsoptimismus, so formuliert, eher als Rückfall ins lyrisch Nebulöse.

Cordes weiß nicht, daß Borcherts eigentliches Thema hinter aller Provokation das Gegenteil meint; daß es zu Borcherts zentralem Thema gehört, vor einer zu gutgläubig-optimistischen Erwartung zu warnen, vor Schritten, mit denen es rückwärts geht. Cordes liest, und das ist sein gutes Recht, das, was dasteht, und er ahnt nichts Gutes. Schade nur, daß er den trüben Ausgang der *Hundeblume*, wie viele Leser mit ihm, unreflektiert als hoffnungsvoll empfindet und nicht als Provokation.

Cordes hat seinen Brief abgeschickt und fürchtet im gleichen Augenblick, er könne den Kranken zu hart treffen. Per Expreß schickt er eine Entschuldigung hinterher und legt zur Versöhnung den Katalog der van-Gogh-Ausstellung bei. Am Abend läßt er seinem Brief noch einen Blumenstrauß folgen.

Borchert antwortet sofort:

Lieber Herr Cordes, ich danke Ihnen – für beides! für van Gogh und den ›scheußlichen‹ Brief, der ja auch gut war, nämlich gut gemeint! Wissen Sie, wie ich selbst meine literarisch-menschliche Situation finde? Ich stecke in einem Urwald (Krieg, Atombombe, Gott, Deutschland usw.) und habe Angst. Da schrei ich also einfach erstmal die Vokabeln heraus, die ich besitze – vielleicht werden im Laufe meines Lebens Sätze daraus! Also: Ich danke doch!

Wie ihn sich in diesem Augenblick vorstellen? So selbstsicher, daß er Unsicherheit eingestehen kann? Oder wirklich so unsicher, daß alle Selbstsicherheit geschwunden ist?

Mitte der Woche, am 12. November, geht er näher auf den Vorwurf ein, da etwa alten Naziparolen das Wort reden zu wollen.

Er könnte beleidigt protestieren. Er tut es nicht. Er macht sich die Mühe, darauf hinzuweisen, daß es im Vers ursprünglich hieß: ... hört uns Deutschland – ehe daraus gemacht wurde: ...ge-hört uns Deutschland – und es könnte sehr neutral und unbetroffen klingen, wüßten wir nicht mehr über ihn, wenn es im Brief heißt: *Im übrigen wollen wir nicht die Pfadfinderlieder und Lagerfeuersongs der*

Jugend anderer Nationen untersuchen. Da wird sicher – aus jugendlicher Anmaßung heraus – manches Ähnliche zu finden sein. Weiter aber heißt es dann: *Wenn ich nun schreibe: Alle Ankunft gehört uns, so meine ich damit nicht uns Deutsche, sondern sie gehört dieser enttäuschten, verratenen Generation – gleich, ob es sich um Amerikaner, Franzosen oder Deutsche handelt. Dieser Satz entstand aus einer inneren Opposition gegen die Generation unserer Väter, Studienräte, Pastoren und Professoren. Es soll heißen, sie haben uns zwar blind in den Krieg gehen lassen, aber nun wissen wir Sehend-gewordenen, daß nur noch eine Ankunft zu neuen Ufern uns retten kann, mutiger gesagt: Diese Hoffnung gehört uns ganz allein! Verstehen Sie die Opposition und den Zweifel an der Väter- und Studienrats-Generation? Diese Studienräte kamen aus einem bitteren Krieg – was taten sie? Sie erzählten ihren Kindern Heldentaten, veranstalteten Heldengedenktage, dichteten Kriegsbücher – und diese Generation konnte dann natürlich (in allen Ländern!) den zweiten Krieg nicht verhindern. Sie wurden Bataillonskommandeure, beteten nach dem Gottesdienst um Schutz für Hitler und sie wurden Kriegsgerichtsräte. Die wenigen, die warnten, starben oder mußten Emigranten werden. Die Indolenten aber ließen es zu, daß wir, ihre Söhne, in die Hölle hinein-stolzierten und keiner von ihnen sagte uns: Ihr geht in die Hölle! Es hieß: Macht's gut! und: Fürs Vaterland: (Für Deutschland, für Frankreich, für Amerika!) Und nun? Nun sitzen eben diese Studienräte wieder hinter ihren Kathedern und beklagen das mangelhafte Vertrauen und die Respektlosigkeit der Jugend!!! Soviel zu der »Generation ohne Bindung« an das Gewesene.*

1947, acht Tage vor seinem Tod geschrieben.

Daß Borchert keine Vorstellungen darüber entwickelt, wie das weithin Unvorstellbare möglich werden könnte, ändert nichts an der Vernunft, die in der Utopie steckt, es könne diese weltweite Generation einmal geben, die sich zu schade dafür ist, als ungezählte Zahl in einem Massenmord zu fungieren – eine Generation, der jede Form des Machtdenkens so selbstverständlich lächerlich ist wie der Glaube, alles Unheil der Welt sei mit den Hexen verbrennbar.

Mag, was Borchert im Brief zu seiner Verteidigung vorbringt, noch so unausgegoren sein – *zu neuen Ufern* klingt verdächtig nebulös –, aber: Zum erstenmal, soweit seine Briefe erhalten und zugänglich sind, äußert er sich ohne Kunstausflüchte zum Inhalt eines Textes, zu einer Absicht, zu seinen Vorstellungen von einer Zukunft.

Borchert mag sich dem Verdacht aussetzen, nun einfach Sieger und Besiegte in den einen Generationstopf werfen zu wollen – für die eigene Generation eine Unschuld konstruieren zu wollen. Und das, da er doch weiß, wie im Brief an Karl Ludwig Schneider, einige Monate zuvor, daß es um die gemeinsame Erfahrung der eigenen Generation nicht so gut bestellt ist, wie zu wünschen wäre. *Man muß heute wirklich unter unserer Generation sammeln und suchen...*

Den einen Topf für die eine weltweite Generation gibt es nicht. Wohl aber das Wissen, daß es tatsächlich nur eine einzige Erde gibt, auf der wir mit unseren Ideen leben. Wir wissen es – Wolfgang Borchert erlebte die Anfänge noch –, seit wir wissen, daß der totale Krieg möglich ist, mit den vorhandenen Waffen – daß es möglich ist, uns alle gleichzeitig zu besiegen. Begriffen wohl nur von den Sensiblen einer respektlosen Generation – belächelt als weltfremde Narren, mit nebulösen Vorstellungen von einer Welt, die es nicht gibt.

Als die großen Schurken der Geschichte vorgeführt wurden, damals, am Ende des Krieges, wurden sie wohl kaum begriffen als das Ausmaß des Versagens der kleinen Leute.

Beckmann, das eben noch entkommene Opfer, auf Anraten eines ehemaligen Oberst bereit, alle Erfahrung als Witz zu verhökern.

In den Hamburger Kammerspielen laufen die letzten Vorbereitungen zur Uraufführung...

Cordes kommt am 15. November ins Clara-Spital, nicht ohne zu fürchten, der ›scheußliche‹ Brief könne doch noch trennend zwischen ihnen stehen. Aber im Gegenteil, Borchert ist froh über den Besuch des Theologen, dem nicht unbemerkt bleibt, daß es dem Besuchten trotz aller Freude gesundheitlich keineswegs besser geht. Borchert hat am Vormittag einen jener schmerzhaften Krampfanfälle gehabt, vor denen er sich fürchtet. Und so verschieben sie ihr Gespräch über *Generation ohne Abschied* auf später – ohne zu ahnen, daß es ein Später nicht geben wird.

Borchert hat sich aus Hamburg ein Buch schicken lassen, *Begegnungen mit Barlach* von Paul Schurek, das er an diesem Sonnabendnachmittag Cordes mit einer Widmung überreicht. Für beide bedeutet Barlach ein Stück Heimat.

In der letzten Viertelstunde kommt Karl Würzburger hinzu. Er hat *Draußen vor der Tür* gelesen und formuliert seine Distanz mit der Bemerkung, es handele sich um ein *Dramolett*. Borchert aber kann einen Brief zeigen, den ihm Carl Zuckmayer am Tag zuvor geschrieben hat und in dem es heißt: »Ihre Welt ist wirklich bis ins Unheimliche, Ihr Talent echt. Ich schreibe nicht oft solche Briefe, aber ich muß Ihnen das sagen und ich hoffe, daß es Sie freut. Werden Sie nur gesund, – sie haben noch viel zu tun!

Nächste Woche fahre ich nach Frankfurt, zur Erstaufführung meines *Teufelsgeneral* bei Hilpert, der auch Ihr Stück bringen wird. Auf der Hinreise komme ich nicht nach Basel, aber auf dem Rückweg könnte ichs einrichten, etwa gegen den 10. September. [Es muß heißen: Dezember] Wenn Sie Besuch haben können, würde ich Sie gern kennenlernen, und ich hätte Ihnen gewiß einiges von Hilpert und Rowohlt, der nach der Ihren in Hamburg zu meiner Frankfurter Premiere kommen wird, zu berichten...«

Borchert antwortet an diesem 15. November:

Verehrter Herr Zuckmayer! Daß Sie mir mit einem Besuch eine Riesenfreude machen würden, das brauche ich doch nicht erst zu schreiben! Aber Sie werden einen rechten Jammerlappen vorfinden, denn zum ersten Mal hat meine Krankheit mich restlos untergekriegt und ich bin leider etwas hilf- und mutlos geworden. ...Nun kommt Ihr Brief. Er hat mich sehr sehr froh gemacht, denn ich selbst fühle mich doch noch recht unsicher und »auf dem Wege«. ...Während der Hitlerzeit erzählten meine Eltern oft wehmütig von der vergangenen Hamburger Theaterzeit, und dann fielen immer die gleichen Namen: Ziegel, Weinberg, Zuckmayer. – Und nun, nach 1000 Jahren, darf ich Sie kennenlernen! Ich glaube, das ist sehr schön.

Als sich Cordes am Sonnabendnachmittag verabschiedet, hat Borchert einen Wunsch: Kerzen. Ein schöner Luxus, wo das Licht jeden Abend brennt, weil immer Strom da ist. Für den Hamburger, 1947, kaum etwas nur Schönes. Wohl auch eine Erinnerung an die Stromsperrenabende zu Hause. Cordes kommt erst am Mittwoch, am 19. November, dazu, sie von einer Drogerie ins Spital schicken zu lassen. Er weiß nicht, daß es dem Empfänger schon seit Montag so schlecht geht, daß er eine Schwester darum hat bitten müssen, den Eltern einen Gruß zu schreiben, da er dazu selbst nicht mehr in der Lage ist.

Was in diesen letzten Tagen geschieht, sagt der Krankenbericht an die Eltern: »Was seinen Gesundheitszustand anbelangt, so trat im Oktober erstmals eine Blutung aus gestauten Oesophagusvarizen auf, die durch die sofort eingesetzte Therapie wieder zum Stillstand gebracht werden konnte. Am 18. November erfolgte nun wiederum eine starke Blutung, die sich trotz aller unserer therapeutischen Maßnahmen am 19. November mehrmals wiederholte und so am 20. November 1947 morgens 09.00 zum Tode des Patienten führte. Am Nachmittag des 19. November habe ich Ihren Sohn gefragt, ob ich seine Mutter bitten solle, zu ihm zu kommen, worauf er mir antwortete: Schreiben Sie ihr nur, es geht mir nicht gut. Gegen Abend des 19. November wurde das Bewußtsein immer mehr getrübt, und ca. von 22 Uhr an war Ihr Sohn bis zum Eintritt des Todes vollständig bewußtlos. So konnte er hinüberschlummern, schmerzlos und ohne Kampf.«

Ein Telegramm mit der Nachricht von seinem Tod trifft in den Hamburger Kammerspielen Intendantin, Regisseur und Schauspieler wenige Stunden vor der Uraufführung von *Draußen vor der Tür*.

Am Abend des 21. November stehen Heidi Boyes und Hans Quest auf der Bühne – im Zuschauerraum die Eltern und Freunde, unter den anderen, die den Namen Wolfgang Borchert vielleicht zum ersten Mal hören, wie dann sehr schnell in dreißig anderen Theatern im trümmerreichen Nachkriegsdeutschland.

An diesem 21. November läuft, und müßte doch eigentlich in die Schule gehen, in Basel ein junges Mädchen, eine Schweizerin, durch den Wald. Später schreibt sie über diesen Tag in einem Brief nach Hamburg: »Es war so wunderschön, ich sah Hasen, Eichhörnchen, Grünspechte, Buntspechte, Spinnlein und sogar einen verspäteten Schmetterling. Meine Gedanken ließ ich frei wandern, und sie eilten oft zu Wolfgang. Ich pflückte ein paar Efeublätter und ein Haselzweiglein und trug es den ganzen Morgen mit mir herum, um Wolfgang damit ein bißchen Wald ins einsame Krankenzimmer zu zaubern – und ich wollte ihm sagen, daß ich ihn lieb hätte. Ich zählte die Stunden und die halben Stunden, und als ich dann – da war er tot.«

Wie noch einmal, und nun endgültig, die alte Vergeblichkeit, ein Abschied ohne Abschied, den kein glatter Satz mehr zudecken muß.

Martin Friedrich Cordes erfährt die Nachricht spät, in ihrer nüchternen Knappheit. An diesem 21. November schickt er noch ein Buch ins Spital, seine soeben erschienene Balzac-Übersetzung *Jesus Christus in Flandern*, ohne zu ahnen, was am Vortag geschehen ist. Ein Anruf aus der Drogerie besagt, daß die bestellten Kerzen zurückgekommen sind, mit dem Vermerk: Empfänger verstorben. »In diesem Augenblick packte mich ein – ungerechtfertigter – Zorn gegen die Ärzte, die sich und uns getäuscht hatten«, schreibt Cordes in seinen Aufzeichnungen.

Am 24. November, früh 9 Uhr, findet in Basel auf dem Hörnli-Gottesacker, dicht am deutschen Grenzwald, die Totenfeier statt.

Cordes berichtet darüber den Eltern: »Ihr Junge lag weißgekleidet, weißgebettet, von margueritenartigen großen Astern, deren gelbe Staubgefäße golden strahlten, wie er sie liebte, umgeben. Rostrosa Rosen lagen zu Füßen und blaßrosa Astern auf dem Herzen. Schöne gelbe Rosenknospen – ich erfuhr es später, daß sie von Dr. Würzburger stammten – ließ ich auf das schwarze Sargtuch legen. Sie erinnerten uns wohl alle, zusammen mit den beiden riesigen Sträußen gelber Astern auf dem Katafalk, an das Leuchten der einen Löwenzahnblume, Wolfgangs gelber Hundeblume.«

Im Namen des *Schutzverbandes deutscher Schriftsteller in der Schweiz* spricht Würzburger – über die Schuld der eigenen, älteren Generation, nicht rechtzeitig mutig gewesen zu sein, um zu verhindern, was kam, was abzusehen war.

Unter dem, was Borchert in Basel hinterläßt, befindet sich ein Manuskript, das etwas von einem Testament hat, von einem Letzten Willen, von einer Konsequenz aus allem Gedachten, allem Geschriebenen.

Dann gibt es nur eins!

Ein Antikriegsmanifest, verständlich einfach, wenn auch im Sinne Brechts, also schwer zu machen: einfach NEIN zu sagen, wenn das nächste Hinschlachten der Völker wieder beginnen soll. Bei Strafe des Untergangs, wenn dieses NEIN nicht gesagt wird. Vierzehnfach die Aufforderung an den Arbeiter, die Verkäuferin, den Fabrikbesitzer, den Forscher, den Dichter, den Arzt, den Pfarrer, den Kapitän, den Piloten, den Schneider, den Richter, den Eisenbahner, den Bauern – NEIN zu sagen, wenn es wieder losgehen soll, mit Stahlhelm, Granaten, Haßliedern, kv und Gottes Segen für den Mord, Panzer an die Front, schneidig in Uniform, den Gestellungsbefehl in der Tasche, zu den neuen Waffen, die von Forschern gemacht sind. Einfach NEIN sagen.

Hans Quest spricht den Text am 20. November, an Borcherts Todestag, abends im Nordwestdeutschen Rundfunk. Noch, 1947, klingt dieses NEIN weithin überzeugend selbstverständlich, wohl auch so gut wie überflüssig, denn wer von den Angesprochenen könnte an diesem Abend nicht vor dem Radio mit seinem Kopf verständnisvoll nicken? Zur Zeit werden *Wasserrohre und Kochtöpfe* gebraucht.

Später, als es auf das NEIN ankam, nur vergessen? Als es denn doch wieder *Maschinengewehre* und *Stahlhelme* sein sollten?

War Wolfgang Borchert naiv? – Naiv genug zu glauben, dieser Zustand der totalen Verweigerung an die herkömmliche Machtgeschichte könne tatsächlich übliche Praxis werden?

Eine schöne, alte Illusion – des nicht kurierten Reiters, auf seinem Pegasus, hoch oben über den Wolken, über der leider realen Wirklichkeit?

Die Originalhandschrift trägt noch eine Spur vom Umstand des Entstehens, den Hinweis, daß der Text ursprünglich als Prolog zu einem Hörspiel gedacht war.[36] Im Original heißt es am Schluß:

... letzter Tierschrei des letzten Tieres Mensch – all dieses wird eintreffen, morgen, morgen vielleicht, vielleicht heute nacht schon, vielleicht heute nacht – wenn––wenn–––

(Der Trommelwirbel steigert sich zum Paukengewitter, das nun plötzlich abbricht. Dann ertönt die ruhige und sachliche Stimme des Ansagers:)

Morgen beginnt in London die Außenministerkonferenz.

Später, aus diesem Zusammenhang genommen, liest sich der Text sehr allgemein, als wäre er, zu den laufenden Ereignissen beliebig wiederholbar, allgemeingültig, aktualisierbar durch die jeweils jüngste Schreckensnachricht.

Nach den vorangegangenen Konferenzen soll in London noch einmal der Versuch unternommen werden, von den Siegermächten etwas über die Zukunft Deutschlands zu sagen. Aber sicher erwarten die Außenminister von ihrer eigenen Konferenz so wenig, wie die Betroffenen noch etwas von ihr erhoffen – jedenfalls nichts Gutes. Borchert ist da nicht pessimistischer als der Durchschnitt seiner Landsleute beim Blick in die Zeitung, beim Einschalten der Nachrichten im Radio. Stärker ahnt er allerdings die Konsequenz, daß es sehr bald ans neue Verteilen der neuen Waffen gehen wird, sobald die Gründe verteilt sind, die Argumente.

Die Minister der Siegerstaaten trennen sich einen Monat nach Borcherts Tod, am 15. Dezember, nicht einfach nur ohne Ergebnis, denn das Auseinandergehen ohne Ergebnis ist ein Ergebnis, ist einer von den Bausteinen zur Gegenwart, in der Frieden das meistgebrauchte Wort ist, und von der es heißt, daß die Kriegsgefahr noch nie so groß war. Eine mehr oder weniger strahlende Gegenwart, durch die wir wie durch Trümmer gehen würden, hätten wir, nach aller Wortgewöhnung, noch die Fähigkeit, wirklich erschrocken zu sein.

Borcherts Generation wurde es nicht – eine andere Generation wird es wohl sein müssen, die irgendwann mit der Zukunft beginnt, indem sie mit der Vergangenheit Schluß macht. In einer Welt, in der sich dann vielleicht wirklich *alle hören und sehen können*, in der den Leuten das sprichwörtliche Hören und Sehen nicht doch immer wieder vergeht.

Ohne geschichtliches Begreifen ist Borcherts NEIN nicht so mächtig wie es klingt – permanent wiederholt ist der Aufruf zum Ausruf der bloßen Ohnmacht geworden, mit seiner eigenen Geschichte.

Am 17. Februar 1948 wird die Urne in Hamburg auf dem Ohlsdorfer Friedhof beigesetzt. Am leichten Hang, nicht *in Reih und Glied in Ligusterhecken gezwungen, mit Primeln und Rosenstöcken wie mit Orden besteckt*...

Am Grab verspricht Ledig-Rowohlt den Eltern und Freunden das Erscheinen des Gesamtwerks – vorher noch, und doch erst nach Borcherts Tod, erscheint der Band *An diesem Dienstag*.

Wie um alles bis zuletzt im Widerspruch zu belassen, fallen Tod und Ruhm zusammen.

Der Tote ist berühmt – wie er es in jungen Jahren übermütig den Eltern vorausgesagt hatte, um dem Üblichen zu entgehen. Großspurig, und als dann wirklich, doch bescheiden. In einem Brief aus der Schweiz an die Eltern heißt es: ...*ich habe im Bufett 2 so Art Poesiealben, die noch ganz neu und leer sind, die müßte Mutti mitnehmen und alle Beckmänner und Regisseure reinschreiben lassen über Rolle und Stück.*

Quest, Cremer und Liebeneiner müssen den Anfang machen – dann habe ich doch wenigstens einen Abglanz von den Aufführungen – dazu noch Rosemaries Bilder.

Es kommt nicht mehr dazu. Aber in der Tarpenbekstraße 82 in Hamburg wird eines Tages tatsächlich die Gedenktafel feierlich enthüllt, Schulen tragen den Namen des einst schlechten Schülers. Auf der Elbe, *mit einem roten und einem grünen Auge abends im Strom*, im Hafen, zwischen den großen Schiffen, dem Gewirr der Kräne und Speicher, wie er es liebte, da auf dem Elbwasser fährt eine Barkasse, die den Namen *Wolfgang Borchert* trägt.

Dieser Name mit seinem eigenartigen Klang.

Erfolg – nur, noch erfolgreicher ist die Zeit, die ihre Wunder aus den Trümmern macht. Und auch sie wird mißverstanden. Eine Weile scheint es, als decke sie die Geschichte Beckmanns zu.

Danksagung

MEIN DANK für die freundliche Hilfe beim Zustandekommen dieses Buches gilt in erster Linie *Hertha Borchert* † für die unzähligen Tag- und Nacht-Gespräche in und um Hamburg, zwischen 1978 und 1983.

Dankbar bin ich für die bereitwillige Hilfe der Staats- und Universitätsbibliothek Hamburg, insbesondere Herrn *Dr. Rolf Burmeister* und Herrn *Dr. Richard Gerecke*, sowie den Mitarbeiterinnen des Wolfgang-Borchert-Archivs Frau *Irmgard Schindler* und Frau *Elna Carlsen*.

Wesentliche Hinweise verdanke ich: *Heidi Boyes-Pulley, Aranka Jaenke-Mamero, Isot Kilian* †, *Nina Schneider, Helga Bammert-Sacher, Vera Mohr-Möller, Karlheinz Corswandt* †, *Axel Eggebrecht, Günter Mackenthun* †, *Bernhard Meyer-Marwitz* †, *Carola Marwitz-Schramm, Helga Sturm*.

ANHANG

Zeittafel

1921 Am 20. Mai wird Wolfgang Borchert in Hamburg-Eppendorf, Tarpenbekstraße 82, geboren. Die Mutter Hertha Borchert ist Hausfrau – später entdeckt sie ihr Talent zum Schreiben niederdeutscher Geschichten. Der Vater Fritz Borchert ist Volksschullehrer.

1928 Besuch der Volksschule.

1932 Wechsel in die Oberrealschule.

1936 Der Fünfzehnjährige sieht Gustaf Gründgens als Hamlet auf der Bühne und äußert zur Verwunderung der Eltern spontan den Wunsch, Schauspieler werden zu wollen.

1938 Als Siebzehnjähriger schreibt er sein erstes Theaterstück: *Yorick, der Narr!*
Dezember: Er verläßt die Schule.

1939 April: Lehrling in der Buchhandlung Boysen. Gleichzeitig nimmt er bei Helmuth Gmelin privaten Schauspielunterricht.
Zusammen mit seinem ehemaligen Schulfreund Günter Mackenthun entsteht das zweite Theaterstück: *Käse.*

1940 April: Hausdurchsuchung und Verhör durch die Gestapo.
Sein drittes Theaterstück entsteht: *Granvella. Der schwarze Kardinal.*
Dezember: Ende der Buchhändlerlehre.

1941 März: Borchert besteht vor der Reichstheaterkammer die Prüfung als Schauspieler.
April: Engagement an der Landesbühne Ost-Hannover in Lüneburg.

Mai: Einberufungsbefehl.
Juni: 3. Panzer-Nachrichten-Ersatz-Abteilung 81, Weimar-Lützendorf.
November: Zum Fronteinsatz in Richtung Osten.
1942 März: Borchert kommt mit einer Handverletzung und Fieberanfällen ins Heimatlazarett nach Schwabach. Sein linker Mittelfinger ist amputiert, für das hohe Fieber wird Diphtherie als Ursache angenommen.
Mai: Verhaftung im Schwabacher Krankenhaus. Untersuchungshaft in Nürnberg. Die Anklage wirft ihm vor, sich die Verletzung selbst beigebracht zu haben. Androhung der Todesstrafe.
Juli: Prozeß vor dem Militärgericht. Freispruch. In einem zweiten Prozeß werden briefliche Äußerungen zum Gegenstand der Anklage gemacht. Sie werden als »heimtückischer Angriff auf Staat und Partei« gewertet. Borchert wird zu vier Monaten Gefängnis verurteilt, die auf eigenen Wunsch in sechs Wochen verschärfte Haft mit anschließender Frontbewährung umgewandelt werden.
Oktober: Entlassung aus der Haft in die Kaserne nach Saalfeld, dann in die Garnison nach Jena.
November: Zum erneuten Einsatz in Richtung Ostfront.
Dezember: Als Melder bei den Kämpfen um Toropez. Mit Fußerfrierungen in ein Feldlazarett.
1943 Januar: Fleckfieberverdacht. Seine tatsächliche Krankheit, ein Leberleiden, bleibt zunächst unerkannt. Seuchenlazarett Smolensk.
März: Nach Aufenthalten in Minsk und Radom trifft Borchert im Reservelazarett Elend/Harz ein.
Juni: Zurück nach Jena, in die 7. Genesungskompanie des Panzer-Grenadier-Ersatzbataillons 59.
Juli: Schwerste Bombenangriffe auf Hamburg. Die Stadt ist verwüstet. Die Wohnung der Eltern bleibt unversehrt.

August: Urlaub im zerstörten Hamburg – Borchert tritt mit leichten kabarettistischen Versen im *Bronzekeller* auf.

November: Da neue Fieberanfälle aufgetreten sind, bleibt Borchert weiterhin ›nicht frontdiensttauglich‹. Er soll zum Front-Theater abgestellt werden. Am Abend zuvor erzählt er politische Witze, wird festgenommen und aus der Entlassungskompanie nach Jena zurückgebracht.

1944 Januar: Überführung in das Wehrmachtsuntersuchungsgefängnis Berlin-Moabit.

August: Borchert wird zu neun Monaten Gefängnis wegen ›Zersetzung der Wehrkraft‹ verurteilt.

September: Ihm wird ›Strafaufschub zwecks Feindbewährung‹ bewilligt. Er kommt wieder zurück nach Jena.

1945 März: Einsatz im Raum Frankfurt/Main. Er wird von französischen Truppen gefangengenommen. Auf dem Transport gelingt ihm die Flucht.

Mai: Schwerkrank, mit häufigen Fieberanfällen und Gelbsucht, trifft Borchert am 10. Mai wieder in Hamburg ein.

September: Auftritte in einem unpolitischen Kabarett-Programm, *Janmaaten im Hafen.*

November: Mitbegründer der *Komödie,* in der heitere Stücke zur Unterhaltung gespielt werden sollen. Neue Fieberanfälle machen es ihm unmöglich, als Regie-Assistent an der Nathan-Inszenierung Helmuth Gmelins am Deutschen Schauspielhaus in Hamburg mitzuarbeiten.

Die Krankheit, die ihn nun nahezu völlig ans Bett fesselt, wird zum Wendepunkt in Borcherts Lebenshaltung. An die Stelle der heiteren Verdrängung tritt das schreibende Sich-Einlassen mit der eigenen Vergangenheit.

1946 Januar: Im Elisabeth-Krankenhaus schreibt Borchert *Die Hundeblume* und zwei weitere Erzählungen.

April: Borchert ist wieder zu Hause, aus dem Krankenhaus als unheilbar entlassen. In sehr schneller Folge entstehen weitere Geschichten.

Im Spätherbst schreibt Borchert in wenigen Tagen *Draußen vor der Tür*.

Dezember: Der Gedichtband *Laterne, Nacht und Sterne* erscheint.

1947 Februar: Am 13. Februar wird *Draußen vor der Tür* als Hörspiel im Nordwestdeutschen Rundfunk gesendet.

Das ungewöhnlich starke Echo, die leidenschaftliche Diskussion, die das Hörspiel auslöst, begründet Borcherts Ruhm.

Bis September entstehen weitere Geschichten.

September: Freunde haben einen Kuraufenthalt in der Schweiz ermöglicht. Da sich sein Gesundheitszustand weiter verschlechtert hat, wird ein reiner Krankenhausaufenthalt nötig, Borchert bleibt in Basel.

November: Am 20. November um 9 Uhr stirbt Wolfgang Borchert im Baseler Clara-Spital an den Folgen eines Leberleidens. Am 21. November findet in den Hamburger Kammerspielen die Uraufführung von *Draußen vor der Tür* in der Theaterfassung statt. Das Stück wird sofort von weiteren Bühnen übernommen und bald in zahlreiche Sprachen übersetzt.

1948 Februar: Beisetzung der Urne in Hamburg auf dem Ohlsdorfer Friedhof.

Anmerkungen
und Literaturhinweise

Soweit nicht anders angegeben, sind alle im Text genannten Geschichten Wolfgang Borcherts, einschließlich die Bühnenfassung von *Draußen vor der Tür*, in *Wolfgang Borchert. Das Gesamtwerk*, Hamburg, ab 1949, oder in *Die traurigen Geranien und andere Geschichten aus dem Nachlaß*, Reinbek, ab 1962, erschienen.

Die verwendeten Dokumente befinden sich überwiegend im Wolfgang-Borchert-Archiv der Staats- und Universitätsbibliothek Hamburg. Weitere Dokumente wurden für diese Arbeit aus dem Privatbesitz zur Verfügung gestellt von: Hertha Borchert, Heidi Boyes-Pulley, Aranka Jaenke-Mamero, Vera Mohr-Möller, Nina Schneider.

1 Günther Bruno Fuchs, *Der verratene Messias*, Düsseldorf 1953.
2 Bernhard Meyer-Marwitz, im Nachwort zu *Wolfgang Borchert. Das Gesamtwerk*, Hamburg 1949.
3 Alfred Andersch, *Das Gras und der alte Mann*, Frankfurter Hefte, 1948, Heft 10, Seite 929.
4 Ernst Schnabel, Chefdramaturg des Nordwestdeutschen Rundfunks Hamburg, in *Hamburger Akademische Rundschau*, Heft 9, April 1947, Seite 386.
5 Hans Mayer, *Zur deutschen Literatur der Zeit*, Reinbek 1967.
6 Friedrich Schult (1889-1980). Ab 1945 Betreuer des Güstrower Barlach-Nachlasses.
7 Ernst Barlach (1870-1938) in *Güstrower Tagebuch*, München 1959 (Eintragung vom 14. September 1914).
8 *Mitteilungen aus dem Quickborn*, Hamburg, Sommerheft 1933.
9 Gemeinschaft deutscher und österreichischer Künstlerinnen. 1926 von Ida Dehmel in Hamburg gegründet.
10 Klaus Mann in seinem Roman *Mephisto* über Hendrik Höfgen als Hamlet.
11 Unveröffentlicht, als Abschrift im Wolfgang-Borchert-Archiv Hamburg.
12 Peter Rühmkorf, *Wolfgang Borchert*, Reinbek 1961, Seite 28.

13 Helmuth Gmelin (1891-1959). Von 1935–1946 am Schauspielhaus in Hamburg.
14 Unveröffentlicht, als Abschrift im Wolfgang-Borchert-Archiv Hamburg.
15 Unveröffentlicht, als Kopie aus dem Nachlaß Helmuth Gmelins im Wolfgang-Borchert-Archiv Hamburg.
16 Bisher nicht aufgefunden.
17 Carl Albert Lange (1892-1952).
18 Otto Tenne (1904-1982). Komponist und Autor überwiegend niederdeutscher Texte, seit 1955 Leiter der Vereinigung Quickborn in Hamburg.
19 Veröffentlicht am 26. November 1947 in der *Hamburger Freien Presse*.
20 Aline Bußmann, *Erinnerungen an Wolfgang Borchert*, Hamburg 1957.
21 Veröffentlicht am 19. Juli 1943 im *Hamburger Anzeiger*.
22 Hans Erich Nossack, *Der Untergang*, Frankfurt/Main 1948. – Zusammen mit Fotos von Erich Andres im Ernst Kabel Verlag, Hamburg 1981.
23 Peter Rühmkopf, *Wolfgang Borchert*, Reinbek 1961, Seite 90/92.
24 Bislang nicht aufgefunden.
25 Ob mit diesem Stück praktisch begonnen wurde, ist ungewiß.
26 *Marguerite*, in *Die traurigen Geranien*, Reinbek 1962.
27 Bernhard Meyer-Marwitz (1913-1982).
28 Hans Leip (1892-1983).
29 Peter Rühmkopf, *Wolfgang Borchert*, Reinbek 1961. Seite 114/115.
30 Unveröffentlicht. Das Typoskript trägt, links vor dem ersten Vers, wie eine Rollenangabe, den Vermerk: *Parodos*. (Im antiken Theater das Auftrittslied des Chors. Der Ich-Inhalt der Verse würde einer derartigen Verwendung in einem möglicherweise geplanten Stück jedoch widersprechen. Andererseits ist es für Borchert typisch, deutliche Ich-Äußerungen in einen Wir-Generationsanspruch zu verwandeln.)
31 Peter Rühmkorf, *Wolfgang Borchert*, Reinbek 1961, Seite 118.
32 Theodor Plievier, *Stalingrad*, Berlin 1946.
33 Im Nachwort zu *Wolfgang Borchert. Das Gesamtwerk*.
34 Prof. Dr. Karl Ludwig Schneider (1919–1981). Als enger Freund des in München hingerichteten Hans Leipelt *(Weiße Rose)* und seiner Kontakte zur Hamburger Organisation der *Weißen Rose* wegen von 1943 bis 1945 im KZ Fuhlsbüttel und Neuengamme. Seit 1961 Ordinarius für Literaturwissenschaft an der Universität Hamburg.
35 Der dänische Rundfunk lehnte 1947 die Sendung von *Draußen vor der Tür* noch ab – aufgeführt wurde die Übertragung von Bernhard Jolles zunächst von einer Studentenbühne in Kopenhagen.

36 Unter dem Titel des Originalmanuskripts heißt es: *Prolog zu einem Hörspiel Axel Eggebrechts von Wolfgang Borchert*. Das Hörspiel *Was wäre wenn?* war am 9. März 1947, also etwa einen Monat nach *Draußen vor der Tür*, gesendet worden. Es beschäftigt sich mit der Situation vor der Moskauer Vier-Mächte-Konferenz, die der von Borchert genannten Konferenz in London vorausging. Zwischen den beiden Konferenzen hatte sich die Konfrontation zwischen den Großmächten wesentlich verschärft. Denkbar ist, daß Borchert seinen Text für eine Wiederholungssendung geplant hatte.

Personenregister

Ardrey, Robert 276

Bammert, Helga 162
Barlach 35, 309, 325, 360
Beckmann, Curt 264f., 277
Bier, Georg 353f.
Böhme, Herbert 124
Borchert, Friedrich 28f.
Borchert, Fritz (Vater) 25ff., 44ff., 86ff., 117f., 130, 140, 149, 162ff., 172f., 175f., 181f., 185ff., 190ff., 217ff., 233, 238, 240, 252, 255, 261, 262ff., 292, 302f., 305, 307f., 311, 319f., 324, 326, 337f., 343, 349, 351f., 361, 365
Borchert, Hertha (Mutter) 22ff., 45ff., 86, 88ff., 101, 116ff., 138, 140, 147, 149, 162ff., 172f., 174ff., 180ff., 185ff., 190ff., 211f., 217ff., 230, 233, 240, 248f., 254f., 260f., 262ff., 267ff., 287, 290, 293, 302ff., 307f., 311, 319f., 324, 326, 336f., 339, 349f., 351f., 361, 365
Boyes, Heidi 154ff., 168, 198, 211, 334, 361
Boysen, Heinrich 87
Brecht 18, 81, 101, 230, 275, 341, 363
Bürgi, Frau 353

Bußmann, Aline 53, 103ff., 119f., 122f., 125, 131f., 147, 162, 165, 168ff., 173, 180, 183, 197, 199, 210, 221, 230f., 233ff., 243, 246, 249, 255, 283f., 293f., 298f., 300ff., 308, 332

Claudius, Hermann 52, 272
Clausen, Rosemarie 267
Cordes, Martin Friedrich 354ff., 362
Corswandt, Karlheinz 48f., 56, 103, 116, 173
Cremer, Ludwig 328

Dehmel, Ida 56

Eden, Anthony 316
Ehre, Ida 276, 334

Fischer, H. W. 39, 58
Freisler 203
Frerk 260

Gigon, Dr. 353
Gmelin, Helmuth 92, 100, 111, 114, 127, 136ff., 148f., 171, 266, 275
Goebbels 82, 231f., 237f., 242
Goverts, Henry 327f., 351
Gründgens, Gustaf 63, 66, 100, 228

Hager, Carl 103, 131, 181, 183, 213, 221, 231f., 234f., 255, 278, 286, 319f.
Hager, Ruth 107ff., 113ff., 118ff., 137, 139, 235
Harloff, Hans 150
Hilpert 360
Hinrichs, August 153
Hitler 53ff., 69, 88, 124, 153, 179, 241
Hölderlin 109f.
Hoffmann, Paul Theodor 265f.
Huch, Ricarda 249
Hucha 88

Jaenke, Aranka 171ff.
Jolles, Bernhard 335

Kilian, Isot 101, 111f., 127ff., 265, 275, 334
Kippenberg, Katharina 191
Kramer, Richard 58f.
Kreutzberg, Harald 142
Krieger, Hermann 39
Krohner, Hermann 181
Künneke, Evelyn 228
Kunstmann, Elisabeth 195

Lange, Carl Albert 150ff., 230, 251, 318, 349f.
Langhoff, Wolfgang 317
Ledig-Rowohlt 365
Leip, Hans 268
Liebeneiner, Wolfgang 335
Lorenz, Karl 36

Mackenthun, Günter 67f., 70, 93f., 111f., 115f., 312, 326f.
Malchow, Ruth 226, 325
Manzart, Lotte 266
Marks, Annemarie 319
May, Karl 299
Mayer, Hans 21

Meyer-Marwitz, Bernhard 53, 82, 268, 308ff., 321, 324f., 349
Mohr-Möller, Vera 131, 139, 141f., 145f., 148, 153, 157

Nolde, Emil 325
Nossack, Hans Erich 222f.

Pauly 295
Piscator 20
Plievier, Theodor 316, 323

Quest, Hans 328, 334f., 361, 363

Rhine, Maria 267
Ribbentrop 101
Rilke 115, 127, 215, 293
Ringelnatz 191
Rinser, Luise 317
Rowohlt, Ernst 349, 360
Rühmkorf 226, 272, 285

Salchow, Carl 23ff., 41
Salchow, Hans 37f., 40, 220
Salchow, Hertha
 s. Borchert, Hertha
Schiller 133f.
Schnabel, Ernst 325ff.
Schnabel, Günter 325
Schneider, Karl Ludwig 330ff., 359
Scholl, Hans 202f.
Scholl, Sophie 202f.
Schult, Friedrich 35f.
Schurek, Paul 360
Schwemer, Paul 36, 219
Shakespeare 72f., 318
Sieker, Hugo 53, 110, 112f., 122, 159ff., 165f., 169, 184f., 196, 198, 204f., 214, 220, 240f., 266, 269, 292, 294, 296, 316f.

Stalin 11, 179
Sturm, Helga 327

Tenne, Otto 124, 152
Thälmann, Ernst 49
Thienelt, Hannes 300
Töppke, Lola 48

Velde, Obergefreiter 233
Voigt-Diederichs, Helene 249

Wahlen, Viola 349
Walter, Robert 39
Wimmer, Oberfähnrich 233
Wittenburg, Käte 56
Wittgenstein, Prinz zu 300
Witzleben 241
Würzburger, Karl 354, 360, 363

Zuckmayer, Carl 360

HEYNE BIOGRAPHIEN

Die Taschenbuchreihe mit den bedeutenden Biographien der Großen der Weltgeschichte

Wilfried Blunt
Ludwig II.
König von Bayern
12/2 - DM 7,80

Robert Gutman
Richard Wagner
Der Mensch, sein Werk, seine Zeit
12/3 - DM 9,80

Gavin de Beer
Hannibal
Ein Leben gegen Rom
12/7 - DM 5,80

H. F. Peters
Lou Andreas-Salomé
Das Leben einer außergewöhnlichen Frau
12/8 - DM 8,80

Erich Eyck
Bismarck und das Deutsche Reich
12/9 - DM 8,80

Edward Crankshaw
Maria Theresia
Die mütterliche Majestät
12/10 - DM 8,80

G. P. Gooch
Friedrich der Große
Herrscher – Schriftsteller – Mensch
12/12 - DM 12,80

Zoé Oldenbourg
Katharina die Große
Die Deutsche auf dem Zarenthron
12/13 - DM 7,80

Werner Maser
Adolf Hitler
Legende – Mythos – Wirklichkeit
12/15 - DM 12,80

Marcel Brion
Die Medici
Eine Florentiner Familie
12/20 - DM 7,80

Heinrich Eduard Jacob
Mozart
Geist – Musik – Schicksal
12/22 - DM 9,80

David Shub
Lenin
Geburt des Bolschewismus
12/23 - DM 9,80

Virginia Cowles
Wilhelm II.
Der letzte deutsche Kaiser
12/26 - DM 10,80

Neville Williams
Elisabeth I. von England
Beherrscherin eines Weltreiches
12/28 - DM 7,80

Ronald W. Clark
Albert Einstein
Leben und Werk
12/30 - DM 12,80

Raoul Auernheimer
Metternich
Staatsmann und Kavalier
12/33 - DM 6,80

W. H. Lewis
Ludwig XIV.
Der Sonnenkönig
12/34 - DM 8,80

Michael Grant
Caesar
Genie – Eroberer – Diktator
12/35 - DM 6,80

Berndt W. Wessling
Beethoven
Das entfesselte Genie
12/36 - DM 8,80

Egon Caesar
Conte Corti
Elisabeth von Österreich
Tragik einer Unpolitischen
12/40 - DM 10,80

Robin Lane Fox
Alexander der Große
Eroberer der Welt
12/41 - DM 12,80

Eberhard Horst
Friedrich II., der Staufer
Kaiser – Feldherr – Dichter
12/43 - DM 12,80

Jean Héritier
Katharina von Medici
Herrscherin ohne Thron
12/44 - DM 9,80

Ruth Jordan
George Sand
Die große Liebe
12/47 - DM 9,80

Robert Payne
Stalin
Macht und Tyrannei
12/48 - DM 14,80

W. Siegmund-Schultze
Johann Sebastian Bach
Genie über den Zeiten
12/49 - DM 7,80

Michael Grant
Nero
Despont – Tyrann – Künstler
12/53 - DM 7,80

HEYNE BIOGRAPHIEN

*Die Großen der Weltgeschichte –
Wissenschaft · Politik · Kultur*

Ronald Hayman
Friedrich Nietzsche
Der mißbrauchte
Philosoph
12/128 - DM 14,80

Karen Monson
Alma Mahler-Werfel
Die unbezähmbare
Muse
12/129 - DM 14,80

Don Cook
Charles de Gaulle
Soldat und
Staatsmann
12/130 - DM 16,80

Johannes Lehmann
Moses
Religionsstifter
und Befreier Israels
12/131 - DM 9,80

Felix Berner
Gustav Adolf
Der Löwe aus
Mitternacht
12/132 - DM 16,80

Daniel James
Che Guevara
Leben und Sterben
eines Revolutionärs
12/133 - DM 14,80

Colin Wilson
Rudolf Steiner
Verkünder eines neuen
Welt- und
Menschenbildes
12/134 - DM 12,80

Roland Hayman
Franz Kafka
Sein Leben –
sein Werk –
seine Welt
12/135 - DM 12,80

Nicholas Henderson
Prinz Eugen
Der edle Ritter
12/136 - DM 12,80

R. J. Overy
Hermann Göring
Machtgier und Eitelkeit
12/137 - DM 16,80

Andrew Turnbull
F. Scott Fitzgerald
Der Genie der wilden
Zwanziger Jahre
12/138 - DM 16,80

Stephen B. Oates
Martin Luther King
Kämpfer für
Gewaltlosigkeit
12/139 - DM 16,80

Berndt W. Wessling
Franz Liszt
Ein virtuoses Leben
12/140 - DM 9,80

Gustav Sichelschmidt
Theodor Fontane
Lebensstationen eines
großen Realisten
12/141 - DM 14,80

Wolfgang Jeske /
Peter Zahn
Lion Feuchtwanger
Der arge Weg der
Erkenntnis
12/142 - DM 12,80

Harry Wilde
Rosa Luxemburg
Ich war – ich bin –
ich werde sein
12/143 - DM 12,80

Julian Symons
Edgar Allan Poe
Leben und Werk
12/144 - DM 14,80

Donald Spoto
Alfred Hitchcock
Die dunkle Seite
des Genies
12/145 - DM 14,80

Hermann Schreiber
August der Starke
Kurfürst von Sachsen –
König von Polen
12/146 - DM 12,80

Henri Troyat
Peter der Große
Zar – Reformer –
Despot
12/147 - DM 14,80

Roman Karst
Thomas Mann
Der deutsche
Zwiespalt
12/148 - DM 9,80

Beatrix Kempf
Bertha von Suttner
Schriftstellerin –
Politikerin
12/149 - DM 12,80

Stan Gébler Davies
James Joyce
Das bewegte Leben
des großen irischen
Schriftstellers
12/150 - DM 16,80

Berndt W. Wessling
Furtwängler
Eine kritische
Biographie
12/151 - DM 14,80

Terence Prittie
Konrad Adenauer
Der Staatsmann, der
die Bundesrepublik
prägte und Europa
den Weg bereitete
12/152 - DM 14,80

HEYNE BIOGRAPHIEN

Die Taschenbuchreihe mit den bedeutenden Biographien der Großen der Weltgeschichte

Franz Herre
Wilhelm I.
Der letzte Preuße
12/102 - DM 12,80

Roland Bainton
Martin Luther
Rebell für den Glauben
12/103 - DM 9,80

Joan Haslip
Maximilian
Kaiser von Mexiko
12/104 - DM 12,80

Richard Collier
Mussolini
Aufstieg und Fall
des Duce
12/105 - DM 9,80

Robert Reid
Marie Curie
Erfolg und Tragik
12/106 - DM 9,80

Bernt von Heiseler
Schiller
Dichter, Idealist,
Philosoph
12/107 - DM 7,80

Eugen Diesel
Diesel
Der Mensch, das Werk,
das Schicksal
12/108 - DM 12,80

Louis Fischer
Mahatma Gandhi
Prophet der
Gewaltlosigkeit
12/109 - DM 9,80

Georgina Masson
**Christina von
Schweden**
Königin zwischen
Stolz und Tragik
12/110 - DM 12,80

Leopold Nowak
Joseph Haydn
Leben und musikalische Schöpferkraft
12/111 - DM 10,80

Herbert Scurla
Wilhelm von Humboldt
Reformator – Wissenschaftler – Philosoph
12/112 - DM 14,80

Alan Palmer
Alexander I.
Gegenspieler
Napoleons
12/113 - DM 12,80

Jürgen Klein
Virginia Woolf
Genie – Tragik –
Emanzipation
12/114 - DM 16,80

Gold/Fitzdale
Misia
Leben – Leidenschaft –
Schicksal
12/115 - DM 12,80

Salvador de Madariaga
Cortés
Eroberer Mexikos
12/116 - DM 12,80

Carl Sandburg
Abraham Lincoln
Heldentum und
Legende
12/117 - DM 16,80

Ludwig Hüttl
**Friedrich Wilhelm
von Brandenburg**
Der Große Kurfürst
12/118 - DM 14,80

Preisänderungen
vorbehalten.

Piers Brendon
Churchill
Stratege – Visionär –
Künstler
12/119 - DM 12,80

John Barnes
Evita Perón
Mythos und Macht
12/120 - DM 12,80

Wolfgang Leppmann
Rainer Maria Rilke
Leben und Werk
12/121 - DM 12,80

Ronald W. Clark
Bertrand Russel
Philosoph – Pazifist –
Politiker
12/122 - DM 16,80

Francesco Mazzei
Messalina
Macht und Intrige
12/123 - DM 12,80

Ronald Hayman
Bertold Brecht
Der unbequeme
Klassiker
12/124 - DM 16,80

Joanna Richardson
Colette
Leidenschaft und
Sensibilität
12/125 - DM 12,80

Rudolf Krämer-Badoni
Galileo Galilei
Wissenschaftler und
Revolutionär
12/126 - DM 12,80

Alfons Nobel
Charlotte von Stein
Goethes unerfüllte
Passion
12/127 - DM 9,80